Musée d'anthropologie et d'ethnographie
Académie des sciences de la Russie

Erman Anna

Loh Japhet Kahouyé

Dictionnaire Dan – Français
(dan de l'Ouest)
avec un index français-dan

réédition

MEABOOKS
2015

Première édition par «Nestor-Istoria», St Pétersbourg, Russie, 2008

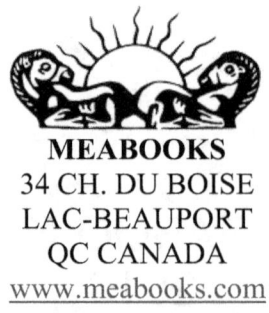

MEABOOKS
34 CH. DU BOISE
LAC-BEAUPORT
QC CANADA
www.meabooks.com

Dictionnaire Dan – Français (dan de l'Ouest) avec un index français-dan. Anna Erman, Japhet Kahouyé Loh. St Pétersbourg : Nestor-Istoria, 2008. – 271 p.

Recommendé pour la publication par le Conseil Scientifique du Musée d'anthropologie et d'ethnographie de l'Académie des Sciences de la Russie

Éditeur : Valentin Vydrine

Éditrices du texte français : Ariane Deluz et Monique Chevallier-Schwartz

Publication subventionnée par le Fonds National Suisse de la Recherche Scientifique

ISBN: 978-0-9939969-9-3 (print)
ISBN: 978-0-9939969-6-2 (eBook)

© Anna Erman, Japhet Kahouet Loh, 2008

Avant-Propos

L'élaboration du présent dictionnaire a été réalisée dans le cadre d'un projet commun suisse-russe, en coopération étroite avec des collègues ivoiriens. Ce projet a été soutenu par deux subventions du Fonds National Suisse de Recherche Scientifique (SUBJ 062156.00 et SUBJ 062156.00), ainsi que deux subventions de la Fondation Russe des études en sciences humaines (04-04-00262a et 08-04-00144a). Ce projet a également bénéficié d'un inestimable support financier, moral et organisationnel de la part de Margrit Bolli et Eva Flik, deux chercheuses de la Société Internationale de Linguistique, et d'un sponsor anonyme. Notre gratitude s'adresse également à Thomas Bearth, le coordinateur du Projet côté suisse, dont l'énergie a rendu ce projet possible.

Le dictionnaire est basé avant tout sur la compétence linguistique d'un des auteurs, Loh Kahouyé Japhet. Cependant, d'autres locuteurs du dan-blo ont contribué à ce travail. Dans ce contexte, nous remercions cordialement Loh Philippe, Mabéa André, Gbéada Drogbeu, tous les trois originaires du village de Finneu, Gomen Ma Kapie Marthe de Trogleu, Yakesse Antoine de Saleupleu et Seu Émile de Mouantouo. Notre reconnaissance va également à tous nos autres interlocuteurs : amis et parents qui ont, d'une manière ou d'une autre, prêté leur concours.

Nous remercions Dah Célestin, professeur au Collège Moderne d'Abobo, du travail éditorial bilingue accompli sur le dictionnaire.

Une dette particulière est la nôtre à l'égard de deux chercheuses du CNRS (Paris), Ariane Deluz et Monique Chevallier-Schwartz, pour leur travail éditorial et la relecture finale effectués sur l'ensemble des textes et gloses français.

Introduction

1. Informations générales

La langue dan (ou yacouba[1]) est classée du point de vue génétique dans le groupe mandé-sud de la famille linguistique mandé. Elle est parlée dans l'extrême ouest de la Côte-d'Ivoire et dans la région limitrophe du Libéria. Selon l'ouvrage de référence Ethnologue, en 1990 le dan était parlé par 1 000 000 à 1 200 000 personnes. Le dialecte représenté ici est le Blo (Blowo) du canton Blossé, qui se situe à cheval sur le Cavally entre Danané et Touléplue (sous-Préfecture de Zouan-Hounien, préfecture de Danané).

2. Alphabet, transcription et quelques règles de lecture.

2.1. L'alphabet. Dans le Dictionnaire, on emploie l'alphabet officiel de la langue dan-blo. Cet alphabet a été créé par la Société Internationale de Linguistique (SIL)[2], il est utilisé dans les publications dan, et surtout pour la traduction de la Bible :

a aɔ b bh d dh e ë ɛ ɛa f g gb gw i k kp kw l m n ng o ö ɔ p r s t u ü v w y z

2.2. Les signes de transcriptions et leur correspondances alphabétiques (du son à la lettre).

Signe	Remarques et lecture approximative	Alphabet	Exemple
	Voyelles[3]		
[a]	voyelle ouverte centrale (_a_mi, p_a_tte)	a	ga [gā] os
[æ]	voyelle ouverte antérieure	ɛa	'gbɛa [gbǽæ] large
[ɛ]	voyelle mi-ouverte antérieure (p_è_re, l_ai_t)	ɛ	'sɛ [sɛ́] terre

---

[1] « Yacouba » est le nom officiel de la langue et de l'ethnie en Côte-d'Ivoire. Au Libéria, la langue est officiellement appelée « gio ». Cependant, comme toutes les publications linguistiques et ethnologiques emploient le terme Dan, la même désignation a été utilisée dans ce dictionnaire.

[2] L'orthographe du dan (blowo). S.I.L., Abidjan, 1998?

[3] Toutes les voyelles, sauf [ŋ], peuvent être doubles, ce qui est marqué par la répétition de la voyelle.

[e]	voyelle mi-fermée antérieure (*blé, aller*)	*e*	*dhe* [dē] mère
[i]	voyelle fermée antérieure (*il, épi*)	*i*	*'yi* [yí] eau
[ɒ]	voyelle ouverte postérieure arrondie	*aɔ*	*gbaɔ* [gbɒ̄ɒ̄] cadeau
[ʌ]	voyelle mi-ouverte postérieure étirée	*ë*	*pë* [pʌ̄] chose
[ɤ]	voyelle mi-fermée postérieure étirée	*ö*	*gbö* [gbɤ̄] fils
[ɯ]	voyelle fermée postérieure étirée	*ü*	*wü* [wɯ̄] animal
[ɔ]	voyelle mi-ouverte postérieure arrondie (*fort*)	*ɔ*	*-gɔ* [gɔ̀] tête
[o]	voyelle mi-fermée postérieure arrondie (*eau*)	*o*	*do* [dō] un
[u]	voyelle fermée postérieure arrondie (*roue*)	*u*	*'ku* [kú] igname
	Voyelles nasales[4]		
[a̰]	(ressemble à: *sans, vent*)		*=faan'-* [fã̄ã̀] force
[æ̃]		Cf [5]	*-bɛan* [bæ̰̀æ̰̀] piment
[ɛ̃]	(*brin, plein*)		*gbɛn-* [gbɛ̰̀] chien
[ḭ]			*din* [dḭ̄] faim
[ɒ̰]			*daɔn* [dɒ̰̄ɒ̰̄] araignée
[ʌ̰]			*'në* [nʌ̰́] enfant
[ɯ̰]			*-mlü* [mlɯ̰̀] riz
[ɔ̰]	o nasal (*ton, ombre*)		*gɔɔn-* [gɔ̰̄ɔ̰̀] homme
[ṵ]	u nasal		*muu* [mṵ̄ṵ̄] paille

---

[4] Tandis que les voyelles orales comptent quatre degrés d'aperture, le trait de nasalisation n'apparaît qu'avec trois degrés ; l'opposition entre voyelles mi-fermées et mi-ouvertes est neutralisée. La réalisation phonétique de ces voyelles neutralisées est intermédiaire entre les deux degrés d'aperture.

[5] L'alphabet n'utilise pas de graphèmes spéciaux pour désigner les voyelles nasales.

[ŋ]	sonante vélaire nasale[6]	ng	gbeng [gbēŋ] nuit

Consonnes sonantes et implosives («faibles»)

[ɓ/m]	consonne implosive bilabiale (b faible) / sonante nasale	[ɓ] – bh [m] – m	bhɛ [ɓē̄] fruit mɛ [mē̄] personne
[ɗ/n] [l/r][7]	consonne implosive alvéolaire (d faible) / sonante nasale / ; latérale alvéolaire sonore / sonante vibrante	[ɗ] – dh [n] – n [l] – l [r] – r	'dhuu [ɗúú] brouillard 'nuu [núú] hamac 'luu [lúú] taon =plɛ [plè] deux 'dra [drá] pont de lianes
[y/ɲ]	sonante [y] (yeux, paille) / sonante nasale [ɲ] (agneau)	[y/ɲ] – y	'ya [yá] riz cuit 'yan [ɲá] oeil
[w/w̰]	sonante [w] / sonante nasale [w̰]	[w/w̰] – w	'waa [wáá] paresseux 'waan [w̰áá̰] baillement

Consonnes fortes

[p]	occlusive bilabiale sourde (pot)	p	'puu [púú] blanc
[b]	occlusive bilabiale sonore (beau)	b	bu [bū] fusil
[f]	fricative labiale sourde (feu)	f	faa- [fāā] calao
[v]	fricative labiale sonore (ver)	v	=va [và] grand
[t]	occlusive alvéolaire sourde (tortue)	t	tii [tīī] noir
[d]	occlusive alvéolaire sonore (dot)	d	-du [dù] boeuf

---

[6] Élément nasal final considéré comme « une voyelle à degré d'aperture zéro ». Cet elément porte son propre ton. Il n'est pas lié à la nasalisation de la voyelle.

[7] [l] apparaît en début de mot et suivant des consonnes labiales, vélaires et labio-vélaires ; [r] se conjugue avec les consonnes initiales alvéolaires ou palatales. [l] initiale semble d'être en alternance libre avec [ɗ], mais la solution de cette question exige une recherche spéciale.

[s]	fricative alveolaire sourde (*sac*)	*s*	=*saa* [sàà] nasse
[z]	fricative alveolaire sonore (*zèbre*)	*z*	*zian* [zīā̰] chemin
[k]	occlusive vélaire sourde (*kaolin*)	*k*	'*kun* [kṵ́] attraper
[g]	occlusive vélaire sonore (*gomme*)	*g*	-*gɛn* [gɛ̰̀] pied
[kp]	labio-vélaire bifocale sourde	*kp*	*kpö* [kpɤ̰̄] boule
[gb]	labio-vélaire bifocale sonore	*gb*	'*gban* [gbá̰] cuisse
[kw]	consonne labialisée sourde (*équateur*)	*kw*	*kwi* [kwī] peau
[gw]	consonne labialisée sonore (*goîtr*e)	*gw*	*gwɛ*- [gwɛ̰̄] fromager

2.3. Les principes de la syllabation. En dan les syllabes relèvent des schémas suivants: V, CV, CVV CVVV, CLV, CLVV, CLVVV[8].

2.4. La nasalisation.

En dan la nasalisation est un trait pertinent de la syllabe entière et affecte même les consonnes : une syllabe (qui est dans la plupart des cas en même temps un mot) peut donc être soit orale, soit nasale. A l'écrit, la nasalisation n'est marquée dans la syllabe qu'une seule fois – en utilisant *n* ou *m*. Si dans une syllabe nasalisée la consonne n'est pas prononcée comme [n] ou bien [m], la nasalisation est marquée par l'adjonction d'un *n* en fin de syllabe: -*an* [à̰] 'leur', *bun* [bṵ̄] 'corps'. En ce qui concerne les mots commençant par les lettres *m* ou *n*, la nasalisation n'est plus marquée à la fin de ces mots: -*mɔ* /ɓɔ̰̀/ → [mɔ̰̀] 'souris', '*na* /ɗá̰/ → [ná̰] 'grand-mère' car ces lettres *m*- ou *n*- représentent en effet des variantes nasalisées des phonèmes /ɓ/ et /ɗ/.

2.5. La désignation des tons. En dan, les tons exercent une fonction très importante tant au niveau lexical qu'au niveau grammatical. Chaque syllabe porte un des six tons possibles. Il y trois tons ponctuels : haut, moyen, bas ; et troix tons descendants : ton descendant variable[9], ton moyen-descendant[10]

---

[8] Le type de syllabe CVVV/CLVVV est extrêmement rare. Dans une suite admissible de ce schéma, V3 est soit [ŋ], soit [i].

[9] Le point de départ du ton descendant variable correspond à la hauteur du ton précédant.

et ton haut-descendant[11]. Sur les syllabes courtes (schémas syllabiques CV/CLV) les cinq tons sont représenté comme suit : le ton haut est noté par le signe de l'apostrophe préfixé au mot : 'lü [lúú] 'arbre' ; le ton bas par le signe égale : =zɛ [zὲ] 'termite', le ton descendant par le signe du trait d'union préfixé au mot : -tɔ [tɔ̂] 'poule' ; le ton moyen-descendant par le signe du trait d'union suffixé au mot : lan- [lā̰] 'soleil' ; le ton haut-descendant par le signe de l'apostrophe préfixé au mot et le trait d'union lui suffixé : 'gën- [gā̰] 'pardon'. L'absence de marque tonale désigne le ton moyen : dë [dʌ̄] 'père'.

La notation des tons sur les syllabes longues (schémas syllabiques CVV/CLVV/CVŋ) suit les règles suivantes :

— le ton de la première voyelle est toujours noté selon les mêmes principes que les tons des syllabes courtes (voir ci-dessus) ;

— si les deux voyelles ont le même ton, on marque seulement le ton de la première voyelle : 'luu [lúú] 'taon', =mɛɛ [mὲὲ] 'serpent' ; biö [bīɤ̄] 'éléphant' ; -püö [pʉ̂ɤ̂] 'tomber' (le ton descendant de la première voyelle s'étend toujours sur la deuxième) ;

— si la deuxième voyelle du mot a le ton descendant (et la première un ton haut, bas ou moyen), le trait d'union est suffixé au mot : 'zlaa- [zláâ] 'petit-frère' ; =glaa- [glàâ] 'palmier' ; maa- [māâ] 'balai' ;

— si le ton de la première voyelle est bas et le ton de la deuxième voyelle moyen, on marque le ton de la deuxième voyelle comme « plus haut » par une apostrophe après le mot : =laa' [làā] 'lion'. Si le ton de la deuxième voyelle est moyen-descendant, il est marqué par une apostrophe et un trait d'union : =see'- [sèê] 'citron'.

Sur les mots plurisyllabiques et composés, seul le premier ton est noté : 'fefedhö [féfédɤ̰̄] 'complètement'.

2.6. Les cas d'alternance positionnelle des voyelles en dan. Dans certains lexèmes [u] et [o], [i] et [e] sont en alternance libre devant [a] (par ex., [dùà ~ dòà] 'hache' ; [tíá ~ téá] 'cuvette'). On a choisi pour l'écriture les

---

[10] Le point de départ du ton moyen-descendant correspond à la hauteur du ton ponctuel moyen.

[11] Le point de départ du ton haut-descendant correspond à la hauteur du ton ponctuel haut.

variantes *ua* et *ia* car cettes réalisations semblent être plus fréquentes que *oa* et *ea*.

3. La composition du Dictionnaire

Le but de ce dictionnaire est de représenter d'une façon la plus complète possible la richesse lexicale dan-blo, y compris les néologismes, les emprunts, les mots de toutes les couches stylistiques, le vocabulaire dialectal, archaïque et vieilli.

Exclus du Dictionnaire sont les termes occasionels, y compris les éléments des langues étrangères (principalement du français) que les citadins, surtout éduqués, emploient couramment mais qui ne sont pas encore bien enracinés dans la langue dan.

3.1. Les morphèmes grammaticaux sont inclus dans le corpus du Dictionnaire comme entrées spéciales, par exemple :

-na [nà]... *mrph... suffixe verbal du duratif...*
-nu [nṹ]... *mrph... marque du pluriel...*

3.2. La variété dialectale principale du Dictionnaire est le dan-blo. Les autres dialectes dan de l'ouest ne sont inclus que sporadiquement. Voici la liste des marques dialectales utilisées dans le Dictionnaire:

(bl)	– blo
(D)	– Danané
(dh)	– dhoo
(k)	– ka
(kl)	– kulen
(ll)	– loole
(lw)	– loo
(wa)	– wain
(wi)	– wien
(wo)	– wao
(yi)	– yizieu

Si la marque dialectale manque, cela signifie que la forme en question est du dialecte blo. Les formes des autres dialectes sont obligatoirement munies d'une marque dialectale appropriée. La marque (bl) est employée, si la forme ne se rencontre qu'en blo des régions périphériques ou bien si la forme n'est que rarement utilisée en blo :

bhiöfɛadë (wo, bl)...

Quand les différences interdialectales concernent la sémantique, les marques dialectales sont employées dans la zone explicative de l'entrée, par ex.:

gɔ 1 pirogue... 2 (wo) **voiture...**

4. Structure de l'entrée

4.1. L'entrée et les variantes phonétiques. Si un mot est représenté en blo par deux ou plusieurs variantes phonétiques, c'est la forme la plus fréquente qui figure en tant qu'entrée principale. Quant aux autres formes, un rappel à la nomenclature avec renvoi à l'entrée principale permet au lecteur de s'y retrouver, par exemple :

-**diing, ding, driing** *n* **bruit**
-**driing** → -**dinng** *bruit*

Si les variantes phonétiques d'un mot ne se distinguent que par leur partie finale, de façon qu'aucune autre entrée ne s'intercale entre l'entrée principale et la seconde entrée (entrée de référence), elles figurent à la nomenclature en entrée double (sans que la seconde entrée soit donnée séparément).

Les mots plurisyllabiques et composés sont accompagnés de leurs transcriptions phonologiques entre [crochets], syllabe par syllabe, ce qui permet de désambiguïser le schéma tonal. Par exemple :

'fɛfɛdhö ['fɛ 'fɛ dhö] *adv* **complètement**

4.2. Les homonymes lexicaux.

Ils sont différenciés par les chiffres arabes qui suivent immédiatement la forme principale de l'entrée, par exemple :

'bin 1 ... nuit
'bin 2 ... fleurir

Les mots portant tons différents ne sont pas considérés comme des homonymes.

Les homonymes lexico-grammaticaux (c'est à dire les mots appartenant à des parties du discours différentes et qui sont dérivés l'un de l'autre par la conversion) sont dotés des chiffres suivis d'une parenthèse :

'bhü 1) *n* **brillance** *f*
'bhü 2) *v vi* **briller**

4.3. Les formes dérivées.

Voici une liste d'affixes dérivatifs et des radicaux substantifs/adjectifs les plus courants qui font régulièrement partie des mots composés ; ceux-ci sont donnés entre crochets.

dhe – marque des noms à valeur abstraite

[-dhe – sert à former un nom d'agente feminine (de *dhe* «femme»)]

[-dhɛ – «endroit» a) marque les noms de lieux; b) marque de certains noms d'action]

dhö – 1. a) sert à former les adverbes à partir des bases adjectivales redoublées et idéophones ;

b) marque certains adverbes dont les bases ne sont pas attestées en dehors de la dérivation ;

c) marque un petit nombre d'adjectifs dont les bases ne sont pas attestées en dehors de la dérivation.

2. marque le cas locatif

[ga – a) «os; noyau; grain» ; b) «unité de compte» pour les noms non-comptables (excepté les liquides); pour les noms à valeur de pluriel collectif ; c) marque certains noms d'objets longs, {petits} objets durs, organes vitaux, parties fonctionnelles]

gɔn – masculin (des animaux)

[-kɔ – «façon; manière»]

[-mɛ – a) sert à former un nom d'agent ou de propriétaire b) marque une valeur de singularité et de mise à part et/ou une valeur de spécificité (de *mɛ* «homme»)]

mi – originaire

mu – féminin (des animaux)

-naa – sert à former les nombres ordinaux à partir des nombres cardinaux

['në – a) «enfant», «jeune»; «produit de qch»; b) indique la valeur diminutive d'un nom]

[-pë/pë – de *pë* «chose; être inanimé»]

-sü – sert à former les adjectifs et les noms d'action à partir des verbes et des noms

[-wun – de '*wun* «affaire, fait»]

-zë – sert à former les adjectifs à partir des bases adjectivales et nominaux

Les formes derivées sont présentées comme des entrées séparées. Les formes dont le sens est prévisible ne sont pas systématiquement données. Il s'agit surtout des formes dérivées par les suffixes et les suffixoïdes comme : *-dhe, -mɛ* (à titre de suffixe de nom d'agent)*, -gɔn, mu, mi, dhö* (à titre de suffixe locatif)*, ga* (dans les acceptions «os», «grain»)*, -kɔ, -naa, -sü, -wun, 'në* (à titre de suffixe diminutif; dans les acceptions «enfant», «jeune»). Les formes dérivées ayant ces suffixes sont signalées dans les seuls cas suivants : a) la base à partir de laquelle le mot est dérivé n'est pas attestée dans la langue moderne en dehors de la dérivation; b) la structure morphologique du mot est obscurcie par des changements phonétiques; c) elles ont une fréquence d'emploi très élevée ou une sémantique décalée.

4.4. Parties de discours (catégories grammaticales)

Chaque lexème est doté d'une désignation indiquant la partie du discours, dont voici la liste :

adj – adjectif
adv – adverbe
conj – conjonction
dtm – déterminant
itj – interjection
loc.n – nom locatif
mrph – morphème non-autonome
n – nom
num – numéral
onomat – onomatopée
pron – pronom personnel
prt – particule
pp – postposition
v – verbe

4.5. La sémantique des mots polysémiques

La sémantique est divisé en sens dont chacun est marqué par un chiffre arabe. A l'intérieur d'un «sens» on peut avoir des zones suivantes: marque d'usage ; équivalent ; sémantisation (explication pour préciser l'équivalent) ; commentaires ethnographiques et encyclopédiques; commentaires grammaticaux; synonymes; unités phraséologiques et phrases plus ou moins figées par l'usage; exemples illustratifs.

4.5.1. Hiérarchie sémantique

Les sens d'un mot polysémique sont arrangés, conformément à l'histoire de leur dérivation et à leur proximité sémantique, dans une hiérarchie (marquée par les chiffres arabes à un point). Les sens terminologiques et spéciaux suivent les sens généraux. Si une locution donnée dans la zone «expression idiomatique» a plus d'un sens, ceux-ci sont indiqués par les chiffres romaines minuscules avec parenthèses : i), ii)...

4.5.2. Verbes

4.5.2.1. Les sub-sens des verbes que l'on distingue par rapport à la présence/absence du complément d'objet direct et la nature de celui-ci et qui sont liés dans une « chaîne de dérivation » par les modèles plus ou moins réguliers de dérivation syntactico-sémantique sont donnés dans le cadre d'un « sens » et séparés par les chiffres avec parenthèses. Chacun de ces sens est marqué par une « marque de valence ». Ainsi, dans le cadre d'un «sens» on peut trouver des sub-sens suivants:

vi –verbe intransitif ;

vt – verbe transitif (le critère formel de la transitivité est la présence du complément d'objet direct devant le verbe) ;

vr – verbe réfléchi (la marque formelle de la réflexivité d'un verbe est la présence d'un pronom-objet de la série objet réflechi référant au sujet, conformément, préposé au verbe, par ex. : = *Ya ö 'zlu* 'Il s'est lavé.').

4.5.2.2. Les autres valences des verbes sont aussi présentées d'une façon explicite autant que possible : la postposition dan est donnée entre parenthèses avec une préposition française appropriée, par ex. :

nu... *vt* **donner** *(à – -dhë)*

Si l'équivalent français a une préposition qui n'est pas entre parenthèses, cela implique que l'argument introduit par la préposition française correspond en dan au complément d'objet direct, par ex.:

gbaa... *vt* **donner à** *(qch – 'ka)*

4.5.3. Noms

4.5.3.1. Il y a deux marques pour indiquer les types de valence des noms :

rn – « nom relationnel », nom qui entre dans un groupe déterminatif nominal à titre de son second élément sans aucune marque possessive (i.e., sans -*bha* ou -*gɔ*), par ex.: *'në -kɔ* «la main de l'enfant» . Les noms relationnels ne s'emploient pas sans nom déterminant.

fn – « nom autosémantique » : *'në -bha sɔ* 'le vêtement de l'enfant'. Dans le dictionnaire, tout nom qui n'est pas marqué comme *rn* est à priori un « nom autosémantique ».

4.5.3.2. Pluriel. Les formes irrégulières sont présentées entre accolades avec une marque {pl. …} :

'bha 2 {pl. 'bhaɔng- -nu, 'bhaɔngzë -nu, 'bhaɔ -nu, 'bhazë} *n rn* 1 **camarade** *m, f* **d'âge**...

4.5.3.3. Noms locatifs ont normalement plus d'une forme morphologique. L'une de ces formes, celle utilisée dans les positions du sujet, du complément d'objet direct et dans les positions non-finales dans les groupes nominaux, est considérée comme la forme du « cas commun » ; les autres (provenant de la fusion avec les postpositions) sont des formes des « cas obliques ». Voici l'inventaire des cas en dan-blo.

1) Le cas « commun » (CMM). Dans la majorité de cas, cette forme est dérivée du nom correspondant avec le suffixe –*dhɛ* ; très souvent, cette dérivation s'accompagne d'une modification de la base :

'kɔ 'maison' - *'kɔɔdhɛ* ['kɔɔ -dhɛ]

2) Le cas « locatif » (LOC). Il y a deux modèles de formation de ce cas : à partir de la forme du cas commun, on substitue le suffixe *dhö* au suffixe -*dhɛ* : *'kɔɔdhɛ* - *'kɔɔdhö* ['kɔɔ -dhö]; plus rarement, la forme du cas locatif n'a pas de suffixe -*dhö* ; elle se dérive par l'élimination du suffixe du cas commun ou/et par une modification de base : CMM *bhlödhɛ* 'champ' - LOC =*bhlöö*-

3) Le cas « subessif » (SUB) vient de la fusion avec la postposition subessive -*bha* 'sur'

4) Le cas « adessif » (AD) vient de la fusion avec la postposition subessive -*ta* 'sur, au-dessus de'

5) Le cas « comitatif » (COM) vient de la fusion avec la postposition comitative et instrumentale *'ka* 'avec; par'

6) Le cas « inessif » (IN) vient de la fusion avec la postposition inessive *'gü* 'dans'

La forme principale (lemma) des noms locatifs est celle du cas commun. Les formes attestées de cas obliques sont mentionnées entre accolades.

'yan 1 {IN 'yënng, 'yëng, COM 'yaan, SUB 'yaan-} *n rn* 1 **œil** *m*

En outre, les formes des cas obliques figurent dans le dictionnaire à titre d'entrée de référence :

'löödhö *LOC de* **'lö** *mortier*

4.5.4. Pronoms personnels

Les pronoms personnels du dan-blo distinguent quatre personnes au singulier (1ᵉ, 2ᵉ, 3ᵉ et logophorique/réfléchi), une personne au duel (1ᵉ inclusif, « moi et toi ») et cinq personnes au pluriel (1ᵉ inclusive, « moi et vous », « nous et vous », « nous et toi » ; 1ᵉ exclusive, « nous sans toi » ; 2ᵉ, 3ᵉ et logophorique/réfléchi). Les pronoms pluriels de la 3ᵉᵐᵉ personne sont également employés dans la fonction impersonnelle (à peu près comme le pronom français *on*). Les pronoms logophoriques servent à renvoyer à l'intérieur d'un discours rapporté indirect au locuteur auquel ce discours est attribué, par ex.: 'Il (Kpaan) dit qu'il (Kpaan) a perdu la clé' *-ya -pö 'ya =lakedhe =dhɔŋ* – cf. 'Il (Kpaan) dit qu'il (Jean) a perdu la clé'*-ya -pö =ya =lakedhe =dhɔŋ*.

Les pronoms personnels sont représentés par de nombreuses séries qui se distinguent entre elles par leurs caractéristiques aspecto-modales, la polarité, le statut pragmatique, etc.

Le Dictionnaire indique la série, la personne et le nombre de chaque pronom :

'yië *pron* **nous** *pronom subjectif du parfait, exclusif 1ère pers. pl., « nous sans vous »*

Les formes des pronoms personnels du dan-blo :

nombre→	sg				pl	duel	pl			
personne→	1	2	3	3 log	1excl	1incl	1incl	2	3	3 log
séries à la fonction verbative										
I existentiel	a	ü	-yö-ö/ =yö	yö/ö	yi	ko	kwa	ka	-wo/ =wo	wo
II conjoint	'a	'ü	'yö/ö/ -yö-ö	—	'yi	'ko	'kwa	'ka	'wo/ -wo	—
III parfait	'ma	'bha	=ya	'ya	'yië	'koë	'kwa	'ka	=wa	'wa
IV impératif	—	-bhö/ /Ø	—	—	—	-ko	-kwa	-ka	—	—
V optatif	'a	'ü	-yö-ö	'yö	'yi	'ko	'kwa	'ka	-wo	'wo
VI but / antériorité	'aan-	'üën-	-yaan	'yaan-	'yiëën-	'koëën-	'kwaan-	'kaan-	-waan	'waan-
VII imperfectif négatif	'maa	'bhaa	'yaa	-	'yiëë	'koëë	'kwaa	'kaa	'waa	-
VIII perfectif négatif	na/ n'ka	ü'ka	yaa / -yö'ka	yö'ka	yië	koë	kwaa	kaa	waa / -wo'ka	wo'ka
IX autonome	ma	bhi	yö	—	yi	ko	kwa	ka	wo	—
X coordinatif	yië-/ yië	kaa-	waa-	—	yië- ...-nu	koë-	kwaa- ...-nu	kaa- ...-nu	waa- ...-nu	—
XI non-subjectif	n	ü	-a	ö	yi	ko	kwa	ka	-an	wo

4.6. Présentation du sens

Chaque sens du mot dan est traduit par un ou plusieurs équivalents français mis en caractères gras (Le synonyme qui est donné le premier est sémantiquement le plus proche du sens dan). Si un mot n'a pas d'équivalent français, son sens est interprété par un commentaire mis en italique. Si l'équivalent français lui-même a plus d'un sens ou si sa correspondance au sens du mot dan n'est qu'approximative, il peut être accompagné de commentaires spécifiants (soit une sémantisation) qui sont mis entre parenthèses et en italique.

4.6.1. Les noms de flore et faune sont accompagnés des ***noms latins*** en italique gras (à l'exception de ceux qui n'ont pas encore été identifiés) et d'un commentaire qui sert à faciliter l'identification de l'espèce. Le nom français est également donné s'il est connu.

4.6.2. Quand l'équivalent seul ne suffit pas pour representer la place du phénomène, de l'action ou de la qualité dans la culture dan, des commentaires encyclopédiques, culturels et ethnologiques en italique entre des crochets sont fournis. Ces commentaires peuvent également accompagner les expressions idiomatiques et les exemples illustratifs. Les commentaires grammaticaux en italique sont donnés si le mot se caractérise par des irrégularités de forme ou d'usage.

4.7. Les tournures phraséologiques (prises au sens large, y compris les expressions plus ou moins figées, avec ou sans décalage sémantique) sont précédées de la marque ♦. Elles sont introduites à la suite de la description du sens particulier que leur usage évoque. Toutefois, dans les cas où elles n'entretiennent de rapport particulier avec aucun des sens énumérés à propos d'un mot, elles sont introduites à la fin de l'entrée.

4.8. Les exemples illustratifs sont présentés immédiatement à la suite de la description du sens particulier ou de l'expression idiomatique dont ils servent à illustrer l'usage.

4.9. Caractéristiques stylistiques

Tous les registres du vocabulaire dan sont inclus dans le Dictionnaire. Le but est de fournir chaque mot et expression dan d'un équivalent français le plus proche possible par sa sémantique et ses caractéristiques stylistiques. Tous les mots et expressions qui ne sont pas de style neutre sont indiqués par les marques appropriées. Si la marque **précède** l'équivalent français, elle se rapporte au mot dan; si elle **suit** l'équivalent français, elle est indicative des caractéristiques stylistiques de l'équivalent français. Ci-dessous voici la liste des marques de style et d'usage :

Afr. – français de africain
anat. – terme anatomique
arch. – archaïque (mot, sens ou emploi de l'ancienne langue, incompréhensible ou peu compréhensible de nos jours et employé pour atteindre un effet stylistique)
badin – badin
chr. – mot ou expression utilisé(e) dans la pratique et la littérature chrétienne
dir. – au sens direct
fam. – familier
fig. – au sens figuré
gros. – grossier
Iv. – français ivoirien
méd. – terme médical
rare – rare
vulg. – mot vulgaire
zool. – terme zoologique

4.10. Les synonymes. On a essayé de doter tous les synonymes de renvois croisés, ce qui devrait faciliter l'utilisation du Dictionnaire comme un dictionnaire « actif ». Les vrais synonymes sont précédés par la marque <u>*Syn.*</u>; les quasi-synonymes sont précédés par <u>*QSyn.*</u> Parfois, des expressions idiomatiques synonymiques sont aussi présentées. Les antonymes sont précédés par une la marque <u>*Ant*</u>.

A a

a *pron* **je** *pronom subjectif de la série existentielle*

a- *pron* **je le, je la** *forme contractée : pronom subjectif 1ère pers. sg. de la série existentielle + pronom non-subjectif 3ème pers. sg.*

-a *pron souvent omis, le ton extra-bas reste suffixé au mot précédent* **le, la, son, sa** *pronom non-subjectif*

=a, a, -a *prt particule interrogative générale ; le ton de la particule varie en fonction du ton de la voyelle précédente : il est bas après les voyelles à tons bas et moyens ; descendant après tons descendant et moyen-descendant ; moyen après ton haut ;* 'ka n dheglugɔɔnzë yö do =a ? n'avez-vous jamais vu mon frère ?

'a 1 *pron* **je** *pronom subjectif de la série conjointe ;* =dhɛ 'a nu, kö a 'dho -na =bhlöö- dès que je suis arrivé, je suis allé au champ

'a 2 *pron* **je** *pronom subjectif de la série optative*

'a 3 *itj* **ah !, aïe !** *interjection de peur, d'étonnement désagréable*

'a- *pron* **1 je le, je la** *forme contractée : pronom subjectif 1ère pers. sg. de la série conjointe + pronom non-subjectif 3ème pers. sg.* **2 je le, je la** *forme contractée : pronom subjectif 1ère pers. sg. de la série optative + pronom non-subjectif 3ème pers. sg.*

aa *itj* **ah, hélas !** *interjection de dépit, de regret*

'aan *pp* **avec** *(valeur d'instrument) ;* =ya ö nɛ- 'kun 'sɔn 'aan il s'est mordu la langue

'aan-, 'aa- *pron* **pour que je** *pronom subjectif de la série à valeur de but / d'antériorité ;* a -nu kö 'aan- -büö pö ka -dhë je suis venu vous saluer

'aanaan ['aan =aan'-] *n Ardea cinerea* **héron** *m* **cendré** *(cou et front blancs ; calotte noire)*

=abi [=a 'bi], **-abi** *itj* **non** <u>Syn.</u> =n 'n

-ama [-a -ma] *pron* **leur, leurs** *pronom du 3ème pers. pl. de la série possessive*

-an 1 *pron* **les, eux, elles, leurs, leur** *pronom non-subjectif*

=an 2 *pp* **sur, à la surface de ;** -gɛn =an kwi la peau des

pieds
= ao' *itj* **oui** *(réponse à une salutation)*

B b

'ba 1 *n* **1** *rn* **poche** *f* **2 porte-monnaie** *m* **3** -gɛn 'ba **chaussette** *f* ; -kɔ 'ba **gant** *m* **4** *arch.* **sac** *m*

'ba 2 *itj* **c'est différent, il y a de la marge ;** -a mɛ -kë 'wëü--wun 'ka, 'ba, -yö -ya -de, 'kɛɛ 'yaa ö -zo kë kɔɔ -mɛ 'piö s'il s'agit de l'argent — ça va, (il n'est pas avare), mais de sa famille il ne s'occupe pas (il donne de l'argent aux autres) *lv.* ; sɔ 'yaa n -go = va, 'kɛɛ -a -sakpa 'pö, 'ba, -yö dɔ -de, a -dhö sɔ dhɔ = va -kwɛ = nɛ -a 'ka je n'ai pas beaucoup d'habits, mais quant aux chaussures — ça va ; cette année j'achèterai beaucoup d'habits

-ba *v* **1** *1) vi* **grossir** *(prendre du poids)* *[la corpulence est vue positivement par les Dan]* ; = ya -ba il a grossi ; mɛ -ba -sü une personne corpulente ; -yö -ba -sü 'ka il est gros *2) vt* **accroître 2** *vt* **dégager, nettoyer, débroussailler, se frayer** *(un chemin)* ; kwa -dhö zian 'ö dho kwa -go = bhlöö -a -ba = dɛɛ nous allons nettoyer le chemin qui mène à notre champ aujourd'hui ; -yö wü gblëën- -ba -na elle vide les boyaux

'baa *adj* **mou, salissant et coagulant** *(banco, boue)*

= baa'- *v* **1** *vt* **1.1 réparer** *(mécanisme, outil)* **1.2 régler, arranger** *(affaire),* **préparer, apprêter** ♦ -ka -gludë -bha nu -sü 'dhiö = baa'- préparez d'avance l'arrivée du roi ♦ kë = nɛ = wa yën -bhöpë -bhö -sü -bha kö -ka -an 'dhiö = baa'- s'ils ont fini de manger, débarrassez la table **2.1** *vr* **s'habiller bien, se parer, s'habiller d'une manière spéciale ;** n dë = ya ö = baa'- kö -yaan 'dho 'dhɔɔkuëdhö mon père s'est habillé pour aller au marché **2.2** -go = baa'- **(se) coiffer ;** = Kpaan -bha dhebɔ -yö ö -go = baa' -na -dhɛgayan 'dhiö la femme de Kpaan est en train de se coiffer devant le miroir 'baaba ['baa -ba] *adv* mouillé, boueux *(de l'argile, du savon, de la boue, de l'écaille, de l'huile, etc.)* ; -a -gɛn = ya kë 'baaba ses pieds sont boueux ♦ böü- 'baaba terrain (ou argile) humide pétri par les pieds ♦ sö -dhi 'baaba *se dit de la balle des grains mouillés qui reste après le pilage*

'baan- *loc.n* au travail *(dans le champ)*

=baandhee [=baan' dhee] *n* patate *f* douce

=baapë [=baa' -pë] *n* atour *m*, bijou *m*, joyau *m*, vêtement *m (tout ce qu'on porte sur le corps)* ; =baapë -yö n -ma -kun =duö mes vêtements/bijoux me vont très bien

'badhö ['ba dhö] *adv* à l'écart, à côté ; -më -kë 'ü ü -de -dɔ 'badhö 'dhö e ? pourquoi t'es-tu mis à l'écart de la sorte ?

balon, balon kpö *n* ballon *m*

'ban *n* travailleur(s), groupe *m* de travail, brigade *f* de travailleurs *(un groupe qui se rassemble pour travailler dans les champs de ses membres, ou un membre d'un tel groupe ; pour le groupe également* 'ban -nu) ; -bhö 'dho 'ban 'piö =blöö- 'sa, lëng- =ya 'to 'tee va donner à manger aux travailleurs au champ, midi est proche ♦ 'ban yi jour de travail offert par un groupe

ban *v vi* **1** pleuvoir ; dha -yö ban qu'il pleuve ! **2 tomber en goutte, couler** *(tous les liquides : l'eau, l'huile)* ; -a -bha 'yɔn =bhlü =ya 'wü -yö ban -na son sachet d'huile est percé, ça coule

'baudhö ['bau dhö] *adv* violemment *(d'un mouvement brusque et précis)* ; =ya n zɔn 'lü 'ka 'baudhö il m'a frappé violemment avec un bâton <u>Syn.</u> 'böüdhö

-be **1** *adv* **1** avant ; a- 'wun -dɔ -be nka 'dho nu je ne serais pas venu si je l'avais su avant **2 autrefois, jadis** ; n dë -kë zö 'dhiö -be mon père était là autrefois **3** *marqueur exprimant l'irréalité de la situation : fréquente dans les contextes contrefactuels ; joue le rôle de conjonction dans les constructions conditionnelles irréelles ;* -yö -dhö nu -be 'lɛlɛ 'slaplɛ 'ka il aurait dû venir à sept heures ; n dheglunëgɔɔn -yö ö -zo -ta -be 'yi bhë -saa mon frère pense (en ce moment) que l'eau est froide (mais il a tort) ; =laa' bhë -yö -dha -be, kö =laa' -ya -zë s'il avait raté son coup, le lion l'aurait tué

-be 2 *n rn* **régime** *m (de bananes),* **ballot** *m,* **fagot** *m,* **liasse** *f (de papier, d'argent)* ♦ -be kë enrouler ; -më 'bhle 'ö -kë, 'ö -dhɛ =ya 'po, 'ö 'kaa ka -bha =sɛɛ' -be kë =nɛɛ ? pourquoi quand il fait jour n'enroulez-vous pas vos nattes ?

=**bee'-** *n Manihot esculenta* **manioc** *m* ♦ =bee'- tii manioc noir *(variété à peau violette, à tiges noires ; produit récent d'une recherche agricole ; utilisé pour préparer attiéké ou plakali)* ♦ =bee'- 'puu *i)* manioc blanc *(variété à peau rouge, à tiges blanches, pour foutou ou manioc braisé) ii)* foutou de manioc ♦ bonua- =bee'- manioc de Bonoua *(variété de manioc =bee'- tii, à peau violette, à bon rendement, bon pour préparer l'attiéké)* ♦ =bee'- kpö foutou m de manioc ♦ =bee'- 'pɛn manioc cuit *(bouilli avec du piment, sel et huile)*

=**bee'- ging** *n Thrasops occidentalis* **serpent** *m* **noir**

=**bee'- 'kpa** *n Manihot gluziovii* **manioc** *m* **sauvage** *(manioc qui ne produit pas de tubercules)*

=**beedhɛyi** [=bee'- 'dhɛ 'yi] *n* **couleur** *f* **verte** <u>Syn.</u> 'blüdhɛyi

=**beedhɛyizë** [=bee'- 'dhɛ 'yi -zë] *adj* **vert** <u>Syn.</u> 'blüdhɛyizë

=**beega** [=bee'- ga] *n* **morceau** *m* **de manioc qui a échappé au pilon**

=**bengbengdhö** →
=blingblingdhö *nuageux*

-bezë [-be -zë] *adv* **1 avant 2 autrefois, jadis 3** *marqueur exprimant l'irréalité de la situation : fréquent dans les contextes contrefactuels ; joue le rôle de conjonction dans les constructions conditionnelles irréelles*

'bë *n* **accouchement** *m* ; -a -bha 'bë -yö -kë 'pëëpë son accouchement était facile ♦ 'bë bho accoucher ; -Zlangɔ bɔɔ =ya 'bë bho 'nëdhe do 'ka la femme de Zlango a accouché d'une fille

'bëdhö ['bë dhö] *adv* **hermétiquement, solidement** *(ce qui adhère sans laisser d'espace libre entre des surfaces en contact : ce que est difficile d'enlever (lianes, etc.) ; renforce le* *sens du verbe =nëng)* ; böü- =ya ma, -yö -nëng 'kɔ -bha 'bëdhö lorsque le banco est prêt il colle au mur ; 'klɔ -yö -nëng 'lü -bha 'bëdhö la liane « klo » enserre le tronc d'arbre

'**bëë-** *n* **femme** *f* **qui allaite**

-bëngbëngdhö [-bëng -bëng dhö] ***adv*** *(utilisé toujours après le verbe =kpɛa' « grandir »)* **rapidement** ; n -bha -kakao -yö -kpɛa -bëngbëngdhö mon cacaoyer pousse rapidement

=**bëngbëngdhö** → =blingblingdhö *nuageux*

-bɛɛ (bl, dh) *n* **slip** *m*, **caleçon** *m*, **culotte** *f* Syn. -gɛn 'gü -sɔ

=**bɛɛn'-** *v vt* **1 dessiner 2 écrire** ; -yö 'sëëdhɛ do =bɛɛn' -na il est en train d'écrire une lettre ♦ =bɛɛn' -yan *i)* **broderie** *f*, **teinte** *f* **multicolore** *ii)* **écriture** *f* ♦ 'sëëdhɛ =bɛɛn' -yan **écriture** *(action d'écrire ; manière, technique)*, **orthographe** ; 'në bhë -yö =klang' zü -dɔ -dëü, -a 'sëëdhɛ =bɛɛn' -yan yaa kë -së =kun cet enfant vient de commencer l'école, son écriture n'est pas au point ♦ ö wöödhɛ =bɛɛn'- se maquiller le visage ♦ pë =bɛɛn' –pë ; pë =bɛɛn' -a 'ka -pë **crayon**, **bic**, **stylo**

'**bɛi** *n rn* **1** 'lü 'bɛi **rondin** *m*, **branche** *f* *(tronc d'arbre abattu sans branches ou branche coupée sans tiges)* **2** 'kɔ 'bɛi **charpente** *f* **traditionnelle d'un toit** *(assemblage horizontal de pièces de bois qui sert à soutenir une construction)*

-bɛn *n rn* **1 lèvre** *f*, **lèvres**, **babine** *f*, **lèvre supérieure** *(des insectes)* ; bhüö -yö n -bɛn -bha n pɔɔ- -dhɛ 'yaa -dhö j'ai une plaie aux lèvres, je ne peux pas manger ♦ -bɛn dhuö -zian lèvre supérieure ♦ -bɛn sia- -zian lèvre inférieure ♦ -bɛn 'ö plan extérieur de la lèvre ♦ -bɛn 'ö kɔɔ intérieur de la lèvre ♦ -bɛn -naa 'kan -dhɛ rides d'expression ♦ -bɛn =pɛɛ' -dhɛ gerçure ♦ -bɛn 'kan =yua' *méd.* bec-de-lièvre ♦ ö -bɛn 'to jeûner *(volontairement)* ; -wo wo -bɛn 'to -na 'waa 'yi mü (=va) kö 'yaa -bha -wo pɔɔ- quand on jeûne on ne doit pas boire (beaucoup), ni à plus forte raison manger **2 bec** *m* Syn. 'gbë ♦ -ma -yö ö =bɛɛn' -pë -da -na ö 'në -nu 'dhi l'oiseau donne la becquée à ses petits **3 museau** *m*

-bɛn gbɔ *n rn* **museau** *m*, **mufle** *m (d'une vache, d'un âne)*, **groin** *m (d'un porc, d'un sanglier)*

bɛa, bia *n* **neveu** *m*, **nièce** *f (enfant de sœur aînée, par rapport à une femme ou à un homme) [le neveu utérin est comme subjugué par son oncle maternel ; il participe obligatoirement aux sacrifices effectués par son oncle et aux autres sacrifices et manifestations de la famille ; c'est lui qui égorge l'animal dont la tête et le cou lui reviennent ; le neveu peut s'approprier les vêtements de l'oncle sans que celui-ci soit en mesure de les lui refuser, il peut tout au plus les racheter en payant des noix de cola ; aux funérailles les neveux lavent le corps de l'oncle et l'accompagnent jusqu'à la mise en tombe, ils peuvent plaisanter et pousser les gens à rire ; ils ont droit aux vêtements du défunt et à la viande du repas funéraire ; le neveu n'a pas le droit d'épouser une fille de son oncle maternel, mais si nécessaire ce dernier doit l'aider aux dépenses de son mariage]*

-bean *n* **piment** *m* ; 'too =nɛ -bɛan -ya -kun -së 'ka cette sauce est bien pimentée

-beankaa [-bɛn -bha -kaa] *n rn* **1 moustache** *f (d'homme)* **2 moustaches** *(d'animal, d'oiseau)* **3 palpe** *m (d'insectes, de crustacés)*

-bi *n rn* **farine** *f*, **poudre** *f*

bia → bɛa *neveu*

Bia- *n* **Abidjan**

-bibidhö [-bi -bi dhö] *adv* **sévèrement, avec force** *(frapper)* ; Gi =ya =kwanmɛ -ma maa- 'ka -bibidhö Gi a frappé le voleur sévèrement avec un balai *Syn.* -büdhö

'bidhö ['bi dhö] *adv* **avec force** *(prendre, soulever qch lourd : bagage, pierre, etc.)*

=biën *n* **éventail** *m*, **chasse-mouches** *m (queue de bœuf utilisée pour chasser les mouches ; utilisée aussi par les féticheurs et les griots : pendant les manifestations ils jouent avec le chasse-mouches)* ; -yö -du weng -kë =biën 'ka il a fait de la queue de bœuf un éventail

'bin 1 *n* **1 nuit** *f*, **obscurité** *f (de nuit)* ; 'bin =ya 'më la nuit est tombée *Syn.* gbeng **2.1** *rn* **ombre** *f (de l'objet)* **2.2** *rn* **image** *m (dessin, photo)* ; n 'bin

-dhɛ 'ö =nɛ -yö -së =duö ma photo-ci est cette fois très belle ♦ pë 'bin 'sü *i)* dessiner, faire des dessins *ii)* photographier ♦ mɛ 'bin 'sü -mɛ photographe m

'**bin 2 1)** *n rn* **fleur** *f*

'**bin 2 2)** *v vi* **fleurir** ; 'lü =ya 'bin l'arbre a fleuri

-**bin** *v 1) vt* **cacher** *(à — -gɔ)* ♦ -bin 'sɛi **enterrer** *(pour garder)* ♦ mɛ -bin 'sɛidhö enterrer *(défunt) 2) vi* **se cacher** *(à — -gɔ)* ♦ -bin -dhɛ cachette f, abri *m* ♦ ü -ma -bindhɛ -nu kë -na tu es en train de faire des cachettes vis-à-vis de moi

'**bingatii** ['bin ga tii] *n* rare **nuit** *f* **noire, obscurité** *f (de nuit)* ; 'tan kë -mɛ -nu -wo -dho 'bingatii 'ka plöö les danseurs sont allés au village dans la nuit noire ♦ ü -nu 'bingatii -bha =duö tu es venu très tard

=**bingbingdhö** [=bing' =bing' dhö] *adv* **très fort** *(avoir mal)* ; n -gɛn n kë -na =bingbingdhö j'ai horriblement mal au pied

=**bio** *v vt* **piler, mouler, broyer** *(réduire en poudre à l'aide d'un pilon ou d'une pierre)*

biö *n Loxodonta africana* **éléphant** *m* ♦ biö -gɛn dung éléphantiasis des jambes *(maladie)*

biö -lü *n* **arbre** *m (grand; l'écorce est utilisée dans la pharmacopée traditionnelle)*

'bio *n rn* **crinière** *f (de lion)*

'**biɔnbiɔn** ['biɔn -biɔn] *adv* **1 pâle** *(qu'on ne voit pas clairement)* ; 'dhuɛ =ya yö kö -dhɛ 'plɛ =ya kë 'biɔnbiɔn quand il y a de brouillard, tout devient pâle (on ne voit rien) **2 bien pilé, bien tamisé** *(en poudre)* **3 lisse**

'**biɔnbiɔnzë** ['biɔn -biɔn -zë] *adj* **flou** *(qu'on ne voit pas clairement)* ; a- -yö 'piö 'biɔnbiɔnzë je vois ça comme un peu flou *(je n'arrive pas à bien distinguer la chose)*

'**biɔngbiɔng** ['biɔng -biɔng] *adj* **mal équilibré** *(maison, piquet, clôture)* ; -dhuutii -bha 'kɔ bhë -yö 'biɔngbiɔng la maison du chef du village, là-bas, n'est pas bien placée (n'est pas en équilibre) *Iv.*

-**bla** *n* **course** *f* ♦ -bla 'ka *i)* en courant *ii)* rapidement ♦ -bla 'sü **courir** ; -më -bla 'ü {-a} 'sü -na =nɛ ; ü -dhö -püö o ! quelle folle course que tu fais ; tu vas tomber ! ; -blasümɛ -nu -wo -dhö -blazüdɔ -naa 'a- -kë sia- =nɛ -a -bha les coureurs partiront de cette ligne que j'ai tracée sur le sol

=**blaa'** *adv* **rapidement ;** -drünng 'dhö, =bhaɔ' 'dhö, -a dö 'ö -ta =blaa' =ɛ ? de l'escargot et de la tortue, qui marche le plus vite ? *Syn.* 'blabladhö

=**blaablaa** [=blaa' =blaa'] *adv* **vite** *(plus vite que =blaa')* ; -a kë =blaablaa, dha nu -na fais vite, la pluie s'approche

-**blaan** *n* **1 éclair** *m Syn.* dha 'yan **2 épée** *f* ; -glu kë -mɛ -nu =wa wuë- -blaan 'sü 'töüdhö les guerriers ont tous pris leurs épées

'**blabladhö** ['bla 'bla dhö] *adv* **1 rapidement** *(d'une action qui demande du temps — travail, etc.) Syn.* 'zazadhö, 'zozodhö **2 très** *(intensificateur qui s'associe avec 'kun « chaud »)* ; 'yi =ya 'kun 'blabladhö ! l'eau est très chaude ! (l'eau bout)

'**bladhö** ['bla dhö] *adv* **vite, aussitôt, tout de suite** ; =luu'- 'bladhö ! lève-toi vite ! *Syn.* 'zodhö, 'zadhö

'**blakpɔ** ['bla 'kpɔ] *v* **1)** *vi* **maquiller qn** ; 'nësɛɛn -nu =wa 'blakpɔ wo 'ko -bha les enfants se sont maquillés l'un l'autre **2)** *vt* 'yɔɔ 'blakpɔ **se maquiller avec le kaolin** *[on se maquille par plaisir ou pendant les grandes fêtes]* ; =ya 'yɔɔ 'blakpɔ ö -de -bha il s'est maquillé avec le kaolin

'**bleedhɛ** ['blee -dhɛ] {LOC 'bleedhö} *loc.n* **bord** *m (la limite de champ, maison, village, etc.)* ; -dhɛyamɛ -nu =wa -lo bhlödhɛ 'bleedhö les laboureurs sont arrivés au bout du champ

'**bleedhö** ['blee dhö] *LOC de* → 'bleedhɛ *bord*

blengdhö [bleng dhö] *adv* **(éclairé) subitement** *(intensificateur, s'associe au verbe dɔ « allumer »)* ; =wa 'mɔbhli 'siö dɔ blengdhö ils ont subitement allumé les phares de la voiture

'**blë** *v vt* **déchirer** ; n 'zlaa- =ya -ma sɔ 'blë mon petit frère a déchiré mon habit

'**blëdhɛ** ['blë -dhɛ] *n* **déchirure** *f*, **trou** *m*

-**blëë, -blëë yië** *n* **saison** *f* **sèche** *(novembre-avril)*

=**blëë'** *n* **1 verdure** *f (herbes, buissons)* **2 ordures** *f*

=**blëë'-** *v vt* **déchirer, cou-**

per *(couper en plusieurs morceaux — du papier ; faire beaucoup de trous — aux vêtements)* ; ma sɔ bhë =taanga =nɛ 'ö- =blëë bhë c'est une pointe qui a déchiré mon vêtement ♦ sɔ =blëësü vêtement usé, haillon

=**blëëdhɛ** [=blëë' 'dhɛ] *n* **1 herbe** *f* **2 médicament** *m* ♦ =blëëdhɛ 'yi bho préparer un médicament liquide ♦ =blëëdhɛ kë *i)* soigner *ii)* préparer les médicaments ; =zuöyaamɛ =kpaa -wun tɔɔ =blëëdhɛ yaa kë -sü le méchant a pour habitude de préparer des procédés de la magie noire

=**blëng** *n* **têtard** *m*

'**blëng** *n* **rat** *m* **huppé**

=**blɛɛ**'- *v vt* **1.1 dire** *(à — -dhë)* ; 'wun 'a 'dhoa- =blɛɛ'- ka -dhë bhë -yö -dhö ka 'te tun ce que je vais vous dire vous étonnera ♦ =blɛɛ'- sɛa- parler bas, chuchoter **1.2 raconter 1.3 discuter** *(affaire)* **1.4** 'wun =blɛɛ'- **gronder, parler contre** *(qn — 'ka)* ; -dhɛ 'a 'wun =blɛɛ -a 'ka pee =nɛ, -yö kë -na 'kpaakpa depuis que je l'ai grondé la fois passée il devient sage ; -yö 'wun -blɛɛ n 'ka =gbaɔnsü il m'a grondé sévèrement **2 -Zlan -wo** =blɛɛ' **prêcher** *(litt. : dire la parole de Dieu)* ; -yö Zlan -wo =blɛɛ' -na il prêche ♦ =blɛɛ' -dhɛ tribunal

=**blɛɛdhɛ** [=blɛɛ' dhɛ] *n* **règlement** *m* **d'un litige, résolution** *f*

=**blɛɛdhɛ** [=blɛɛ' 'dhɛ] *n* **1 médicament** *m*, **remède** *m* **traditionnel** ; =blɛɛdhɛ -dhɛ 'wo- yö -a -bha bhë -yö -dhö -a -bha 'yua bo ce médicament qu'on lui a donné va le guérir **2 amulette** *f*, **fétiche** *m*, **gri-gri** *m*

-**blɛɛzë** [-blɛɛ -zë] *adj* **premier** ; yö =nɛ 'ö tɔɔ mɛ -blɛɛzë 'ö -gɔ =klang' 'kɔɔdhö c'est lui qui est l'élève premier de la classe ♦ n =dhoo 'në -blɛɛzë -mü c'est mon frère aîné *(premier enfant de mes parents)*

'**blɛngblɛng** ['blɛng -blɛng] *adj* **liquide, clair** *(nourriture, argile, boue)*, **boueux** *(trop mouillé, qui contient beaucoup d'eau)*

blii *n* **forêt** *f* ♦ blii tii ; blii zii forêt dense

'**blikö** ['bli 'kö], **blikö** [bli kö], '**brikö** ['bri 'kö] *n* **brique** *f* <u>Syn.</u> böükpö

=blingblingdhö [=bling'=bling' dhö] *adv* **nuageux** ; dha =ya nu =blingblingdhö le ciel est nuageux *(la pluie est prête à tomber)*

=Blongdhö [=Blong' dhö] *loc.n* **canton Blouno** ; Gwɛ -yö -go =Blongdhö Gouet vient du canton Blouno

Bloodhö [bloo- dhö] *loc.n* **canton Blossé**

blöö, =blöö- *loc.n* **brousse** *f* ; gbɛn- -nu =wa -da blöö, -ka ka -bha 'dü -nu 'sü, 'ka dɔ 'slë 'ka les chiens sont rentrés dans la brousse, prenez vos lances et soyez prudents

blɔ (M, bl) *rare v vi* **se fatiguer, exagérer**

'**blɔɔ** *n* ***Pseudohaje nigra*** **cobra** *m* **sans capuchon** *(vert pâle, vit dans les trous, n'apparaît qu'à la saison sèche, longueur : 50 cm — 2 m ; pas trop méchant, morsure non-mortelle)*

blɔɔn- 1 *n rn* **tombeau** *m*

blɔɔn- 2 *n* **poudre** *f* **à fusil** ; n dë =ya blɔɔn- yö ö -bha bu 'gü mon père a chargé son fusil

'**blɔɔn-** *n* **1 folie** *f* **2 sottise** *f*, **stupidité** *f* ♦ =ya =duë 'blɔɔn- 'gü il s'est enfui lâchement

'**blɔɔnmɛ** ['blɔɔn- -mɛ] *n* **1 fou** *m* **2 sot** *m*, **imbécile** *m* ; =ya kë 'blɔɔnmɛ 'ka il est devenu fou

blɔɔntaadhɛ [blɔɔn- =taa -dhɛ] *n* **cimetière** *m*

'**blɔɔnzë** ['blɔɔn- -zë] *adj* **1 sot, stupide 2 fou**

-blu *n rn* **nombril** *m* ; 'në 'tee =nɛ -a -blu -to plaan ce petit enfant a une hernie ombilicale, ce petit enfant a laissé son nombril dehors *lv*.

-blugbɔng [-blu gbɔng] *n rn* **nombril** *m* **gonflé, hernie** *f* **ombilicale**

=**bluu'-,** '**bluu-** (ll, bl) *n* **pain** *m* ; -bhö 'dho 'ü -ma 'bluu- =plɛ 'dho ! va m'acheter deux pains !

'**bluubi** ['bluu- -bi], =**bluubi** [=bluu'- -bi] *n* **farine** *f* ; 'bluu- kë -pë tɔɔ 'bluubi on fabrique le pain avec de la farine

-bluudhö [-bluu dhö] *adv* **nombreux, en grand nombre** Syn. =va ; -wo -nu -bluudhö ils sont venus nombreux

'**blü** *n* **1 brousse** *f*, **étendue** *f* **sauvage 2 chasse** *f* ; gɔɔn- -nu =wa 'dho 'blü 'piö les hommes sont partis à la chasse ♦ 'blü kë *i)* faire la chasse *Syn.* wü kë *ii)* chasser qn, faire la chasse à qn ♦ 'yi -blü kë pêcher ♦ 'blü kë gbɛn- limier *(chien)* **3 sauvage** ; 'blü -wü animal sauvage

-blü *v* **1** *vt* **pousser, déplacer, bousculer, cogner** ; -ka 'lü =kpëü bhë -kaa -blü 'ka -a bho ziangbloo -ta, kö 'kwa ziö -dhɛ yö poussez ce tronc d'arbre hors du chemin pour qu'on puisse passer ; gɔɔn- bhë =ya n -blü cet homme-là m'a bousculé ♦ -blü 'dhiö augmenter ; =wa yuökëmɛ -nu =saan' -blü 'dhiö on a augmenté la paie des travailleurs **2** *vt* **rouler** *(vélo)*, **conduire** *(auto)*, **manœuvrer** *(pirogue)* ; -Zlangɔ -yö ö gbö =daan' -na -piö =soo -blü -sü 'ka Zlango apprend à son fils à rouler en vélo **3** *vt* **inhaler, aspirer** ; -bhö =fii 'ö =nɛ -a -blü aspire cette poudre **4** *vr* **reculer** ; -bhö ü 'bhle -blü 'ma recule-toi un peu

'blüblü ['blü 'blü] *loc.n* **en brousse**

'blüblüdhö ['blü 'blü dhö] *adv* **tout autour** *(se dit du mouvement)* ; 'bha nië- ü -zü 'blüblüdhö =sia, ü 'yënng -dhö =nië' si tu tournes sur toi-même, tu auras des vertiges

'blübhɔ ['blü -bhɔ] *n* **1** *Hylochoerus meinertzhageni* **hylochère** *m* **géant 2** *Phacochoerus africanus* **phacochère** *m* **3** *Sus scrofa* **sanglier** *m*, **phacochère** *m* *[tête longue et pointue ; petites défenses]*

'blüdu ['blü -du], **'blüüdu** ['blüü -du] *n* **bœuf** *m* **sauvage**

'blüdhɛyi ['blü 'dhɛ 'yi] *n* **couleur** *f* **verte** *Syn.* =beedhɛyi

'blüdhɛyizë ['blü 'dhɛ 'yi -zë], **'blüdhɛzë** *adj* **vert** *Syn.* =beedhɛyizë

-blüë, -blüë -yië *n* **1 saison** *f* **sèche 2 sécheresse** *f*

'blügan ['blü -gan] *n Guttera edouardi* **pintade** *f* **huppée** *(huppe bouclée noire)*

'blügbɔɔn ['blü -gbɔɔn] *n Polistes* **guêpe** *f (espèce)*

'blükaɔ ['blü kaɔ] *n* **1** *Francolinus lathami, Francolinus albogularis, Francolinus bicalcaratus, Francolinus clappertoni, Francolinus squamatus* **francolin** *m* **2 perdrix** *f* **3** *Ptilopachus petrosus* **poule** *f* **de rocher**

'blükëmɛ ['blü kë -mɛ] *n* **chasseur** *m*

'blüng → **'blüüng** *porc-épic*

'blünii *n* génie *m* de la brousse

-blüpë ['blü -pë] *n* **1** gɔ =mië' -blüpë **pagaie** *f*, **rame** *f* **2** **mobylette** *f*, **vélomoteur** *m*, **vélo** *m*

'blüü *loc.n* **1** **en brousse** **2** **sauvage** ; 'blüü -wü animal sauvage

=blüü'- *v* **1)** *vi* **fouiller** *(dans — 'gü)* **2)** *vt* **fouiller qch** ; =zang -nu =wa ma =kwɛɛ- =blüü'-, 'wa ma 'kinzuu 'kun n -gɔ les gendarmes ont fouillé mon bagage et ont pris mon alcool de canne

'blüüdu → 'blüdu **buffle sauvage**

'blüün =yua' *n* **sinusite** *f* *(maladie du nez)* ; 'blüün =yua' -ya -kë -be il avait une sinusite

'blüüng, 'blüng *n* **1** *Hystrix sp.* **porc-épic** *m* **à crête** *(grand ; fort ; dos et courte queue couverts de longs piquants noirs et blancs)* ♦ 'blüng 'sian piquant de porc-épic **2** *Atelerix albiventris* **hérisson** *m* **lv.**

'blüyaɔn ['blü -yaɔn] *n* *Felis sylvestris* **chat** *m* **ganté** *(sauvage)*

bo *v* **1** *1)* *vr* **finir, cesser** *(qch — 'ka)* ; -ka ka bo -zuö dɔ -sü 'ka arrêtez de bavarder **2)** *rare* *vi* **finir, s'apaiser** *(une envie ou un sentiment : de faim, soif, amour)* ; 'yi mü -dhɔ =ya bo n -gɔ je n'ai plus envie de boire *(litt. : ma soif est finie)* ; ü -dhɔ =ya bo n -gɔ je ne t'aime plus **2** *1)* *vi* {-dhɛ, 'yua} bo **se remettre, guérir** ; 'yua 'gbee--ya -kë 'kɛɛ {-a -dhɛ} =ya bo il était gravement malade mais il est guéri **2)** *vt* **guérir** *(une maladie)*

-bo *v* *vi* **être privé** *(de — 'gü)* ; =ya -bo ö -bha yuö 'gü il a perdu son emploi

=boë' *adj* **pourri** *(œuf)*

boi *n* **oiseau** *(espèce ; imite les cris de tous les oiseaux)*

'bö *adv* **profondément**

böü- *n* **1.1** **boue** *f* *(terre mouillée)*, **argile** *f* ; -kpiin -ta -dhɛ =ya kë böü- 'ka la route est boueuse **1.2** **marécage** *m* **2** **banco** *m* *(terre utilisée dans la construction)* **3** **mur** *m* *(de la maison)* ; =ya ö ko yö 'kɔ böü--bha il s'adosse au mur de la maison

'böü *n* *rn* **1** **forme** *f* *(du corps)* ; -a 'böü -yö =va il est musclé **2** **régime** *m* *(de palmier)*

'böüdhö ['böü dhö] *adv* violemment *(bruit violent, qu'on entend quand on frappe qn ou qch)* Syn. 'baudhö

böügü [böü- 'gü] *LOC de* böügüdhɛ *bas-fond*

böügüdhɛ [böü- 'gü -dhɛ] {LOC böügü} *n* **bas-fond** *m (terrain où l'eau s'infiltre et stagne)* ; =yö -së kö böügüdhɛ =nɛ -yö 'kpɔ il serait bien de cultiver ce bas-fond

böükpö [böü- kpö] *n* **brique** *f* Syn. 'blikö

böüzë [böü- -zë] *adj* **boueux** ; dha =ya ban kö -dhɛ 'plɛ =ya kë böüzë quand il pleut, tout devient boueux

'böüzë ['böü -zë] *adj* **bien formé, vigoureux, élégant** *(personne)*

'bɔ *n* **arbre** *m (espèce ; pousse dans les bas-fonds)*

bɔ *v* **1.1** *vi* **passer** ; yi -bɔ -a -gɔ 'kɔ 'dhiö -kplawo, 'yi dho =bhlöö nous passons toujours devant sa porte quand nous allons au champ **1.2** *vi* **traverser** *(qch, comme rivière, route, feu —* 'gü*)* ♦ -bɔ 'yi =bhaa *i)* traverser la rivière *(à gué) ii) chr.* baptiser ; =wa ü bɔ 'yi =bhaa =a ? est-ce qu'on t'a baptisé ? **1.3** *vi* **faire le tour, passer autour** *(de —* -zü 'to*)* ; =më -kë 'ka bɔ mɛ -nu -zü 'to 'dhö e ? pourquoi passez-vous ainsi autour des gens ? *(aux enfants)* **1.4** *vi* **surmonter qch, vaincre, maîtriser** *(un problème)* **1.5** *vi* **passer** *(par —* -ta*)*, **avoir recours** *(à —* -ta*)* ; -yö -bɔ ö -mɛ -nu -ta (kö -waan 'gën nu -a bɔɔ -dhë) il est passé par ses parents pour demander pardon à sa femme **2** *vt* **envoyer** *(un messager, chercher qn —* 'piö*)* **3** *vt* **ajouter, mélanger** *(à, avec —* 'piö*)* ; -bhö diibɔ yɔ bhë -a 'piö kö 'kwaa- mü il faut mélanger la poudre du médicament à ce vin de palme, afin que nous le buvions **4** *vt* **abattre** *(arbre)* ; -yö -dho 'lü bɔ =dhia il est allé abattre des arbres **5** *vt* **labourer** ; =ya ö -bha -dhɛ bɔ il a labouré son champ ♦ -dhɛ bɔ labourage

'bɔasiö ['bɔa 'siö] *n* **1 botte** *f* **2 boîte** *f*

bɔmɛ [bɔ -mɛ] *n* **envoyé** *m*

'bɔn, 'bɔng *n* **1 circoncision** *f*, **excision** *f* [la circoncision est pratiquée au village à partir de l'âge de 5 ans, mais le plus souvent à 10 ans ; en ville on cir-

concit les garçons à l'hôpital dès l'âge d'une semaine ; l'excision était pratiquée seulement au village, mais de nos jours elle est rare] ♦ 'bɔn zë, 'bɔng zë circoncire ♦ 'bɔn zë -mɛ, 'bɔn zë 'zoo circonciseur, opérateur de la circoncision *[première personne à la circoncision]* ♦ -ya 'bɔn -bha surveillant de circoncision ou d'excision, responsable de circoncision ou d'excision *[un vieux ou une vieille qui joue le rôle de porte-parole des circoncis ou excisées : donne des ordres et des conseils ; deuxième personne lors des circoncisions et excisions]* ♦ 'bɔn 'kan *i)* devenir stupide ; mɛ =nɛ -a 'bɔn =ya 'kan cette personne est devenue stupide *ii)* -de 'bɔn 'kan se faire du mal, perdre la raison, perdre le bon sens **2 circoncis** *m*

'bɔngbɔng ['bɔng -bɔng], **'bɔnbɔn** ['bɔn -bɔn] *adj* **bien formé, ayant bonne mine** *(mais aussi qui a de la graisse ; se dit généralement de la beauté des filles)*

'bɔnkanpë ['bɔn 'kan -pë] *n* **bêtise** *f*, **bêtises** ; ü 'bɔnkanpë kë -na tu fais des bêtises

bɔɔ *n* rn **épouse** *f* Syn. dhebɔ

=**bɔɔ'** *n Gerbillus* **souris** *f (espèce)*

-**bɔtou** [-bɔ 'tou] *n* **boucle** *f* **d'oreille, bijou** *m*

bu *n* **fusil** *m* ♦ bu -da tirer au fusil *(sur — -bha)* ; -Gbato =ya bu -da =zloo -bha Gbato a tiré au fusil sur l'antilope

'bu *vi* **pourrir** *(viande, fruits, légumes)* ; wü =ya 'bu 'sɔ 'gü l'animal a pourri dans le piège

-**buadhö** [-bua dhö] *adv* **assez, suffisamment** *(quantité)* ; -bhö -mlü bhë -a dan -buadhö il faut mesurer une quantité suffisante de ce riz

budhazë → **'bulazë** *bleu*

'budhö ['bu dhö] *adv* **tout de suite, soudain** Syn. 'bladhö ; ... 'ö =luu 'budhö ... et il se leva brusquement

=**buei'-**, =**buei'** *n* **rossignol** *m*

buëndhö [buën- dhö] *pp* **à cause de**

buënpë [bun -bha -pë] *n* **vêtement** *m (y compris couvre-chefs)* ; buënpë -ya -ma -kun les vêtements lui vont bien

buga [bu ga] *n* **balle** *f*, cartouche *f (de fusil)*

'**bula** ['bu 'la] *n* **bleu** *m (couleur)*

'**bulazë** ['bu 'la -zë], **budhazë** [bu dha -zë], '**buladhë** *adj* **bleu ;** =weeyi waa dhang- -an 'yan -yö 'bulazë la mer et le ciel ont une couleur bleue

bun 1 *v vt* **1 porter, transporter ;** =kwɛng 'zü bhë 'gɔ -nu -wo 'dho -na 'ta 'gü, -an bun 'wo- wo 'nuu 'gü dans l'ancien temps, quand les patriarches voyageaient, on les portait dans des hamacs ♦ -bun tuö porter qch sur la tête **2 soutenir, s'occuper complètement de qn ;** mɛ 'ö dho n {-de} bun 'a- =mɛɛ je suis en train de chercher qn qui va m'entretenir **3 supporter ;** 'në -nu 'wo =nɛ -an bun -dhɛ 'yaa dhö ces enfants sont insupportables

bun 2, buën *n rn* **corps** *m*

'**busü** ['bu -sü] → 'buu- *pourri*

-**buu** *n* **harmattan** *m (vent sec et froid de janvier-février qui amène de la poussière)* ♦ -buu 'nɛnɛ froid d'harmattan

'**buu** *n* **ouragan** *m*

'**buu-,** '**busü** *adj* **pourri**

buudhö [buu dhö] *adv* **sonore** *(son de la corne) ;* =ya 'truu -piö buudhö il joua de la corne avec un bruit sonore

-**büdhö** [-bü dhö] *adv* **1 de force** *(frapper, soulever)* **2 de vitesse ;** -yö -ziö n -ta -büdhö il m'a dépassé de vitesse

'**büdhö** *adv* **d'un coup de reins, par saccade ;** =ya =kwɛɛ- kpö 'sü 'büdhö il a pris le bagage d'un seul coup

'**büëngbüëng** ['büëng -büëng], '**bhüëngbhüëng** ['bhüëng -bhüëng] *adj* **béant, largement ouvert ;** -a -bha bhüö -yö 'büëngbüëng sa plaie est importante (large)

büëngbüëngdhö [büëng büëng dhö] *adv* **trop large-ment ;** ka 'kwɛɛ -po büëngbüëngdhö vous ouvrez la porte complètement (largement)

-**bünng** *n rn* **pâte** *f (de fruits, de viande) ;* -tɔ -bünng pâte de poulet ♦ -bünng bho *i)* réduire en pâte *ii)* écraser, broyer

-**büö 1.1)** *v vi* **se réveiller ;** -yö -büö -dhiadhiö tii 'gü il s'est réveillé très tôt

-**büö 1.2)** *n* **salutation matinale** ♦ -büö pö ; -büö -da saluer le matin *(qn — -dhë) ;* 'ma -büö -da ka -dhë -dhia 'dhiö 'dhe -e ? est-ce que je vous ai salué ce matin ?

-büö 2 *n* cendre *f* <u>Syn.</u> 'yoo

-büöbi [-büö -bi] *n* poussière *f*

Bh bh

-bha 1 *pp* **1** sur, par *(en fonction du verbe, désigne la position sur une surface, le mouvement vers ou sur la surface)* **2** à, dans, de *(valeur locative générale)* <u>Syn.</u> 'ka ♦ 'su -bha au clair de lune **3** depuis, pendant *(valeur temporelle générale)* **4** pour **5** quand le sujet est un nom d'état psycho-physique, la postposition attribue cet état à une personne **6** à *(avoir affaire à qn)* ; kong ko -bha tu as affaire à moi *(litt. : toi et moi avec)* ♦ -ya -bha il faut, il est mieux de... ; -ya -bha kö 'a n -ma yuö 'dhiö 'to je dois finir mon travail ♦ ö -bha à son tour

-bha 2 *mrph* connecteur du groupe possessif avec les noms non-relatés

-bha 3 *n* goundi *[comestible]*

'bha 1 *pron* tu *pronom subjectif du parfait, 2ème pers. sg.*

'bha 2 {pl. 'bhaɔng- -nu, 'bhaɔngzë -nu, 'bhaɔ -nu, 'bhazë} *n rn* **1** camarade *m, f* d'âge **2** ami *m*, amie *f*, camarade *m, f (dans l'amitié, entre filles ou entre garçons)*

'bha- *pron* tu le, tu la *forme contractée : pronom subjectif du parfait 2ème pers. sg. + pronom non-subjectif 3ème pers. sg.*

bha *v vi* fructifier, porter des fruits

bhaa *n* arbre *m (de brousse)*

=bhaa *pp* **1** dans *(l'eau)*, de *(l'eau, en parlant de déplacement)*, près *(de l'eau)* ; Kamë -bha 'kɔ -yö 'Yuu =bhaa la maison de Kamun est au bord du fleuve Cavally **2** sur, à la surface de **3** tout près de, à côté de ♦ 'ko =bhaa ensemble ; mɛ -nu -wo -nu wo 'ko =bhaa les gens se sont mis ensemble

'bhaa 1 *dtm* **1.1** certain ; mɛ 'bhaa -nu -wo -dho -Dɛa -gɔ =bhlöö-, 'ö- 'bhaa -nu dho 'Zee -gɔ 'ban -ta les uns sont partis dans le champ de Déa, les autres dans celui de Zéhé ♦ 'tëng 'bhaa -bha souvent **1.2** quelconque ; yi 'bhaa -nu 'ka 'ö dɔn zë il tousse souvent ♦ =a 'bhaa -nu =wa kë peut-être **2 autre** ; 'kɔ 'bhaa 'yaa 'Yuu =bhaa il n'y a pas d'autre maison au bord du Cavally ♦ 'bhaa gbɛ autre

'bhaa 2 *pron* **tu ne** *pronom subjectif de la série imperfective négative* ; -më 'ö -kë 'ö 'bhaa 'kpaa -kpa -dhɛ =daan'- =nɛɛ ? pourquoi n'apprends-tu pas à être sage ?

'bhaa 3 *adj* **mou, gâté** *(aliments dans un état non comestible, banco trop liquide)* ; =bee'-bhë -a -bhö -dhɛ 'yaa -bha zlöö, =ya kë 'bhaa =duö ce manioc-là n'est plus mangeable, il est devenu très mou

'bhaa 4, 'bhëë *n* **bouillie** *f* <u>Syn.</u> -bhöyië

'bhaa- → **'bhamɛ** camarade d'âge

-bhaazë [-bhaa -zë] *adj* **1 ridicule** ♦ =yaa- kë -bhaazë il l'a ridiculisé ♦ =ya ö -de kë -bhaazë il s'est rendu ridicule **2 sans valeur**

-bhabha [-bha -bha] *onomat* **imitation du bourdonnement des insectes** -bhabha 'kun bourdonner *(abeilles)*

-bhadë [-bha dë] *n Uromanis tetradactyla* **pangolin** *m* **arboricole** *(petit ; larges écailles peu nombreuses ; brun foncé ; dessous du corps noirâtre, queue très longue)*

'bhadhɛ ['bha -dhɛ] *n rn* **1 coépouse** *f* **2 voisine** *f*

'bhadhɛ ['bha -dhɛ] *n* **amitié** *f* ; -tenë waa- daɔn -an -bha 'bhadhɛ -yö -kë 'glaagla l'orphelin et l'araignée avaient une amitié qui n'était pas franche ♦ 'bhadhɛ 'kun se lier d'amitié *(avec — -bha)* ; =wa 'bhadhɛ 'kun wo 'ko 'ka ils sont devenus amis ; 'bhüü waa- diɔng =wa 'bhadhɛ 'kun l'hyène s'est lié d'amitié avec le lièvre

'bhamɛ ['bha -mɛ], **'bhaa-** {pl. bhaɔng- -nu, 'bhaɔngzë -nu} *n rn* **1 camarade** *m* **d'âge, ami** *m,* **amie** *f (dans l'amitié entre filles ou entre garçons)* **2 prochain** *m*

=bhang *n* **tambour** *m (tam-tam simple)*

=bhang' *n* **1 groupe** *m,* **foule** *f (unie pour une même cause),* **assemblée** *f* ♦ =wa yuö kë =bhang' 'gü ils se sont associés pour faire le travail **2.1** *pl.* = *sg.* **membre(s) d'une famille**

2.2 *pl. = sg.* **disciple(s), partenaire(s), descendant(s), élève(s)**

=**bhangbha** [=bhang 'bha] *v* **1)** *vi* **s'agiter, se balancer 2)** *vt* **balancer qch**

-**bhanggö** [-bhang -gö] *n* **papaye** *f* ♦ -bhanggö bhɛ papaye *(fruit)* ♦ -bhanggö -lü *Carica papaya* papayer

=**bhangzë** [=bhang' -zë], =**bhangzë -nu** *pluriel de* =bhang' *membre(s) d'une famille*

-**bhawun** [-bha -wun], -**mawun** [-ma -wun] *n rn* **besoin** *m* (de — -bha) ; Göö -bhawun -yö 'sëëdhɛ -bha Gueu a besoin du papier ; n -mawun -yö 'wëü- -bha j'ai besoin d'argent ♦ -mawun 'to **excuser, pardonner** ; -bhö n -mawun 'to, zë 'ö -a wo -a 'ka n -gɔ excusez-moi, c'est une erreur de ma part

'**bhazë** ['bha -zë] **1)** *adj* **lié d'amitié**

'**bhazë** ['bha -zë] **2)** *pluriel de* 'bha *camarade d'âge*

bhaɔ *n* **1** *rn* **verrue** *f* **2** *rn* **sixième doigt** *m* (de la main ou du pied ; honteux pour les parents d'un enfant ayant six doigts) **3 cicatrice** *f* (sous forme de tache ou de bouton ; apparaît après une blessure) *Syn.* bhaɔga

=**bhaɔ'** *n* **tortue** *f*

'**bhaɔdhö** ['bhaɔ dhö] *adv* **violemment, avec violence** (sorte de violence, avec laquelle on tape ou frappe qn ; bruit d'un coup donné avec une force inattendue)

bhaɔga [bhaɔ ga] *n* **1** *rn* **verrue** *f* **2** *rn* **sixième doigt** *m* **3 cicatrice** *f Syn.* bhaɔ

'**bhaɔng-** *n* **1** *Euxerus erythropus* **écureuil** *m* **fouisseur, rat** *m* **palmiste** *Afr.* (grand écureuil : tête et corps de 22 à 30 cm, coloration, du dessus varie du sable pâle au rougeâtre et au brun foncé suivant l'humidité de l'habitat ; avec une raie latérale blanche et le dessous blanchâtre. La queue, très touffue, est presqu'aussi longue que la dimension allant de la tête au corps, couverte de longs poils annelés noirs et blancs) **2** *Heliosciurus gambianus* **héliosciure de Gambie, rat palmiste** *Afr.* **3** *Epixerus ebii* **écureuil** *m* **des palmiers 4 belette** *f*

'**bhaɔng- -nu,** '**bhaɔngzë -nu** ['bhaɔng- -zë -nu] *pluriel de* 'bha, 'bhamɛ *camarade d'âge*

'**bhaɔ -nu** *pluriel de* 'bha *ca-*

marade d'âge

bhe *n* **magie** *f (en général)*, **miracle** *m*

'bhɛ → **'bhlɛ** *un peu*

=bhea' → =bhea' *prier*

'bhei-, 'bhee- *(la deuxième forme s'emploie uniquement à propos des humains)* *adj* **vivant** ; n 'na -yö =tun 'bhee- =kun ma grand-mère est encore vivante ♦ mɛ 'bhee- être vivant, homme, humain ; -Zlan -yö mɛ 'bhee- kë ö -bhɔa 'ka Dieu a fait l'homme à son image ♦ pë 'bhei- 'në insecte

'bheizë ['bhei- -zë], **'bheezë** *adj* **vivant**

bheng, -bheng *n* **oiseau** *m (espèce)*

bhë 1) *adv* **là, là-bas** *(à distance des interlocuteurs et dans la zone de leur visibilité)* ; -bhö 'dho bhë, -dhɛ 'a glɔɔ -be bhë 'a -a -bin -a -bha =nɛ 'ö bhë va là-bas, c'est là que j'ai caché ce régime de banane

bhë 2) *dtm* **le, la** *article défini, suit le groupe nominal déterminé, demande une reprise pronominale* ; 'në bhë -a =dhɔɔ kë -bhöpë 'ka invite l'enfant à manger

'bhëë → 'bhaa *bouillie*

bhɛ *n* *rn* **1 fruit** *m* ; =vokaa -lü 'ö =nɛ -a bhɛ -yö 'gblögblö cet avocatier porte de gros fruits ♦ bhɛ 'yi jus *m* ; dhang tra bhɛ 'yi -yö 'slëënslën =nɛ 'sukaa 'yi 'dhö le jus de l'ananas est sucré comme sirop **2 corps** *m* ; 'nëdhe 'a 'we -na -a 'ka bhë -a bhɛ -yö =va cette fille dont je parle est grosse ♦ mɛ 'tee bhɛ =vaa- -zë petit gros *(constitution)* **3 tronc** *m* ; gwɛɛ- -lü bhë -a bhɛ -yö =va =duö le tronc du fromager est très gros

'bhɛɛbhɛ ['bhɛɛ -bhɛ] *adj* **très balaise** *(personne)*

bhɛgüdhɛ [bhɛ 'gü -dhɛ] *n* *rn* **thorax** *m (d'insecte)*

'bhɛi *n* **1 chemise** *f* ♦ 'bhɛi 'në chemisette f **2 boubou** *m* **court**

'bhɛlɛbhɛlɛ → 'bhlɛɛbhlɛ *pâteux*

bhɛma ['bhɛ 'ma], **'bhɛmaa** ['bhɛ 'maa] *n* *rn* **ancêtre** *m* ; yi 'bhɛma -nu 'wo yië pödhɛ =nɛ 'wo -a 'tɔ kpɔ ce sont nos ancêtres qui ont nommé notre village

-bhea *adj* **1 fainéant** *(celui qui ne fait que se promener)* **2 gratuit 3 inutile**

=bhɛa'-, =bhɛa' *v* *vi* **1**

prier *(Dieu)* ; -bhö =bhɛa'- kö 'kwa pɔɔ- il faut prier pour qu'on mange ♦ =bhɛa' -wun prière **2 prier** *(qn — -dhë)* ; -bhö =bhɛa'- Zlangɔ -dhë kö ü -bha yuö bhë 'kaa- kë il faut prier Zlango pour qu'il t'aide à faire ce travail **3 demander pardon** ; Sɔɔ =ya =bhɛa'- Kamë' -dhë Soo a demandé pardon à Kame

bhi 1 *pron* **toi** *pronom de la série autonome*

bhi 2 → bhii *parce que*

=**bhiaɔng, bhiaɔng,** =**bhiaɔnggɔ** *n* **arbre** *m* **fruitier** *(espèce)*

=**bhiaɔngga** [=bhiaɔng ga] *n* **fruit** *m* **de l'arbre** « =bhiaɔng » *(acide ; on les suce)*

bhii, bhi *conj* **car, parce que**

bhing *n* rn **tas** *m*, **balle** *f (gros tas bien attaché : bagage, habits, fagot)*

-bhing *n* **1 piège** *m (sous forme de cage ; à petits animaux : souris, écureuil, rat palmiste)* ; -Zlangɔ -bha -bhing =ya -mɔ gɔn =kpaɔ -zë do 'kun le piège de Zlango a attrapé une grosse souris **2 gibecière** *f* Syn. -zɔɔ **3 cage** *f*

bhingbhingdhö [bhing bhing dhö] *adv* **densément** ; dha =ya nu =bhingbhingdhö les nuages ont couvert le ciel de manière dense

bhiöfɛadë [bhiö- 'fɛa dë] (wo, bl) ***Pan troglodytes*** *n* **chimpanzé** *m* Syn. =kluë

bhiɔng *n* **1 fleur** *f* **2 arbre** *m (produit des fruits acides ; les fleurs sont petites et jolies)*

=**bhla** *n* **lunettes** ; =yö =bhla -ya ö 'yan -bha il porte des lunettes

'bhla, 'bhlaa *n* **mouton** *m*, **brebis** *f* ♦ 'bhla mɔ brebis

-bhla 1 *v 1)* **vi s'enfler, se gonfler** ; -a bhɔ =ya -bhla son cou est enflé *2)* **vt gonfler, enfler** ; 'në -nu =wa 'drɔɔ -bhla les enfants ont gonflé la grenouille

-bhla 2 *v* **vt tacheter de, barbouiller de** *(qch — -bha)* ; =ya 'yɔn -bhla ma sɔ -bha il a barbouillé mon habit de l'huile ♦ =ya 'yɔɔ -bhla 'kɔ -bha il a peint la maison avec du kaolin

bhlaa- *n* **oiseau** *m* **de nuit** *(espèce)*

'bhlaa → 'bhla *mouton*

'bhlaabhla ['bhlaa -bhla] *adj* **1 énorme** *(trop gros pour être* porté) ; =kwɛɛ- =nɛ -yö 'bhlaabhla =duö, ü 'ka -dhö -a bun =dhɛ yö ce bagage est énorme, tu ne pourras pas le porter **2 pas trop juste, mais acceptable** ; =ya =yaɔbhaa -wo 'bhlaabhla pö il parle le yacouba pas trop bien, mais de façon acceptable

'bhle, 'bhe *restr* **1 un peu** ♦ 'bhle 'tee un petit peu, petit ; =dhɛ 'ö =ya ö 'bhe 'tee =yɔɔn 'dhiö, ... lorsqu'il s'était approché un tout petit peu, ... **2 aucun**

=**bhlë** *n* **1** *rn* **respect** *m* ♦ =bhlë 'kpɔ *i)* respecter, honorer qn avec des cadeaux ; -wo n =bhlë -kpɔ giagiawo, -a -de -wo -tɔ -zë n -dhë ils m'ont vraiment honoré, et d'ailleurs ils ont tué un poulet en mon honneur *ii)* honorer *(exprimer le respect ou la reconnaissance avec des cadeaux)* ♦ tɔng =bhlë 'kpɔ obéissant à la loi ♦ =bhlë -ya respecter ; 'në -nu 'wo =dɛɛ =nɛ -a 'gü 'waa wo -mɛ -nu =bhlë -ya les enfants de l'époque actuelle ne respectent plus leurs parents **2 cadeau** *m (pour honorer qn ; festif)* <u>Syn.</u> =bhlëkëpë

'bhlë *n Isoptera* **termite** *m* **ailé** *(toutes les espèces comestibles)*

=**bhlëkëpë** [=bhlë kë -pë] *n* **cadeau** *m (pour honorer qn ; festif)* <u>Syn.</u> =bhlë

=**bhlëkpɔdhe** [=bhlë 'kpɔ dhe] *n* **1 fête** *f (organisé en l'honneur de qn)* **2 largesses** *fpl* ; =ya =bhlëkpɔdhe -ya yi -gɔ il nous a comblé de largesses

=**bhlëng'-** *n* **vallée** *f*, **abîme** *m*, **trou** *m* **profond**

=**bhlëzë** [=bhlë -zë] *adj* **1 honorable, respectable** ; gɔɔn-bhë, mɛ =bhlëzë -mü, yö =nɛ tɔɔ yi -bha plöödhe 'ö =nɛ -a =kɔɔn -mɛ cet homme là, est un homme respectable ; c'est lui le chef de notre village ♦ yi -bha 'dhiösümɛ wöödhe =yö =bhlëzë notre chef a un air de majesté **2 magnifique**

'bhlɛɛbhlɛ ['bhlɛɛ -bhlɛ], **'bhɛlɛbhɛlɛ** ['bhɛlɛ -bhɛlɛ] *adj* **1.1 pâteux, liquide, trop souple 1.2 mal attaché** *(de bagage composé de plusieurs éléments)* **2** mɛ =va 'bhlɛɛbhlɛ **trop corpulent, engraissé**

=**bhlɛi-** *n* **arbre** *m (espèce)*

'bhlɛngbhlɛng ['bhlɛng

-bhlɛng] *adj* **collant, pâteux, liquide ;** böü- 'bhlɛngbhlɛng banco collant ; 'në bhë -a 'sɔn yaa -mɔn =kun -a -bha 'ya -yö kë 'bhlɛngbhlɛng cet enfant n'a pas encore de dents formées, faites pour lui du riz pâteux

bhlo *n* **champignon** *m (espèce, très blanche ; comestible)*

=bhloo'- *v vt* **presser; tordre** *(linge),* **exprimer** *(le jus d'orange, de citron ; le miel)*

bhlö- *LOC de* bhlödhɛ *champ*

bhlödhɛ [bhlö- -dhɛ], **=bhlöödhɛ** [=bhlöö- -dhɛ] {LOC bhlö-, =bhlöö-} *n* **champ** *m* **2 récolte** *f*

'bhlöngbhlö ['bhlöng -bhlö], **'bhlöngbhlöng** ['bhlöng -bhlöng] *adj* **brillant, transparent, clair ;** -a -bha -dhɛgayan -yö 'bhlöngbhlö il a un miroir brillant

=bhlöö- *LOC de* bhlödhɛ *champ*

=bhlöögbaa [=bhlöö' -gbaa] *n* **campement** *m (pour les travailleurs aux champs)* Syn. 'kangbaa

bhlɔ *n* **découragement** *m*

'bhlɔbhlɔ ['bhlɔ- bhlɔ-] *n* 'bhlɔbhlɔ 'ka **lentement, doucement**

-**bhlɔlü** [-bhlɔ -lü] *n* **arbre** *m (espèce)*

-**bhlu** *n* **1 pulpe** *f (des fruits),* **mie** *f (du pain)* **2** 'sɔn -bhlu *anat.* **dentine** *f*

'bhlu *n rn* **foie** *m*

'bhluubhluzë ['bhluu -bhlu -zë] *adj* **1 trouble, pas clair** *(visible à travers du brouillard)* **2 pâle** *(de couleur) ;* 'bula 'bhluubhluzë un bleu pâle

=bhlü *n* **paquet** *m* **enveloppé, sachet** *m,* **colis** *m* ♦ =bhlü kë emballer, faire un colis, envelopper *(dans — 'gü) ;* 'bha gɔ- bhë 'bha -a =bhlü kë =sɛɛ' 'dhɛ 'gü a ? est-ce que tu as emballé les colas dans les feuilles de sèè ?

-**bho** *n* **cabri** *m,* **chèvre** *f*

bho *v vt* **1.1 cueillir 1.2 récolter ;** mɛ -nu 'wo bhë -wo -kafe bho -sü 'gü ces gens-là sont en train de cueillir le café ♦ -bho 'sɛi **déterrer ;** =wa 'ku bho {'sɛi} a ? est-ce qu' ils ont déterré les ignames ? **1.3 désherber, débroussailler ;** dhoo -nu =wa 'dho =bhlöö- =blëë' bho =dhia les femmes se sont rendues au champ pour désherber **2 enlever** *(de — 'gü, 'ka) ;* =sɛɛ' bho kɔɔ sors la natte de la maison ♦ =Yesu =yaa- bho ga 'gü Jésus l'a ressuscité ♦ mɛ -bho -dhɛ 'gü faire sortir qn ; chasser ; sauver ♦ 'wun -bho mɛ 'gü, pë -bho mɛ kwii sanctionner qn, corriger qn ; =ya =gɔɔ' 'gbee- -dhɛ dɔ =sia, -bhö pë bho -a kwii 'dhɛ s'il se montre récalcitrant, il faut le corriger ♦ bho mɛ/pë kwɛɛ libérer ; =ya wü 'ö 'sɔ -ya kun bhë =yaa- bho -a kwɛɛ il a libéré l'animal pris au piège ♦ bho mü enlever ; -piögbɔ dɔ bhë -a -tɛ bho -a 'dhiö, 'ü -a 'zlu kö 'ko dhɛ kë enlève le couvercle de cette marmite et lave-la pour qu'on puisse cuisiner **3 raser 4 congédier** *(de travail — yuö 'gü)* ; =wa n bho ma yuö 'gü ils m'ont renvoyé de mon travail ♦ -bho 'blü renvoyer ♦ dhɛ -bho 'blü divorcer, renvoyer sa femme ♦ =dhɛɛ' -dhɛ -bho 'blü renouveler, nettoyer une vieille plantation ; a -dhö ma kafe =dhɛɛ' -dhɛ bho 'blü -gɔ je veux renouveler ma plantation de caféiers **5 poser** *(la charpente)* ; -wo too -kɔ =gba bho -na ils posent la charpente de la case ♦ -bho 'kou kë faire la différence ♦ 'wun -bho 'kou kë *i)* trouver la vérité, régler une affaire *ii)* expliquer *(à — -dhë)* ; ma 'wun =nɛ -a -bho 'kou kë n -dhë kö 'a- -gɛn ma explique-moi la différence entre ces choses (affaires) pour que je comprenne ; 'wun bhë -kaa -bho 'kou kë -së 'ka =dhɛ zɔɔ yaa kë =kun réglez cette affaire avant que le pire n'arrive ♦ 'wun -bho 'kou dɔ -mɛ un sage *(celui qui est très intelligent, qui cherche une solution à chaque problème)* **6 faire** *un verbe substitutif, apparaît lors de la nominalisation du verbe principal*

'bhong *n* 'kɔ 'bong piö **coin** *m* **intérieur** *(de la maison)*

bhoo *itj* interjection d'appel *(à l'aide, au secours, etc.)* ; -bhö nu bhoo ! viens !

=bhoonë [=bhoo 'në] *n* **plante** *f (qui fournit des cure-dents)*

-bhö 1 *v vt* **1 manger** ; =bee'- waa- 'yuö- -saa 'too 'ö 'kwa -dhö -a -bhö =dɛɛ c'est du manioc avec une sauce au poisson frais que nous allons manger aujourd'hui **2 mâcher** *(du tabac)*

-bhö 2 *pron* **tu** *pronom subjectif impératif*

-bhöpë [-bhö -pë] *n* **nourriture** *f*, **repas** *m* ♦ -bhöpë -bɔa 'gü rn œsophage *m*

=**bhöü-** *n* **Bitis arietans vipère** *f* **heurtante** ♦ =bhöü- 'puu *Bitis gabonica* vipère du Gabon ♦ =bhöü- tii *Causus maculatus* vipère nocturne

=**bhöü'-**, =**bhöü'** *v* 1) *vi* **tarir** *(pour l'eau)* ♦ 'yi -nu =wa =bhöü' -sü zü dɔ les eaux ont commencé à baisser 2) *vt* **tarir qch**

-bhöyië [-bhö 'yië] *n* **bouillie** *f* <u>Syn.</u> 'bhaa

bhɔ 1 *n rn* **1 cou** *m* (d'homme, d'animal) ♦ bhɔ =kei =zlöö encolure *f* ♦ bhɔ 'piö -dhɛ plastron *m* zool. **2 prothorax** *m* (d'insecte)

bhɔ 2 *v vi* **1 naître** ; =dhɛ 'a bhɔ kö ü 'ka bhɔ =kun lorsque je naissais tu n'étais pas encore né ♦ -bhɔ mɛ -dhë se manifester dans une personne, naître dans une personne ; 'e 'ma biö bhɔ ü -dhë 'ü pɔɔ- 'dhö a ? est-ce que la force d'un éléphant est rentrée dans toi pour que tu manges ainsi ? ♦ -bhɔ =dhia kë -mɛ visiteur ; -bhɔ =dhia kë n -gɔ -mɛ mon visiteur **2 germer, pousser** (cheveux) <u>Syn.</u> -da, yö **3 couler** ; föyi giagia -yö bhɔ -na =gɔnmɛ -nu buën- zlöö une vraie sueur coule maintenant sur les torses des lutteurs **4** *vr* **-bhɔ mɛ =taa' reculer** ; -bhö bhɔ ü =taa' 'dɛdɛ 'ka kö 'sɔ 'ö bhë 'a- -dhi recule un peu pour que je puisse tendre ce piège **5** *vi* **ressembler** (à — -bha), **avoir l'air** (de — -bha) ; 'në 'ö =nɛ -yö -bhɔ ö dë -bha cet enfant-ci ressemble à son père ; -glugɔnmɛ 'ö =nɛ -yö -bhɔ mɛ 'gbee- -bha ce guerrier a l'air martial ; mɛ -nu 'ö -an -dhɔ 'ko -kë 'wo bhɔ wo 'kuë- ceux qui s'aiment se ressemblent **6** *vi* **achever, finir, anéantir** (qn/qch — -bha) ; 'slü =ya bhɔ -tɔ dhe 'ö =nɛ -a -bha 'në -nu -bha 'töüdhö l'épervier a anéanti tous les poussins de cette poule **7** *vi* **être prêt** (à — -bha), **sur le point** (de — -bha) ; 'ma bhɔ yizë -sü -bha je suis sur le point de m'endormir

-bhɔ *n* **porc** *m* ♦ pö- -bhɔ porc du village ♦, -bhɔ tii porc local (qui ne grossit pas) ♦ 'kwië- -bhɔ porc d'élevage ;

ü =va =nɛ 'kwië- -bhɔ 'dhö toi, tu es gros comme un porc d'élevage ♦ -bhɔ 'nuu 'kan verrues du phacochère

'bhɔ *n* ceinture *f (tissée, pour grimper sur le palmier)*

-bhɔadhë [-bhɔa -dhë] → -bhuaadhë *esprit*

'bhɔë- → 'bhuë- *barbe*

-bhɔkuë [-bhɔ 'kuë-] *n* réunion *f*

bhɔng 1 *n* abeille *f (espèce ; très petite)*

bhɔng 2 *n rn* gorge *f*

-bhɔng *n* flûte *f (instrument de musique ; espèce)*

bhɔngdhɛ [bhɔng -dhɛ] *n rn* gorge *f*

'bhɔngzɔ ['bhɔng -zɔ] *n rn* fanon *m*

bhɔɔ- *n* 1 *Protoxerus stangeri* grand écureuil *m* de Stanger *(grand ; dessus du corps brun olive foncé ; dessous plus clair ; queue longue et touffue avec des anneaux noirs et blancs; comestible.)* 2 écureuil *m* volant

=bhɔɔ' *n* 1 sac *m* 2 richesse *f*

'bhɔɔ- *n* palmier *m* long

'bhɔɔkpë ['bhɔɔ- =kpë] (dh, bl) *n* 'yië 'bhɔɔkpë génie *m* de l'eau *Syn.* sökpë

=bhɔɔmɛ [=bhɔɔ' -mɛ] *n* riche *m*

=bhɔɔpë [=bhɔɔ' -pë] *n* richesse *f*

=bhɔɔzë [=bhɔɔ' -zë] *adj* riche

'bhɔɔzɔ ['bhɔɔ -zɔ] *n rn* 1 jabot *m* 2 poche *f* à bruit *(de batracien)*

-bhuaadhë [-bhuaa -dhë], -bhɔadhë [-bhɔa -dhë] *n* esprit *m (donne la capacité de faire des miracles ou la force pour réussir dans des affaires)* ; -bhuaadhë -ya 'piö il a un esprit derrière lui *(qui l'aide)*

'bhuë-, 'bhɔë- *n rn* 1 barbe *f* 2 barbillon *m (de poisson)*

bhungbhungdhö *adv* avec violence *(frapper)*

bhuu- {LOC bhuudhö} *n* champ *m (ancien champ de manioc, ou un champ de riz déjà récolté où se trouve le manioc)*

'bhuu *n* 1 *Hyaena hyaena, Crocuta crocuta* hyène *f* rayée *(raies transversales sur le corps ; pelage hérissé ; crinière le long de l'échine ; oreilles longues et pointues)*, hyène *f* tachetée *(grande ; entièrement tachetée ; pelage court ; oreilles cour-*

tes et arrondies) **3** *Viverra civetta* **civette** *f (hauteur au garrot 40 cm ; longueur, sans queue, 90 cm ; taches noires en fort contraste avec la couleur de fond grisâtre ; deux colliers noirs sur le cou)*

bhuudhö [bhuu- dhö] *LOC de* bhuu- *champ*

bhuugan [bhuu -gan] *n Numida meleagris* **pintade** *f* **commune** *(casque corné ; tête et cou nus ; caroncules rouges)* <u>Syn.</u> plöögan

'bhü 1) *n rn* **brillance** *f (de lumière)*, **clarté** *f*

'bhü 2) *v vi* **briller** ♦ .. 'ö- wöödhɛ -yö yö 'bhü -sü -bha =nɛ lan- 'bhü -kɔ 'dhö ... et son visage brilla comme le soleil ♦ lan- 'bhü -sü sécheresse

'bhüëngbhüëng → 'büëngbüëng *béant*

bhüö *n* **plaie** *f,* **blessure** *f,* **brûlure** *f*

-bhüö 1 *n* **ligne** *f* ; =ya kafe ta ö -bhüö 'ka zian 'ö dho -a -gɔ 'kɔ 'dhiö -a {'sian} 'piö il a planté des caféiers le long de l'allée qui mène à sa maison

-bhüö 2 *n Hyemoschus aquaticus* **chevrotain** *m* **aquatique, biche** *f* **blanche**

=bhüö' *n* **1 corde** *f* <u>Syn.</u> =bhüöga **2 ver** *m* **intestinal** <u>Syn.</u> =bhüönë **3 liane** *f (nom générique)*

'bhüö *n* **igname** *f* **sauvage**

'bhüö- *n* **1 champ** *m* **2 campement** *m*

'bhüödhe ['bhüö -dhe] *n* **femme** *f* **stérile** ; dhe bhë 'bhüödhe -mü, 'në 'yaa- -gɔ cette femme-là est stérile, elle n'a pas d'enfants

=bhüöga [=bhüö' ga] *n* **corde** *f* <u>Syn.</u> =bhüö' ♦ 'sɔ =bhüöga corde pour le piège

=bhüögblooga [=bhüö' gbloo ga] *n* **corde** *f*

=bhüönë [=bhüö' 'në] *n* **ver** *m* **intestinal** <u>Syn.</u> =bhüö'

'bhüzë ['bhü -zë] *adj* **brillant, éclatant** *(couleur, lumière, surface)*

D d

=da *n rn* **belle-mère** *f (mère de l'épouse)*

-da *v* **1.1** *vi* **arriver, rentrer** <u>Syn.</u> yö ♦ -da zian- partir ♦ -da 'lëng- 'gü *i)* avoir pitié, compatir ; a -da -a 'lëng- 'gü j'ai pitié de lui *ii)* se lamenter, se plaindre *Syn.* -da -wɛi 'gü ♦ -da -naadhe 'gü se mettre en colère, se fâcher ; =ya -da -naadhe 'gü il se fâche / il s'est mis en colère ♦ -da yië- *i)* s'endormir *ii)* faire s'endormir ; =yaa- -bha 'në -da yië- elle a fait s'endormir son enfant **1.2** *vi* **pousser** *(cheveux, barbe, plante, herbe) Syn.* yö **1.3** *vi* **monter** *(à — -bha)* **2.1** *vt* **poser, mettre** *(dans — 'piö, 'gü, sur — -ta, sous — =löö)* ; =ya kwee -da 'too 'piö elle a mis du sel dans la sauce ; -yö =saa -da -na 'yi ga 'tee =bhaa il jette une nasse dans la rivière ♦ =piö' -da pêcher ♦ =wa wo -kɔ -da wo 'ko kwɛ ils se sont salués ♦ -da 'sɛi enterrer *(pour garder)* ♦ -da sɛa mettre sur terre ♦ -da mɛ kwɛɛ *i)* mettre dans la main *ii) fig.* rentrer dans le piège de qn ♦ -da 'sian 'piö mettre à côté, réserver, garder *(une part d'argent, etc.)* ; -bhö 'wëüga 'dɛ -dɛ -da 'sian 'piö kö 'ü ü -bha 'në -nu -da -an 'ka =klang' 'kɔɔdhö mets un peu d'argent de côté pour scolariser tes enfants **2.2** *vt* **ajouter** *(à — -ta)* ; -bhö 'wëü- 'gɔɔ- =plɛ -da -a -ta, kö -yö kë këng do =klöödhö ajoute cent francs pour que cela atteigne cinq cents **2.3** *vi* **se joindre** *(à — 'piö)* ; -bhö -da -an 'piö 'ka 'dho 'yi -blü kë =dhia =ɛ il faut les rejoindre pour aller à la pêche **2.4** *vt* **garder 2.5** *vt* **porter** *(habits)* ; sɔ 'puu -nu 'ö -da ö -bha il porte des vêtements blancs **2.6** *vi* **commettre adultère** *(avec — 'piö) [par adultère on entend une liaison avec un partenaire marié]* ; 'bha -da n bɔɔ 'piö, a -dho ü zë si tu commets l'adultère avec ma femme, je te tue **3** *vr* -da sɛa- s'humilier *(dans un sens positif)* ; mɛ bhë -yö ö -dɛ -da sɛa =duö cet homme s'humilie beaucoup

daa *n* aubergine *f (espèce)*

-daa *n rn* **réponse** *f Syn.* =dhɛɛ' -daa ; =dhɛɛ' 'a -a kpɔ ü -gɔ =nɛ -a -daa 'ö tɔɔ -më -ɛ ? quelle est la réponse à la question que je t'ai posée ? ♦ -daa kë répondre ; =wa =dhɛɛ' 'kpɔ =wa -daa -kë, 'waa dɔ wo 'dhi 'tung quand on te pose une question, on répond, on ne garde pas le silence ♦ 'wun -daa kë exaucer ; -Zlan =yaa- -bha =bhɛa' -wo -daa kë Dieu a exaucé sa prière

=**daan' 1, =daan'-** *v vt* **1 apprendre qch** *(auprès de — 'piö)* ; -yö 'blü kë -sü -daan ö dë 'piö il a appris à chasser auprès de son père **2 enseigner qn** *(à — 'ka)* ; ka -bha =klang' -gɔ -mɛ -yö ka -daan -së 'ka a ? est-ce que votre maître vous enseigne bien ? **3 étudier** ; -më 'bhle -kë 'ö -wo pë =daan' -na, 'ö 'ka -bha -zuöö dɔ -sü -yö =gbaɔn =nɛ =ɛ ? pourquoi est-ce quand on étudie que votre bavardage augmente ?

=**daan' 2** *n* **prêt** *m*, **emprunt** *m (accordé pour peu de temps seulement)*

=**Daan'**, =**Daandhö** *n* **Danané**

=**daandhɛ** [=daan' -dhɛ] *n* **1 apprentissage** *m* ; pë =daandhɛ 'yaa 'pëëpë l'apprentissage n'est pas facile **2 lieu** *m* **d'enseignement**

=**daan' 'dhɔɔyi** *n* **jeudi** *m (jour du marché à Danané)*

=**daanwo** [=daan' -wo] *n* **langue** *f* **dan** *Syn.* =yaɔbhaa

'**daawo** ['daa wo] *v vt* **verser**

-**dadhëü** [-da 'dhëü] 1) *n* **jeune** *m*, **jeunesse** *f* ♦ a- -yö =nɛ -dadhëü -mü je le trouve bien jeune pour cela

-**dadhëü** [-da 'dhëü] 2) *adj* **jeune** *(18-40 ans)*

dan *v vt* **1 peser, mesurer** ♦ pë dan -a 'gü -pë balance, récipient pour mesurer **2 essayer, éprouver** ; -bhö dɔ kö 'a sɔ =nɛ 'a- dan kö 'aan- =tun -a 'dhɔ -sü -bha attends que j'essaye d'abord cet habit avant de le payer *Iv*. **3 goûter**

=**dangda** [=dang 'da] *v 1) vi* **se dandiner** *(personne malade ou ivre ; animal blessé)* **2)** *vt* **faire se dandiner** *(maladie, alcool)*

'**dangdangdangdhö** ['dang -dang 'dang dhö] *adv* **en zigzagant, en titubant** *(marche d'un homme ivre ou malade, qui ne peut pas se tenir debout)* ; yɔakëmɛ -yö 'ta -sü 'dangdangdangdhö l'homme ivre marche en zigzagant

=**dansee** [=dan –see, =dan =see'-], =**dansei** [=dan -sei, =dan =sei'-] *n* **citron** *m* ; =dansee 'yi -yö =gliisü le jus de citron est aigre

-**daplöödhɛ** [-da plöö -dhɛ]

n entrée *f* du village

-dasɔ [-da -sɔ] *n* **habit** *m* ♦ -dasɔ 'në chemise f, gilet *m*

daɔn *n* **1 araignée** *m* ; daɔn -bha -siö -wun bhë, 'ö 'yaa dhe yö -a -dhë bhë c'est à cause de sa gourmandise que l'araignée ne peut pas se marier **2.1 conte** *m* ♦ daɔn pö -mɛ conteur **2.2 légende** *f* <u>Syn.</u> =kwɛngzü

=daɔn *n* **injure** *f* ♦ =daɔn =kaan' lancer des injures *(à — 'ka)* ♦ =daɔn pö offenser, blasphémer *(qn — -dhë)* ; 'bha =daɔn pö n -dhë =sia, ko -dhö 'ko zë si tu m'offenses, nous allons nous battre

'daɔn *n* **affaire** *f* **durable**

-de 1 *dtm* **même** ; =ya ö -de -gi il s'est blessé ; =dɛɛ, nka -manë do -de zë aujourd'hui, je n'ai pas tué un seul oiseau

-de 2 *adv* **là-bas, là** *(au loin, mais en vue)* <u>Ant.</u> *zö*; -bhö 'dho -de 'ü -ma glɔɔ -be ö -kë 'mü bhë 'ü nu -a 'ka n =dhia zö va là-bas, et apporte-moi ici mon régime de bananes qui s'y trouve

-de 3 *n* **caoutchouc** *m* ; ma -sakpa =nɛ -de -dië 'sloo -mü ma chaussure est entièrement en caoutchouc

-debɔ [-de -bɔ] *pluriel de* -dee 1) *personne d'âge mûr*

-dee 1) {pl. -debɔ} *n* **personne** *f* **d'âge mûr** *(41-60 ans)*

-dee 2) *adj* **d'âge mûr** ; gɔɔn- bhë =ya kë -dee, -kwɛ 'gɔɔ- 'slado 'ö- -gɔ cet homme là a pris de l'âge, il a soixante ans

=dengde [=deng' -de] *n Periplaneta americana* **mante** *f* **religieuse**

depite *n* **député** *m*

dë *n rn* **père** *m*, **parent aîné** *(« père classificatoire » : père ; frère du père ; frère de la mère ; mari de la sœur du père ; mari de la sœur de la mère ; père de la femme du frère ; fils du frère ou de la sœur du grand-père ou de la grand-mère s'il est plus âgé qu'Ego)* ♦ dë 'kpii- grand-père ♦ dë 'tee oncle *(fils du frère du grand-père ou de la grand-mère ; fils de la sœur du grand-père ou de la grand-mère s'il est plus jeune qu'Ego)* ♦ dë =va grand-père, frère de grand-père, arrière-grand-père

'dëë- *n* **sœur** *f* **de famille** *lv.*, **fille** *f* **mariée ailleurs** *(pour sa famille d'origine : parents, frè-*

res) <u>Syn.</u> 'nuu

dëgludhɛ [dë 'glu -dhɛ] *n* **1 palabre** *f*, **querelle** *f*, **jalousie** *f* *(entre fils d'un même père et de mères différentes)* ♦ dëgludhɛ -kë 'kuë- détester son frère ou sa sœur de père; 'në -nu 'wo go dhɛ do 'guu -an -ma dëgludhɛ -kë 'koë -sü yaa -dhɛ -ma 'kun il n'est pas bon que les enfants qui viennent d'un même ventre se détestent **2 haine** *f*, **animosité** *f* ♦ dëgludhɛ = zuö' 'sü mɛ buën- dhö *i)* haïr qn, *ii)* se fâcher contre qn

dëkpɔdë [dë 'kpɔ -dë] *n rn* **arrière-grand-père** *m (paternel)* <u>Syn.</u> 'ziö- = va

dëmɛ [dë mɛ] *n rn* **1 chef** *m* **du village** <u>Syn.</u> 'sɛdë, = kɔɔn -mɛ, pödëmɛ, dɛɛn, 'gɔ 1, -dhuutii **2 maître** *m*, **chef** *m* **au travail** ; n dëmɛ, -bhö nu n -dhɛ kö 'ü n -dhɛ bo maître, viens à mon secours pour me guérir <u>Syn.</u> -gɔmɛ

-dëü {pl. -dëüdëü} *adj* **1 nouveau, neuf** ♦ -dëü 'ka récemment, dernièrement ♦ -dëü 'ka = nɛ tout récemment ; -dëü 'ka = nɛ -yö -we ü 'ka tout dernièrement il t'avait salué ♦ -dëü = nɛ bientôt **2 jeune**

-dëüdëü [-dëü -dëü] **1)** *adv* **récemment** ; = kpëü' ö 'kwa- ta -dëüdëü = nɛ = ya bhɔ 'saadhö le maïs que nous avons semé tout récemment a déjà germé

-dëüdëü [-dëü -dëü] **2)** *pluriel de* -dëü *nouveau*

-dëüwo [-dëü wo] *adv* **de nouveau**

-dɛ *n* **féticheur** *m*, **marabout** *m*, **devin** *m* ♦ -dɛ bɔ consulter *(un charlatan, un devin, un féticheur)* ; kö = kun 'ü -dɛ bɔ gbo ! ne va plus chez le devin !

'dedɛ ['dɛ -dɛ] *dtm* **un peu** ; -mlü pë 'dedɛ -yö = tun n -gɔ 'slëü dhö = kun j'ai encore un peu de riz dans mon grenier

= **dɛɛ** *n* **aujourd'hui**

dɛɛn- **1** *n rn* **chef** *m* **du village** <u>Syn.</u> 'sɛdë, = kɔɔnmɛ, dëmɛ, pödëmɛ, 'gɔ 1, -dhuutii

dɛɛn- 2, dɛnng- *n rn* **propriétaire** *m* ; = bee'- -bhuu 'ö = nɛ -a dɛɛn- tɔɔ dö = e ? qui est le propriétaire de ce champ de manioc ?

= **dɛi'** *n* **récompense** *f*; **châtiment** *m* ♦ = dɛi' -da récompenser de, venger de *(qn — -gɔ)* ; Zlan = yaa- -bha 'wun = dɛi' -da -a -gɔ Dieu le récompense selon ses actes ; pë yaa 'ü- -kë bhë, -wo -dhö -a =dɛi' -da ü -gɔ pour ce mal que tu as fait tu seras vengé ♦ 'wun =dɛi' -së -da mɛ -gɔ être reconnaissant ; gɔɔn- bhë -yö 'wun =dɛi' -së -da mɛ -gɔ, -a -zo 'yaa trö 'wun -së 'ü -kë -a -dhë -a 'ka cet homme est reconnaissant, il n'oublie pas le bien qu'on lui a fait

=**dɛidamɛ** [=dɛi' -da -mɛ] *n* vengeur *m*

-**dɛmlɔɔdë** [-dɛ mlɔɔ dë], =**dɛmlɔɔdë** [=dɛ mlɔɔ dë] *n* **1 lièvre** *m* **2 lapin** *m*

dɛn *n* **citronnelle** *f*

-**dɛnmɛ** [-dɛn -mɛ] *v vt* **aider** ; -bhö dɔ 'gbee- 'ü n -dɛnmɛ kö 'ko ma yuö =nɛ 'ko -a 'dhiö 'to n -dhë fais tout ton possible pour m'aider à finir ce travail

=**dian** (dh, k) *n* =dian kë **avaler** <u>Syn.</u> =yɔɔ'

-**dian 1)** *v vt* **1 effrayer 2 blaguer 3 tromper, duper**

-**dian 2)** *n* -dian kë **tromper, flatter, blaguer** ♦ mɛ -dian kë -mɛ **trompeur** *m* ; =wa mɛ -dian kë -mɛ -dian kë =ya kë 'wun -yö -na -a -zuë -a ? est-il possible que le trompeur trompé se mette en colère ?

-**dië** → -de 1 + -dhë

dii- *n* **poudre** *f* **médicinale**

diin *n* **silence** *m*, **calme** *m*

diindhö [diin dhö] *adv* **tranquillement** ; -ko =yaannu zö diindhö, kö =kun 'ko pa ko -dië asseyons-nous ici tranquillement, ne bougeons pas ♦ 'wa diindhö **sans bouger**

-**diing, -ding, -driing, -driin** *n rn* **bruit** *m* ; a =yaɔn'- 'yi pa -driing -ma j'entends le chat laper de l'eau

=**dimasü** [=di ma -sü] *n* **dimanche** *m*

din 1, ding *n* **1 faim** *f*, **appétit** *m* ; din -yö n kë -na, a- 'piö kö 'a glɔɔ -bhö j'ai faim, j'ai envie de manger de la banane **2 famine** *f* ; din 'ö =kwɛa -yö zɔɔ -kë la famine de l'année dernière a fait des victimes

din 2 *n rn* **goût** *m*

-**din** → -ding *arbre*

'**din 1** -gɛn 'din *n rn* **talon** *m* (de pied)

'**din 2** *n rn* **chance** *f*, **réussite** *f*

ding → din *faim*

-**ding 1, -din** *n Pycnanthus angolense (gen. Myristicaceae)* **plante** *f* [le jus est utilisé contre la stomatite] ♦ -ding -lü **arbre** (espèce)

-ding 2 → -diing *bruit*

'diöng *adj* très joli

diɔng *n* **1** *Herpestes sanguinea* mangouste *f* rouge *(longueur sans queue : 30 à 38 cm ; poids 700 g, coloration du jaunâtre au brun-rougeâtre, queue très longue)* **2** *Xerus rutilus* écureuil *m* fouisseur pâle **3** renard *m* **4** lièvre *m* *(dans les contes)*

do 1) *num* un

do 2) *dtm* un, un certain *(l'objet est connu de celui qui parle, mais il suppose qu'il est inconnu de son auditeur)*

dodo 1) [do do] *adv* un à un ; =see'- -nu 'wo to bhë -wo -an -glu dodo ils ont distribué une à une les oranges qui étaient restées ♦ -yö 'wun -sü dodo 'ö- =blɛɛ' il parle de façon laconique

dodo 2) [do do] *adj* quelques uns ; -a dodo -nu 'wo to =wa =duë =wa 'dho -yadhɛ -nu =mɛɛ'- =dhia les quelques individus qui étaient restés se sont sauvés et sont partis à la recherche d'une habitation ♦ dodo 'saadhö chaque, chacun

=dong *n Aphyosemion gardeneri* petit poisson *m (espèce)*

'dongdo ['dong 'do] *n* **1** *rn* suçoir *m*, trompe *f (des insectes)* **2** termite *(espèce non comestible)*

-doo *n* « doo » *[jeu avec les fleurs de baobab ; on les tourne entre les paumes et laisse s'envoler]* ; ü -doo -zuö -dhɛ -dɔ -a ? sais-tu jouer au « doo » ?

dosen, dokasen [do ka sɛn] *adj* seul ; 'në 'taü- bhë 'süö 'yaakë 'dhɛ, yö dokasɛn 'ö go plöö 'ö nu =bhlöö- cet enfant n'a pas peur, il a quitté tout seul le village pour venir au champ

dö *n* qui ? ; dö 'ö nu =i ? qui est venu ?

=döng *n* fibre *m* des frondes du palmier à huile *(sert à tendre les pièges)* ♦ -piö =döng ga fil de fer

-döngdhö [-döng -dhö] *n rn* membrane *f (de chauve-souris)*

=döngga [=döng' ga] =soo =döngga *n rn* cuticule *f* anat.

'dönggödönggö ['dönggö -dönggö] *adj* avare, mesquin ; -yö 'dönggödönggö a- -dɔ je le sais avare ♦ mɛ 'dönggödönggö ladre ♦ 'dönggödönggö -sü -wun avarice

dözë [dö -zë] *adj* lequel ; 'ü 'bha =ya nu — -a dözë -mü iin ? ton ami est venu — lequel ?

dɔ 1 *v* **1** *1) vt* **construire, bâtir** *(maison)* ♦ 'blikö 'kɔ dɔ -mɛ, 'blikö -kɔ dɔ -mɛ maçon *2) vi* **être construit 2** *vr* **s'arrêter** ♦ dɔ -bhüö 'gü aligner ♦ dɔ wo -bhüö 'gü s'aligner ; 'në -nu =wa dɔ wo -bhüö 'gü 'kɔ 'dhiö les enfants se sont alignés devant la maison ♦ dɔ -gian, dɔ -gɛn -ta, dɔ -gɛan être debout, se tenir debout ; -yö dɔ -na -gian il se tient debout ♦ -pë -dɔ sɛa mettre sur terre ♦ dɔ 'küë- rassembler *(en tas)* ; =ya glɔɔ dɔ 'küë- elle a mis les bananes en tas ♦ -dɔ 'trëng 'piö bien placer, mettre au milieu, mettre juste au niveau ♦ dɔ 'yënng *i)* se cabrer *dir., fig.*, se révolter, se rebeller, résister *(contre — -gɔ)* ; =ya dɔ n -gɔ 'yënng il se rebelle contre moi *ii)* cabrer qn *fig. (contre — -gɔ)* ♦ dɔ 'gbee- se forcer, faire tout son possible, tenir ferme ; -bhö dɔ 'gbee- kö 'ü n -dɛnmɛ il faut faire un effort pour m'aider ♦ dɔ =kpëü' maintenir l'ordre ; zandamü -nu -wo 'wun -dɔ =kpëü' 'sɛ =nɛ -a 'gü les gendarmes maintiennent l'ordre dans la région ; 'nëdhe bhë -yö ö -de -kun -së =duö -a -wun 'gü, -a -bha pë 'plɛ -yö -dɔ =kpëü' -sü 'ka cette jeune fille s'organise très bien, toutes ces choses sont rangées ♦ dɔ zian- ; dɔ zian -ta *i)* se mettre sur la route *Iv.* ; =ya dɔ zian- *ii)* accompagner ; -bhö dɔ, a -dho ü dɔ zian -ta attends, je vais t'accompagner un peu ♦ =ya dɔ n -gɔ zian- il a barré ma route ♦ dɔ 'kwa- wo =nɛ présentement *(à l'heure où l'on parle)* ♦ dɔ =blëë' -bha uriner, se mettre à l'aise *Iv.* ♦ dɔ =kɔa' être prêt, être sur le point de ; 'ma dɔ yizë =kɔa' 'saadhö je suis sur le point de m'endormir **3.1** *vt* **confier** *(à — -gɔ, 'piö)* ; a -dho -ma -naɔ dɔ ü -gɔ kö 'üën- dɔ Zonasö -gɔ je vais te charger de ma commission pour Jonas **3.2** *vt* **charger de bagage** *(personne, moyen de transport)* **3.3** *vt* **confier** *(à — kwɛɛ)* *[connaissances ou objets détenus par une personne âgée à une autre personne, par ex. confier à un fils ses connaissances sur des médicaments]* ; Sɔɔ 'na -yö

=blëë 'dhɛ 'gian -dɔ -a kwɛɛ kö -yaan =tun =siö' -sü -bha la grand-mère de Soho lui a confié des connaissances médicales avant de mourir *Syn*. -da mɛ kwɛɛ **4.1** *vi* **attendre** *(qn — -gɔ)* ; 'bha -lo 'ma =sia, -bhö dɔ n -gɔ si tu es arrivé là-bas, attends-moi **4.2** *vi* **accompagner** *(qn — -gɔ)* **5** *vi* **parler en faveur** *(de qn — 'piö),* **cautionner, défendre** *(qn — 'piö)* ; -a -bha 'në -nu -wa -kë -së oo, -wa -kë ya oo, 'töng 'saadhö 'ka -yö -dɔ ö -bha 'në -nu 'piö -kplawo que ses enfants aient un mauvais comportement ou un bon comportement, elle les cautionne toujours **6** *vt* **accuser de** *(qn — -bha)* ; -yö -nu 'yö 'wun dɔ ü dheglu 'nëgɔɔn -bha il est venu accuser ton frère ; 'wun 'ka- dɔ -a -bha bhë ka- dɔ 'waa 'wa, -a kë -wun 'yaa -mü vous l'accusez pour rien, il est innocent **7** *vi* **convenir** *(à — =tian')* ; -a =dhɛ 'ö dɔ n =tian' 'ka -a nu n -dhë a -dhö -a kun si vous me donnez ce qui me convient, je le prendrai **8** *vt* **allumer** *(feu)* **9** *vt* **saliver**

dɔ 2 *v vt* **1 connaître, savoir** ♦ 'sëëdhɛ -dɔ être instruit ♦ -a 'wun dɔ, -a =tɛi' dɔ savoir, sentir ; n dheglunëgɔɔn -ya 'wun -dɔ =nɛ 'yi -yö -saa mon frère sait que l'eau est froide ♦ 'wun -bho 'kou dɔ avoir la sagesse, savoir qch, être sage ; =ya 'wun -bho 'kou dɔ *i)* il devient intelligent *ii)* il a commencé à connaître (qch) *iii)* il connaît (qch) ♦ 'wun -bho 'kou dɔ -sü sagesse *f* ; 'në 'bhle 'tee bhë 'wun -bho 'kou dɔ -sü -ya -gɔ ce petit enfant est sage ♦ mɛ 'yaa 'wun -së dɔ ingrat *m* ; gɔɔn- bhë 'yaa 'wun -së -kaa -dhë -mɛ dɔ ; -yö -ziö n -ta 'ö yaa -büö -da n -dhë cet homme est ingrat, il m'a dépassé sans me saluer **2 connaître qn** ; gɔɔn- 'ö- 'bin 'dhö ka -gɔ bhë, a- -dɔ je connais l'homme dont vous avez la photo

=dɔa' *n rn* **signe** *m*, **marque** *f* ; -ma -tɔ bhë -a =dɔa' 'ö tɔɔ -a -dhɛ tii -dhɛ 'ö- -kënnggü bhë la marque de mon poulet est une tache noire sur sa poitrine

-dɔdhɛ [-dɔ -dhɛ] *n* **1 place** *f* *(endroit)* ♦ -dɔdhɛ nu céder *(à — -dhë)* ♦ -dɔ -dhɛ 'kun se redresser ; -bhö ü -dɔ -dhɛ 'kun, kpu -yö ü -bha redresse-toi, tu es bossu **2 fonction** *f*, **poste** *m* dɔn *n* toux *f* ♦ dɔn zë tousser ; -wo dɔn zë -na mɛ songdhö, -wo wo -kɔ -kpa wo 'dhië- quand on tousse en public on se couvre la bouche

-dɔn 1.1) *n* querelle *f*, discussion *f* ♦ -dɔn bho *i)* se disputer, se quereller ; -wo -dɔn -bho wo 'ko 'ka yiɛn ils se sont querellés hier *ii)* gronder *(qn — 'ka)*

-dɔn 1.2) *v vt* parler durement contre qn, critiquer, protester, murmurer

-dɔn 2 *n* bulle *f* de savon ; 'në -yö =saa'- -dɔn kë -na l'enfant fait des bulles de savon

'dɔn 1 *n rn* longueur *f*

'dɔn 2 *n* barque *f*

'dɔngdɔn ['dɔng -dɔn] *adj* collant

'dɔɔ *n* causerie *f*, conversation *f* ♦ 'dɔɔ dɔ causer *(avec — 'piö)* ; -ko 'dho, 'ko 'dɔɔ 'kpaan dɔ -tratradhö ! allons causer !

=dɔɔ' *v vt* 1 redresser 2 corriger, faire des reproches à ; =klang' -gɔmɛ -yö ö -bha =klang' 'në -nu =dɔɔ' -na le maître est en train de corriger ses élèves

=dɔɔn *n* injure *f* Syn. 'si

-dɔpöë [-dɔ 'pöë-] *n* célibat *m* gɔɔn- -dɔpöë -mü -a 'ka il est célibataire ; Zaaplöö 'në dhoo -nu 'waa 'weë- -wo 'dho guan, -wa 'piö 'wo 'to -dɔpöë 'ka -kplawo les jeunes filles de Zapleu ne veulent pas se marier, elles préfèrent rester célibataires

-dɔsɔta [-dɔ sɔ -ta] *n* 1 ceinture *f* de femme mariée *(morceau de pagne bien plié en forme de ceinture ; selon la tradition dan cette ceinture est obligatoire pour les femmes mariées)* 2 ceinture *f* des jeunes filles initiées

=dou' *n* champignon *m*

=dɔu' -lü *n* arbre *m (long et gros ; l'écorce est utilisée comme médicament : on la mélange au bangui blanc en vue de le renforcer)*

'dra *n* pont *m* de lianes

=draan *n* limace *f*

=draan' *v vi* glisser ; =ya =draan' böü- 'gü il a glissé dans la boue

'drëëdrë ['drëë -drë] *adj* humide, pas sec *(bois, riz, feuilles, habits)*

'drëëndrën ['drëën -drën] *adj* lisse ; -gbloo bhë -wa -yuö -kë -së, 'bha -tadhuö -dhɛ yö, -yö 'drëëndrën =duö cette chaise est bien faite, quand tu regardes sa surface elle est bien lisse

'dreendren ['drɛɛn -drɛn] *adj* **stupide**

'drengdreng ['drɛng -drɛng] *adj* **très mou, pâteux** *(bouillie de riz, banane pilée, boue, pâte de farine)*

-driin, -driing → **-dinng** *bruit*

'drodhö ['dro dhö] *adv* **subitement** *(échapper, retirer, sauter, plonger)* ; 'ma 'drɔɔ yö, 'kɛɛ =ya -lö 'drodhö, =ya dha n -gɔ, =ya 'dho j'ai trouvé des grenouilles, mais celle que j'ai attrapée s'est sauvée

'drong *n* **1** *rn* **toile** *f (d'araignée)* **2 cataracte** *f*, **conjonctivite** *f*

'dröngdröng ['dröng -dröng] *adj* **limpide** *(eau)*, **brillant** *(yeux)* ; 'yitɔü 'ö =nɛ -a ga =ya kë 'dröngdröng ce trou d'eau est devenu limpide

'drɔɔ *n* **grenouille** *f (terme générique)* ♦ 'drɔɔ =sɔɔ'- *i)* **faire un croc-en-jambe** *(à — -gɔ) [ancien jeu]* ; =Tio' =ya 'drɔɔ =sɔɔ'- -Kpaan -gɔ Tio a fait un croc-en-jambe à Kpaan *ii)* **glisser et tomber à genoux** ;

-Zlangɔ =ya 'drɔɔ =sɔɔ'- =sɛi' Zlango a glissé et il est tombé à genoux

'drɔɔdrɔ ['drɔɔ -drɔ] *adj* **glissant** *(sol, route, poisson, peau de banane mûre, gombo, igname)* ♦ 'yuö 'drɔɔdrɔ anguille

'drɔɔmuan ['drɔɔ muan-] *n* **grenouille** *f (espèce)*

-drɔɔn *n* **vin** *m*

druë, druëga [druë ga] *n* **fourmi** *f (espèce ; se trouve sur les feuilles ; noir, taille moyenne ; à piqûre douloureuse)*

=druɛɛ-, =druɛi *n* **faux témoignage** *m (que porte une femme jalouse)*, **jalousie** *f* ♦ =druɛɛ- kë jalouser, porter faux témoignage *(de, contre — -bha)* ; -yö =druɛi -kë ö =gɔn -bha elle est jalouse de son mari ; dhe bhë -yö =druɛi -kë ö 'bha -dhe -bha cette femme est jalouse de sa coépouse ; =druɛɛ- 'ö- -kë n -bha elle a porté un faux témoignage contre moi

=druɛn-, =druɛn *n* **incirconcis** *m (petit garçon)* ; Sɔɔ 'zlaa- -yö =tun =druɛn 'ka =kun, pë 'wo -dhɛ 'bon 'yaa- dɔ le petit frère de Soho est encore incirconcis, il ne sait pas ce qu'on appelle circoncision

=druungmɛ [=druung'- -mɛ] *n* escroc *m* (*personne rusé qui trompe les gens*)

'drüëdrüë ['drüë -drüë] *adj* encore humide, pas tout-à-fait sec ; lan- yaa 'bhü =dɛɛ, -mlü bhë yaa ga gbɔ -yö =tun 'drüëdrüë =kun le soleil n'a pas brillé aujourd'hui, le riz n'est pas tout à fait sec

-drünng, -drüün, -drüng *n* escargot *m*

-du 1 *n* 1 bœuf *m*, bovidé *m*, vache *f* ♦ -du bhɔng goitre ♦ -du bhɔng -guö 'në goitre unilatéral ♦ -du bhɔng sa -sü goitre bilatéral ♦ -du bhɔng -guö 'në -mɛ, -du bhɔng saü- -mɛ goitreux 2 viande *f* ♦ -du 'sü -pë fourchette

-du 2 *n* trou *m*

'du *adv* subitement ; -yö 'wun -blɛɛ 'du =gbaa' 'ka il parle à la cantonade

=dua *n* hache *f* ; -bhö =dua 'sü 'ü 'wɔ =pɛɛ'- -a 'ka =blaa' il faut fendre rapidement le fagot avec la hache

=dua' 1 *n* marque *f* ; -tuë -maakëmɛ -nu -wo wo -bha wü =dua' -ya -na -an -bha les gardiens procèdent au marquage de leurs animaux ♦ =dua' kë marquer

=dua' 2 *n rn* devoir *m* ; n dheglunëgɔɔn =dua' -mü -yaa ö -bha 'kɔ 'dhɔɔ dɔ -dëü =nɛ mon frère doit vendre sa maison bientôt

=dua'- *n rn* grain *m* de beauté

'duaanduan ['duaan -duan] *adj* 1 frais, pas bien sec (*de bois*) 2 flexible ; =bhüö' ga bhë -yö 'duaanduan -së, ü -kɔ -mɔa kö 'üën- kë 'sɔ =bhüö' ga 'ka cette corde est bien flexible, tu peux l'utiliser pour tendre un piège

=duakëpë [=dua' kë -pë] *n* marque *f* ; =ya =duakëpë kë 'lü -bha -dhaanë 'ka il a fait une marque au couteau sur l'arbre 2 marque du ton (*dans l'orthographe dan*)

=duan' *n rn* 1.1 mesure *f*, dimension *f* ♦ =duan' 'sü prendre les dimensions 1.2 longueur *f* 2 distance *f* ; -a =duan' -yö -kë =nɛ 'go =Daandhö 'ü 'dho 'Maadhö 'dhö sa distance est comparable à celle qui sépare Danané et Man

'dudhö ['du dhö] *adv* d'un seul coup, avec force (*déraci-*

ner, par exemple, une plante) ♦ mɛ dɔ 'dudhö mettre dans le doute ; 'bha n dɔ 'dudhö, 'a 'dho =bhlöö- 'iin 'a 'to plöö 'a dɔ Si -gɔ =e ? tu m'as mis dans le doute, faut-il que je parte au champ ou que je reste au village attendre Suzanne ?

'duengdhö ['dueng dhö] *adv* entièrement submergé ; 'drɔɔ =ya 'më -yiö 'duengdhö la grenouille a soudainement plongé dans l'eau

duë *n* fugitif *m*, réfugié *m*
=**duë** 1) *n* fuite *f*
=**duë** 2) *v vi* se sauver, fuir (qch — -dhë) ; =wa =duë -glu -dhë ils ont fui la guerre

-duëluu [-duë 'luu] *n* Glossina mouche tsé-tsé *f*

-duɛ *n* 1 *rn* place *f*, position *f* ; -bhö -gbloo dɔ ö -duɛ -bha ! mets la chaise à sa place ! 2 place *f* où l'on se tient debout

-duklɔɔlü [-du klɔɔ -lü, -du klɔɔ- -lü] *n* canne *f* ; =wa kë =klöö kö -duklɔɔlü 'yaa 'kan -an -gɔ gbɔ quand on est vieux, on ne se sépare plus de sa canne

-dukwi [-du kwi] *n* 1 peau *f* de bœuf 2 ceinture *f* (pour les hommes ; faite de n'importe quelle peau) ; 'bha -dukwi dɔ ü -bha pang -ta -a ? est-ce que tu as mis ta ceinture à ton pantalon ?

dun *v* 1 1) *vt* suspendre; tendre (filet) 2) *vi* pendre 2 *vi* flotter (sur l'eau — 'yi -ta)

'dung, 'dunng *n* 1 poubelle *f* 2 balayures *fpl*, ordures *fpl* ♦ 'dunng -lo -dhɛ, 'dung =taa -dhɛ poubelle

=**dunng** *v vi* se disperser (des insectes volants), **fuir** (des gens, par exemple, pendant la guerre) ♦ mɛ =zuö' =dunng' *i)* être troublé, s'inquiéter ; -a =zuö' =ya =dunng il est inquiété *ii)* inquiéter qn

duö *n* huée *f*, moquerie *f* ♦ duö 'lü 'sü ; duö 'luu huer, se moquer (de — -bha) ♦ duö 'dhu dɔ se moquer (de — -bha)

=**duö** *adv* 1 beaucoup ; ü zuö =duö merci beaucoup <u>Syn.</u> =va 2 2 très, trop ; -yö -go =kwɛɛ- 'ka 'kwi =plöö =duö il est revenu de la ville très chargé

-duöö, -duö *n Syncerus caffer* buffle *m* du cap (hauteur au garrot jusqu'à 170 cm ; poids jusqu'à 820 kg., coloration noirâtre, tirant sur le brun rougeâtre chez les femelles et les jeunes; cornes massives, proches l'une de l'autre à la base, incurvées d'abord vers le bas, aux extrémités dirigées vers le haut)

=duu' {LOC =duudhö} *loc.n* trou *m* ; 'finng -nu =wa 'më =duu' les rats sont rentrés dans le trou

=duudhö [=duu' dhö] LOC *de* =duu' *trou*

-duun *n rn* cépée *f*

dü *n* **1 sorcellerie** *f* ♦ dü -mɛ sorcier **2 sorcier** *m* **3 diable** *m*

'dü {COM. 'düë} *n* arch. lance *f*

'düë COM. *de* 'dü *n* lance

'düë 'sü *v vi* **1 lancer les cris de joie** *(chanter, en passant dans tout le village)* **2 huer** *(qn, qui a fait du mal),* **poursuivre** *(dans tout le village en criant, qn — -bha)*

dügɔmɛ [dü -gɔ -mɛ] *n* **diable** *m,* **chef** *m* **des sorciers** ; -a =zuö' 'piö -dhɛ -yö tii =nɛ dügɔmɛ 'dhö son cœur est noir comme Satan

'dün *n* **hanche**

Dh dh

dha 1 *n* **pluie** *f* ♦ dha 'yi eau de pluie, pluie ♦ dha ban pleuvoir ; dha ban -sü 'töng =ya -lo l'hivernage est arrivé

-dha [← -dhö -a] *v une forme contractée : verbe auxiliaire 'dhö exprimant le futur en factatif + pronom non-subjectif 3 sg.*

dha 2 *v 1) vi* **se sauver** *(de — -gɔ) ;* 'yua {'yö} n -kë =nɛ, 'na- =tɛidɔ =nɛ a -dhö dha -a -gɔ -be je ne pensais pas que je serais guéri de cette maladie *2) vt* **sauver, libérer** *(de — -gɔ) ;* =Yesu =ya n dha dü -gɔ Jésus m'a sauvé de la main du diable

-dhaa *n* **machette** *f,* **sabre** *m*

'dhaa- *n* **van** *m* ♦ 'dhaakëmɛ vannier

-dhaanë [-dhaa 'në] *n* **couteau** *m*

dhabhüö [dha -bhüö] *n* **arc-en-ciel** *m* ; dhabhüö =ya dɔ l'arc-en-ciel est apparu ; dhabhüö =ya 'dho l'arc-en-ciel a disparu

dhaga [dha ga] *n* **1 foudre** *f* *(éclair et tonnerre)* **2 éclair** *m* **sphérique**

dhagblawo [dha 'gbla -wo] *n* **tonnerre** *m* ; 'në 'sɛɛn -nu -wo -süö dhagblawo -dhɛ les enfants ont peur du tonnerre

dhakpö [dha kpö] *n* **nuage** *m* **dhang-** *n* **ciel** *m* ; dhakpö =ya nu dhang- 'gü =duö il y a beaucoup de nuages dans le ciel <u>Syn.</u> dhanggüdhɛ

dhangga [dhang- ga] *n* **rare firmament** *m* ; -yö -dho 'yö pa dhangga giagia 'ka il est allé toucher même le ciel *(il est allé très loin)*

'dhangga ['dhang 'ga] *n* **1 malédiction** *f* <u>Syn.</u> 'kpöü ♦ 'dhangga 'to ü 'piö que la malédiction te poursuive **2 alliance** *f* ♦ 'wo 'dhangga -bhö ils ont signé l'alliance ♦ 'dhangga kwa song -dhö il existe une alliance entre nous

dhanggüdhɛ [dhang- 'gü -dhɛ] *n* **ciel** *m* <u>Syn.</u> dhang-

=**dhangtaa** [=dhang =taa] *n* **ananas** *m* <u>Syn.</u> lantra

'dhasi ['dha 'si] *n* **1 militaire** *m*, **soldat** *m* **2 policier** *m* **3 armée** *f*

'dhasigɔmɛ ['dha 'si -gɔ -mɛ] *n* **1 chef** *m* **d'armée** ; 'dhasigɔmɛ =ya 'gbla ö -kɔlööme -nu -ta wo -gɔ =yɔɔn 'wo wo -a -dhë sia- lorsque le chef crie sur ses soldats, ces derniers baissent la tête **2 ministre** *m*

dhayan [dha 'yan] *n* **éclair** *m* <u>Syn.</u> -blaan 1

dhe 1 {pl. dhe -nu} *n* rn **1 mère** *f* **2 tante** *f* *(sœur du père ou de la mère ; fille du frère ou de la sœur du grand-père ; fille du frère ou de la sœur de la grand-mère ; femme de l'oncle paternel ou maternel ; femme du fils du frère ou de la sœur du grand-père ; femme du fils du frère ou de la sœur de la grand-mère si elle est plus âgée qu'Ego)* ♦ dhe 'tee **tante** *(fille du frère ou de la sœur du grand-père ; fille du frère ou de la sœur de la grand-mère ; femme de l'oncle paternel ou maternel ; femme du fils du frère ou de la sœur du grand-père ; femme du fils du frère ou de la sœur de la grand-mère si elle est plus jeune qu'Ego)*

dhe 2 *n* dans certains contextes **féminin, femme** *f* *(terme abstrait, dans la plupart des cas utilisé avec une indication d'âge ou de position sociale, cf. —* 'nëdhe, dheklöö, dhegboo, gwandhe, gɔɔnmɛdhe, dhe 'sü, dhegɔn, dhesügɔɔn, dhemɛdë) ♦ dhe kë cuisiner *(en s'agissant d'homme ; litt : « faire le travail de femme »)* ♦ dhe 'sü épouser *(pour les hommes)*

-dhe *mrph* **-esse** *(suffixe du nom d'agent féminin)* ; gbɔ dɔ -dhe potière *f*

dhegboo [dhe 'gboo-] *n* **vieille femme** *f (du troisième âge, à partir de 70 ans)*

=**dhea'** → =dhia' *demain*

dhebɔ [dhe -bɔ] {pl. dhoo -nu} *n* **1 femme** *f* **2 épouse** *f*

=**dhee** *n rn* **tubercule** *m* ; =bee'- =dhee tubercule de manioc

'dhee 1, 'dhei *n* **1** *rn* **salive** *f* ♦ 'dhei 'vuu dɔ {mɛ 'dhi} baver ♦ 'dhee bho cracher **2 lavement** *m*, **purge** *f (médicament)* ♦ =wa 'dhɛi -da -a -gɔ on lui a fait un lavement

'dhee 2 *prt* **même si**

'dheepɛn ['dhee -pɛn] *n* **naja** *m* **cracheur** *(noir, ventre rouge, longueur d'environ 2 m, méchant)* Syn. 'dheesuö

'dheesuö ['dhee -suö] *n* **naja** *m* **cracheur** Syn. 'dheepɛn

dheglu [dhe 'glu] *n rn* **1 frère** *m*, **sœur** *f (enfant de la même mère qu'Ego)* ; -a dheglu 'në dhoo -nu -wo =plɛ, 'ö- gɔɔn- -nu 'dhö =plɛ 'pö il a deux sœurs et deux frères aussi **2 cousin** *m*, **cousine** *f (enfant de la sœur ou du frère de la mère ou du père d'Ego)* Syn. dheglüzë

dhegludhebɔ [dhe 'glu dhe -bɔ] *n rn* **sœur** *f* **mariée**

dhegludhezë [dhe 'glu dhe -zë] {pl. dhe 'glu dhoo -nu} *n rn* **sœur** *f* **aînée, grande sœur** *f*

dheglugɔɔn [dhe 'glu gɔɔn-] *n rn* **frère** *m* Syn. dheglugɔɔnzë

dheglugɔɔnnëzë [dhe 'glu gɔɔn- 'në -zë] *n rn* **frère** *m*

dheglugɔɔnzë [dhe 'glu gɔɔn- -zë] *n rn* **frère** *m* Syn. dheglugɔɔn ♦ dë dheglugɔɔnzë oncle paternel

dheglunëdhe [dhe 'glu 'në dhe] {pl. dhe 'glu 'në dhoo -nu} *n rn* **1 petite sœur** *f (enfant de même mère qu'Ego)* **2 cousine** *f* Syn. dheglunëdhezë

dheglunëdhezë [dhe 'glu 'në dhe -zë] {pl. dhe 'glu 'në dhoo -nu} *n rn* **1 petite sœur** *f (enfant de même mère qu'Ego)* **2 cousine** *f* Syn. dheglunëdhe

dheglunëgɔɔn [dhe 'glu 'në gɔɔn-] *n rn* **frère** *m (enfant de même mère qu'Ego)* ; n dheglunëgɔɔn bhë -a bɔɔ 'glu -yö -së n 'ka =duö la femme de mon frère est très gentille avec moi *Syn.* dheglunëgɔɔnzë

dheglunëgɔɔnzë [dhe 'glu 'në gɔɔn- -zë] ***n rn* frère** *m (enfant de même mère qu'Ego) Syn.* dheglunëgɔɔn

dhegluzë [dhe 'glu -zë] ***n rn*** **1 frère** *m,* **sœur** *f (enfant de même mère qu'Ego)* **2 cousin** *m,* **cousine** *f Syn.* dheglu

dhegɔn [dhe gɔn] ***n* nouveau marié** *m Syn.* dhesügɔɔn

=dhei', =dhii' {pl. =dheibɔ -nu, =dheibɔ, =dhei' -nu, =dhiibɔ -nu, =dhiibɔ, =dhii' -nu} ***n rn* sœur** *f* **aînée, grande sœur ;** -a =dhii' =gɔn -yö 'kwipë =va 'ka le mari de sa grande sœur est un haut fonctionnaire

'dhei → 'dhee *salive*

=dheibɔ [=dhei' -bɔ] *pluriel de* =dhei' *sœur aînée*

dheklöö [dhe =klöö] ***n* vieille femme** *f,* **femme** *f* **âgée** *(de 50 ans jusqu'à 70-80 ans)*

dhekpɔdhe [dhe 'kpɔ -dhe] ***n rn* arrière-grand-mère** *f (maternelle) Syn.* 'na

dhemɛdë [dhe -mɛ dë] ***n* homme** *m* **marié** *Syn.* dhesügɔɔn

'dhenegbaa ['dhe 'ne -gbaa] ***n Acrididae* papillon** *m*

dhepë [dhe pë] ***n* gage** *m* **d'adultère ;** -bho 'sɔɔdhu 'yögo dhepë 'ka 'dhiösümɛ -dhë il a dû payer cinq cabris au chef pour l'adultère *lv.*

dhesügɔɔn [dhe 'sü gɔɔn-] ***n* 1 nouveau marié** *m Syn.* dhegɔn **2 homme** *m* **marié** *Syn.* dhemɛdë

-dhë *pp* **1 à, pour** *(indique le bénéficié ou le but)* ♦ glɔɔ -yö n -dhë -së j'aime beaucoup les bananes **2 à** *(indique à qui l'on s'adresse) ;* =yaa- pö -a -dhë il lui a dit **3 de** *(indique la source du danger) ;* yi 'saadhö yi -suö =mɛɛ -dhë nous tous avons peur de serpents

=dhë, -dhë *adv* **1 comment ? 2 combien ? 3** *rare* **pourquoi ? ;** -ö -kë =dhë 'ö- -kë 'dhö e ? pourquoi as-tu fait cela ?

=dhëë'- ***n* bouillie** *f (de riz ou maïs ; pour les nourrissons)*

'dhëëdhɛ, 'dhëëdhödhɛ ['dhëë dhö -dhɛ] ***n* pö- 'dhëëdhödhɛ place** *f* **publique** *(centre du village)*

'dhëëdhö ['dhëë dhö] *loc.n rn* **1 dans la cour 2 en foule, au milieu**

dhɛ *n* allégresse *f* ♦ dhɛ kë se réjouir, être dans l'allégresse

-dhɛ 1 *n* **place** *f*, **endroit** *m*, **lieu** *m* ♦ -dhɛ 'bhaa -bha quelque part ♦ -dhɛ -më -ɛ ? où ? ♦ -dhɛ 'oo -dhɛ n'importe où ♦ -dhɛ =va -dhɛ plusieurs, la plupart, la majeure partie *(des personnes, animaux, objets)*

-dhɛ 2 *v vt* **1 appeler** <u>Syn.</u> =dhɔɔ kë ; -bhö ü 'bhamɛ bhë -a -dhɛ kö 'kwa pɔɔ- appelle ton ami à manger ♦ -dhɛ 'ko =bhaa assembler ♦ -yö ö =zuö' -dhɛ -së il se maîtrise bien **2 nommer 3 demander qch** *(qn — -gɔ)*

-dhɛ 3 *n* **jour** *m (lumière du jour)* ; -dhɛ =ya 'po le jour s'est levé ♦ -dhɛ 'po -yi ; -dhɛ 'po -sü jour

-dhɛ 4 *mrph suffixe des noms abstraits et des noms des statuts*

-dhɛ 5 *mrph marque du nom verbal* ; 'në -nu 'wo =nɛ -an bun -dhɛ 'yaa dhö ces enfants sont insupportables

-dhɛ 6 *mrph suffixe du cas commun*

=dhɛ *conj* lorsque, quand ; =dhɛ 'yua -ya -kë =nɛ -a 'su =ya kë =dhë =ɛ ? depuis combien de mois est-il malade ? ♦ =dhɛ -kë 'dhö donc, alors, ensuite, puis ♦ =dhɛ -kë =nɛ puisque, comme ♦ =dhɛ -kë 'pö alors ; =dhɛ -kë 'pö 'ü -më -yuö kë -sü 'gü i ? alors quel travail fais-tu ?

'dhɛ 1 *n* **1.1 feuille** *f*, **feuillage** *m* **1.2 feuille** *f* **de papier, page** *f* ♦ 'dhɛ -ta *i)* page, sur la page, sur le papier *ii) rare* chapitre *m* **2 herbe** *f* <u>Syn.</u> =blëë', =blëëdhɛ **3 remède** *m*, **médicament** *m* ♦ -dhɛ bo, 'dhɛ kë, 'yua 'dhɛ kë, 'yua -mɛ 'dhɛ kë soigner *(la maladie)* ♦ -de 'dhɛ kë se soigner

'dhɛ 2 *itj* expression d'étonnement

-dhɛbiëndhɛ [-dhɛ 'biën- -dhɛ] *n* **ombre** *f (fraîcheur, place ombragée)* ; lan- =ya kë 'dhiö-, -kwa 'dho =glaa- =löö -dhɛbiëndhɛ -bha 'kwa kwa 'tɛɛ pa il fait chaud, allons nous reposer sous le palmier là où il y a de l'ombre

-dhɛbosü [-dhɛ bo -sü] *n* **guérison** *f*

=dhɛɛ *adv* **beaucoup, trop** *(surtout de souffrance, parfois de joie)*

=dhɛɛ' *n* **question** *f* ♦ =dhɛɛ' -daa réponse

♦ =dhɛɛ' 'kpɔ poser une question *(à — -gɔ)* ; =dhɛɛ' 'wo- kpɔ ü -gɔ bhë, 'bha -a -daa kë =a ? as-tu répondu à la question qu'on t'a posée ?

=**dhɛɛdhɛ** [=dhɛɛ' -dhɛ] *n* **champ** *m*, **plantation** *f*

'**dhɛɛdhɛ** ['dhɛɛ -dhɛ] {LOC 'dhɛɛdhö, =dhɛɛdhö} *n* **feuillage** *m*

'**dhɛɛdhö** ['dhɛɛ dhö], =**dhɛɛdhö** [=dhɛɛ' dhö] LOC *de* 'dhɛɛdhɛ *feuillage*

-**dhɛ -ga** *v* **1** *vi* **regarder** *(qch — 'piö)* **2** *vi* **observer** *(une affaire — 'gü)*; 'wun bhë -ka -dhɛ -ga -a 'gü -së 'ka, kö 'kaa- =tun -a -daa kë -sü -bha observez bien cette affaire avant de répondre

'**dhɛga** ['dhɛ ga] *n* **1** *rn* **feuille** *f* **2 page** *f*

-**dhɛgakɔ** [-dhɛ -ga -kɔ] *n rn* **regard** *m* *(façon de regarder)* ; -a -dhɛgakɔ -yö ya il a un mauvais regard

-**dhɛgayan** [-dhɛ ga -yan], [-dhɛ -ga -yan], -**dhɛgayaan** [-dhɛ -ga -yaan] *n* **miroir** *m* *[pendant la nuit on ne regarde pas dans le miroir, car le génie qui contrôle la nuit peut dérober l'image pour aller faire du mal avec elle]* Syn. 'sëë-

-**dhɛgloodhɛ** [-dhɛ gloo -dhɛ] *n* **1 déblaiement** *m* *(fait avec la houe)* **2 trou** *m* *(creusé avec la houe, où l'eau descend, moins d'un mètre de profondeur)* **3 lit** *m* **de ruisseau** *(crée par la pluie)*, **ruissellement** *m*, **trace** *f* **dans la terre** *(passage d'eau)*

-**dhɛgopië** [-dhɛ -go -pië] *n* **balai** *m* *(pour la maison ; de feuilles de raphia)*

-**dhɛkpaɔdhiö** [-dhɛ =kpaɔ 'dhiö, -dhɛ -kpaɔ 'dhiö] *n* **matin** *m* Syn. =dhiadhiö

-**dhɛkpaɔyi** [-dhɛ =kpaɔ -yi] *n* **jour** *m* *(vingt-quatre heures, jour et nuit)* ; 'su do -ya -pö -dhɛkpaɔyi 'gɔɔ- -yaaga un mois compte trente jours

-**dhɛpëëdhɛ** [-dhɛ 'pëë- -dhɛ] *n* **ombre** *f*, **abri du soleil** ; =ya 'dho -dhɛpëëdhɛ -bha il s'est mis à l'abri du soleil

-**dhɛpuudhɛ** [-dhɛ 'puu -dhɛ] *n* **1** *rn* **tâche** *f* **blanche 2 lumière** *f*

-**dhɛtii** [-dhɛ tii] *n* **1** *rn* **lieu** *m* **ténèbre 2.1 ténèbres** *f* Syn. -dhɛtiidhɛ **2.2 nuit** *f* Syn. gbeng, 'bin

-**dhɛtiidhɛ** [-dhɛ tii -dhɛ] *n* **1** *rn* **tache** *f* **noire 2.1 ténèbres** *f*

Syn. -dhɛtii; = wa 'siö 'kan, -dhɛtiidhɛ = ya -dhɛ {'gü} bho ils ont coupé le courant, les ténèbres ont tout envahi ♦ -a -bha bhüö -ya -to -dhɛtiidhɛ 'gü sa blessure le laissa dans l'obscurité **2.2 bonne heure** *f (avant l'aube)*

-dhɛyaapë [-dhɛ = yaa' -pë] *n* charrue *f*

-dhɛyamɛ [-dhɛ -ya -mɛ] *n* laboureur *m*

-dhɛadhiö → = dhiadhiö *matin*

dhi 1) *v vi* **1 être bon** *(pour — -bha)* ; sɔ bhë -yö -dhi ü -bha ce vêtement te va très bien ♦ -kwɛ = nɛ -a 'gü, -mlü 'yaa dhi cette année, le riz n'a pas donné beaucoup ♦ -an 'glu -yö -dhi ils sont contents **2 être bon au gout 3 être beau, être joli** *(personnes)* **4 être heureux, être content**

dhi 2) *n* **1 beauté** *f* **2 joie** *f* **3 accord** *m*

'dhi *n* **1** *rn* **bouche** *f*, **gueule** *f* *(d'un animal)*, **appareil** *m* **buccal lécheur** *(des insectes)* ; pë 'ö mɛ = zuö 'gü, yö = nɛ 'ö 'dhi -ya -blɛɛ *prov.* la bouche de l'homme dit ce qui est dans son cœur ♦ 'dhi bho raconter *(de — -ta)* ♦ dhi 'kan convaincre, persuader, parler avec éloquence ; = suakëmɛ 'dhi 'kan -sü = duö le menteur a un langage qui persuade ♦ 'dhi -kpa 'kuë-, 'dhi ta *gros.* se taire ♦ 'dhi -yö 'kuë- *i)* fermer la bouche *ii)* se taire ; -bhö ü 'dhi yö 'kuë- tais-toi ♦ 'dhi pa *i)* remplir la bouche *ii)* demeurer stupéfait ; -a 'dhi -yö -pa, yaa 'wun gbɛ = blɛɛ'- zlöö 'ö tɔɔ gbaɔ 'wo -a -kë -a -dhë bhë -yö -ziö = gɔu' il est resté comme une borne sans dire un mot devant ce cadeau qu'on lui a fait car c'était énorme **2.1** *rn* **ouverture** *f*, **trou** *m* ; -wo -dhö -püö -glu 'dhi do 'gü ils vont tomber dans un trou ; -yö = bhɔɔ' 'dhi -ta = bhüö 'ka il lia le sac avec une ficelle **2.2** *rn* **porte** *f*, **entrée** *f* ♦ 'kɔ 'dhi porte d'une maison

-dhi *v vt* **1 'sɔ -dhi, 'va -dhi tendre le piège;** = ya 'va -dhi -kaɔ -gɔ il a tendu un piège à la perdrix **2 bu -dhi charger le fusil**

=dhia 1) *loc.n* **1.1 pour** *(transmet la valeur du but avec les verbes de mouvement 'dho 'aller', 'partir', nu 'venir (pour)*

faire qch', et le verbe bo 'cesser') ; -yö -dho 'lü bɔ =dhia il est allé abattre des arbres ; -ka ka bo -zuö dɔ =dhia kö 'kwa =bɛɛn'- arrêtez de bavarder, nous allons prier **1.2 en train de** *(exprime les valeurs dynamiques ou statives)* ; a ü -yö -ma =bee'- =kwaan =dhia je t'ai vu voler mon manioc ; -a 'gü 'gbee- 'ko zë =dhia il est brave au combat **2 chez qn, à qn** ; a -dhö nu 'Zee- 'ka -an =dhia j'enverrai Zéhé chez eux ; 'dho 'ü nu -dhaanë do 'ka n =dhia va m'apporter un couteau

=**dhia 2)** *mrph* suffixe verbal du duratif ; exprime la valeur dynamique ; -yö -dhɛ -go =dhia =ya -mɔ 'lɛlɛ =plɛ -bha elle est en train de balayer depuis deux heures

=**dhia', =dhea'** *adv* demain ; -yö -dhö dho =Daandhö =dhia' =a ? est-ce qu'il ira à Danané demain ? ♦ kö ko =dhia' 'sa à demain ♦ =dhia' =taa -bha après-demain

'**dhia** *n* **1** *rn* **tas** *m (de marchandises, de fagots)* ♦ 'dhia -da attirer *(qn — 'gü),* plaire *(à — 'gü)* ; -pë =nɛ -a 'dhia -da n 'gü cette chose m'attire **2 gros.** tas d'excrément

=**dhiadhiö** [=dhia 'dhiö], -**dhiadhiö, -dhɛadhiö** *adv* **1 matin** *m,* **matinée** *f,* **le matin** ; -yö -so =dhiadhiö 'ö dho =bhlöö- il s'est levé très tôt le matin et il est parti au champ ♦ -dhiadhiö tii 'gü de très bonne heure *(avant l'aube)* ; -yö -dho -dhɛadhiö tii 'gü 'yiblü kë =dhia il est parti de bonne heure à la pêche **2 lendemain matin** ; ...kö ko =dhiadhiö 'sa, 'ma 'we ü -bha kɔɔmɛ -nu 'ka ...on se voit donc demain matin, je salue toute ta famille

-**dhidhaa** [-dhi 'dhaa] *n* **magie** *f,* **miracle** *m (terme générique)* *Syn.* bhe; -a -dhɛ bhë -dhidhaa -mü, mɛ 'bhei- -lü -kɔ yaa -mɔa kö -yö -guö kpö 'gla -tɔ -yan 'gü c'est de la magie, un homme ne peut pas transformer un caillou en œuf de poule ♦ -dhidhaa kë pratiquer la magie

-**dhidhaakëmɛ** [-dhi 'dhaa kë -mɛ] *n* **magicien** *m*

-**dhidhaapë** [-dhi 'dhaa -pë] **miracle** *m,* **chose** *f* **étrange, étonnante**

dhidhe [dhi dhe] *n* **1 amitié** *f* ; dhidhe -yö -an ziën =va ils sont des amis très proches **2 beauté** *f (de personne, d'objet, etc.)* **3 réconciliation** *f*

=**dhië'**, =**dhië'**- *v* **1** *1) vt* tourner, renverser, changer *(habitude, intérieur)* *2) vi* =dhië'-kɔa **se changer** ♦ =dhië' ö -zü se tourner **2** *vt* **malaxer** *(argile)* **3.1** *vt* mɛ -wo =dhië' **altérer la parole de qn 3.2** *vt* mɛ -wo =dhië' **traduire** ; -bhö -a -wo =dhië' -yaɔbaa -wo 'gü ! traduis-le en yacouba !

'dhiëng *n rn* **palais** *m anat.* ♦ 'dhiëng 'gü -dhɛ **amygdale linguale, V lingual, intérieur de la joue**

-dhii, -dhuu *n* **tache** *f*, **saleté** *f*

=**dhii'** → =dhei' *sœur aînée*

=**dhiibɔ** [=dhii' -bɔ] *pluriel de* =dhii' *sœur aînée*

-dhiizë [-dhii -zë], **-dhuuzë** [-dhuu -zë] *adj* **sale** ; n -bha -da -sɔ =ya kë -dhiizë mes habits sont salis

'dhikanmɛ ['dhi 'kan -mɛ] *n* **personne** *f* **éloquente** ; -yösongkë -yuö -yö -dhi 'dhikanmɛ -bha le métier d'avocat est bien pour quelqu'un d'éloquent

-dhikuëdhe [-dhi 'kuë dhe] *n* entente *f*, accord *m*, paix *f (après une guerre, une querelle, etc.)*

'dhinaa ['dhi -naa] *n* **dispute** *f*, **conflit** *m*, **querelle** *f*, **litige** *m (sans bagarre physique)* ♦ 'dhinaa -kë **se quereller, faire palabre, se disputer** ; kö =kun 'kwa 'dhinaa -kë kwa 'koë ne nous querellons pas !

'dhinaazë ['dhi -naa -zë] *adj* **iracsible, belliqueux**

dhing *n rn* **1 nœud** *m (de la corde)* **2** wa dhing **brèche** *f* **entre les dents** *(denture supérieure)*, gi dhing **brèche** *f* **entre les dents** *(denture inférieure)*

-dhio *n* **conseil** *m* Syn. tɔng ♦ -dhio -dɔ **conseiller, donner des conseils** *(à — -ta)* ; mɛ -dhɔ mɛ -kë 'wo -dhio dɔ -a -ta on donne des conseils à qui on aime

-dhiö, -dhiöö *n* **furoncle** *m*

'dhiö 1) *n rn* **1 bord** *m*, **bout** *m*, **tranchant** *m* ♦ 'dhiö -dhɛ **brins** *(de la corde)* **2 lame** *f*

'dhiö 2) *pp* **1 devant, en face de 2 avant** *(sens temporel)* **3 au bout** ♦ -kɔ 'dhiö **aux bouts des doigts**

'dhiö 3) *adv* **1 devant** ; -bhö 'dho 'dhiö 'ma, a nu -na devances-moi, j'arrive là ♦ -da 'dhiö, 'dho 'dhiö augmenter *(prix, salaire, nombre)*, s'aggraver *(maladie)* **2 avant** *(sens temporel)* ♦ 'dhiö -be, 'dhiö -bezë, 'dhiö -blɛɛzë autrefois, avant ; 'dhiö -be kö ü =tun 'tee =kun, ... autrefois quand tu étais encore petit, ... ♦ 'dhiö mü bhë auparavant, il y a longtemps

'dhiö- *adj* **1 tranchant ;** =soo 'dhiö- griffe tranchante **2 douloureux ;** n -gɛn -yö 'dhiö- mon pied me fait mal **3 ardent** *(soleil, feu)* ♦ lan- =ya kë 'dhiö- le soleil est devenu ardent **4 capiteux, fort** *(boisson)* ♦ yɔ 'dhiö-, pë 'yi 'dhiö- boisson forte, alcool ; =kpëü' 'yi 'dhiö- -ya kë -na il s'est enivré à la bière de maïs **5 féroce** *(animal)*

'dhiö bɔ *v vt* **aiguiser, affûter, limer**

'dhiödhɛ ['dhiö- -dhɛ] *n* **sévérité** *f* ; 'dhasi waa- =klanggɔmɛ -a dö 'ö -bha 'dhiödhɛ 'dhö =gbaɔn -sü -i ? du militaire ou de l'enseignant, qui est le plus sévère ?

'dhiö 'gan *v vt* **attendre ;** -bhö n 'dhiö 'gan attends-moi

-dhiöö → -dhiö *furoncle*

'dhiö 'sü *v vi* **diriger** *(qn — 'ka)* ♦ 'dhiö 'sü -mɛ *i)* guide ; 'dhiö 'sü -mɛ 'yëng 'yaa kë tii le guide ne doit pas être aveugle *ii)* dirigeant, chef

'dhiö 'to *v vt* **finir, achever, terminer** <u>Syn.</u> yiën

'dhiöto ['dhiö 'to] *n* **1 fin** *f* **2 reste** *m*

'dhiötodhɛ ['dhiö 'to -dhɛ] *n* **fin** *f*, **bout** *m* ; 'kö 'wun dhö =glɔɔ -kɔ 'oo -kɔ -ta -a 'dhiötodhɛ -yö -dhö même si une affaire dure, elle a cependant une fin ; 'yiga =nɛ 'ö tɔɔ kwa -bha 'sɛ -gɔ 'dhiötodhɛ cette rivière limite notre territoire

-dhiöyi [-dhiö 'yi] *n* **pus** *m*

'dhiözë ['dhiö-zë] *adj* **tranchant, douloureux** *(qui brûle, qui pique)*

=dhiɔ' *n* **1** rn plus souvent au pluriel : =dhiɔ' -nu **parent maternel, parent du village maternel 2 village de la mère**

'dho *v vi* **1 aller** *(quelque part)*, **partir ;** 'bin =ya 'më, -bhö 'dho kɔɔ il fait nuit, va à la maison ♦ 'dho -a 'ka **emmener, emporter** ♦ 'dho 'dhiö **devancer** *(personne)*, **continuer** *(travail, parole)*, **s'aggraver** *(mala-*

die) ; 'yua -yö 'dho -na 'dhiö la maladie s'aggrave ♦ 'dho guan, 'dho gwaan se marier ♦ -dho 'ko =zlöö *i)* aller derrière qn *ii)* aller avec qn *iii)* comploter, être complice *(contre — -gɔ)* ; =dhɛ -kë =nɛ kɔɔ -mɛ do -mü bhë, 'wo dho 'ko =zlöö n -gɔ c'est parce qu'ils sont de la même famille qu'ils ont comploté contre moi ♦ 'dho 'koë-, 'dho 'kuë- *i)* rassembler, mettre ensemble ; -bhö ü -bha -tuë -nu 'wo bhë -an 'dho 'koë- kö 'kwa -an =dhong'- rassemble ton bétail qui est là, nous allons compter les têtes *ii)* se réunir, se ressembler, s'assembler, s'unir ; =wa 'dho wo 'koë- ils se sont réunis... ; =wa 'dho -a -dhë 'koë- ils se sont tous ligués contre lui ♦ 'dho 'kou abréger ; -bhö ü -bha =blɛɛ' -wun 'dho 'kou abrège ton discours ♦ -dho mɛ 'ka =gbiin s'éloigner de ♦ 'dho sɛa- *i)* diminuer *(prix, volume de poste de radio, etc.)*, calmer *ii)* s'apaiser ; -a -bha -naadhe 'dho -na sɛa- sa colère s'apaise ; 'tëë 'dho -na sɛa- le vent s'apaise *iii)* s'affaisser ; zaa- -yö 'dho -na sɛa- la case s'affaisse

♦ -de 'dho sɛa- s'humilier ♦ mɛ -gɔ 'dho sɛa- brimer qn **2** → 'dhö 2 *verbe auxiliaire ; exprime le futur*

-dhodhɔɔpiösüzë [-dho 'dhɔɔ 'piö -sü -zë] *adj* **rouge clair**

'dhoë- → 'dhöë- *verbe auxiliaire : en factatif + l'infinitif du verbe principal exprime le futur proximal*

-dhokuësü [-dho 'kuë- -sü] *n* **réunion** *f*

=**dhong'-** *v vt* **compter, calculer** ; 'wëü- bhë -a =dhong' 'ü -a wo bhë, -yö -kë =dhë =ɛ ? cet argent que tu a compté monte à combien ?

'dhongbho ['dhong 'bho], **'dhongdho** ['dhong 'dho] *n* **1** *rn* **trompe** *f (d'éléphant)* ; biö =faan' -ya 'dhongdho 'gü la force de l'éléphant est dans sa trompe **2 trompe** *f* d'éléphant *(maladie de peau, verrue en forme de trompe)*

-dhongdho [-dhong -dho] *n* **1** *Sarothura pulchra* **râle** *f* **pygmée** *(femelle : dos rayé de noir et de beige ; mâle : dos noir fortement taché de blanc)* **2** *Canirallus oculeus* **râle** *f* **à gorge grise**

'dhongdho → 'dhongbho *trompe d'éléphant*

dhongzëmɛɛ [dhong zë -mɛɛ] *n* scolopendre *f*

'**dhono** ['dho 'no] *n Malimbus scutatus* **malimbe à queue rouge** *(oiseau : noir sauf la tête, un collier, la poitrine et les sous-caudales écarlates)*

=**dhoo** {pl. =dhoo -nu, =dhoobɔ -nu, =dhoobɔ} *n rn* **grand-frère** *m* ; -a =dhoobɔ -nu -wo =plɛ, -a mɛ do bhë dhe -ya -gɔ, -a mɛ do 'ö to -yö =tun 'kwɛa 'ka =kun ses grand-frères sont deux, l'un a une femme, l'autre est encore célibataire

=**dhoo'** *n* belette *f [animal de conte]*

'**dhoo** *n* arbre *m (espèce; long, pas gros, pousse dans la brousse)*

'**Dhoo-** *n* « Doo » *(nom d'un clan)*

=**dhoobɔ** [=dhoo -bɔ] *pluriel de* =dhoo *grand-frère*

'**Dhoodhö** ['Dhoo dhö] *loc.n* Dhoo *(canton)*

dhoo -nu *pluriel de* dhebɔ *femme*

dhö 1 *mrph* suffixe des adverbes ♦ -nuaanuaadhö lentement

dhö 2 *mrph* suffixe du cas locatif

'**dhö 1** *v vi* **être** *(exister)* ; 'yuö- -yö -dhö il y a du poisson ; sɔ gbɛ 'yaa 'dhö il n'a pas d'autres habits

'**dhö 2, 'dho** *v* **1** *vi* verbe auxiliaire : *en factatif + l'infinitif du verbe principal exprime le futur ; dans la construction négative, le sujet est exprimé par un pronom négatif du passé* ; 'yi -dhö kë -saa l'eau sera froide **2** *vi* l'auxiliaire introduisant le verbe dans une phrase à valeur de l'irréel ; a- 'wun -dɔ -be nka 'dho nu je ne serais pas venu si je l'avais su avant

'**dhö 3** *adv* ainsi, comme ça ♦ =ya kë 'dhö si ♦ =dhɛ -kë 'dhö alors

'**dhö 4** *pp* **1** vers **2** comme

'**dhöë-, 'dhoë-** *v vi* verbe auxiliaire : *en factatif + l'infinitif du verbe principal exprime le futur proximal :* « être sur le point de », « faillir faire qch », « presque » ; ü 'dhöë- yizë tu es sur le point de t'endormir

'**dhöödhö** → 'dhöüdhöü *rond*

'**dhöödhöö** ['dhöö 'dhöö] *pluriel de* 'dhöödhö *rond*

-dhöökpö [-dhöö kpö] *n* **1 ballot** *m (de marchandise)* **2 ballon** *m*

'dhöüdhöü ['dhöü- -dhöü], **'dhöödhö** ['dhöö -dhö] {pl. 'dhöüdhöü, 'dhöödhö -nu, 'dhöödhöö} *adj* **rond** ; -klɔng -dhɛ =va -dhɛ 'todhiödhɛ -wo 'dhöüdhöü la plupart des puits ont les bords arrondis

'dhöüdhöü ['dhöü- dhöü] *pluriel de* 'dhöüdhöü *rond*

-dhɔ *n* **1** *rn* **envie** *f*, **soif** *f* ; 'yi mü -dhɔ -yö n -kë -na j'ai soif ♦ -ya pë =dhɔa' convoiter, convoitise *f* ; mɛ pë 'yaa- -gɔ, pë =mɛɛ' 'ö -a wo, 'yaa -ya ö 'bhaa- -nu -bha pë -dhɔ 'ka celui qui n'a rien doit chercher quelque chose à avoir, il ne doit pas convoiter le bien de ses prochains **2 amour** *m*, **prédilection** *f (envers qn/qch — nom relationnel ; de qn — nom autosémantique)* ; -a dhe -dhɔ l'amour envers sa mère ; -a dhe -bha -dhɔ l'amour de sa mère ♦ -dhɔ kë aimer qn ; a- -dhɔ -kë pë 'ö =nɛ -a 'ka j'aime cela; -wo wo 'ko -dhɔ -kë ; -an -dhɔ 'ko -kë ils s'aiment ♦ -a dhe -dhɔ -ya -kë =duö il aime beaucoup sa mère

'dhɔ *v vt* **1 acheter, payer** /v. (à — -gɔ ; en échange de — 'ka) **2.1 racheter** qn *(de — -gɔ)* ; =Yesu =ya kwa 'dhɔ dügɔmɛ -gɔ, 'kwa kë -po =taa' -mɛ 'ka zlöö Jésus nous a racheté de la main de satan, nous sommes désormais libres **2.2 donner coup de main** *(à restituer)* ; -bhö n 'dhɔ =dɛɛ kö =dhia' {kö} 'ko 'dhɔ ü -gɔ =bhlöö- il faut me donner un coup de main aujourd'hui, et demain nous irons dans ton champ

-dhɔkaa [-dhɔ =kaa'], **-dhɔkëdhe** [-dhɔ kë dhe] *n* **amour** *f (entre deux ou plusieurs personnes)*

=dhɔng *v 1) vt* **perdre** ; 'ma gbɛa- =dhɔng j'ai perdu l'échelle *2) vi* **se perdre** ; 'në -nu =wa =dhɔng blii 'gü les enfants se sont perdus dans la forêt ♦ pë =dhɔng mɛ -gɔ oublier qch ; 'tɔ bhë =ya =dhɔng n -gɔ j'ai oublié ce nom

=dhɔng' *n* **1 crépuscule** *m (18-20 heures)* ; =dhɔng' =ya -da le crépuscule est arrivé **2 rosée** *f* ; =dhɔng' -yö -lo -na la rosée apparaît

=dhɔngtrɔɔ [=dhɔng trɔɔ-] *n* **1 médecin** *m* **2 infirmier** *m*,

infirmière *f*

=dhɔngtrɔɔplöö [=dhɔng trɔɔ- =plöö] *n* **centre** *m* **de santé, hôpital** *m* ; 'yua 'ö =Maadu -gɔ bhë =ya kë 'gbee- =wa 'dho -a 'ka =dhɔngtrɔɔplöö la maladie de Mamadou est devenue grave, ils l'ont envoyé à l'hôpital

=dhɔɔ *n nom relationnel pour le complément d'agent ; nom autosémantique pour l'agent* **appel** *m* ♦ =dhɔɔ kë *i)* appeler, convoquer *ii)* inviter ♦ =dhɔɔ kë 'ko =bhaa assembler

=dhɔɔ', =dhɔü' *n rn* **volonté** *f*

=dhɔɔbhaa *n* [=dhɔɔ' =bhaa] **volonté** *f* ; -Zlan =dhɔɔbhaa waa- mɛ 'bhei- =dhɔɔbhaa 'waa do la volonté de Dieu et celle des êtres humains ne sont pas les mêmes

'dhɔɔ *n* **marché** *m (hebdomadaire)* ♦ 'dhɔɔ yi jour du marché ♦ 'dhɔɔ dɔ vendre *(à — -gɔ)* ; -Tië =ya ö -bha 'mɔbhli zii bhë =yaa- 'dhɔɔ dɔ kö =yaa- -dëü 'dhɔ Tieu a vendu son ancien véhicule et en acheté un nouveau ♦ 'dhɔɔ wo pö marchander

'dhɔɔ *n Hyperopsius bebe* **poisson** *m (espèce)* ♦ 'dhɔɔ tii *Petrocephalus bane, Marcusenius psittacus* poisson *(espèce)*

'dhɔɔdɔma ['dhɔɔ dɔ -ma] *n* **oiseau** *m (espèce, vit en groupe en brousse)*

=dhɔɔbhaanë [=dhɔɔ' =bhaa -në] *n rn* **enfant** *m* **chéri**

=dhɔɔdhɔ [=dhɔɔ 'dhɔ] *v vt* **bercer, dorloter** *(un enfant)*

'dhɔɔgo ['dhɔɔ -gɔ] *n* **semaine** *f*

'dhɔɔkoëdhö ['dhɔɔ 'koë- dhö], 'dhɔɔkuëdhö ['dhɔɔ 'kuë- dhö], 'dhɔɔkuëëdhö ['dhɔɔ 'kuëë- dhö] *loc.n* **marché** *m*

=dhɔü' → =dhɔɔ' *volonté*

'dhu 1 *n rn* **fille** *f (fille d'Ego ; fille du frère ou de la sœur de l'épouse d'Ego)*

'dhu 2 *v 1) vt* **lier, attacher** *(bagage, fagot) 2) vr* **s'habiller, se parer** *(de — 'ka)* ; -yö ö -dhu sɔ -sɛɛbɔ 'ka il se parait de très jolis habits ♦ 'dhu -kɔ manière *f* de s'habiller

'dhuë- *n* **1 bénédiction** *f* ; -Zlan -bha 'dhuë- -yö 'to ka 'piö ! que la bénédiction de Dieu vous accompagne ! ♦ 'dhuë- 'kpɔ bénir *(qn — -bha)* ;

-Zlan -yö 'dhuë- 'kpɔ ka =suu'- -ta {-mɛ} 'saadhö -bha ! que Dieu bénisse tous vos descendants ! ; -Zlan -yö -dho 'dhuë- kpɔ ü -bha Dieu te bénira **2 mascotte** *f* **porte-bonheur**

dhuö 1 *n* **raphia** *m* ♦ dhuö -lü palmier raphia ♦ dhuö sën tige de raphia

dhuö 2 *adv* **en haut** ; 'viɔn- =dhɛ 'ö ziö -na bhë, -yö -ziö dhanggü dhuö =gbɛɛn, -a 'siɔn 'kpaan 'wo- yö 'waa- -de yö cet avion qui passe, il passe très haut dans le ciel ; c'est sa fumée qu'on peut voir, on ne peut pas l'apercevoir ; -ya -a -ta dhuö assieds-toi là-dessus ♦ -yö -dhɛ -ga -na dhuö il regarde en l'air ♦ -kë dhuö être en haut ; =dhɛ 'ö =Maa' 'dhö 'wun =blɛɛ' -na =sia n 'yan -kë dhuö quand Maa parlait, mes yeux étaient en haut *(je n'ai pas prêté attention à ses paroles)*

-dhuö *v vt* **1 priver qn** *(de — 'ka)* ; =yaa- -dhuö 'wëü- 'ka il l'a privé d'argent **2 manger tout seul** *(sans partager avec qn)* ; =yaa- 'zlaa- -dhuö il a mangé sans qu'il reste qch pour son petit frère

dhuödhe [dhuö dhe] *n* **Dendroaspris mamba** *m* **vert** <u>Syn.</u> 'glɔɔ

dhuödhe 'töng [dhuö dhe] *n* **petite saison** *f* **de pluie** *(avril-mai)*

-dhutii [-dhu tii], **-dhuutii** [-dhuu tii] *n* **chef** *m* **du village** <u>Syn.</u> 'sɛdë, =kɔɔnmɛ, dëmɛ, dɛɛn, pödëmɛ, 'gɔ 1

-dhuu → -dhii *tache*

=dhuu *n* **1.1 cal** *m* **1.2 bouton** *m*, **bourgeon** *m* **2** 'siö =dhuu **braises** *fpl* **de feu**

'dhuu *n* **brouillard** *m*, **brume** *f* ; 'dhuu -yö yö -sü 'ka =dɛɛ =duö il y a beaucoup de brouillard aujourd'hui

=dhuu'- *v* 1) *vt* **éteindre** *(feu)* 2) *vi* **s'eteindre** 3) *vr* **faire une inhalation** ; 'gii- =yaa- 'kun -yö ö =dhuu' -na il a la fièvre, il est en train de faire une inhalation

'dhuung *n* **balafon** *m* ♦ 'dhuung -bhɔ =taa' -pë support de balafon ♦ 'dhuung -kɔɔ calebasse de balafon

'dhuungga ['dhuung ga] *n* **1 touche** *f* **de balafon 2 mailloche** *f* **de balafon**

'dhuupuu ['dhuu 'puu] *n* **Ricinus communis arbre** *m* *(espèce)*

-dhuutii [-dhuu tii] → -dhutii *chef du village*

-dhuuzë → -dhiizë *sale*

E e

=e, e, -e, =ɛ, ɛ, -ɛ, =i, i, -i *prt* particule interrogative générale ; le ton de la particule est en fonction du ton de la voyelle précédente : il est bas après les voyelles à tons bas et moyen ; descendant après les tons descendant et moyen-descendant ; moyen après un ton haut

Ɛ ɛ

=ɛ 1, ɛ, -ɛ → =e *particule interrogative générale*
=ɛ 2, =ɛɛ *itj* eh bien, d'accord *(interjection d'acceptation)* ; =ɛɛ, kö -yö 'to 'pö ! d'accord, n'en parlons plus

F f

'fa *n rn* tranche *f (de manioc, de banane, d'igname)*, **planche** *f (en bois)*
    faa- *n* calao *m*
    -faa *n rn* pancréas *m*
    'faa (k) *n* peigne *m*
'faafa ['faa -fa] *adj* léger *(papier, feuille, cellule de miel)*
    =faan', =faan'- *n rn* **1** force *f* **2** courage *m* ♦ =faan' 'sü se fortifier, prendre courage ; -bhö ü =faan' 'sü, zian 'yaa =gbɛɛn gbɔ prends courage, le chemin n'est plus long ♦ =faan' bho affaiblir, priver de sa force *(qn — 'gü)* ; 'yua =yaa- =faan' bho -a 'gü il est très affaibli par la maladie ♦ =faan' 'kun affaiblir *(qn — -gɔ)* ; din =ya =faan' 'kun -a -gɔ la faim l'a beaucoup affaibli ♦ =faan' 'më encourager, persuader ; -bhö -a =faan' 'më kö =blëëdhɛ -kaan -ta bhë {kö} -ya 'sü encourage-le à prendre ses derniers médicaments ♦ me -de =faan' 'më s'encourager ; -yö ö -de

= faan' -më 'tan bho -sü 'ka yuö 'dhiö il prend courage en chantant en travaillant

'fafa ['fa -fa] *adj* **1 pâle, blanchâtre** *(habit vieux qui commence à deteindre)* **2 jaune**

= **fëüfëüdhö** [= fëü' = fëü' dhö] *adv* **complètement** *(achever le travail)* <u>Syn.</u> = vëüvëüdhö

'fɛɛ *n* **pauvreté** *f*

'fɛɛmɛ ['fɛɛ -mɛ] *n* **pauvre** *m*, **fauché** *m* *(qui n'a pas d'argent)*

= **fɛɛn'-** *v vt* **sucer**

'fɛɛzë ['fɛɛ -zë] *adj* **pauvre**

'fɛfɛdhö ['fɛ 'fɛ dhö] *adv* **complètement ;** 'yi = ya = bhüö' 'fɛfɛdhö le lit du fleuve est à sec

fɛi *n rn* **sang** *m*

'fia *n* **1 paresse** *f* **2 lâcheté** *f*

'fiamɛ ['fia -mɛ] *n* **1 paresseux** *m* **2 lâche** *m* **3 larve** *f (humaine)*

'fiasü ['fia -sü] *adj* **paresseux, lâche**

= **fië'** *n rn* **brassée** *f*, **gerbe** *f* *(par exemple de riz)*

-**fiëfiëdhö** [-fië -fië dhö] *adv* **facilement ;** 'wun bhë yi -blɛɛ -fiëfiëdhö, -zuö = va yaa kë -a 'gü nous avons facilement reglé cette affaire sans qu'il y ait d'histoires

= **fii** *n* **1 poudre** *f* **médicamenteuse traditionnelle** *(soigne l'épilepsie, le tic nerveux des enfants, etc.)* **2 poudre** *f* *(toute sorte de poudre qu'on peut inhaler, par exemple le tabac)*

-**fin** *v vi* **1 bras** *m* **atrophié** *(bras qui ne grandit pas ; peut être soigné par des massages) ;* -a -kɔ = ya -fin, -a -kɔ -yö -fin -sü il a le bras atrophié **2 nain** *m* ; = ya -fin il ne grandit pas ♦ mɛ -fin -sü nain

'finng, 'fing, 'fɛnng *n* **Cricetomys emini rat** *m* **de Gambie** *(tête allongée ; grandes oreilles ; queue longue et nue ; pelage court, brunâtre dessus, blanc dessous)* ♦ 'fing 'piö gang rat *(plusieurs espèces) i) Deomys ferugineus ii) Hylomyscus stella iii) Mus minutoides iv) Grammomys dolichurus v) Oenomys hypoxanthus* ♦ 'fing 'puu rat *(plusieurs espèces) i) Uranomys ruddi ii) Mastomys natalensis iii) Muriculus imberbis iv) Apodemus sylvaticus v) Dephomys defua vi) Lamottemys okuensis vii) Hybomys univittatus viii) Mylomys dybowski ix) Cricetomys* ♦ 'fing tii rat *(plusieurs es-*

pèces) i) *Lophuromys flavopunctatus* ii) *Malacomys longipes* iii) *Colomys goslingi* iv) *Thallomys paedulcus* v) *Dasymys incomptus* vi) *Thamnomys venustus* vii) *Pelomys* viii) *Arvicanthis* ix) *Desmomys harringtoni*

'**fla** *n* **Peul** *(groupe ethnique de l'Afrique de l'Ouest)* ♦ 'fla mi Peul *(personne)* ♦ 'fla -wo peul *(langue)*

'**flee-** *n* -mlü 'flee- *i)* riz m pilé *ii)* riz m blanchi

=**flen** *n* **arbre** *m (espèce qu'on utilise pour la charpente de cases villageoises)*

=**flengnë** [= fleng 'në] *n rn anat.* **fourchette** *f (clavicule d'oiseau)*

'**flëë** {pl. 'flëëflëë} *adj* **1 vide 2 inutile, dénué de sens** *(parole, affaire)* ♦ mε 'flëë **fainéant** m

'**flëë-** *n rn* **fleur** *f*

'**flëëflëë** ['flëë 'flëë] *pluriel de* 'flëë *inutile*

-**flεεn** → -flεan *jumeau*

'**flεnng** → 'flinng *rosée*

-**flεan, -flεεn** *n* **jumeau** *m*, **jumelle** *f*; -flεan -mü -a 'ka il est un des jumeaux

'**flii-** *v* **pardonner** *(ne s'emploie que dans une formule de politesse* -kwa 'flii- — *si on s'adresse aux plusières personnes;* -ko 'flii- — *si on s'adresse à une personne)* **1 excusez, puis-je passer ici? 2 excusez, j'arrive**

'**flinng, 'flin, 'fling, 'flεnng** *arch. n* **rosée** *f*

'**flö** *v* **1** *vt* **blanchir** *(maison, case, avec du kaolin —* 'yɔɔ 'ka*)* **2** *vt* -mlü 'flö **piler** *(les grains de riz décortiqué jusqu'à les rendre purs et blancs)* **3** *vt* **donner un coup à qn** *(de —* 'ka*)*; =yaa- 'flö 'lü 'ka ö tuö il lui a donné un coup de massue sur la tête

'**flɔ** *n* **essaim** *m (d'abeilles)*

flu *v vt* **jeter**

=**fluflu** [= flu 'flu, = flu 'flu-] *n* **1 flu-flu** *m (nom d'un plat: banane pilée et grillée à l'huile de palme avec du piment)* **2 pain** *m* **grillé**

=**fluu** *v vt* **frire**

'**flü** *n rn* **poil** *m* **de queue**

-**fö** *n* **grande respiration** *f*, **respiration coupée**

födhε [fö -dhε], **föödhε** [föö -dhε] *n rn* **fenêtre** *f* ♦ -yan födhε **chambre à air dans l'œuf**

'**föngfö** ['föng -fö], '**fööfö**

['föö -fö] *adj* **léger** *(de poids)* ; fɔng 'tia- -yö 'föngfö =nɛ 'dhɛga 'dhö l'assiette en aluminium est légère comme une feuille

'**föö-** *n* **1** *Piliocolobus* **colobe** *m (espèce de singe)* **2 singe** *m* **blanc 3** *Erythrocebus patas* **singe** *m* **rouge, patas** *(grand et mince, membres longs ; dessus du corps rouge brique ; dessous et membres blancs)*

föödhɛ → födhɛ *fenêtre*

'**fööfö** → 'föngfö *léger*
föü *n* **pelure** *f* **de banane**
föyi [fö 'yi] *n* **sueur** *f*
-fɔdhö [-fɔ dhö] *adv* **sans peine, légérement**
fɔng *n* **aluminium** *m*
= **fuë** *v* **1** *vr* **se reposer** Syn. 'tɛɛ pa **2** *vi* **s'évanouir** *(perdre connaissance)*
= **fuu'-** *n* **éponge** *f (en lianes, en métal)*

G g

ga 1 *n* *rn* **1 os** *m* ; -gɔ ga crâne *m* ♦ ga 'gü -yɔn **moelle** *f* **épinière 2 noyau** *m (d'un fruit)* **3 grain** *m*, **graine** *f*, **semence** *f (d'une plante)* **4.1 chose** *f (unité de compte)* ; kaa- ga =plɛ deux plumes **4.2 unité** *f (unité de compte ; un élément des numéraux composés pour l'ordre des unités)* ; 'gɔɔ- do ö ga =plɛ douze **5 marqueur pour les groupes sémantiques : objets longs, {petits} objets durs, organes vitaux, parties fonctionnelles** ; 'yiga fleuve ; -guö ga caillou ; =zuö' ga cœur ; -dhaa ga couteau, lame de couteau

ga 2.1) *v* **1** *vi* **mourir** ; dhe bhë =ya ga, 'yaa mü gbɔ cette femme est morte, elle n'est plus; yaa ga n dheglunëgɔɔn =zuö' 'gü =nɛ 'yi bhë -yö -saa mon frère doute que l'eau soit froide **2** *vi* **sécher** ; -mlü bhë yaa ga gbɔ le riz n'a pas encore séché

ga 2.2) *n* *rn* **1 mort** *f* Syn. 'güsiödhe ♦ ga kë *i)* **haleter** *ii)* **funérailles 2 fin** *f (de mois, etc.)*

-ga *v* *vt* **1.1 regarder** ; -kwa 'dho =trookëmɛ -nu -ga =dhia allons regarder les danseurs **1.2** *méd.* **examiner 2 penser, croire** ; yiɛn n dheglunëgɔɔn -ya -ga -be, 'yi -yö -kë -saa mon frère croyait hier que l'eau était froide

=**gaan** *n* amende *f* ♦ =gaan kë payer l'amende

=**gaan'** *v vt* **masser**

gaga [ga ga] *n rn* **carcasse** *f*, **squelette** *m*

-**gan** *n* *Numida meleagris* **pintade** *f* **commune**

'gan 1 *v vt* **1 tirer 2 attirer 3 remboîter** *(entorse)*

'gan 2 *n* **esclavage** *m*, **captivité** *f* ; yi 'gan 'gü nous ne sommes pas libres ; mɛ =nɛ 'yaa 'gan 'gü cet homme est en liberté ♦ -go 'gan 'gü -sü liberté

gazë [ga -zë] *adj* **1 osseux** *(excepté pour le poisson)* **2 mal pilé** *(avec beaucoup de morceaux)*

-**gaɔ** *n* *Cercocebus* **cercocèbe** *m* *(espèce de singe, longueur sans queue : 65-70 cm ; à corps allongé et svelte ; museau assez long ; dos horizontal, queue proportionnellement longue, coloration généralement terne et sans contraste, habite les forêts)*

gëëpiëklu [gëë -pië 'klu], **gëüpiëklu** [gëü -pië 'klu] *n* **1** *Herpestes naso* **mangouste** *f* **à long museau 2** *Atilax paludinosus* **mangouste** *f* **des marais** *(trapue ; pattes courtes, face courte ; brun foncé uniforme ; queue proportionnellement courte)* **3** *Crossarchus obscurus* **mangouste** *f* **brune** *(petite ; museau long ; queue courte ; pelage rude, brun foncé uniforme)*

gën *n* **bretelle** *f* *(de sac, de fusil)*, **lacet** *m* *(des chaussures, d'habits)* ♦ bu gën bretelle du fusil

'gën-, 'gën *n* **pardon** *m* ; ü -bha 'gën-, ü -bha 'gën -mü pardon ! 'gën -yö ü 'piö je te demande pardon ; =ya 'gën- 'sü il a eu raison *(litt : il a pris pardon)* ♦ ü bha 'gën -yö -së tu as raison

gëü *n* **1** *Kobus defassa* **cobe** *m* **defassa** *(antilope; hauteur au garrot : 120 à 130 cm, poids : 160 à 270 kg, coloration générale brun rougeâtre à brun grisâtre, côtés de la face plus claires, museau plus foncé; longue raie sourcilière et extrémité du museau blanches, oreilles arrondies, larges et grandes, très poilues, blanches à l'intérieur, à extrémité noire; fesses blanc pur, cornes longues et lourdes)* **2** *Boocercus euryceros* **bongo** *(antilope; hauteur au garrot : 1,25 m, poids : 230 kg, formes lour-*

des ; rouge-châtain vif, avec des raies blanches très apparentes ; cornes massives ; crête spinale bien développée)

gëümɛ [gëü -mɛ] *n* **albinos** *m, f*

gɛ- *n* **guéré** *m (langue)*

'gɛɛn, 'giin, 'ging *n rn* **1 épine** *f (de plante)* ♦ 'gɛɛn 'zɔ épine très pointue **2** 'yuö- 'giin **arête** *(de poisson)*

= **gein'** *IN de* -gɛn *pied*

'geing *n rn* **ligne** *f* **latérale** *(de poisson)*

-gɛn {SUB -gɛan, -gian, IN =gein'} *n rn* **1 pied** *m* <u>Syn.</u> -gɛndhɛ ♦ -gɛn do -mɛ ; mɛ -gɛn do -zë unijambiste *m* ♦ -gɛn 'yi ziö -dhɛ cambrure *f* du pied ♦ -gɛn gü -sɔ slip, culotte *f*, caleçon *m* **lv.** ♦ =gein' -sɔ =gbɛɛn pantalon *m* **2 patte** *f* **de derrière, jambe** *f* **de derrière** *(d'animal)*, **patte** *f (d'oiseau, d'insecte)* **3 nageoire** *f (pectorale, abdominale, anale)* ♦ -tɔ 'në -gɛn bɔ -zian tortillon *m* du gros bout d'œuf de poule ♦ 'sɔn -gɛn racine *f* de dent **4 roue** *f* **5 cause** *f*, **sens** *m*, **raison** *f* ; -an 'ko zë -gɛn 'yaa dhö ils se sont battus sans raison ♦ -gɛn bho expliquer ♦ -a -gɛn tɔɔ ça veut dire ♦ -gɛn 'sü cadence *f*

-gɛndhɛ [-gɛn -dhɛ] *n rn* **pied** *m* <u>Syn.</u> -gɛn ♦ -gɛndhɛ bhɔng =löö partie antérieure de la semelle, partie calleuse, callosité antérieure

-gɛndhɛ [-gɛn 'dhɛ] *n rn* **1 pied** *m* <u>Syn.</u> -gɛn ♦ -gɛndhɛ -ta cou de pied *m* **2 plante** *f (du pied d'homme, de singe)*

-gɛndhɛkwɛɛ [-gɛn 'dhɛ kwɛɛ] *n rn* **semelle** *f* ♦ -gɛndhɛkwɛɛ -dhɛ partie externe du pied, partie calleuse, callosité externe

'gɛngko ['gɛng -ko] *n rn* **dos** *m* <u>Syn.</u> =taadhɛ **2 nageoire** *f* **dorsale**

-gɛngalü [-gɛn -ga 'lü] *n rn* **1 jambe** *f* **2 patte** *f* **échassière** *(d'oiseau)*

'gɛngɛn ['gɛn -gɛn] *adj* **fort** *(personne)*, **solide** *(maison)*, **dur** *(argile, nourriture pas prête)*, **mal préparé** *(riz)*, **bien préparé** *(manioc: bien pilé mais pas trop mou, qui ne colle pas aux mains)* ; 'a ! böü- 'gɛngɛn -mü waa -mɔa -wa gbɔ dɔ a ! l'argile est trop dur, on ne peut pas en faire un récipient ♦ böü- 'gɛngɛn partie de bas-fond ou l'eau ne rentre pas ;

argile de bas-fond, humide mais pas recouvert d'eau

-gɛnkpöüdhɛ [-gɛn kpöü -dhɛ] {LOC -gɛnkpöüdhö} *n rn anat.* **cheville** *f* ; -yö -ziöklue ö -gɛnkpöüdhö il a eu une entorse au niveau de sa cheville

-gɛnkpöüdhö [-gɛn kpöü dhö] *LOC de* -gɛnkpöüdhɛ *cheville*

-gɛnkwɛɛdhɛ [-gɛn kwɛɛ -dhɛ] *n rn* **1 semelle** *f* **2 dessous** *m* **de patte 3 dessous** *m* **du sabot**

-gɛnlomɛ [-gɛn -lo -mɛ] *n* **paralytique** *m (paralysé des deux pieds)*

-gɛnnëga [-gɛn 'në ga] *n rn* **orteil** *m*, **doigt** *m* **du pied**
♦ -gɛnnëga dɔ ziën médius du pied ♦ -gɛnnëga gɔn gros orteil
♦ -gɛnnëga 'gbaa- -zë petit orteil
♦ -gɛnnëga mu deuxième orteil
♦ -gɛnnëga gɔn -gban -dhɛ oignon *méd.*

-gean *SUB de* -gɛn *pied*

=**gean**, =**gean** *n* **veuve** *f*

-gi *v* **1)** *vt* **blesser 2)** *vi* **être blessé 3)** *vr* **se blesser** ; =ya ö -de -gi ö -gɛn -bha il s'est blessé à la jambe

gia- *dtm* **même** ; yö gia- 'yaa pë gbɛ dɔ -a -bha lui-même n'en sait rien ♦ 'wun gia- vérité

giagia [gia- -gia] *adj* **véritable** ; 'wun giagia -mü c'est vrai ♦ giagia 'ka 'ma blɔ, a -dho -a dhiö to =dhia' franchement dit je suis fatigué, je vais terminer demain

giagiawo [gia- -gia wo] *adv* **vraiment, en réalité** ; -yö -kë -ziizë giagiawo il était vraiment effrayant

gian *n* **scorpion** *m*

-gian *SUB de* -gɛn *pied*

'gian *adj* **1 important** ; =bee'- -bhlö =yö 'gian yi -bha 'ka la récolte de manioc est d'une importance majeure pour nous **2 beau, joli 3 beaucoup** *Syn.* =va

'gianzë ['gian -zë] *adj* **1 important 2 beau, joli 3 beaucoup** *Syn.* =va

'gii- *n* **fièvre** *f*, **grippe** *f* ; 'gii- {-kɔ} -yö n -bha j'ai de la fièvre

'giin → **'gɛɛn** *épine*

'giinzë ['giin -zë], **'gingzë** ['ging -zë] *adj* **osseux** *(poisson)*

-gikpɛ [-gi 'kpɛ] *n* **singe** *m (espèce; ne se trouve plus dans la région)*

'gina ['gi 'na] *n* **génie** *m (terme générique)* ; 'gina -yö -ziizë =duö, -a kë -dhɛ -nu 'wo tɔɔ -tɔn 'piö -dhɛ waa blii 'gü -dhɛ -nu 'pö le génie est très effrayant, il fréquente les montagnes ou les forêts

'**ging** → '**gɛɛn** *épine*

-**gipin** [-gi -pin] *n* **blessure** *f*, **plaie** *f* ; -gipin 'ö -wɔ 'në bhë -a -gɔ bhë 'yaa 'tee, -ka 'dho -a 'ka = dɔngtrɔɔplöö la blessure de cet enfant est énorme, il faut l'envoyer à l'hôpital

'**gla** *v* **1** *1)* *vt* **transformer** *(en — 'gü)* *2)* *vi* **se transformer, se métamorphoser** *(changer d'aspect)* **2** *vi* **devenir qn** *(réussir dans la vie sociale)* **3** *vi* **grandir** ; 'në bhë -yö -gla 'yanziö 'gü cet enfant grandit d'une manière étonnante *Syn.* = kpɛa' **4** *vt* **développer** *(pays, village)* **5** *vi* **germer** ♦ -tɔ 'në 'gla -dhɛ germe d'œuf de poule

= **glaa-** *n* **palmier** *m* **à huile**

'**glaagla** ['glaa -gla] *adj* **1 rocailleux** *(endroit où il y a beaucoup de cailloux)* ; -dhɛ ka -gɔ bhë -yö 'glaagla l'endroit où vous êtes est rocailleux **2 pas franche** *(amitié)* **3 compliqué** *(affaire)* **4 vilain, laid** *(personne)*

-**glaan** (wo) *n* **rat** *m* **huppé** *Syn.* 'te, 'blëng

'**glaan** *n* *Atilax paludinosus* **mangouste** *f* **des marais**

'**gladhiö** ['gla 'dhiö] *loc.n* **devant** *(dans le cadre du gardiennage)* ; 'dhaasi -nu = wa dɔ 'sɛ = kɔɔnmɛ 'gladhiö les soldats assurent la garde du chef d'Etat

'**gladhiösümɛ** ['gla 'dhiö 'sü -mɛ] *n rn* **gardien** *m*

= **glegɔ** [= gle -gɔ] (wa) *n* **masque** *m*

-**gleng** *n* **ruse** *f*

-**glengzë** [-gleng -zë] *adj* **rusé**

'**glënggleng** ['glëng -glëng] *adj* **maigre, exténué** *(par suite de maladie, famine ; se dit uniquement à propos des humains)*

-**glɛng** *n* **palissade** *f*, **clôture** *f* **en bois**

-**gliglidhö** [-gli -gli dhö] *adv* **bruyamment, avec bruit** *(sauter, danser : s'amuser en bougeant)*, **en sautillant** *(courir)*

= **glii'** *v vi* **s'aigrir, devenir aigre**

= **glii'-** *v vt* **frotter** *(avec de l'huile, etc.)*

= **gliisü** [= glii' -sü] *adj* **aigre** ; 'too bhë -a -bhö -dhɛ 'yaa -bha zlöö, = ya kë = gliisü cette sauce n'est plus mangeable, elle est devenue aigre

=gloo 1) *v vi* **se reposer** *(pendant la journée)* ; -yö =gloo -na il se repose aujourd'hui

=gloo 2) *n* repos *m* ♦ =gloo -yi dimanche, jour de repos ; =samödi 'ö tɔɔ Zuifö -nu -bha =gloo -yi le samedi est le jour de repos des juifs

gloo *v vt* **1 déblayer, gratter** *(la terre avec la houe pour enlever les herbes)* ; -ka -dhɛ -kë bhë -kaa gloo kö 'kwa 'kɔ dɔ mü il faut déblayer cet endroit pour qu'on y construise une maison **2 creuser** ♦ -dhɛ gloo 'gü -dhɛ trou profond créé par la pluie *(plus de trois mètres)* ♦ 'yi gloo 'piö -dhɛ, 'yi -dhɛ gloo 'piö -dhɛ lieu où l'eau descend

=glöö *n* **1 masque** *m (terme générique)* ♦ =glöö -gɔ masque pour la tête ♦ =glöö =gbing, =glöö =gbɛng masque long *(sur les échasses)* ♦ =glöö sia- masque *(espèce)* **2** rn **cadavre** *m* ♦ =glöö =kpëü cadavre

=glööbɔɔmɛ [=glöö =bɔɔ -mɛ] *n* **revenant** *m*, **spectre** *m*, **esprit** *m (d'un défunt)* ; =waapö =glööbɔɔmɛ, kö -süö -a -dhë -pë 'ö bhë si on parle de revenant, c'est qu'on en a peur <u>Syn.</u> mɛ -zii

glɔngdë, glɔndë [glɔn dë] *n* **1** *Netappus auritus* **oie** *f*, **sarcelle** *f* à oreillons **2 héron** *m*, **aigrette** *f* **3 bécasse** *f*

glɔɔ *n* **banane** *f (terme générique)* ♦ glɔɔ -lü bananier ♦ glɔɔ -saa banane douce

'glɔɔ *n Dendroaspis* **mamba** *m* **vert** <u>Syn.</u> dhuödhe

=glɔɔ *v vi* **1 durer** *(prendre beaucoup de temps)* ♦ =ya =glɔɔ il y a longtemps, depuis longtemps **2 vieillir, vivre longtemps**

'glɔɔglɔ ['glɔɔ -glɔ] *adj* **rond**

'glɔɔglɔdhɛ ['glɔɔ -glɔ -dhɛ] *n* =zuö' ga 'glɔɔglɔdhɛ **incrédulité** *f*, **insensibilité** *f*

=glɔɔsü [=glɔɔ -sü] 1) *adj* **de longue durée, prolongé** ; 'wun =glɔɔsü affaire prolongée

=glɔɔsü [=glɔɔ -sü] 2) *n* **longévité** *f*

-glu 1 *v vt* **partager, diviser, distribuer** *(entre — 'ka)* ; -bhö 'ya bhë -a -glu -yö -mɔ 'kuë kö =kun 'ö mɛ gbɛ =zuö' dhö to zlöö il faut partager ce riz en parties égales pour qu'il n'y ait pas de frustrations

-glu 2 *n* **guerre** *f*

-glu 3 *n* rare **trou** *m* Syn. -glukpa, -gludhi

'glu, 'gluu *loc.n rn* **intérieur** *m*, **dans le ventre** ; gɔɔn- =nɛ -a 'glu {-yö} -së cet homme est bon (gentil) ; gɔɔn- =nɛ -a 'glu {-yö} ya cet homme est mauvais (méchant) ♦ 'yi -kan 'glu, 'yi -bhɔ 'gluu, 'glu ziö (bl, wo) diarrhée *f*

-glubhadhaa [-glu -bha 'dhaa-] *n* **bouclier** *m*

-gludë [-glu dë] *n* **roi** *m*

-gludhi [-glu 'dhi] *n* **trou** *m* Syn. -glu, -glukpa

'gludhi ['glu dhi] *n* **joie** *f* ♦ 'gludhi kë se réjouir, être joyeux ; -ka nu 'kwa 'gludhi kë 'ö tɔɔ n bɔɔ =ya 'wun -së yö venez vous réjouir avec moi car ma femme a accouché

'gluëkwi ['gluë- -kwi] *n rn* **1 lard** *m* **2 peau** *f* **ventrale d'un animal**

=gluɛin' *n* **faux témoignage** *m* (que l'homme porte à cause de jalousie) ♦ =gluɛin' kë porter faux témoignage (contre — -bha) ; =gluɛin' 'ö--kë n -bha il a porté faux témoignage contre moi

=gluɛn' *n* **1 fierté** *f*, **courage** *m* **2 jalousie** *f* ♦ =gluɛn' kë être jaloux

=gluɛnzë [=gluɛn' -zë] *adj* **laborieux, courageux** ; gɔɔn-bhë -yö =gluɛnzë =duö, yö do 'ö ö -bha =bhlöödhɛ bhë 'ö -dhɛ -ya cet homme-là est très courageux, c'est lui seul qui a labouré son champ

-glugɔnmɛ [-glu gɔn -mɛ] *n* **guerrier** *m*, **combattant** *m*, **soldat** *m* Syn. -glukëmɛ

-glukëmɛ [-glu kë -mɛ] *n* **guerrier** *m*, **combattant** *m*, **soldat** *m* Syn. -glugɔnmɛ

-glukpa [-glu 'kpa] *n* **1 trou** *m* ; 'mɔbhli =ya -püö -glu 'kpa do =va 'gü la voiture est tombée dans un grand trou Syn. -glu, -gludhi ♦ -glukpa 'dhi trou *m* **2 décharge** *f*, **trou** *m* **pour les ordures**

-glupiöpë [-glu 'piö -pë] *n* **butin** *m* **de guerre** ; -glupiöpë -nu 'wo nuö 'ö tɔɔ, bu -nu, sɔ -nu waa- 'wëü- -nu le butin de guerre qu'ils ont apportés consiste en fusils, vêtements et l'argent

'glusë ['glu -së] *n* **gentillesse**

f, **bonté** *f*, **mansuétude** *f*, **générosité** *f* ; -yö 'glusë -kë yena -mɛ -nu 'ka il est généreux envers les malheureux

'**gluu** → 'glu *intérieur*

= **gluuzë** [= gluu' -zë] *adj* **profond**

'**gluyaamɛ** ['glu yaa -mɛ] *n* **méchant** *m*, **malfaiteur** *m*

'**glülü** ['glü -lü] *n* **arbre** *m* **de l'oracle**

= **glüü'-** *v* **1** *1)* *vt* **frotter** *2)* *vr* **se frotter** *(avec de l'huile, pommade, médicament)*, **se pommader** ; 'bha ü 'zlu = sia, ü -kɔ -mɔ -a -bha kö 'üën- ma 'yon bhë 'üën- 'sü kö 'üën- ü = glüü' -a 'ka si tu t'es lavé, tu peux prendre ma pommade pour t'en enduire **2** *vr* **essuyer** *(larmes)*

'**glüüzë** → 'güüzë *amer*

-**go** *v vt* {-dhɛ} -go **balayer**

'**go** *v* **1.1** *vi* **s'en aller, quitter, abandonner** ; yö 'më, 'ü 'go n 'dhiö va-t-en ! *(litt. : toi, va là-bas, quitte moi)* ♦ 'go mü *i)* **puis, ensuite, après** *ii)* **quitte-là** ♦ = ya 'go mü **puis, ensuite, après** ♦ 'yiga = ya 'go sia- **le fleuve est sorti de son lit** ♦ -go ga 'gü **ressusciter** ♦ -go piën *i)* **bouger** ; kö = kun 'ü go ü piën- ne bouge pas *ii)* **se déplacer, déménager**; zaa- kpong -yö 'go -na piën- la porte de la case est entre-bâillée **1.2** *vi* **divorcer** *(d'avec —* 'piö*)* **2.1** *vi* **venir de, revenir de 2.2** *vi* **être originaire de 3** *vi* **avec un pronom existentiel et le verbe principal en infinitif, exprime l'idée du passé immédiat** ♦ = dhɛ 'a nu kɔɔ, kö -yö 'go -na 'sëëdhɛ = plɛ = bɛɛn'- = dhia quand je suis venu à la maison, il venait d'écrire deux lettres

goo *n* **colline** *f*

goo- *n Dictyoptera* **cancrelat** *m*, **cafard** *m* ♦ 'yi -bha goo- **cafard** *m* **de rivière**

-**goo** *n rn* **poitrine** *f* ♦ mɛ -goo 'gü {-dhɛ} = vaazë **large d'épaules** *(personne)*

= **goo-** *n rn* **témoin** *m*

'**goo** *n* **pique-bœuf** *m*

'**goo-** *n* **1 or** *m* **2 diamant** *m*

'**goodhoodɔɔ** ['goo = dhoo -dɔɔ] *n Egretta garzetta, Egretta alba* **aigrette** *f* **garzette** *(petite et élancée ; bec et pattes noirs ; pieds jaunes)*, **grande aigrette** *f* *(grande taille ; tarses et doigts noirs)*

'**göng-** *n rn* **hanche** *f*

= **göö-** *n* **1** *Chlorophora ex-*

celsa iroko *m (jusqu'à 50 mètres, bois dur)* **2 Gueu** *(nom donné à un des jumeaux)*

gɔ *n* **1 pirogue** *f* **2** (wo) **voiture** *f*

gɔ- *n* **cola** *m*, **noix** *f* **de cola**

-gɔ 1) {IN =gɔü'} *n rn* **1.1 tête** *f* ♦ -gɔ 'kpaan crâne chauve ♦ -a -gɔ 'gü -wun -nu -wo =va il a l'esprit large ♦ =gɔü' 'gbee- têtu, désobéissant ; 'në bhë -a =gɔü' -yö 'gbee-, 'yaa ö -mɛ -nu =bhlë -ya cet enfant est désobéissant, il ne respecte même pas ses parents ♦ pë 'ö- -gɔ 'yaa -dhö chose inutile **1.2 bout** *m* ♦ 'lü 'në -gɔ 'dhiö bout du bâton ♦ -yan -gɔ petit bout d'œuf ♦ -tɔ 'në -gɔ bɔ -zian tortillon du petit bout d'œuf de poule **2 sujet** *m* ♦ =bhɛa -wun -gɔ sujet de prière **3 volant** *m (de voiture)*, **guidon** *m (de vélo)*

-gɔ 2) *pp* **1 à** *(exprime la possession ou la localisation temporaire chez qn)* ; 'sëë 'dhɛ -ya -gɔ il a un livre **2 pour, de, contre** *(indique au profit ou au détriment de qui se fait l'action)* ; -bhö 'kwɛɛ ta -bho -nu -gɔ ferme la porte contre l'intrusion des cabris

-gɔ 3) *pp* marque de la liaison possessive des noms locatifs non-relatifs

'gɔ 1 *n* **1** arch. **chef** *m* **du village** Syn. 'sɛdë, -dhuutii, =kɔɔnmɛ, dëmɛ, pödëmɛ, dɛɛn **2 patriarche** *m (notable de l'ancien temps)* **3 juge** *m (d'un canton)* **4** rare **préfet** *m*, **sous-préfet** *m* Syn. 'kumana

'gɔ 2 *n Piliostigma thonningy* « **haricot** *m* **sauvage** » *(buisson ayant des cosses à surface villeuse dont la poussière donne une très forte démangeaison)*

-gɔdhiömɛ [-gɔ 'dhiö -mɛ] *n* **président** *m*

-gɔga [-gɔ ga, -gɔ -ga] *n rn* **crâne** *m* ♦ -gɔga -yö 'koë- -dhɛ ligne de suture

-gɔgagüdhɛ [-gɔ -ga 'gü -dhɛ] *n rn* **intelligence** *f*, **sagesse** *f*

'gɔma ['gɔ -ma] *n* **hibou** *m*

-gɔmɛ [-gɔ -mɛ] *n rn* **maître** *m*, **chef** *m*, **dirigeant** *m*, **patron** *m* Syn. dëmɛ

gɔmië [gɔ =mië'] *n* **pirogue** *f*

gɔn *adj* **mâle** *m* ; -bho gɔn bouc

-gɔn 1 *v vt* **apprécier, estimer** *(personne, chose)*

-gɔn 2, -gɔɔn *n* **lutte** *f*

=gɔn *n* *rn* **1 mari** *m* *Syn.* gɔɔn- **2 beau-frère** *m* **cadet** *(frère cadet du mari d'Ego féminin)*

gɔnggɔng [gɔng gɔng] *n* **cloche** *f* ♦ gɔnggɔng =zaa' -pë battant de cloche

'gɔɔ *n* *Gypohierax angolensis* **vautour** *m* **palmiste** *(corps blanc ; ailes noires et blanches ; au vol, vu de dessous, les secondaires sont noires)*

'gɔɔ- **1** *n* **1** *Nandinia binotata* **civette** *f* **2 panthère** *f*

'gɔɔ- **2** *n* **dix-...** *dans les numéraux composés* ; 'gɔɔ- =plɛ ö ga do vingt et un

-gɔɔn → -gɔn 2 lutte

gɔɔn- *n* **1 homme** *m* *(mâle)*, **garçon** *m* *Iv.* **2 mari** *m* *Syn.* =gɔn

=**gɔɔn'** *n* **enclume** *f*

=**gɔɔn** *v* *vi* **lutter**

gɔɔngboo [gɔɔn- 'gboo-] *n* **vieillard** *m* *(à partir de 70 ans)*

'gɔɔnyua ['gɔɔn =yua'] (wo) *n* **paludisme** *m*, **malaria** *f* *Syn.* 'lükia

gɔɔnde [gɔɔn- de] *n* **homme** *m* **âgé** *(plus de 40 ans)*

gɔɔndë [gɔɔn- dë] *n* **monsieur** *m* *(adresse respectueuse à un homme plus âgé ou du même âge)*

gɔɔnklöö [gɔɔn- =klöö] *n* **vieux** *m*, **homme** *m* **âgé** *(à partir de 65-70 ans)*

=**gɔɔnmɛ** [=gɔɔn -mɛ] *n* **lutteur** *m*

gɔɔnmɛdhe [gɔɔn- -mɛ dhe] *n* **femme** *f* **mariée** *Syn.* gwandhe

gɔɔpë [gɔɔ -pë] *n* **cadeau** *m* *(récompense pour une action agréable, par exemple, pour un chant)*

-gɔpë [-gɔ -pë] *n* *rn* **bien** *m*, **propriété** *f*

=**gɔü'** *IN de* -gɔ 1) tête

'gɔügɔ ['gɔü -gɔ] 1) *n* **fierté** *f*, **orgueil** *m*

'gɔügɔ ['gɔü -gɔ] 2) *adj* **fier, heureux** ; ü -bha 'në =ya 'kpaa -kpa -dhɛ -pë kë ü -kë 'gɔügɔ quand ton enfant agit avec sagesse, tu en es fier

gu *n* **chat** *m* **sauvage**

'gu *n* *rn* **ventre** *m* *Syn.* 'gugbɔ ; dhe bhë -a 'gu {bhë} =ya bhɔ =va, -a 'bëbhoyi 'yaa =gbɛɛn gbɔ la grossesse de cette femme a beaucoup poussé, le jour de son accouchement n'est plus loin *Iv.* ♦ 'gu 'sü devenir enceinte ♦ 'gu dɔ rassasier qn, être rassasié ; 'në 'sɛɛn -nu 'gu =ya dɔ kö 'dho 'wo 'dhöa- -zuö dɔ bhë quand les enfants sont rassasiés, ils commencent à bavarder

-gua *n* **1 fois** *f* **2 façon** *f*

=guë' *n* **1 disciple** *m*, **groupe** *m* *(qui suit une personne : chef, dirigeant, etc.)* **2 camarade** *m*

'guɛdukpo ['guɛ 'du -kpo] *n* *Hapsidophrys lineata* **serpent** *m* *(espèce)* **2** *Dispholidus typus* **serpent** *m* *(espèce)*

'guɛfiën ['guɛ fiën] *n* *Gastropyxis smaragdina* **serpent** *m* *(espèce)*

'gugbɔ ['gu gbɔ] *n* *rn* **1 ventre** *m* <u>Syn.</u> 'gu **2 abdomen** *m* *(des insectes)*

'gulöta ['gu =lö -ta] *n* **constipation** *f*

'gun → 'guun **quartier**

=gungzië, =gungziëmɛ [=gung -zië -mɛ] *n* **1 albinos** *m* <u>Syn.</u> mɛ -zaɔndözë **2 personne bronzée** *(plus claire que la plupart des africaines, mais non pas métisse, teint clair)*

-gunng, -guun *n* **murmure** *m* *(bruit du bavardage)*

-guö *n* **caillou** *m* *(plus petit que -guökpö, -guöga, -guögbɔng)* ♦ -guö 'gü -zian **chemin caillouteux**

=guö' *n* **grand crocodile** *m*, **caïman** *m* *lv*.

-guöga [-guö ga] *n* **caillou** *m*, **pierre** *f* <u>Syn.</u> -guökpö

-guögbɔng [-guö gbɔng] *n* **rocher** *m*

-guökpö [-guö kpö] *n* **caillou** *m*, **pierre** *f* <u>Syn.</u> -guöga

-guöpuuyi [-guö 'puu 'yi] *n* **chaux** *f*

'guu *n* **arbre** *m* *(espèce)*

'guudë ['guu dë] *n* **caméléon** *m*

=guun *n* *rn* **son** *m* **pilé** *(de riz, mil ou maïs)*

'guun, =guun', 'gun *n* **1 quartier** *m* *(dans le village)* **2 clan** *m*, **groupe** *m* **familial**

'gü 1) *pp* **1 dans, dedans** ; blii 'gü **dans la forêt 2 parmi 3 dans, au cours de, pendant**

'gü 2) *n* *rn* **intérieur** *m*, **dedans** *m*

'gü dan *v vt* **éprouver, tenter** ; ü -kë kö 'üɛn- n 'gü dan kö 'a -püö ü -bha 'sɔ 'gü a ? **tu voulais m'éprouver pour que je tombe dans ton piège ?**

'güë, 'güëga ['güë ga] *n* **cor** *m*, **sifflet** *m*, **corne** *f* **de bœuf** *(instrument de musique)*

'güɛnggüɛng ['güɛng -güɛng] *adj* **rond et gros** *(case, colline, tête, caillou)*

'gü ga *v 1) vi* **se fatiguer** ; n 'gü =ya ga je suis fatigué *2) vt* **fatiguer qn** ♦ 'siö dɔ -sü -yö mɛ 'gü -ga la chaleur fatigue les gens

'gügadhe ['gü ga dhe] *n* **fatigue** *f*, **lassitude** *f* ; 'gügadhe -yö ya =dhɛɛ ! oh que la fatigue est mauvaise !

'gügludhe ['gü -glu dhe] *n rn* **division** *f (des membres d'une famille, groupe, association)*

=**güng'** *n* **danger** *m*

=**güngzë** [=güng' -zë] *adj* **1 dangereux** *(endroit)* **2 fragile** *(objets, personnes),* **impétueux et imprudent** *(celui qui agit vite mais qui ne connait pas ce qu'il fait, par exemple, un enfant)* **3 agile**

'güö *v 1) vt* **brûler** *2) vi* **brûler** ♦ -a 'güö -sü 'tëë dɔ -na ça sent le brûlé

'gü =siö' *v* **1** *vi* **décéder** ; =dhɛ 'a -lo -a 'piö, kö -a 'gü =ya =siö'- 'saadhö quand je suis arrivé à côté de lui, il était déjà mort **2.1** *vt* **gaspiller** ; ka 'yi 'gü =siö' -na vous gaspillez de l'eau **2.2** *vt* **gâter 2.3** *vt* **détruire** ; 'siö 'ö -da -Gbato -bha =bhlöö- yɛan -ya -bha ta -pë -dhɛ =va -dhɛ 'gü -siö le feu qui est rentré dans le champ de Gbato hier a détruit la majorité de ses plantations

'güsiödhe ['gü =siö'- dhe] *n* **1 mort** *f*, **destruction** *f* <u>Syn.</u> ga ; 'güsiödhe waa- dhasü -a -mlë 'ü- 'piö e ? de la mort et la vie qu'est-ce que tu préfères ? **2 gaspillage** *m*

'güsiömɛ ['gü =siö'- mɛ] *n* **décédé** *m*

'güsiösü ['gü =siö'- -sü] *n rn* **1 mort** *f*, **destruction** *f* <u>Syn.</u> ga **2 gaspillage** *m*

'güüzë ['güü -zë], **'glüüzë** *adj* **amer**

Gb gb

gba 1 *n* **écureuil** *m (espèce)*

gba 2 *v* **1** *vt* **honorer 2** *vt* **adorer** ; =wa 'dho -tɔn gba =dhia, mɛ gbɛ yaa 'to plöö il sont tous partis adorer la montagne, personne n'est resté au village

gba 3 *n* **séchoir** *m (en bois, élevé ; grand — pour café et cacao, plus petit — pour les assiet-*

tes)

gba- *n* écorce *f (sert de médicament)*

-gba *n* **1** *Cephalophus niger, Cephalophus rufilatus, Cephalophus dorsalis* **céphalophe** *m (hauteur au garrot : 35 à 55 cm ; poids : 9 à 20 kg, coloration générale brun foncé à roux orangé vif)*

=gba 1, gba, -gba *n* rn **1 charpente** *f (de la maison)* **2 toit** *m (de la maison)*

=gba 2 *n* **lit** *m* **traditionnel** *(en bambou)* ♦ -wɔ -a -ta =gba lit traditionnel

'gba → 'gbë mandibule

gbaa 1 *v vt* **donner à** *(qch — 'ka)* ; Zan- =ya Kolete gbaa 'wëüga 'ka Jean a donne de l'argent a Colette <u>Syn.</u> nu

gbaa 2 *n* **crocodile** *m*

-gbaa 1 *n* **1 troupeau** *m* **2** mɛ -gbaa **foule** *f (se déplaçant dans la même direction)* ; plöö -mɛ -nu -gbaa -wo -nu -bla 'ka kö =waa- yö les gens du village sont accourus en foule et l'ont vu ; a -ziö mɛ -gbaa -ta kö -wo 'dho -na 'baan- j'ai dépassé une foule qui allait au champ

-gbaa 2 *n* **naja** *m (mortel, ressemble à la vipère, vit dans les villages et en brousse pendant les saisons sèches ; peut poursuivre les gens pour les attaquer ; il aboie comme le chien, ou gronde ; avant de mordre il siffle)*

=gbaa' *n* **gris-gris** *m (petit, porté dans la poche ; protège contre les mauvais esprits, contre les sorciers ; se présente encore de nos jours, mais pas aussi souvent qu'autrefois)* <u>Syn.</u> =gbaaga

'gbaa *n* **masque-coureur** *m (masque avec de la paille jusqu'à terre, espèce de =glöö sia-)*

=gbaabong [=gbaa 'bong] *n* **cuisine** *f (case ronde)* <u>Syn.</u> pë -kpa -a 'gü -kɔ

=gbaaga [=gbaa' ga] *n* **gris-gris** *m (petit, porté dans la poche ; protège contre les mauvais esprits, contre les sorciers ; se présente encore de nos jours, mais pas aussi souvent qu'autrefois)* <u>Syn.</u> =gbaa'

=gbaannu [=gbaan' nu] *v* **1** *1) vi* **s'arrêter** *2) vt* **arrêter 2** *vi* **accoster** ; gɔmië =ya =gbaan' nu 'yi 'kpong 'dhiö la pirogue a accosté **3** *1) vi* **être interdit** *2) vt* **interdire**

=gbaazɔng [=gbaa' =zɔng'] *n rn* ulcère *m*

-gbabhüö [-gba -bhüö] *n* fronde *f*

'gbagɛinpë ['gba =gɛin' -pë] *n rn* cire *f (d'oiseau)*

gbaklüdë [gba klü dë] *n* **1** *Epixerus wilsoni* écureuil *m* de Biafra *[comestible]* **2** *Finisciurus pyrrhopus* écureuil *m* à pattes rouges *(dessus du corps verdâtre, dessous blanc, tête et membres châtain vif)*

gban *n rn* **1** épaule *f* ♦ gban =löö aisselle *f*, à l'aisselle ♦ gban -dɔ 'sian -mɛ personne avec une épaule déjetée **2** aile *f (d'oiseau, d'insecte)*

gban- **1** *n* arbre *m (espèce)*

gban- **2** *n* cri *m* de joie ♦ gban- -ya acclamer avec les cris de joie *(qn — -bha)*

-gban *v* **1** *1)* vi s'enfoncer *2)* vt planter, enfoncer *(un piquet)* ♦ -gban 'sɛi -lü piquet *m* **2** vt fixer *(faire tenir de façon durable)* ; -yö -gbloo -gɛn -gban -na elle est en train de fixer le pied de la chaise **3** *1)* vi heurter, cogner *(qn — -bha)* *2)* vr ö -gban 'koë- se heurter **4** vt organiser

=gban *n rn* 'lü =gban, 'kɔ =gban pilier *m* en bois, support *m* vertical

'gban *n rn* cuisse *f* ♦ 'gban -gban -dhɛ hanche *f* intermédiaire ou postérieure *(d'insecte)*

-gbandhɛ [-gban -dhɛ] *n rn* **1** nɛ- -gbandhɛ palais *m* anat. ♦ nɛgën -gbandhɛ épiglotte *f* ♦ -drünng nɛ- -gbandhɛ manteau d'escargot **2** =soo -gbandhɛ lunule *f* **3** kaa- -gbandhɛ chalumeau *m*, tige *f* de plume

gbangkɔ [gbang 'kɔ, gbang -kɔ] *n* maison *f (carrée)*

'gbanngklu ['gbanng 'klu] *n* marteau *m (de forgeron)*

gbanta [gban -ta] *n rn* épaule *f*

'gbanta ['gban -ta] *n rn* cuisse *f*

gbantëë [gban 'tëë] *n rn* tectrice *f (d'oiseau)*

-gbantia [-gban -tia] *n* bassin *m*

'gbanzlöödhɛ ['gban =zlöö -dhɛ] *n rn* fesse *f*

gbapë [gba -pë] *n* fétiche *m*, idole *f*, gris-gris *m (toute chose qu'on adore)* Syn. kwiga

-gbavian [-gba 'vian] *n* masque *m (masque avec de la paille jusqu'à terre, espèce de*

=glöö sia-; *sort pour danser aux funérailles ; chant des éloges de la personne morte)*

gbaɔ *n* **1 cadeau** *m* ; ü -bha gbaɔ ton cadeau *(que tu reçois)* ♦ gbaɔ kë faire cadeau *(à — -dhë)* **2 aumône** *f*

=**gbaɔn** *v* **1** *1) vi* **s'accroître** *2) vt* **augmenter 2** *vi* **s'aggraver** *(maladie)* ♦ 'bha =gbaɔn 'wun -ta ! ta parole est très dure !

=**gbaɔnsü** [=gbaɔn -sü], -**gbaɔnsü** [-gbaɔn -sü] *adv* **1 beaucoup, trop** ; -mlü 'flee- bhë ü- -sü =va =gbaɔnsü tu a pris trop du riz ; 'në bhë ü- -ma =gbaɔnsü tu as trop frappé l'enfant **2 lancinant** *(douleur)*

gbaɔpë [gbaɔ -pë] *n* **cadeau** *m*

'**gbedhiöbɔpë** ['gbe 'dhiö bɔ -pë] *n* **lime** *f*

'**gbee-** *adj* **1 dur, solide** ; 'sɛ 'gbee- terre dure *(difficile à cultiver)* **2.1 difficile** *(problème, affaire)* ♦ dhebɔ 'ö -bha 'wun kë -dhɛ 'dhö 'gbee- yö -mü c'est une femme très scandaleuse ♦ -yö yi 'gbee- -nu ö -bha 'kɔɔmɛ -nu -dhë il est très brutal à l'égard de sa famille ♦ mɛ 'gbee- -ta bho forcer, faire, contraindre qn ; -kaa 'gbee- -ta bho kö -yö =blɛɛdhɛ 'sü forcez-le à prendre le médicament ♦ n 'gbee- -ta bho -sü -mü kö... je suis forcé de..., je suis obligé de... ♦ yuö bhë -a kë 'gbee- -ta 'ka il faut faire ce travail **2.2 dangereux, grave** ; 'yua -yö kë -na 'gbee- la maladie s'aggrave ; =ya dha 'wun 'gbee- -gɔ il a échappé au danger ♦ dü -mɛ -bha 'kpöö -yö -kë 'gbee- la malédiction du sorcier a été efficace ♦ pë 'gbee- kë massacrer *(qn — 'ka)* **2.3 fort, vigoureux** *(personne)* ♦ mɛ 'gbee- homme martial ♦ -a 'gü -yö 'gbee- 1) il est courageux ; 2) il est fort ♦ -yö -bla 'sü -na 'gbee- 'ka il accélère sa course **2.4 fort** *(chaleur)* **2.5 fort** *(alcool, café)* ♦ -a -bha pɔɔ- -wun -yö 'gbee- il tient beaucoup à sa nourriture *(c'est son bonheur)*

'**gbeegbe** ['gbee -gbe] *adj* **très dur**

'**gbeezë** ['gbee- -zë] *adj* **1 dur, solide 2.1 difficile** *(problème, affaire)* **2.2 dangereux, grave**

=**gbei'** *n* **lance-pierres** *m*

gbenekun [gbe ne -kun] *n* **mante** *f* **religieuse**

gbeng, gbeing *n* **nuit** *f* <u>*Syn.*</u>

'bin

-gbeng *n Epixerus ebi* **écureuil** *m* **d'Ebi** *(grand ; brun olive en dessus, plus clair en dessous ; membres rougeâtres ; queue longue et touffue mêlée de blanc et de noir; comestible)* **2** *Xerus erythropus* **rat** *m* **palmiste** *(grand écureuil : tête et corps de 22 à 30 cm, dessus du corps variant du sable au brun rougeâtre ; une raie blanche le long des flancs ; queue mêlée de blanc et de noir)*

gbenggbanlü [gbeng =gban -lü] *n* **arbre** *m* *(espèce ; se trouve en brousse ; long, avec des petits fruits sucrés ; on utilise son écorce pour fabriquer un antipaludéen)* ♦ gbenggbanlü ga **fruit** m, **grain** m *(de gbenggbanlü)*

gbenggbeng [gbeng gbeng] *adv* **toute la nuit**

gbengmɛɛ [gbeng -mɛɛ] *n Psammophis sibilans* **serpent** *m (espèce)*

'gbë, 'gba *n rn* **mandibule** *(d'oiseau)*, **bec** *m Syn.* -bɛn ; -ma -bɛn tɔɔ -a 'gba =plɛ bhë le bec d'oiseau se compose de deux mandibules

gbëng-, =gbëng', gbënng- *n rn* **intestin** *m Syn.* gbëngga

gbëngbhüö [gbëng- -bhüö] *n rn* **intestin** *m* ♦ gbëngbhüö =vaazë **gros intestin** ♦ gbëngbhüö 'teezë **intestin grêle**

gbëngga [gbëng- ga] *n rn* **1 intestin** *m Syn.* gbëng- **2 ventricule** *m* **succenturié** *(estomac chimique)*

'gbënggbëng ['gbëng -gbëng] *adj* **de longueur moyenne** *(chemin — moins d'une heure de marche, rivière — petite)* ♦ 'në 'gbënggbëng **enfant de 8-10 ans**

-gbëü *n* **punaise** *f*

=gbëü *n* **1 caisse** *f*, **valise** *f*, **malle** *f* **2** *rn* {mɛ} =gbëü, mɛ =glöö {-bha} =gbëü **cercueil** *m Syn.* -gblaɔn

-gbëügbëü [-gbëü -gbëü] *n* **mobylette** *f Syn.* -blüpë

gbɛ *adj* **1 autre 2 aucun ;** 'yaa pë gbɛ dɔ -a -bha il n'en sait rien

'gbɛɛdhö ['gbɛɛ dhö] *adv* **jamais**

=gbɛɛn 1), =gbiin, =gbɛin, =gbɛɛng, =gbiing, =gbɛing *adj* **1 long, haut, grand** *(de taille)* ♦ mɛ =gbɛing =duö **géant** ♦ 'töng =gbɛɛn -bha **longtemps 2 profond 3**

éloigné *(sens locatif, temporel)* ; =laa' -yö =tun kwa 'ka =gbɛɛn le lion est encore loin de nous ; lüng- -dhɛ 'yaa =gbɛɛn gbɔ il n'est pas loin de midi

=gbɛɛn 2), =gbiin, =gbein, =gbɛɛng, =gbiing, =gbeing *adv* **loin**

'gbɛgbɛ ['gbɛ -gbɛ] *adj* **plat** *(sol, visage, tête, fesses)* ♦ wöö -dhɛ 'gbɛgbɛ visage plat *(nez camard ou épaté, grande bouche, lèvres épaisses, yeux tombants)*

gbɛgbɛzë [gbɛ gbɛ -zë] *adj* **différent**; 'yan gbɛgbɛzë **bigarré** *(couleur)*

'gbei- *n* **caleçon** *m*

=gbein, =gbeing → =gbɛɛn *long, loin*

gbɛn- *n* **chien** *m*

gbɛa- 1 *n* **petit crocodile** *m*

gbɛa- 2 *n* **échelle** *f*

'gbɛa 1, **'gbia** *n* **flambeau** *m*, **torche** *f* *(en bambou)* ♦ 'gbɛa dɔ allumer *(flambeau)*

'gbɛa 2 *adj* 1 **large** 2 **béant, largement ouvert**

=gbɛan- *n* **tenaille** *f*

'gbia → **'gbɛa** *flambeau*

=gbiin, =gbiing → =gbɛɛn *long, loin*

gbiindhö *loc.n* **à côté de**

'gbiing-, 'gbiin- *adj* 1 **lourd** <u>Syn.</u> 'gbingbin ♦ -wo 'gbiin- -dhɛ -ya -gɔ kö -yö tɔng -nu -da il a le pouvoir de légiférer 2 **massif** *(personne)*

'gbingbin ['gbin -gbin] *adj* **lourd** <u>Syn.</u> 'gbiing-

'gbio *n* **tourterelle** *f* ♦ 'gbio zë -mɛ chasseur de tourterelles

-gbiö *n* *rn* 1 **bras** *m* ; gɔɔn- bhë -a -gbiö -yö =va cet homme a de gros bras ♦ -gbiö dɔ -mɛ, mɛ -gbiö dɔ -zë manchot d'un bras 2 **patte** *f*, **avant-bras** *m* <u>Syn.</u> =klɔa- 3 **hanche** *f* **antérieure** *(d'insecte)* 4 **branche** *f*

'gbla *v vi* **crier** *(après qn — -ta)* ♦ 'gbla -wo hurlement *m* ♦ 'gbla 'wɔ 'wɔ aboyer

=gblaa' *n* **chapeau** *m* <u>Syn.</u> -kpla

=gblaagbla [=gblaa- 'gbla, =gblaa 'gbla] *v vi* **crier** <u>Syn.</u> 'gbla

gblang *n* 1 **grand boubou** *m* *(pour hommes)*, **robe** *f* *(pour femmes)* 2 **manteau** *m*, **couverture** *f*

'gblaudhö ['gblau dhö] *adv* **durement, avec force** ; =wa -lo gɔɔn- bhë -a -bha 'gblaudhö ils ont saisi durement cet homme

-gblaɔn *n* 1 **caisse** *f* 2 **malle** *f* 3 **cercueil** *m* <u>Syn.</u> =gbëü 'gblë *n rn* **favoris** *mpl*

=gblëë'- *v vt* **traîner** ; =ya kë =nɛ 'lü bhë -a -bɔ ü gbaan--sü -yö -dhö kë ü -kɔ -bha 'gbee-, ü -kɔ -mɔ -a -bha kö 'üën- =gblëë'- ü 'piö si c'est difficile que tu portes ce bois sur ton épaule, tu peux le traîner derrière toi

-gblëëgutawü [-gblëë 'gu -ta -wü] *n* **reptile** *m*

gblëën-, =gblëën- *n rn* **intestin** *m*, **boyaux** <u>Syn.</u> gbobhüö

-gblɛibizë [-gblɛi -bi -zë], gblɛibizë [gblɛi -bi -zë] *adj* **vert** ; 'lü =plëëzë -nu 'dhɛ -wo gblɛibizë la majorité des arbres ont des feuilles de couleur verte

'gblo *n rn* **1** fɛi 'gblo **veine** *f*, **artère** *f* ♦ fɛi 'gblo 'tee **veinule**, **capillaires 2 trace** *f* **de qch/qn**

gbloo, gblong *n* **gombo** *m*

-gbloo *n* **1 banc** *m*, **chaise** *f* ♦ -gbloo =gbing chaise **2 roue** *f*, **pneu** *m* **3 liane** *f*

=gbloo *v vi* **1 essaimer** *(abeilles)* ; 'zɔ -yö =gbloo -na les abeilles essaiment **2 déplacer, déménager, exoder, sortir brusquement**

-gbloonë [-gbloo 'në] *n* **tabouret** *m*

'gblögblö ['gblö 'gblö] *adj pluralia tantum* **gros, grands** *(objets, personnes, animaux, oiseaux, serpents, poissons, montagne, forêt, rivière, etc.)* ♦ mɛ 'gblögblö **notables** *(ceux qui sont à côté du chef de village, qui l'aident à diriger)* ♦ 'kwi -mɛ 'gblögblö **fonctionnaires**

-gblɔdheslën [-gblɔ dhe slën], -gblɔdhesën [-gblɔ dhe sën] *n* Neotragus pygmaeus **antilope** *f* **royale** *(un peu plus grande que le lapin ; seuls les mâles ont des cornes, 3.5 cm de longueur, tournés vers le derrière ; le dos est d'un brun-rougeâtre à brun doré ; la queue est courte, avec un gland ; on traduit souvent ce mot par erreur en français par « lièvre »)*

gblɔɔ *v vt* **punir, corriger, donner une leçon à**

'gblü *v* **1** *vt* **renverser** ; =ya 'tia- 'gblü 'dhi -ta elle a renversé une assiette **2** *vi* **s'accroupir** *(devant — 'dhiö)* ; -bhö 'gblü Gɔmaa 'dhiö -yaa =tun ü -bha 'gën- ma -sü -bha il faut t'accroupir devant Gɔmaa pour qu'on te pardonne **3** *vi* **adorer** *(qch, qn — 'dhiö)*

gblüë-, 'gblübhaa ['gblü

=bhaa'] *n Aegypius (Torgos) tracheliotus* **condor** *m (tête et cou nus et roses; au vol et vu de dessous : une bande blanche près du bord antérieur de l'aile ; flancs blancs)*

gblüënnu [gblüën nu] *v vt* **renverser** *(sur — -ta ; pour couvrir qch)* ; -bhö gbɔ bhë -a gblüën nu glɔɔ bhë -a -ta, 'yaa 'dhö -mɔ -dhö -a 'plɛ -bhö il faut couvrir les bananes avec la marmite, sinon elles seront toutes mangées par les souris

-gblüng, -gblüün *n Python sebae* **python** *m*, **boa** *m (vit sur les arbres)*

'gblüünzë ['gblüün -zë] *adj* **extraordinaire, étonnant**

gbo *n rn* **1.1 excrément** *m* ♦ gbo 'ö =nɛ ! *i)* **toi, caca !** *(adressé souvent par les adultes aux enfants, ou entre les enfants comme moquerie) ii)* **gros.** tu es merde *(adressé aux adultes, — une injure forte)* **1.2** 'to gbo **cérumen** *m*

-gbo *n rn* **1 écorce** *f (d'arbre)* **2 son** *m*, **balle** *f (enveloppe des graines de céréales)*, **paille** *f*, **feuillage** *m (qu'on jette)* ; -mlü -gbo son de riz

'gbo *n rn* **pleur** *m* ♦ 'gbo bɔ pleurer ♦ 'gbo -wo pleur

-gboa → -gbua *canne à sucre sauvage*

gbobhüö [gbo =bhüö] *n rn* **boyaux** *Syn.* gblëëng

gboga [gbo ga] *n rn* **excrément** *m* **dur**

gbokɔ [gbo 'kɔ] *n* **cabinets, w.c.**

'gbonggbo ['gbong 'gbo] *n* **seau** *m*

gbonggbodhö [gbong gbo dhö] *adv* **jamais** ; nka 'dho -da mɛ -nu -bha dhe 'piö gbonggbodhö jamais je ne commettrai d'adultère avec la femme d'autrui

'gboo- *adj* **très vieux, très vielle** *(personne ; 70-100 ans)* ; =ya kë 'gboo- il est devenu un vieillard

'gboodhɛ ['gboo- -dhɛ] *n* **1 vieillesse** *f* ; n 'gboodhɛ -ko ! j'ai mal au dos *(litt. : ma vieille colonne vertébrale, mon vieux dos)* **2 vieillard** *m*, **vieille** *f (à partir de 70 ans)*

gbö *n rn* **fils** *m (fils d'Ego ; fils du frère ou de la sœur de l'épouse d'Ego masculin)*

-gböng, =gböng *n rn* **embranchement** *m* ♦ 'lü -gböng **enfourchure** *f* d'arbre ♦ -gɛn

-gböng pli *m* de genou ♦ -kpinng -gböng, zian -gböng carrefour *m* ♦ zü -gböng raie *f* de fesses *(adressé aux enfants — neutre, aux adultes, — une injure)*

gbɔ 1 *n* **marmite** *f*, **canari** *m*, **récipient** *m* ; wü kwi -gbɔ récipient fabriqué de la peau d'animal ; -du -gbɔ marmite remplie de viande **2 argile** *f*

gbɔ 2 *adv* **ne plus** *(faire)* ; nka 'dho dho 'ma gbɔ je n'irai plus là-bas

'gbɔ (k) *n rn* **mandibule** *f*

gbɔdɔdhe [gbɔ dɔ -dhe] *n* **potière** *f*

= **gbɔng'**-, = **gbɔng'** *n* *Papio* **babouin** *m*

gbɔnggbɔ [gbɔng gbɔ] *n* *Lissonycteris angolensis, Myonycteris torquata* **chauve-souris** *f (espèce)*

gbɔnggbɔ [gbɔng 'gbɔ] *n* *Oxytenanthera abyssinica* **bambou** *m* ♦ gbɔnggbɔ bhɛ canne de bambou

= **gbɔngbɔnsü** [= gbɔn = gbɔn -sü] *adv* **beaucoup, trop**

gbɔnggbɔtia [gbɔng gbɔ -tia] *n* *Bothrophthalmus lineatus* **serpent** *m (espèce)*

= **gbɔɔ'** (dh) *n* **herbe** *f* <u>Syn.</u> = blëë', = blëëdhɛ

gbɔɔn- *n Polypterus senegalus* **poisson** *m (espèce)*

-**gbɔɔn** *n Polistes* **guêpe** *f (espèce)*

= **gbɔɔnsü** [= gbɔɔn -sü] *adv* **beaucoup, trop** ; -yö -suö ö dë -dhë = gbɔɔnsü il craint beaucoup son père <u>Syn.</u> = duö

'gbɔɔtoo ['gbɔɔ too] *n Campethera caillautii* **pic** *m* **à dos vert** *(oiseau; dessous fortement rayé ; pas de moustache)*

gbɔsɛ [gbɔ 'sɛ] *n* **argile** *f* ♦ gbɔsɛ kpö argile

-**gbɔudhö** [-gbɔu dhö] *adv* **d'une manière embrouillée** ♦ dɔ -gbɔudhö *i)* s'étonner, être dans le doute ; 'ma dɔ -gbɔudhö je suis étonné *ii)* étonner, douter, embarrasser ; 'ta bhë = ya n dɔ -gbɔudhö, kö 'a 'dho e, 'iin kö 'a 'to e ? ce voyage m'embarrasse, je ne sais pas s'il faut que je parte ou que je reste ; = zuö' -to = zlöö -wun = yaa- -gɔ -ga dɔ -gbɔudhö le désespoir lui a brouillé la cervelle *iii)* dɔ -gbɔudhö -wun 'gü être bouleversé à cause de qch; yi -dɔ -gbɔudhö 'kwi -bha nu -sü -wun 'gü notre vie a été bouleversée par l'arrivée des Blancs *iv)* se brouiller ♦ -wo wo 'ko -dɔ -gbɔudhö bliidhö ils se sont égarés de nuit dans la forêt ♦ =ya ö -de dɔ -gbɔudhö il s'est égaré

-gbua, -gboa *n* canne *f* à sucre sauvage

'gbuë-, 'gbuëlü ['gbuë- 'lü] *n* canne *f*, roseau *m*

gbuɛ *n* Gbouè *(nom d'une rivière)*

gbung *n* foule *f (stationnaire)*, **assemblée** *f* ; mɛ gbung = va -wo -kë dhe 'sü 'wlaan- bhë -a -ta il y a eu une grande foule lors de ce mariage *Syn.* mɛ =bhang'

gbüng onomat gbynn ! *(bruit du pilon, de la frappe du tam-tam)* ; 'lü zë -mɛ -bha 'lü 'yɛ -ding 'ö tɔɔ gbüng! le batteur bat son tamtam : gbynn ! ; -Gbaa -yö -mlü -zɔn gbüng- gbüngdhö Gba pile le riz : gbynn, gbynn

Gw gw

gwa *n* rocher *m* plat

-gwaa, -gwa *n* gant *m* en cuir *(que les ancêtres portaient pour travailler aux champs, ou en brousse)*

gwaadhɛ [gwaa- -dhɛ], **gwatadhɛ** [gwa -ta -dhɛ] {LOC gwaadhö} *n* endroit *m* rocheux ; =wa 'dho sɔ 'zlu =dhia gwaadhö elles sont parti faire la lessive sur le rocher

gwaadhö [gwaa- dhö] LOC de gwaadhɛ *rocher*

gwaan *n* rn 1 foyer *m (famille)* 2 état *m* de femme mariée ; =ya 'dho gwaan elle s'est mariée ♦ gwaan 'kpɔ se marier *(femmes)* ; =ya gwaan 'kpɔ Zan -gɔ elle a épousé Jean

gwandhe [gwan dhe] *n* femme *f* mariée *Syn.* gɔɔnmɛdhe

=**gwanga** [=gwan ga] *n* Sassandra *(fleuve)*

-gwëë, =gwuë *n* taro *m*

gwɛ-, gwɛɛ-, gwɛɛlü [gwɛɛ- -lü] *n Ceiba pentandra, Bombax pentandrum, B. guineense, Eriodendron guineense, E. anfractuosum, E. orientale* 1 fromager *m*, kapokier *m (arbre le plus grand de l'Afrique de l'Ouest, jusqu'à 65 mètres de hauteur, 10 mètres de circonférence ; tronc cylindrique, racines aériennes ; pousse près de l'habitat humain, souvent arbre central du village ; son bois est blanc, très mou et léger, se casse facilement, on l'utilise souvent pour fabriquer les bateaux ; les cosses de 10-14 centimètres, parfois jusqu'à 37 centimètres sont remplies d'un duvet gris ou blanc dont on obtient le kapok ; les grains contiennent une huile comparable à l'huile d'arachide) **2 baobab** m

-gwɛɛ *n* **malédiction** *f* ♦ 'we -gwɛɛ 'ka maudire *(qn — -bha)*

=**gwuë** → -gwëë *taro*

I i

=**i, i, -i** → =e *particule interrogative générale*

=**ii-** *itj* **oui**

in *prt particule interrogative générale*

'inng, 'iin *conj* **ou bien** ; ü -dhö to plöö, 'iin ü -dhö dho =bhlöö- =e ? resteras-tu au village, ou bien iras-tu au champ ?

K k

ka 1 *pron* **vous** *pronom subjectif de la série existentielle 2ème pers. pl.* ; ka 'pö ka -zuö -yö -kan =bhlöö 'më =sia =a ? est-ce que c'est vous qui avez poussé des cris au champ aujourd'hui ?

ka 2 *pron* **vous** *pronom 2ème pers. pl. de la série autonome*

ka 3 *pron* **vous, votre** *pronom non-subjectif 2ème pers. pl.*

ka- *pron* **vous le, vous la** *forme contractée : pronom subjectif 2ème pers. pl. de la série* existentielle + *pronom non-subjectif 3ème pers. sg.*

-ka *pron* **vous** *pronom subjectif impératif 2ème pers. pl.*

'ka 1 *pp* **1.1 avec** *(comitatif)* **1.2** *indique une action secondaire accompagnant l'action principale* **2.1 sur, par, de** *(une notion de la localisation vague par rapport à l'objet)* **2.2 dans** *(l'idée d'une localisation abstraite)* **3 avec, par le moyen de** *(valeur de l'instrument, du moyen)* **4 comme** *(valeur* *d'équivalence)* **5** **à, pendant** *(valeur temporelle générale)*

'ka 2 *pron* **vous** *pronom subjectif du parfait, 2ème pers. pl. ;* 'ka 'yi nu -nia -nu -dhë -a ? avez-vous donné de l'eau aux étrangers ?

'ka 3 *pron* **vous** *pronom subjectif conjoint, 2ème pers. pl.*

'ka 4 *pron* **vous** *pronom subjectif optatif, 2ème pers. pl.*

'ka 5 *n* **fruit** *(espèce)*

'ka- *pron* **1 vous le, vous la** *forme contractée : pronom subjectif inclusif 2ème pers. pl. du parfait + pronom non-subjectif 3ème pers. sg.* **2 vous le, vous la** *forme contractée : pronom subjectif inclusif 2ème pers. pl. de la série conjointe + pronom non-subjectif 3ème pers. sg.* **3 vous le, vous la** *forme contractée : pronom subjectif inclusif 2ème pers. pl. de la série optative + pronom non-subjectif 3ème pers. sg.*

kaa, kaka *pron* **vous ne** *pronom subjectif 2ème pers. pl. de la série perfective négative*

kaa- 1 *n rn* **1 poil** *m*, **poils** *(d'homme, d'animal)* ♦ 'yaan--kaa cils **2** =ma kaa- **plume** *f (d'oiseau)* ♦ 'zɔ -gɛan -kaa **brosse** f d'abeille

kaa- 2 *n* **crabe** *m*

kaa- 3 *pron* **votre, vos** *pronom de la série possessive*

kaa- 4 *pron* **toi et...** *pronom coordinatif* ♦ kaa- ... -nu vous et...

kaa- 5 *pron* **toi et son..., toi et sa...** *pronom coordinatif fusionné avec le pronom non-subjectif 3ème pers. sg. ;* kaa- dë toi et son père

=kaa' *pron* **vous vous** *forme contractée : pronom subjectif impératif 2ème pers. pl. + pronom non-subjectif 2ème pers. pl.*

=kaa-, =kaa'- *v 1) vt* **gratter, frotter, dorloter** *(chat) 2) vr* **se gratter, se frotter**

'kaa 1 *pron* **vous ne** *pronom subjectif 2ème pers. pl. de la série imperfective négative*

'kaa 2 *n* **gale** *f*

kaaga [kaa- ga] *n rn* **1 un poil 2 une plume**

=kaan' 1 *n* **petit caillou** *m*, **gravier** *m*

=kaan' 2 *v vi* **se moquer** *(de — -bha)*

=kaan' 3 *v vt* =kaan' 'koë **pétrir, mélanger ;** 'yi waa- 'yɔn -an -kaan 'koë -dhɛ -yö 'gbee- c'est difficile de mélanger l'eau à l'huile ♦ -wo yɔ 'yi

=kaan' -na 'koë on commença à brasser la bière ♦ -a kë -sɔɔn -yö -kaan 'koë -sü -zë il a un caractère chagrin ♦ =zuö' -kaan 'koë avoir un chagrin ; -a =zuö' =ya =kaan' 'koë il a un chagrin ; -wo -dho =zuö' -kaan 'koë 'ka ils sont partis le cœur chagriné ; yɛɛn a -kë 'gludhi 'gü, 'ö =dɛɛ, 'a =zuö' -kaan 'koë 'gü hier j'étais heureux, aujourd'hui je suis triste

=**kaan'**- *v* **1** *vt* **couper, découper 2** *vi* **se déchirer en lambeaux**

'**kaan**- *pron* **pour que vous** *pronom subjectif 2ème pers. pl. de la série à valeur de but / d'antériorité*

-**kaanta** [-kaan -ta] *adj* **dernier** ; n -bha -dhɛ =kpaɔ -yi -kaanta 'ö =nɛ ka -gɔ plöö, =dhia' kö a 'dho -na yi =plöö c'est mon dernier jour dans votre village, demain j'irai chez moi ; -mlü -kaanta 'ö to 'ö kwa -a -bhö -na bhë -a 'bhaa 'yaa 'slëüdhö gbɔ nous mangeons le dernier riz qui reste, il n'y en a plus d'autre au grenier

kafe [ka 'fe] *n* **café** *m* ♦ kafe -dhi marc de café (résidu de café pilé)

'**kafeyi** [ka 'fe 'yi] *n* **limonade** *f*

kaflee [ka flee] *n* **café** *m* **décortiqué**

kaka [ka 'ka] → kaa *pronom subjectif 2ème pers. pl. de la série perfective négative*

-**kakao** [-ka =kao'] *n* **cacao** *m*

'**kale** ['ka 'le] *n* **cale** *f* **de voiture** ; -bhö 'kale dɔ 'mobhli bhë -a -gɔ =dhɛ yaa ziö kwa tii 'ka =kun mets la cale à cette voiture de peur qu'elle ne bouge à notre insu <u>Syn.</u> pë -dɔ pë -gɔ -pë

'**kan** *v* **1.1** *vt* **couper** ♦ 'siö 'kan couper le courant **1.2** *vt* **tailler 1.3** *vt* **récolter** ♦ -mlü 'kan récolter le riz ♦ pë 'kan 'tönng temps de moisson **1.4** *vt* **piquer** *(insecte)* **2.1** *vi* **s'arrêter** *(sur — -ta)* ; 'wun 'bhaa 'a dhö kan -an -ta 'wo =nɛ voilà ma dernière parole **2.2** *vi* **cesser** ; dha =ya 'kan la pluie a cessé **3** -kan 'koë- *1)* *vt* **séparer** ; 'në waa- ö =dhoo bhë, dhe -wun =ya -an 'kan 'koë- une histoire de femme a séparé ces deux frères *2)* *vr* **se séparer** ; 'në waa- =dhoo bhë =wa 'kan wo 'koë- ces deux frères se sont séparés **4 -wun 'kan** *vt* **signaler, déclarer** *(à — -dhë)* ; =ya =kwaan -wun bhë =yaa- 'kan pödëmɛ -dhë kö -waan -a =blɛɛ'- il a déclaré ce vol au chef du village pour qu'ils en discutent **5 -wun 'kan** *vt* **accuser de** *(qn — -bha)* ; =ya =kwaan -wun 'kan -a 'zlaa- -bha il a accusé son petit frère de vol

'kanbhɔ ['kan -bhɔ] *n rn* **garrot** *m*

kang- *pron* **lui et toi, elle et toi** *pronom coordinatif*

kang -nu, kang ka -nu *pron* **vous et lui, vous et elle, vous et eux, vous et elles, toi et eux, toi et elles** *pronom coordinatif*

'kangbaa ['kang 'baa-] *n* **campement** *m (pour les travailleurs aux champs)* ; -an -bha 'kangbaa 'yaa plöödhɛ 'sɔɔ zö leur campement n'est pas ici, à côté du village *Syn.* =bhlöögbaa

-kanso [-kan so] *n* **prison** *f* ♦ -kanso kɔɔ -mɛ, -kanso 'gü -mɛ prisonnier

kaɔ *n* **1 perdrix** *f* **2 francolin** *m* **3 caille** *f* ♦ kaɔ 'kpa, kaɔ 'kpaa *i) Coturnix delegorguei* caille arlequin *(mâle : dessins noirs et blancs de la gorge ; poitrine noire ; flancs surtout marron; femelle : gorge blanche bordée de points noirs) ii) Coturnix chinensis* caille bleue *(mâle : plumage en grande partie noir ; gorge blanche ; ailes marron; femelle : dessous rayé de noir)*

=**kaɔ** *n* **1 crochet** *m* **2 fourche** *f (à foin, à fumier; outil à main à deux ou plusieurs dents, muni d'un long manche et employé surtout pour les travaux agricoles)*

'kaɔ *n* **houe** *f*

ke- *n* **champ** *m* *Syn.* =bhlöö- ♦ ke- kë cultiver *(champ, cultures)* ; -yö 'ku -ke kë -na il cultive l'igname ♦ ke- kë -mɛ cultivateur ♦ ke- kë -pë culture *(agricole)*

=**kee-** → =kei- *nuque*

'kee *n rn* **opercule** *m (d'escargot)*

=**kei-,** =**kee-** {LOC =keidhö} *n rn* **nuque** *f* *Syn.* =keidhɛ ♦ =kei- -kaa ocelle ♦ =kei- 'zɔ écusson *(d'insecte)*

=**keidhɛ** [=kei- -dhɛ] {LOC =keidhö} *n rn* **occiput** *m*

Syn. = kei-

=**keidhö** [=kei- dhö] *LOC de* =kei-, =keidhɛ *nuque*

kë *v* **1.1** *vt* **faire** ♦ -kë mɛ -zo 'piö avoir une idée ; -yö -kë -a -zo 'piö =nɛ a -dhö 'pë dɔ -a -bha -be il espérait avoir un crédit de moi ♦ 'wun -bha -kë mɛ -bha avoir un problème, être occupé ; nu nka- wo 'më bhë 'ö tɔɔ 'wun -kë n -bha je ne suis pas venu parce que j'étais occupé **1.2** *vt* **créer** ; -Zlan =nɛ ö 'sɛ waa- dhang- -an -kë c'est Dieu qui a créé la terre et le ciel ♦ yië- -ma dhebɔ yi -bha 'në -nu =wa kë =plɛ ma femme et moi nous avons deux enfants **1.3** *vt* **préparer** *(certains plats, par exemple 'too,* =bee'-, -pla, glɔɔkpö*)* **1.4** *vt* **faire mal, brûler** *(plaie)* ♦ n -gɛn {-yö} n kë -na j'ai mal aux pieds **1.5** *vt* **chasser** *(pour éloigner),* **faire la chasse** ♦ wü kë, 'blü kë faire la chasse **2** *vi* **se passer, arriver** *(avec — 'ka)* ♦ -kë mɛ 'gü *i)* penser ; -yö -kë n 'gü =nɛɛ yaa 'dhö nu -be je ne pensais pas qu'il revienne ; =ya kë -a 'gü il pense (que...) *ii)* paraître ; -dhɛ =kpaɔyi -yö -kë n 'gü =gbɛɛn la journée m'a paru longue ♦ kë =nɛ, =ya kë =nɛ si ♦ =ya kë parfois ♦ =ya kë 'dhö... si c'est comme çà... ♦ =ya kë 'pö comme ça, de cette façon ♦ =ya kë =sia après ♦ -yö -kë =nɛ parait-il, peut-être ; -yö -kë =nɛ =ya nu parait-il qu'il est venu **3** *1)* *vi* **devenir** *(qn — 'ka) ;* 'ö kë =va il est devenu gros ; -Tië -nu 'zlaa- bhë =ya kë 'dhasi -nu -gɔmɛ do =va 'ka le petit frère Tieu est devenu chef de l'armée *2)* *vt* **rendre** ♦ kë 'siö- chauffer ; trɔɔ- -yö ö bun kë -na 'siö- lan- -dhë le lézard se chauffe au soleil ♦ -kë 'siö -zë -sü zèle *m* ; dhe bhë -a -bha -kë 'siö -zë -sü -yö -ziö -a 'bhaong- -nu -bha -ta le zèle de cette femme dépasse celui de ses camarades ; -kë 'siö -zë -sü -ya -gɔ il est zélé ♦ dhebɔ =nɛ -yö -kë =nɛ gɔɔn- 'dhö cette femme est trop masculine ♦ kö =ya kë égal à ; pë =plɛ =wa pë 'sɔɔdhu -da -a -ta kö =ya kë pë 'slaplɛ 'ka deux choses ajoutées à cinq c'est égal à sept

këdhɛ [kë -dhɛ] *n* **manière** *f* **de faire**

-**këng,** -**kënng** *n rn* **poitrine**

f, **poitrail** *m (de femme, d'homme ; d'animal, d'oiseau)* ♦ -këng -ta -dhɛ poitrine

=**këng'**, =**kënng'** *n* **cent, centaine** *(dans les numéraux composés)* ; gɔɔn- bhë =bhɔɔmɛ -mü, -a -bha -du -nu -wo =këng' do -zë cet homme est riche, ses bœufs peuvent atteindre cent têtes ; =këng' =plɛ ö -kɔ -yiisië ö ga 'slaplɛ deux cent quarante-sept

-**kënng** → -këng *poitrine*

=**kënng'** → =këng' *cent*

këpëyaa [kë -pë yaa] *n* **mauvaise conduite** *f* ♦ këpëyaa -mɛ malfaiteur *m*, brigand *m*

-**këü** *n* **moucheron** *m*

'**këü** *n rn* **vésicule** *f* **biliaire**

këwun [kë -wun] *n rn* **acte** *m*

'**kɛɛ 1** *n* **arachide** *f*

'**kɛɛ 2** *conj* **mais**

'**kɛɛbhɔa** ['kɛɛ -bhɔa] *n* ***Desmodium adscendens*** **arachide** *f* **fausse** *(plante rampante)*

-**kɛi** *n rn* **paturon** *m (de cheval)*

-**kɛidhɛ** [-kɛi -dhɛ] *n rn* **bosse** *f* **du talon**

-**kɛisoo** [-kɛi -soo] *n rn* **1 muraille** *f* **du sabot 2 ergot** *m (de coq)*

-**kɛizlöö** [-kɛi =zlöö] *n rn* **1 jarret** *m* **2 cheville** *f*

=**kɛn,** =**kɛnga** [=kɛn ga] *n* **écrevisse** *f*

'**kɛnpë** ['kɛn- pë] *n* **héritage** *m* ; =dhɛ 'ö- dë -yö =siö- -a -bha 'kɛnpë ö- =slɔɔ 'ö tɔɔ kafe -dhɛ do waa- =kakao' -dhɛ =plɛ quand son papa mourut, il a reçu comme héritage une plantation de caféiers et deux plantations de cacaoyers

=**kɛadhe** [=kɛa dhe] *n* ***Alestes leuciscus*** **poisson** *m (espèce)*

=**kia'** *n rn* **1.1 écorce** *f (d'arbre)* **1.2 peau** *(des tubercules et fruits)* **2.1 écaille** *f (de poisson, de crocodile, de serpent)* **2.2 carapace** *f (de tortue)* **2.3 élytre** *m* **3** 'sɔn =kia' **émail** *m* **dentaire**

'**kiakia** ['kia -kia] *adj* **rugueux**

=**kian' 1** *n* **conduite** *f*, **comportement** *m* ♦ =kian' 'kan faire un plan, établir une stratégie ; 'wun 'ü -a =kian' 'kan -na bhë, -yö kë 'wun -së 'ka ; =ya kë 'wun yaa 'ka -a 'gba -dhö yö bhi giagia ü tuö il faut que le plan que tu es en train d'établir soit un bon plan, si c'est un mauvais plan, c'est toi qui en payera les conséquences

=kian' 2 *n rn* **balle** *f (de riz, de blé, qui reste après le pilage)*

'kian *n* **1 cadeau** *m* ; -më 'öbɔ n 'kian pë 'tee 'ka ɛ ? qu'est-ce qu'il m'a envoyé comme petit cadeau ? **2 récompense** *f*, **salaire** *f* ♦ 'kian kë ; 'kian nu récompenser qn *(de — 'ka)*

'kiin *itj* **hum !** *(exprime le doute)*

'kinzuu ['kin zuu] *n* **1 alcool** *m* **de maïs** *(environ 40 degrés)* **2 alcool** *m* **de canne** *(très fort et sucré ; produit dans la région limitrophe du Libéria)*

=kionggbɔ [=kiong gbɔ] *n* **fuseau** *m*

-klaa *n* **1 fouet** *m*, **chicote** *f* *(de corde)*, **martinet** *m* <u>Syn.</u> -klaaga **2 massue** *f*

-klaaga [-klaa ga] *n* **fouet** *m*, **chicote** *f (de corde)* <u>Syn.</u> -klaa

-klaakpudhe [-klaa kpu dhe] *n Heterotis niloticus* **poisson** *m* *(espèce)*

klaan *n rn* **brindille** *f (sèche)*

=klang' *n* **1 études** *fpl*, **école** *f* ; =klang' -da =klang' 'kɔɔdhö -yi =ya -lo le temps de la rentrée scolaire est arrivé **2 élève** *m, f*, **écolier** *m*, **étudiant** *m*

'klang *n* **1** ga 'klang **squelette** *m* **2** *rn* **cadre** *m* *(de porte, de vélo)*

=klanggɔdhe [=klang' -gɔ -dhe] *n* **maîtresse** *f* **d'école**

=klanggɔmɛ [=klang' -gɔ -mɛ] *n* **maître** *m* **d'école**

=klangkɔ [♦ =klang' 'kɔ *n* **école** *f (bâtiment)* ♦ =klangkɔ 'kpii- **lycée** *m* ♦ =klang' 'kɔɔdhö à l'école

=klangnë [=klang' 'në] *n* **élève** *m, f*, **écolier** *m*, **étudiant** *m*

'klaɔng-, 'klaɔng *n Cercopithecidae* **babouin** *m*

-klëë *n rn* **1 coquille** *f* **calcaire** *(d'œuf)* **2 coquille** *f (d'escargot)* **3 carapace** *f (de tortue)*

'klëëklë ['klëë -klë] *adj* **lent** <u>Syn.</u> 'nuanua ; 'Gɔ -yö 'klëëklë, 'yaa 'go ö piën- 'zozodhö Go est lent, il ne se déplace pas vite

'klëëklëdhɛ ['klëë -klë -dhɛ] *n* **lenteur** *f*

=klëën 1) *v vi* **entourer de, clôturer, encercler avec** *(qch — -zü)* ; =wa pë =klëën 'kɔ -zü ils ont entouré la maison ♦ =klëën -sü 'ka entouré ; böü- 'kploo -yö =klëën -sü 'ka -a -bha 'kɔ -zü sa cour est entourée de murailles <u>Syn.</u> =nië'

=klëën 2) *loc.n* **pourtour** *m* ; 'kɔ =klëën -a -zü autour de la maison *Syn.* -zü 'to

'klën, 'klëën *n* **mil** *m*

klëng *n* klëng 'ka **petit à petit** ; glɔɔ =va 'wo nuë bhë 'ka- -bhö klëng 'ka =ya 'dho =ya yën ces nombreuses bananes qu'ils ont envoyées, mangez-les petit à petit jusqu'à la fin *lv.*

kleyon [klɛ 'yɔn-] *n* **crayon** *m*

'klo, 'kloo *n rn* **comportement** *m* ; -a 'klo -së son comportement est bon ♦ 'klo bhɔ, 'kloo bhɔ *i)* **punir, châtier** *ii)* **malmener, maltraiter, martyriser, faire souffrir** *iii)* **souffrir**

=**kloa'-** *n* **croix** *f* ; =Yesu -yö -ga =kloa'- -ta =Gɔɔgotaa -tɔn tuö Jésus mourut sur la croix du Golgotha

'klobhɔdhe ['klo bhɔ dhe] *n* **1** *rn* **punition** *f* **2 tourment** *m*, **malheur** *m*, **souffrance** *f* ; -an -de këwun 'ö- 'klobhɔdhe 'dhö nu -na -an 'piö bhë leurs propres actes leur attirent des tourments

=**kloo-** *n Corythaeola cristata* **touraco** *m* **géant** *(76 cm ; tête, cou, dos, ailes bleus ; ventre jaune, cuisses brunes, queue longue terminée de noir, huppe noire)*

=**kloo'** *v* **1** *1)* *vi* **se courber, s'accroupir** ; -bhö =kloo'- kö 'a ü =taadhɛ 'zlu courbe-toi pour que je puisse laver ton dos ♦ 'wü -sö =kloo' -sü -zë cornes creuses *2) vt* **arquer, boudiner, tordre 2** *vi* **tourner 3** *vr* **se luxer**

'kloo → **'klo** comportement

-klö, -klöö *n Cercopithecus* **singe** *m (longueur sans queue : 35 à 65 cm ; dos généralement incliné vers l'avant, longue queue, coloration très variable, souvent vive et contrastée; vivent d'ordinaire dans les forêts, quelquefois dans les savanes)* ♦ -klö tii *Piliocolobus badius* colobe bai d'Afrique Occidentale *(espèce de singe)*

'klönggbö ['klöng gbö] *n* **hoquet** *m* ; -bhö 'yi mü kö ü -bha 'klönggbö -yö 'dho sia- bois de l'eau pour que ton hoquet s'apaise

-klöö → **-klö** singe

=**klöö** {pl. =klöö -nu, =klööklöö -nu, =klööklöö} *adj* **ancien, vieux** *(personne très âgée)*

=**klöö'** 1) *adj* **court** ♦ -gɛn do =klöö' -mɛ **boiteux** *m (une*

jambe plus courte que l'autre)
♦ 'gban =klöö' -mɛ unijambiste m *(une jambe atrophiée)* ♦ -gbiö do =klöö' -mɛ personne avec un bras atrophié

=**klöö'** 2) *adv* **1 tout près ;** =ya yö -daplöödhɛ 'ka =klöö' il est arrivé aux abords du village **2 bientôt ;** -a -bha 'kosüdhe =ya yö =klöö' son mariage est proche ♦ =klöö' =nɛ tout à l'heure, bientôt ; a -dhö yizë =klöö' =nɛ je vais dormir ♦ 'piö =klöö'- -zë bientôt, tout de suite

=**klöödhö** [=klöö' dhö] *adv* **en même temps**

=**klööklöö** [=klöö' =klöö'] 1) *adj* **très court** *(plus court que =klöö')*

=**klööklöö** [=klöö' =klöö'] 2) *adv* **menu, en petits morceaux ;** -yö -du -kan =klööklöö elle coupe la viande en très petits morceaux ♦ 'kuë =klööklöö *i)* fréquemment ; Zan -yö -nu 'kuë =klööklöö n -gɔ kɔɔ Jean vient fréquemment chez moi *ii)* "vite-vite" ; -yö -du -kan 'kuë =klööklöö elle coupe la viande « vite-vite » ♦ Matö -yö 'tan -kan 'kuë =klööklöö Marthe arrête les chansons « vite-vite » *(tout de suite)*

=**klööklöö** [=klöö =klöö] *pluriel de* =klöö *vieux*

=**klöözë** [=klöö' -zë] *adj* **court**

'**klɔ** *n* **liane** *f (espèce)*

=**klɔa-** *n rn* **patte** *f (du coude à la main)*

'**klɔa** *n rn* **gésier** *m,* **poche** *f* **digestive chez l'oiseau** *[l'emploi de ce mot envers des humains est considéré comme injurieux]* Syn. 'si

-**klɔng** *n* **puits** *m*

klɔɔ *n* **bosse** *f* ♦ klɔɔ -mɛ, klɔɔ =yua' -mɛ bossu *m* ♦ klɔɔ -mɛ ko 'yɛi- -zë bossu et contrefait *(personne)*

'**klɔɔklɔ** ['klɔɔ -klɔ] *adj* **rond** Syn. 'dhöödhö

=**klɔɔn-** *n* **langue** *f* **kono**

-**klu** *v* **1** *vt* **attacher, lier ;** -yö -bho gɔn -klu -na 'lü -bha il attache le cabri à l'arbre ♦ -klu =bhüö' laisse, corde d'attache **2** *vt* **affiler ;** -dhaanë -yö -klu -sü 'ka -së 'ka le couteau est bien affilé **3** *vi* **cailler, coaguler** *(sang, lait)* ♦ fɛi -klu -dhɛ caillot de sang

'**klu** 1) *n rn* **morceau** *m* ♦ 'wɔ 'klu do une tige de fagot ♦ 'gban 'klu pied coupé 'klu 2) *adj* **1 court 2 coupé, amputé ;** -gbiö 'klu -mɛ manchot ; -a -kɔ -nu =wo 'klu -a -kɔdhɛ gbɛ 'yaa -dhö il est manchot, il n'a plus de mains

kluë *n* **héros** *m*

=**kluë-** *n* **Pan troglodytes chimpanzé** *m* <u>Syn.</u> bhiöfɛadë

kluënnu → kuënnu *arrêter*

-**kluködhönggö** [-klu 'kö dhöng 'gö] *n* **Platalea alba spatule** *f* **d'Afrique** *(espèce d'oiseau ; bec en forme de cuiller ; front et pattes rougeâtres)*

=**kluu'** *n* **louche** *f*

=**klwɛɛ-** → =kwɛɛ- *main droite*

=**Klwɛandhö** [=klwɛan' dhö] *loc.n* **canton Koulinlé**

ko 1 *pron* **nous** *pronom subjectif inclusif 1ère pers. duel : « toi et moi » de la série existentielle ;* ko -dho ü -bha yuö bhë -a kë -më yië =ɛ ? quand allons-nous faire ton travail ?

ko 2 *pron* **nous** *pronom inclusif 1ère pers. duel : « toi et moi » de la série autonome*

ko 3 *pron* **nous, notre** *pronom non-subjectif inclusif 1ère pers. duel : « toi et moi »*

ko- *pron* **nous le, nous la** *forme contractée : pronom subjectif inclusif 1ère pers. duel, « toi et moi » de la série existentielle + pronom non-subjectif 3ème pers. sg.*

-**ko** *pron* **nous** *pronom subjectif impératif, inclusif 1ère pers. duel : « toi et moi »*

'**ko 1** *loc.n* rn **l'un l'autre** *(pronom réciproque)*

'**ko 2** *pron* **nous** *pronom subjectif conjoint inclusif 1ère pers. duel : « toi et moi »*

'**ko 3** *pron* **nous** *pronom subjectif optatif inclusif 1ère pers. duel : « toi et moi »*

'**ko-** *pron* **1 nous le, nous la** *forme contractée : pronom subjectif inclusif 1ère pers. duel de la série conjointe + pronom non-subjectif 3ème pers. sg.* **2 nous le, nous la** *forme contractée : pronom subjectif inclusif 1ère pers. duel de la série optative + pronom non-subjectif 3ème pers. sg.*

koë, koka [ko 'ka] *pron* **nous ne** *pronom subjectif inclusif 1ère pers. duel : « toi et moi » de la série perfective négative*

koë- 1 *pron* **moi et...** *pronom coordinatif*

koë- 2, kwëë- *pron* **notre, nos** *pronom inclusif 1ère pers. duel de la série possessive*

'koë 1 *pron* **nous** *pronom subjectif du parfait, inclusif 1ère pers. duel : « toi et moi »*

'koë 2 → 'koëë *pronom subjectif inclusif 1ère pers. duel : « toi et moi » de la série imperfective négative*

'koë- *pron* **nous le, nous la** *forme contractée : pronom subjectif inclusif 1ère pers. duel du parfait + pronom non-subjectif 3ème pers. sg.*

'koëë, 'koë *pron* **nous ne** *pronom subjectif inclusif 1ère pers. duel : « toi et moi » de la série imperfective négative*

'koëën-, 'koën- *pron* **pour que nous** *pronom subjectif inclusif 1ère pers. duel : « toi et moi » de la série à valeur de but / d'antériorité ;* ko -dhö -so kö 'koën- 'dho =bhlöö *nous allons nous réveiller très tôt pour partir au champ tout les deux*

koga [ko -ga] *n rn* **échine** *f*

koka → koë *pronom subjectif inclusif 1ère pers. duel : « toi et moi » de la série perfective négative*

kong- *pron* **toi et moi** *pronom coordinatif*

=kong *n* **1 roue** *f (de véhicule, de vélo)* **2** *rn* **lacet** *m*, **maille** *f (fait en corde ; pour un piège, pour attacher les animaux ; jouet pour les enfants)* ♦ =mɛɛ =ya ö =kong kë le *serpent s'est lové (enroulé)*

-koo, =koo *n* **Tilapia galilaea carpe** *f* ♦ =koo 'puu *i) Tilapia nilotica ii) Tilapia zilii* ♦ =koo tii *Tilapia aurea*

'kosüdhe ['ko 'sü dhe] *n* **mariage** *m*, **noce** *f* ♦ 'kosüdhe -wun 'kodhie -dhe *marieuse*

'kozëyɔɔ ['ko zë 'yɔɔ] *n rn* **ennemi** *m*

kö *conj* **1 que, pour que, afin de, afin que** *(doit être suivi par un pronom de la série optative ou de la série à valeur du but) ;* a- 'piö kö 'a- yö, kö 'wun bhë 'yi -a =blɛɛ- *je voudrais le voir afin de discuter cette affaire avec lui* ♦ kö =kun **ne...pas** *(marque négative dans une proposition prohibitive ; doit être suivi par un pronom de la série conjointe) ;* kö =kun 'ü ü -bha 'kaɔ =mɛɛ-, ma 'a- sü ne cherche pas ta houe, je l'ai prise **2 alors** *(dans une proposition conditionnelle ou temporelle)*

-kö *n* **envie** *f* **de viande ;** -kö -yö 'në kë -na *l'enfant est avide de viande* 'kö *conj* 'kö -de -kë =nɛ, 'kö -kë =nɛ **malgré, même si ;** 'kö -kë =nɛ ü 'ka 'we -a -bha, a -dho -a kë malgré le fait que tu n'acceptes pas, je le ferai

=**könaköna** [=köna 'köna] *v vi* **cahoter ;** 'mɔbli -yö =könaköna -na ziangbloo 'piö la voiture cahote sur la piste

'**könaköna** ['köna -köna] *adj* **cahotant** *(route)*

-**köpë** [-kö pë] *n* **1 viande** *f* **2 gibier** *m*

-kɔ **1** *n rn* **1.1 main** *f* Syn. -kɔdhɛ ♦ -kɔ ga =vazë troisième phalange du doigt ♦ -kɔ ga 'teɛ -zë première ou deuxième phalange du doigt ♦ -kɔ 'ya 'gü -dhɛ gras du pouce ♦ -yö ö -kɔ -yö 'wëü- -ta il lésine sur tout **1.2 patte** *f* **de devant 1.3 membre** *m* **antérieur** *(d'insecte)* ♦ -kɔ -yɛ 'kluë- -dhɛ *i)* **coude** *ii)* membre antérieur *(d'insecte)* ♦ -kɔ -yɛ 'kluë- -dhɛ 'teezë **tarse** *(d'insecte)* ♦ -kɔ -yɛ 'kluë- -dhɛ =vaazë **tibia** *(d'insecte)*, **fémur** *(d'insecte)* ♦ pë 'kun -kɔ **palpe** *(de scarabée)* **2** 'lü -kɔ **branche** *f (d'arbre)* **3 manière** *f;* -kɔ 'ö -kë -a 'ka bhë -bhö -a =blɛɛ'- giagia 'ka il faut dire franchement comment cela est arrivé ♦ -kɔ bhë -a 'dhö ainsi ♦ -kɔ 'oo -kɔ -ta n'importe comment

-kɔ **2** *v vi* **1 refuser ;** -dhɛ 'a 'dhö ü bɔ -a -bha bhë, 'bha -kɔ =sia ü zü -dhö -ma si tu refuses d'aller où je vais t'envoyer, tu seras fessé *lv. Qsyn.* -zoo kë **2 refuser** *(à qn — -dhë ; de — 'ka (plus utilisé s'il s'agit d'une action),* -ta *(plus utilisé s'il s'agit d'un objet))* ; =ya -kɔ n -dhë yua kë -sü 'ka il a refusé de m'aider ; =ya -kɔ n -dhë 'wëü- -ta il m'a refusé de l'argent ; -yö ö -naa -yö n -ma, -dewo -yö -kɔ gbaɔ 'a- nu -a -dhë bhë -a 'ka il se fâche contre moi, il a refusé même de prendre mon cadeau **3 refuser la main** *(pour le mariage; de — 'ka) ;* =dhɛ Si =ya -kɔ Zan 'ka =nɛ =ya ö -bha dhe gbɛ 'sü lorsque Suzanne a refusé la main de Jean, celui-ci s'est marié à une autre femme

-kɔ **3** *v* **1)** *vt* **dessécher 2)** *vr* -de -kɔ **se sécher ;** -bhö 'dho 'siö 'piö kö 'ü ü -de -kɔ va auprès du feu pour que tu te sèches

-kɔ **4** *n rn* **dizaine** *f* ; =këng' do ö -kɔ =plɛ ö ga 'sɔɔdhu cent vingt-cinq

'**kɔ** {SUB kɔɔ, LOC 'kɔɔdhö}

n **1 maison** *f*, **case** *f* ♦ 'kɔ 'lü dhö charpente f **2.1** *rn* 'zɔ 'kɔ **ruche** *f* **2.2** *rn* **cage** *f (pour les animaux)*

-kɔapë [-kɔa pë] *n* **bracelet** *m* ♦ -yö -kɔapë *i)* bracelet m *ii)* montre f

-kɔdhɛ [-kɔ -dhɛ] *loc.n rn* **main** *f (d'homme, de singe)* ; -a -kɔdhɛ -yö = vava ses mains sont grandes / fortes <u>Syn.</u> -kɔ

-kɔdhɛ [-kɔ 'dhɛ] *n rn* **main** *f*, **paume** *f* <u>Syn.</u> -kɔ

-kɔdhɛkwɛɛ [-kɔ -dhɛ -kwɛɛ] *loc.n rn* **paume** *f*, **creux** *m* **de la main** <u>Syn.</u> kwɛɛ, -kɔkwɛɛ, -kɔkwɛɛdhɛ

-kɔdhɛtaa [-kɔ -dhɛ -taa] *n rn* **dos** *m* **de la main, revers** *m* **de la main** <u>Syn.</u> -kɔtaa

'kɔdhi ['kɔ 'dhi] *n* **porte** *f (ouverture)* ♦ 'kɔdhi 'tee fenêtre; petite porte

'kɔdhɔngdhɔ ['kɔ -dhɔng 'dhɔ] *n* **punaise** *f*

-kɔklë [-kɔ = klë] *adv* **comment ?** ♦ Gi bhë -ya -pö ö -dho 'föö- waa- faa- bhë -an kë -kɔklë = ɛ ? Gi a-t-il dit quelque chose au sujet de ce qu'il va faire de ce singe blanc et de ce calao ?

-kɔkpi [-kɔ -kpi] *n rn* **1 coude** *m* **2 trochanter** *m (d'insecte)*

-kɔkpö [-kɔ kpö] *n rn* **poing** *m* ♦ -a wöödhɛ = ya -bhla -kɔkpö = kwaa' son visage est boursouflé par les coups

-kɔkpöödhɛ [-kɔ kpöö -dhɛ] *n rn* **poignet** *m*

-kɔkwɛɛ [-kɔ kwɛɛ], **-kɔkwɛɛdhɛ** [-kɔ kwɛɛ -dhɛ] *n rn* **paume** *f*, **creux** *m* **de la main** <u>Syn.</u> kwɛɛ

-kɔlöö, -kɔlöömɛ [-kɔ = löö -mɛ] *n rn* **subordonné** *m (militaire, etc.)*

-kɔnëga [-kɔ 'në ga] *n rn* **1 doigt** *m (de la main)* **2 annulaire** *m*

-kɔnëgadɔziën [-kɔ 'në ga dɔ ziën] *n rn* **majeur** *m*, **médius** *m*

-kɔnëgagɔn [-kɔ 'në ga gɔn] *n rn* **pouce** *m* <u>Syn.</u> -kɔnëgavazë

-kɔnëgagbaazë [-kɔ 'në ga 'gbaa -zë] *n rn* **petit doigt** *m*

-kɔnëgavazë [-kɔ 'në ga = va -zë] *n rn* **pouce** *m* <u>Syn.</u> -kɔnëgagɔn

'kɔnëtee ['kɔ 'në 'tee] *n* **cabane** *f*

kɔng *n rn* **bout** *m* ; yun kɔng bout de nez

'kɔnkɔn ['kɔn -kɔn] *adj* **humide**

'kɔnmana → 'kumana *préfet*

'kɔnmingdhö ['kɔn 'ming dhö] *adv* **collé** *(pâteux comme de la bouillie)*

kɔɔ *SUB de* 'kɔ *maison*

-kɔɔ 1 *n* **calebasse** *f* ♦ -kɔɔ gbang calebasse ♦ -kɔɔ 'në bol

-kɔɔ 2 *n rn* **prix** *m*, **coût** *m* *(du travail)*

'kɔɔdhɛ ['kɔɔ dhö] *LOC de* 'kɔ *maison*

kɔɔdhö [kɔɔ -dhɛ]

kɔɔmɛ [kɔɔ -mɛ] *n* **famille** *f* ♦ yuö -kë kɔɔmɛ servant ♦ kɔɔmɛ -nu *i)* membres d'une famille *ii)* famille

=kɔɔngɔɔn [=kɔɔn -gɔɔn] *n rn* **chef** *m*

=kɔɔnmɛ [=kɔɔn -mɛ] *n rn* 1 pö- =kɔɔnmɛ **chef** *m* **du village** *Syn.* 'sɛdë, dëmɛ, pödëmɛ, dɛɛn, 'gɔ 1, -dhuutii 2 **patron** *m* ♦ 'kwi -pö =kɔɔnmɛ maire ♦ 'sɛ =kɔɔnmɛ président

-kɔtaa [-kɔ -taa] *n rn* **dos** *m* **de la main, revers** *m* **de la main** *Syn.* -kɔdhɛtaa

'ku *n* **igname** *f*

kuënnu [kuën nu], kluënnu [kluën nu] *v* 1 *1)* *vt* **arrêter, retenir** ; -yö n kuënnu 'dɔɔ 'ka zian- il m'a arrêté sur la route pour causer ; -nia bhë -kaa kluënnu =kun, a nu -na retenez l'étranger, j'arrive *(je ne suis pas encore prêt à l'accueillir)* 2) *vi* **être arrêté** 3) *vi, vr* **s'arrêter** 2 *1)* *vt* **calmer qn** *(qui est en colère)* 2) *vi, vr* **se calmer** 3 *vt* **garder** ; -ma 'tia- -kwɛɛ -nu 'wo =nɛ -an kuënnu =kun mes cuvettes qui sont là, il faut les garder

'kumana ['ku 'ma 'na], 'kɔnmana ['kɔn 'ma 'na] *n* 1 **préfet** *m* 2 **sous-préfet** *m* *Syn.* 'gɔ

kun *n rn* **souche** *f*

=kun 1 *adv* **encore**

=kun 2 *mrph* **marque négative dans une proposition prohibitive** ; *cf* kö

'kun *v* 1.1 *vt* **attraper, saisir** ; n -bha 'sɔ =ya 'slɔɔ 'kun mon piège a attrapé l'agouti 1.2 *vt* **prendre, accepter** 1.3 *vt* **enlever** *(de — -gɔ)* 2 *1)* *vt* **mordre** *(à — -bha)* ; gbɛn- bhë -yö n -kun ö 'sɔn 'ka ce chien-là m'a mordu 2) *vr* **se mordre** 3.1 *1)* *vt* **maîtriser** 2) *vr* **être maître de soi** ; -yö ö -de -kun il est maître de lui ♦ -yö ö =zuö' -kun {sia-} -së il se maîtrise bien 3.2 **se méfier** *(de — -bha)* 4 {mɛ} kwi 'kun **avoir le corps chaud** ; 'në bhë -a kwi 'kun -sü 'ka, -ka 'dhɛi -da -a -gɔ cet enfant a le corps chaud, il faut le purger

=kung'- *v vi* **mélanger** *(habits, papiers, affaires)* ♦ -a wöödhɛ =ya =kung'- 'koë -a 'yënng 'ka ses yeux sont brouillés par les larmes

=kuö-, -kuö, -kuöga [-kuö ga] *n rn* **sexe** *m* **masculin, pénis** *m (d'homme, d'animal)*

-kuu *n rn* **bréchet** *m*, **poitrail** *m (d'oiseau) [l'emploi de ce mot envers des humains est considéré comme injurieux]*

küëküë [küë küë] *adv* **à reculons** 'ta küëküë marcher à reculons

Kp kp

kpa *v* **1** *1) vi* **s'appuyer, s'adosser** *(à, contre — -bha)* ♦ -yö -kpa mɛ -bha =duö il s'attache facilement *2) vt* **couvrir** *(de — -ta)* ; -bhö 'sɛ -tö kpa 'too bhë -a -ta =dhɛ 'wun 'blë yaa -püö -a =bhaa =kun il faut couvrir la sauce d'une assiette avant qu'une mouche ne tombe dedans ♦ kpa -ta -sɔ **couverture** *f* **2** *vt* **appliquer qch** *(sur — -bha)* ; dü -mɛ =ya pë kpa ö wö -bha le sorcier a masqué son visage

-kpa **1** *v vt* **1 cuisiner** ; -bhö -bhö 'yië 'dɛ -dɛ -kpa kö 'kwa -dhɛ =kpaɔ 'dhiö kaa il faut préparer un peu de bouillie pour notre petit déjeuner ♦ pë -kpa -a 'gü -kɔ **cuisine** *f (case)* **2** **(faire) bouillir** *(l'eau)*

-kpa **2** *v vi* -kpa 'koë- **cadrer avec qch** ; -a -bha -zotadhe -nu waa -a kë -wun -nu 'waa -kpa 'koë- {do} -sü 'ka ses idées ne cadrent pas avec ses actes

'kpa **1** *adv* **autrefois**

'kpa **2** *n* **cicatrice** *f*

-kpaa *n* ***Tettigoniidae*** **criquet** *m* ♦ -kpaa =gɔng criquet *(la plus grande espèce des criquets)*

'kpaa- *n* **1** ***Mariscus alternifolins*** **herbe** *f (espèce)* **2 gazon** *m (terre couverte d'herbe)* ♦ 'kpaa- zë **racler, enlever les herbes** *(dans la cour)*

=kpaa *v* **1** *1) vt* **gêner, déranger, empêcher** *(de faire qch — 'ka, 'gü)* ; yuö =ya n -kɔ =kpaa nka yi zë gbɔ le travail m'a empêché de m'endormir *2) vi* **s'empêcher, être contraint** ; =kpaa 'a- wo 'yaa 'dhö {'pö} kö 'ma nu 'më 'saadhö j'ai été contraint, sinon, j'allais déjà venir là-bas **2** *vi* **agir en faveur** *(de — 'ka, -wun 'ka)*

=**kpaakpa** [= kpaa -kpa] *v vt* =kpaakpa 'koë- **réunir, assembler, mettre ensemble**

'**kpaakpa** ['kpaa -kpa] *adj* **intelligent, sage**

'**kpaakpadhɛ** ['kpaa -kpa -dhɛ] *n* **1 honnêteté** *f*, **loyauté** *f* **2 sagesse** *f* ; -yö 'kpaakpadhɛ =daan'- -na 'sabla il apprend maintenant (enfin) la sagesse

'**kpaan** *adv* **seulement** ♦ -yö -nu ö -kɔ 'kpaan 'ka il est revenu bredouille

=**kpaandhɛ** [=kpaan -dhɛ] *adj* **principal, préféré** *(travail, lieu)*

=**kpaanzë** [=kpaan -zë] *adj* **aimé, préféré, de prédilection**; sɔ 'yan =kpaanzë couleur préférée

'**kpadhö** ['kpa dhö] *adv* **complètement, totalement**

-**kpakpadhö** [-kpa -kpa dhö] *adv* **durement** *(trembler de maladie, de froid, de peur ; s'associe au verbe =zluu)*

'**kpakpadhö** ['kpa 'kpa dhö] *adv* **parfaitement, justement, clairement** *(voir, entendre, comprendre, connaître)* ; a -dhɛ -yö 'kpakpadhö je vois parfaitement *(j'ai une bonne vue)* ; a--dɔ 'kpakpadhö je le connais parfaitement

kpan *n* **souris** *f (espèce ; petite, rouge rayée, habite dans la brousse, a beaucoup de graisse, comestible)*

'**kpan** *n* **1 escalier** *m* **2 marche** *f* **3 fondation** *f (d'une maison)*

kpanklu [kpan- =klu] *n* **iule** *m*, **mille-pattes** *m*

kpanmɔ [kpan- -mɔ] *n* **Lemniscomus souris** *m (espèce non comestible)*

kpasen [kpa sɛn] *n* **panier** *m (de raphia ; utilisé pour le poisson ou pour les habits)*

=**kpaü-** *adj* **préparé, bouilli** ; 'kɛɛ 'ü- 'dhɔɔ dɔ -na bhë, -a =kpaü- -mü =i, 'iin -a -saa -mü =i ? ces arachides que tu vends, sont-elles préparées, ou fraîches ?

=**kpaɔ'** **1** *n* **brassoir** *m*

=**kpaɔ'** **2** *n* **quelque chose étonnante, quelque chose grave** ; pë 'ö -kë -a 'ka bhë =kpaɔ' 'ö pɛ -a -bha ce qui lui est arrivé est incroyable *(ou terrible)*

=kpaɔzë [=kpaɔ' -zë] *adj* {ne change pas au pluriel} **1 étrange, étonnant, incroyable, extraordinaire** *(parole)* **2.1 très gros, très grand**; =kwɛɛ-'ö ü -gɔ bhë -yö =va =kpaɔzë tes bagages sont trop gros **2.2 grave** ; -a -bha 'wun 'ö mɛ zë -sü 'tɔ 'dhö mü bhë -yö =kpaɔzë son problème, avec le meurtre, est grave

'kpee 1 *n* **arbre** *m* **de forêt** *(totem du canton Blo ; les graines qui se trouvent dans ses fruits sont comestibles ; autrefois il était interdit de les manger)*

'kpee 2 *n* **graine** *f* **de palme non formée**

'kpena ['kpe 'na] *n rn* **mâchoire** *f* **inférieure** ♦ 'kpena =löö menton *m* ♦ 'kpena =sɔɔ' ga espace *m* du condyle à la mâchoire inférieure ♦ 'kpena =sɔɔ' -wü *i)* menton *m ii)* menton *m* fendu *iii)* lèvre *f* inférieure *(d'abeille)* ♦ 'kpena =sɔɔ' -wü =löö menton *m*

'kpeng *n rn* **joue** *f* ♦ 'kpeng =duu' -dhɛ fossette ♦ 'kpeng siɔ ga mâchoire inférieure

kpengdhö [kpeng dhö], kpeingdhö, kpingdhö *adj* **correct, juste, bien fait** Ant. 'luulu, 'zuuzu ; -bhöpë bhë -yö kpengdhö cette nourriture est bien préparée ; 'në bhë -yö kpengdhö cet enfant a un bon comportement ; 'wun bhë -yö kpingdhö c'est vrai ♦ -kë kpengdhö devenir correct, devenir juste *(comportement)*

kpë *n Epomophorus gambianus, Epomops franqueti (familie Emballonuridae)* **chauve-souris** *f (espèce)*

=kpë *n rn* **1 tronc** *m (d'arbre)* **2 longueur** *f (des objets, des animaux ; qui dépasse la norme)* ; =mɛɛ bhë -a =kpë =gbɛng ce serpent est très long *(dépasse la longueur habituelle de cette espèce)*

'kpëdhö ['kpë dhö] *adv* **irréprochable** *(comportement)* ; 'wun -nu 'ö -zɔn ka -dhë bhë, -ka -a kë, =ya kë 'dhö kö 'kaan- kë 'kpëdhö tout ce qu'il vous montre, faites-le pour qu'on ne puisse pas vous reprocher

-kpën *v vi* **1 rencontrer** *(qn — -bha),* **se rencontrer 2 être bloqué, trouver une barrière** Syn. =nëng ; 'Zee- -bha yuö =ya -kpën bhii -a -bha yuö =kaa' -kuɛ =ya =dhɔng le travail de Zéé est bloqué car son matériel de travail est perdu ♦ 'yö -kpën -a -bha =nɛ... il a aperçu quelqu'un...

=kpëng, =kpënng *v* **1** *vt* **1.1** secouer *(habits)*, tamiser *(farine de manioc, maïs)* **1.2** verser *(sur — -ta)*, arroser de *(qch — -ta)* **2** *vr* s'agiter, trembler *(de colère)*

'kpënng *n* **1** corde *f (en liane)* **2** éponge *f (en liane)*

'kpënng- *n* ruse *f*

=kpënng → =kpëng *secouer*

'kpënngzë ['kpënng- -zë] *adj* rusé

=kpëü *n rn* **1** tronc *m (d'arbre)* **2** =glöö =kpëü cadavre *m*

=kpëü' *n* maïs *m*

'kpɛɛdhö ['kpɛɛ dhö] *adv* **1** tous **2** déjà ; =wa 'dho plöö 'kpɛɛdhö 1) ils sont tous partis au village ; 2) ils sont déjà partis au village <u>Syn</u>. 'saadhö

'kpɛɛkpɛ → 'kpɛkpɛ *tous*

kpɛɛn *n* mollusque *m (petit, plat, blanc ; ressemble à un escargot)*

'kpɛi *v s'utilise seulement à l'impératif* ne pas faire, arrêter, quitter ; 'kpɛi ! va-t-en !

'kpɛkpɛ ['kpɛ 'kpɛ], 'kpɛɛkpɛ ['kpɛɛ 'kpɛ] *adj* tous, tout le monde ; 'kpɛkpɛ -kwa 'dho -dhutii -gɔ 'kwɛin -zian kö 'kwaa- -ya 'koë- kë allons tous chez le chef du village pour une réunion

kpɛng *n* rhume *m*

kpɛnngdhö [kpɛnng dhö] 1) *adv* fortement, fixement, solidement *(attacher)* ; -bhö -a -klu kpɛnngdhö kö =kun 'ö dho po attache-le bien pour qu'il ne se défasse pas

kpɛnngdhö [kpɛnng dhö] 2) *adj* raisonnable ; 'wun 'ö- =blɛɛ' -na bhë yaa kpɛnngdhö ce qu'il dit n'est pas logique

-kpɛzë [-kpɛ -zë] *adj* joyeux, content ; =Maa' -yö -kpɛzë bhii -a -bha 'në -bha =klang' -yö 'ta -sü Maa est joyeux car les études de son fils ont marché

=kpɛa', =kpɛa'- *v vi* grandir ; 'nëdhoo -nu -wo -kpɛa =blaa' 'wo =zië' 'në gɔɔn- -nu -ta les jeunes filles grandissent plus vite que les jeunes garçons

'kpɛa *adj* **1** sec ♦ 'kpɛa 'kpɔ *i)* sécher ; -yö 'dhɛ 'kpɛa -kpɔ kö -yaan 'dhɔɔ dɔ elle sèche les feuilles pour les vendre au marché *ii)* fumer *(aliment)* ;

'yuö- bhë -a 'kpɛa 'kpɔ kö 'üën- =tun -a 'too kë -sü -bha il faut fumer ce poisson avant de préparer la sauce ♦ 'kpɛa 'kun se sécher **2 maigre** *(personne)*

'kpɛankpɛandhö → 'kpiankpiandhö *en boitant*

=kpiandhö [=kpian' dhö] *adv* **cassé**

'kpiankpian ['kpian -kpian] *adj* **boiteux, infirme**

'kpiankpiandhö, =kpiankpiandhö, 'kpɛankpɛandhö, =kpɛankpɛandhö ['kpian- 'kpian- dhö, =kpian' =kpian' dhö, 'kpɛan- 'kpɛan- dhö, =kpɛan' =kpɛan' dhö] *adv* **en boitant** *(décrit la démarche d'un boiteux)* ; -yö 'sü -a -gi -yi -bha =nɛ -yö -ta 'kpiankpiandhö depuis qu'il est blessé, il boite

'kpiëkpië ['kpië -kpië] *adj* **sans goût et gluant** *(médicament)*

'kpii- *adj* **1.1 grand 1.2 plus grand, le plus grand 2 gros** *(personne)* **3 adulte**

-kpiin → -kpinng *route*

kpiindhö [kpiin dhö] *adj* **sérieux** ; waa 'dhö 'wun kpiindhö =blɛɛ'-, mɛ -dian 'wo- -kë -kplawo ils ne peuvent pas parler sérieusement, ils blaguent toujours

-kpiing → -kpinng *route*

-kpiinngga [-kpinng ga] → -kpingga *route*

'kpiizë ['kpii- -zë] *adj* **1 le plus âgé 2 le plus grand**

'kpikpi ['kpi -kpi] *adj* **grand, immense** ; 'Nuuva bhë -tɔn do 'kpikpi -mü le mont Nimba est une grande montagne

-kping 1 *n* **lit** *m* **traditionnel** *(élévation de terre servant de lit)*

-kping 2 → -kpinng *rue*

kpingdhö [kping dhö] *adj* **1 (le plus) préféré** *(ami, enfant, nourriture)* **2 personnel, propre**

-kpingga → -kpiingga *route*

-kpinng, -kping, -kpiin, -kpiing *n* **rue** *f*, **route** *f*, **avenue** *f*, **boulevard** *m* ♦ -kpiing -ta sur la route ♦ -kping 'piö dans la rue ♦ -kpinng wang carrefour

-kpingga [-kpiing ga], **-kpingga, -kpiinngga** *n* **route** *f*, **avenue** *f*, **boulevard** *m*

-kpla *n* **chapeau** *m* ; -ka -kpla -ya ka tuö lan- -dhë ! mettez les chapeaux contre le soleil ! *Syn.* =gblaa'

'kpla *n* **tonsure** *f* *(calvitie)*

'kplaakpla ['kplaa -kpla] *adj* **rusé** *(qualité d'un menteur)* ;

-bhö -a kë 'slë 'ka =Göö- gbö bhë -a -gɔ, -yö 'kplaakpla =nɛɛ -dɛmlɔɔdë 'dhö fais attention au fils de Gueu, il est rusé comme le Lièvre

'kplaakpladhɛ ['kplaa -kpla -dhɛ] *n* ruse *f* ; -dɛmlɔɔdë -bha 'kplaakpladhɛ -yö 'gblüngzë la ruse du lièvre est énorme

'kplan *v vt* faire des nœuds, attacher

-kplawo [-kpla wo], **=kplawo** [=kpla wo] *adv* **1** toujours *(habituellement)* **2** souvent **3** toujours *(encore maintenant)*, comme auparavant

-kplaɔ *n* Hemichromus bimaculatus, Hemichromus fasciatus carpe *f*

=kplëë *v* **1** *1) vt* retrousser en pliant, plier *(le bout d'un habit, d'une natte, etc.)* *2) vi* se tordre **2** *vt* faire la lippe, bouder *(à — -bha, 'ka)* ♦ =ya ö -bɛn =kplëë ö dheglu -bha/'ka il a boudé à son frère

'kplën *n* animal *m* aquatique *(espèce, ressemble au lièvre)*

-kplɛ *n* échec au « bu » *(jeu d'enfant)*

-kplɛkplɛ [-kplɛ 'kplɛ] *n Clamator glandarius* coucou-geai *m (espèce d'oiseau ; plumage tacheté ; longue queue étagée bordée de blanc)*

'kplo, 'kploo *n rn* muraille *f (de cour, de maison ; faite de banco, de briques)*, **trace** *f* **élevée** *(de chemin)*

'kplong *adj* **1** 'dhi 'kplong édenté **2** 'kɔ 'kplong inachevé *(maison en construction ; au niveau de la toiture)*

kploo *v vt* cueillir *(feuilles, en laissant les tiges)* ; -ka =bee'- 'dhɛ 'dɛdɛ kploo kö 'kwa- yö sei =bhaa 'dhɛ ! cueillez un peu de feuilles de manioc, nous les mettrons dans la sauce graine

=kploo *v vi* renier *(qch — -wun 'ka)*

'kplö *n* filet *m* de pêche

kplöö-, kplö- *n* igname *f* sauvage *(espèce)*

'kplözuöme ['kplö -zuö -mɛ] *n* pêcheur *m (au filet)*

kplɔ *n* cicatrice *f* en relief

-kplɔngge [-kplɔng -ge] *n Campethera punctuligera, Campethera caillautii, Campethera nivosa, Dendropicos fuscescens, Dendrocopos obsoletus, Mesopicos pyrrhogaster, Meso-*

picos goertae pic *m (espèce d'oiseau)*

'kplɔngkplɔng ['kplɔng -kplɔng] *adj* **long et pas stable, qui se balance** *(maison, personne)*

=kplɔɔ' *n* **épinard** *m*

kplɔɔn, kplɔɔnga [kplɔɔn ga] *n* **cauri** *m*, **cauris**

kpluën *n* **repas** *m* **sans piment**

=kpluu', =kpluu' 'në *n* **panier** *m (dont les vieilles femmes se servent pour garder argent et bijoux)*

=kplüëkplüëkplüëdhö [=kplüë' -kplüë =kplüë' dhö] *adv* **lentement, lentement et en titubant** *(se dit de la démarche d'une tortue)* ; -më 'ö 'ta -na -a 'ka =nɛ =bhaɔ' -ta =kplüëkplüëkplüëdhö =nɛɛ regarde sa démarche, c'est celle d'une tortue

kplüng *n* rn **épaisseur** *f*

kplüngzë [kplüng -zë] *adj* **épais**

-kpo *n* rn **fruit** *m* **vert** *(pas mûr)* ; glɔɔ -kpo -wo =va, -a gbɛ yaa ma les bananes sont pleines *(vertes mais pas mûres)*

'kpo *v vt* **verser** *(l'eau ; sur — -ta)*

'kpodha ['kpo 'dha] *n* **calvitie** *f* ; 'kpodha -ya tuö =duö il a une grande calvitie ♦ 'kpodha -mɛ **chauve** *m*

'kpodhazë ['kpo 'dha -zë] *adj* **chauve**

'kpodhö ['kpo dhö] *adv* **tout juste, bien ajusté** *(pour la taille, les mesures de qch)* ; Kwadhi waa- -Kwɛa -wo -mɔ 'kuë 'kpodhö Kwadhi et Kwîa ont tout juste la même taille

'kpokpodhö ['kpo 'kpo dhö] *adv* **bien ajusté**

-kpolü [-kpo 'lü] *n* **bouteille** *f*

kpong 1 *n* rn **hanche** *f*, **hanches**

kpong 2 *n* rn **porte** *f (en bois)*

-kpong *n* rn **front** *m* ♦ -kpong =sɛɛ' -dhɛ **ride** *f* **du front**

'kpong *n* rn **rive** *f*, **bord** *m*, **berge** *f (de la rivière)*

=kpongdhee [=kpong dhee] *n* 1 **escargot** *m (espèce)* 2 **devinette** *f*

'kpongtaa ['kpong =taa] *n* **monde** *m*

'kpongtaadhɛ ['kpong =taa -dhɛ] *loc.n* 1 **monde** *m* 2 **champ** *m (en jachère)*

kpoo *n* négligence *f (dans le travail)* ; -yö yuö -kë kpoo 'ka il travaille avec négligence

=**kpoo'** *v* **1** *1) vt* **déshabiller** *2) vr* **se déshabiller** ; -bhö ü =kpoo'- kö 'ü ü 'zlu déshabille-toi pour te laver **2** *vt* **démonter** *(appareil, toit ; balai)* Ant. =baa' **3** *vt* **arracher** *(feuilles)*

=**kpoodhɛ** [=kpoo' -dhɛ] *n rn* **hanche** *f* <u>Syn.</u> zügoo, kpong

kpö *n rn* **1** **boule** *f* ; =bee'-kpö 'ö mɛ 'yan -ziö -a 'gü 'ö mɛ kun *prov.* c'est la boule de manioc qu'on sous-estime qui bloque la gorge ♦ kpö ta faire un nœud ; -bhö =bhüö' bhë -a kpö ta -së 'ka, kö =kun 'ö dho po il faut bien faire le nœud de cette corde pour qu'il ne se défasse pas ; -bhö 'wëüga 'ö bhë -a kpö ta ü -bha sɔ 'to 'dhiö 'gü il faut attacher cette somme d'argent dans le bout de ton pagne **2** **morceau 3** **pâte** *f (des légumes, des noix)* ; 'kɛɛ kpö pâte d'arachide ♦ glɔɔ kpö foutou de banane **4** **tas** *m* ; =ya wɔ 'yëng kpö -ta il est couché sur le tas de sable **5** mɛ kpö **groupe** *m*, **foule** *f* ♦ mɛ kpö =va masse de gens ♦ mɛ kpö 'në, mɛ kpö 'në 'bhaa petit nombre de personnes ; mɛ kpö 'në 'dɛdɛ 'wo -kë 'wlaan-bhë -a -ta c'est un petit nombre de personnes qui était à cette cérémonie ♦ dɔ wo kpö 'ka se masser ♦ 'lü kpö massif *m* d'arbres **6** **chose** *f (mot pour compter des objets ronds)*

kpönglöö [kpön glöö] *loc.n* lënng 'gü kpönglöö, lënng 'gü kpönglöö dhö **midi** *m (12h-12h30 ; période la plus chaude de la journée)* ; 'kwa dɔ lënng 'gü kpönglöödhö =sia, -ka nu 'ban =taɔ' quand il sera midi, envoyez à manger aux travailleurs ; dɔ 'kwa- wo lënng kpönglöödhö =nɛ, 'ö mɛ -ya pö 'ö =labang dɔ =a ? en plein jour comme nous sommes, tu dis d'allumer la lampe ?

kpöö *n rn* **1** -gɛn kpöö, -gɛn kpöö -dhɛ **cheville** *f* **2** -kɔ kpöö, -kɔ kpöö -dhɛ **poignet** *m*

'kpöö → **'kpöü** *malédiction*

'kpöökpanggo ['kpöö--kpang -go] *n* **Coleoptera histéridé** *m*, **scarabée** *m (espèce)*

'kpöü, 'kpöö *n* **1** **malédiction** *f* <u>Syn.</u> 'dhangga ♦ **'**kpöü -ya maudire *(qn — 'ka)* **2** **sort** *m* ; =ya 'kpöü -ya -a 'ka 1) il lui a jeté le sort 2) il l'a maudit 'kpɔ *v vt* **1 étaler ;** -bhö sɔ 'kpɔ 'kpaa- -ta bhë il faut étaler les habits sur le gazon là ♦ sɔ 'wo- kpɔ =soo =taa bride ♦ pë -kpɔ 'kuë- mettre ensemble ; -bhö -sakpa -nu 'wo yɔn pian bhë -an 'kpɔ 'kuë- -dhɛ do -bha, kö 'ko -dhɛ -go -dhɛ yö il faut mettre ensemble les chaussures qui se trouvent dehors pour qu'on puisse balayer ♦ yi 'kpɔ fixer une date **2 cultiver ;** -yö =bhlöödhɛ do =va -kpɔ -kwɛ =nɛ -a 'ka il a cultivé un grand champ cette année **3** *vt* **procréer, engendrer, mettre au monde ;** dhebɔ =ya =gungzië -në 'kpɔ la femme a mis au monde un albinos ; wü -nu -wo -kpɔ =blaa' 'wo =zië' mɛ 'bhei- -nu -ta les animaux procréent plus vite que les êtres humains **4 arroser** *(une plante)*

kpɔa [-kpɔ -a 'ka] *v vi* **passer d'un autre côté** *(choisir un autre chemin)*

'kpɔmɛ ['kpɔ -mɛ] *n rn* utilisé surtout dans la forme plurielle **parent** *m (père ou mère)*

kpɔn *n rn* **genou** *m* ♦ kpɔn 'gü ga rotule *f* ♦ kpɔn -yö 'koë- -mɛ homme bancroche (bancal)

kpɔng *n Piliocolobus* **colobe** *m (espèce de singe)* [*les femmes qui n'ont pas d'enfants ne le mangent pas car il ne pousse pas de cris, il est à peu près muet*]

kpɔngɔ [kpɔn -gɔ, kpɔn gɔ] *n rn* **genou** *m*

-kpɔɔ *n* **buisson** *m (herbes et arbustes mêlés de lianes, dans la forêt dense) ;* dhebɔ =bhüö' -kpɔɔ 'sü -na la femme ramasse des herbes de la corde ♦ -kpɔɔ kpö touffe d'herbe

=**kpɔɔ-,** =**kpɔɔ** *n* **hivernage** *m*, **saison** *f* **des pluies** *(juin-octobre)* ♦ =kpɔɔ yië, =kpɔɔ- yië saison pluvieuse, hivernage

-kpɔɔn *adj* **1 adulte, âgé** *(à partir de 40 ans) ;* =ya kë mɛ -kpɔɔn 'ka il est devenu adulte **2 immense, grand ;** 'gü 'gbee- -dhɛ -kpɔɔn 'yi -a -kë =kwɛ 'zü bhë... nous étions très forts dans ces anciens temps-là...

kpu *n rn* **1 cor** *m*, **durillon** *m* **2 bosse** *f* **dans le dos** *(y compris dos voûté)* Syn. klɔɔ **3 bosse** *f*, **loupe** *f*, **protubérance** *f* *(à la tête)* **4 kyste** *m* ♦ kpu -dhɛ articulation *(du doigt ou de l'orteil)* ♦ -kɔkpöödhɛ kpu bosse du poignet

-kpua 1 *n* épinard *m (espèce)*

-kpua 2 *n* commission *f*, lettre *f*, colis *m (paquet destiné à être expédié)*

kpuan *n* dépôt *m (liquide qui reste au fond d'un récipient)*

'kpudhö ['kpu dhö] *adv* **1 avec la racine** *(arracher une plante)* **2** *rare* **sans effort** *(arracher une plante)*

'kpuë *n* rabot *m* ; -wo 'lü -yan 'kpuë 'ka on rabote la planche avec le rabot

'kpukpudhö ['kpu 'kpu dhö] *adv* **1 sans peine, sans effort** *(arracher une plante)* **2 avec la racine** *(arracher une plante)*

kpung *n* rn 'yan kpung **1 poche** *f* **sous les yeux 2 yeux** *mpl* **bouffis**

'kpüdhö ['kpü dhö] *adv* **vite, subitement, rapidement, avec peine** *(prendre)*; =ya =saa 'sü yiö 'kpüdhö il a enlevé la nasse de l'eau subitement (/avec peine)

Kw kw

kwa 1 *pron* **nous** *pronom subjectif inclusif 1ère pers. pl* : *« vous et nous », « vous et moi », « toi et nous » de la série existentielle* ; kwa -dhö dho =Göö- -gɔ =bhlöö- =dɛɛ nous irons travailler chez Gueu aujourd'hui

kwa 2 *pron* **nous** *pronom inclusif 1ère pers. pl. : « vous et nous », « vous et moi », « toi et nous » de la série autonome*

kwa 3 *pron* **nous, notre** *pronom non-subjectif inclusif 1ère pers. pl. : « vous et nous », « vous et moi », « toi et nous »*

kwa- *pron* **nous le, nous la** *forme contractée : pronom subjectif inclusif 1ère pers. pl : « vous et nous », « vous et moi », « toi et nous » de la série existentielle + pronom non-subjectif 3ème pers. sg.*

-kwa *pron* **nous** *pronom subjectif impératif inclusif 1ère pers. pl. : « vous et nous », « vous et moi », « toi et nous »*

'kwa 1 *pron* **nous** *pronom subjectif du parfait, inclusif 1ère pers. pl. : « vous et nous », « vous et moi », « toi et nous »*

'kwa 2 *pron* **nous** *pronom*

subjectif conjoint inclusif 1ère pers. pl. : « vous et nous », « vous et moi », « toi et nous »

'kwa 3 *pron* **nous** *pronom subjectif optatif inclusif 1ère pers. pl. : « vous et nous », « vous et moi », « toi et nous »*

'kwa- *pron* **1 nous le, nous la** *forme contractée : pronom subjectif inclusif 1ère pers. pl. du parfait + pronom non-subjectif 3ème pers. sg.* **2 nous le, nous la** *forme contractée : pronom subjectif inclusif 1ère pers. pl. de la série conjointe + pronom non-subjectif 3ème pers. sg.* **3 nous le, nous la** *forme contractée : pronom subjectif inclusif 1ère pers. pl. de la série optative + pronom non-subjectif 3ème pers. sg.*

kwaa, kwaka *pron* **nous ne** *pronom subjectif inclusif 1ère pers. pl. : « vous et nous », « vous et moi », « toi et nous » de la série perfective négative*

kwaa- 1 *pron* **notre, nos** *pronom inclusif 1ère pers. pl. de la série possessive*

kwaa- 2 *pron* kwaa- ... -nu **nous et...** *pronom coordinatif inclusif 1ère pers. pl.* ; kwaa- -Tië -nu 'pö 'kwa dho yuö bhë 'kwa dhö -a kë =a ? est-ce que c'est avec Tieu, que nous allons faire ce travail ?

=kwaa- *n* rn **main** *f* **gauche, côté** *m* **gauche** ♦ =kwaa- 'gü =zian', =kwaa- 'piö à gauche, du côté gauche

=kwaa'- *v* vr **laisser, lâcher** *(qn — -zü),* **laisser** *(faire qch)* ; -bhö ü =kwaa'- n -zü 'sengdhö, -ya 'a- wo =nɛ -zuö dɔ -dhɛ gbɛ 'yaa n kë -na laisse-moi tranquille, je n'ai pas envie de bavarder; 'yaa ö =kwaa' ö -de -zü 'wun yaa 'yaa nu -a -ta il ne se laisse pas abattre par le malheur

'kwaa *pron* **nous ne** *pronom subjectif inclusif 1ère pers. pl. : « vous et nous », « vous et moi », « toi et nous » de la série imperfective négative*

'kwaa- *n* **vin** *m* **de palme** (raphia)

=kwaan *v* vt **voler, dérober** ; mɛ -ma -tɔgɔn =kwaan =nɛ yaa 'dhö =glɔɔ celui qui a volé mon coq ne va pas faire longue vie ♦ =kwaan -wun vol

'kwaan- *pron* **pour que nous** *pronom subjectif inclusif 1ère pers. pl. : vous et nous", « vous et moi », « toi et nous » de la série à valeur de but / d'antério-*

rité

=kwaangludamɛ [=kwaan -glu -da -mɛ] *n* brigand *m*

=kwaanmɛ [=kwaan -mɛ], =kwanmɛ *n* voleur *m*

=kwaansü [=kwaan -sü] *adj* malhonnête

kwaazë [kwaa- -zë] *adj* gaucher

kwaka [kwa 'ka] → kwaa *pronom de la série perfective négative*

'kwan *n rn* wü 'kwan **carcasse** *f (animal avec les pattes attachées ensemble, tué à la chasse et attaché pour le porter, ou vivant et préparé pour l'abattage)*

kwang-, kwang -nu, kwang kwa -nu *pron* **nous** *(incl.)* **et lui, nous** *(incl.)* **et elle, nous** *(incl.)* **et eux, nous** *(incl.)* **et elles, nous** *(excl.)* **et toi** *pronom coordinatif*

kwee *n* sel *m*

kweezë [kwee -zë] *adj* salé

kweezö [kwee zö] *n* sel *m* ; kweezö -yö 'too -kun -së 'ka a ? est-ce que la sauce est bien salée ? *Syn.* kwee

kwëë- → koë- 2 *pronom de la série possessive*

kwɛ *n rn* coussinet *m* zool. *(de la patte d'un félin)*

-kwɛ, =kwɛng *n* **an** *m*, **année** *m* ; ü -kwɛ =ya kë =dhë ɛ ? quel âge as-tu ? ♦ -kwɛ nu -na =nɛ l'année prochaine ♦ -kwɛ 'ö -ziö =nɛ l'année dernière ♦ =kwɛng 'zü, =kwɛ 'zü auparavant, dans l'ancien temps

kwɛɛ *n rn* **paume** *f Syn.* -kɔkwɛɛ, -kɔkwɛɛdhɛ, -kɔdhɛkwɛɛ

=kwɛɛ- 1, =klwɛɛ-, =kwlɛɛ- *(varie selon la préférence du locuteur)* *n rn* **main** *f* **droite, côté** *m* **droite** ♦ =kwɛɛ- 'gü =zian' à droite ; lan- -yö -luu -tɔn =kwɛɛ- 'gü =zian' le soleil se lève à droite de la montagne

=kwɛɛ- 2 *n* 1 **bagage** *m*, **cargaison** *f* 2 **accessoires** *mpl*, **objets** *mpl* 3 **lot** *m*

'kwɛɛ → 'kwɛi *porte*

=kwɛɛ' 1), =kwɛa *v vi* **maigrir** *(d'une façon anormale ; à cause de la maladie)* ; 'gii- 'ö n -kë bhë, 'a =kwɛɛ 'dhö bhë c'est le palu qui m'a attaqué, qui m'a fait maigrir ainsi ♦ =ya =kwɛɛ'- =duö il a beaucoup maigri ♦ mɛ 'tee =kwɛɛ' -sü petit maigre *(constitution)*

=kwɛɛ' 2), =kwɛa *n*

maigreur *f*

kwɛɛdhɛ [kwɛɛ -dhɛ] *n rn* **paume** *f (d'homme, de singe)* Syn. -kɔkwɛɛ, -kɔkwɛɛdhɛ, -kɔdhɛkwɛɛ

'kwɛɛndhɛ → **'kwɛandhɛ** concession

kwɛɛzë [kwɛɛ- -zë] *adj* droitier

'kwɛi, 'kwɛɛ *n rn* porte *f*

'kwɛnyan ['kwɛn -yan, 'kwɛn 'yan], **'kwɛiyan,** ['kwɛi -yan], **'kwɛiyaan-** ['kwɛi yaan-] *n* porte *f (porte en bambou, non rattachée aux murs, fermée à l'aide d'une corde)*

=**kwɛa** *adv* **1** année *f* dernière, an *m* passé **2** année *f* prochaine

'kwɛa *n* célibataire *m*, jeune homme *m* non marié *(hommes à partir de 18 ans ; adressé aux jeunes — neutre, par les adultes aux hommes âgés — moquerie, manque de respect ; par les enfants aux hommes âgés — injure)* ♦ 'go 'kwɛadhɛ 'gü se marier

'kwɛan- *n* **1** cour *f*, concession *f (habitat d'une famille)* **2** quartier *m*

'kwɛandhɛ ['kwɛan- -dhɛ], **'kwɛɛndhɛ** {LOC 'kwɛandhö} *loc.n* **1** cour *f*, concession *f (ha-bitat d'une famille)* ; -ka = troo' kë 'kwɛandhö, 'ka 'go -kpinng -ta amusez-vous dans la cour, quittez la route **2** quartier *m*

'kwɛandhö ['kwɛan- dhö] LOC de 'kwɛandhɛ concession

kwi *n rn* peau *f* ♦ -a kwi -yö -kun son corps a chauffé

'kwi *n* **1** Blanc *m (européen)* ♦ 'kwi 'puu {-mɛ} Blanc *m*, Européen *m* **2** fonctionnaire *m* ♦ 'kwi =va haut-fonctionnaire *m* ♦ 'kwi pë fonctionnaire *m* ♦ 'kwi tii *badin* fonctionnaire *m*

'kwiamɔ ['kwia- -mɔ], **'kwiëmɔ** ['kwië- -mɔ] *n* cobaye *f*

'kwiëdhoo ['kwië- 'dhoo] *n* goyave *f*

kwiga [kwi ga] *n* fétiche *m*, idole *f*, gris-gris *m* ; -Zlanwo pö -mɛ 'yaa kwiga gba un chrétien n'adore pas les idoles Syn. gbapë

kwigakëmɛ [kwi ga kë -mɛ] *n* **1** féticheur *m* **2** maître *m* des féticheurs, consultant *m* des féticheurs *(celui qui donne des conseils et fabrique les fétiches)* Syn. kwigakɔɔnmɛ

kwigakɔɔnmɛ [kwi ga =kɔɔn -mɛ] *n* **1** maître *m* des

féticheurs, consultant *m* des féticheurs *(celui qui donne des conseils et fabrique les fétiches)* **2** féticheur *m* <u>Syn.</u> kwigakëmɛ

'kwiplöö ['kwi =plöö] *LOC de* 'kwiplöödhɛ *ville*

'kwiplöödhɛ ['kwi =plöö -dhɛ] {LOC 'kwiplöö} *loc.n* ville *f* ; 'kwiplöödhɛ -yö -së 'ö =zië' plöödhɛ -ta la ville est jolie par rapport au village

'kwipöva ['kwi pö- =va] *n* capitale *f*, grande ville *f*

'kwitɔ ['kwi -tɔ] *n* Dendro- cygna viduata canard *m*, dendrocygne *m* veuf ♦ 'kwi -tɔ mu cane *f*

'kwla *n rn* **1** panse *f* anat. **2** gésier *m* (dernière poche de l'estomac des oiseaux, servant à broyer les aliments) ♦ 'kwla 'teezë bonnet anat.

=**kwlaa-** *n rn* tendon *m* *(d'animal)* ♦ =kwlaa- -yö 'sɛidhɛ boulet

=**kwlɛɛ-** → =kwɛɛ- main droite

L l

=**la** *n* **1** diplôme *m*, degré *m* scientifique ou scolaire **2** grade *m*, épaulette *f*, galon *m* *(degré de la hiérarchie militaire)* ; =wa =la -ya 'dhasi gbaandhuö on a donné un grade militaire au soldat *(litt. : on lui a mis le galon sur l'épaule)*

=**laa'** *n Panthera leo* lion *m* ♦ =laa' 'kun =laa' lion

=**labang** [=la 'bang-], =**langbaa** [=lang 'baa-] *n* lampe *f* à pétrole

lagine [la gi ne] *n* Guinée <u>Syn.</u> müngsɛgü

=**lakedhɛ** [=la 'ke 'dhɛ], =**lakele** [=la 'ke 'le] *n* clé *f*

lan-, lang- *n* soleil *m* ; bhlödhɛ bhë -yö lan- -ta le champ est ensoleillé ♦ lan- 'go =zian', lan- 'luu'- =zian', lan-bhɔ =zian', lan- -wo =zian' *i)* lever *m* du soleil ; mëng -nu -wo 'sëü bho -na -wo -dhɛ -ga lan- -wo =zian' quand les musulmans prient, ils regardent vers le lever du soleil *ii)* est *m*, à l'est ♦ lan- -püö =zian', lan- 'dho =zian' coucher *m* de soleil ; -bhö -dhɛ -ga lan- -püö =zian' 'dhɛ, lan- -gbɔ =ya kë 'gblüng -zë =duö, -a -de -nii gbɛ 'yaa waa 'siö -an songdhö zlöö regarde vers le coucher du soleil, le soleil est devenu effroyable, il n'y a pas de différence entre lui et le feu ♦ lan- -yö 'dho -na le soleil se couche ♦ lan- bhɔ perdre du temps, faire passer le temps ; -dho =bhlöö- -dhɛ 'yaa- kë -na, 'ö lan- bhɔ -na bhë c'est parce qu'il ne veut pas aller au champ qu'il laisse le temps passer ♦ lan- 'wü -da saluer qn de l'après-midi ♦ lan- wüe (k, dh) bonsoir ! *(salutation de l'après-midi)* ; gɔɔn- -nu 'ka dɔ -de =nɛ, ka lan- wü e ! vous les hommes qui êtes arrêtés là-bas, je vous dis bonsoir ! ♦ laan- 'wü ü -bha -a ? le soleil a brillé trop sur toi ? *(réponse — =ao')*

-lan *v vi* **gronder** *(chien)*, **rugir** *(lion)*, **siffler** *(serpent, chat)* ; gbɛn- -yö -lan -na le chien est en train de gronder

=**lan** *n rn* **gratin** *m (ce qui se dépose au fonds d'un plat brûlé)* ; -mlü zɔn -mɛ 'kian tɔɔ =lan celui qui pile le riz a en retour le gratin

lang- → lan- *soleil*

=**langbaa** → =labang

lampe à pétrole

lankɔ [lan- 'kɔ] *n* **1 heure** *f* **2 montre** *f*

lantra [lan tra] *n* **ananas** *m* Syn. =dhangtaa

laso [la 'so] *n* **1 ciment** *m* **2 chaux** *f*

laɔn, lɔɔn *n* **poivre** *m (petite baie verte, sèche — brune, à l'odeur forte et à la saveur très pimentée ; beaucoup utilisé dans la pharmacopée traditionnelle)*

lë- 1 *n* **honte** *f* ; lë- -ya -kë il a honte ♦ lë- -kpɔ **honnir, discriminer** *(qn — -ta)*

lë- 2 *n rn* 'yan lë- **1 sourcil** *m (d'homme, d'animal)* **2 ptéryles** *(stries sur la tête d'oiseau)* **3 pupille** *f* **linéaire** *(de serpent)*

'lëëdhɛ ['lëë -dhɛ] *n* **petite parcelle** *f* **allongée** ; -dhɛ 'lëëdhɛ pë 'tee 'ö -kë bhë -a 'sü 'ü ü -bha =bee'- -dhɛ kë mü prends cette petite parcelle qui est là pour en faire ton champ de manioc

-lëëdhö [-lëë dhö] *adv* **doucement** ; -bhö 'dho -a -gɔ -lëëdhö kö 'ü -a 'kun -dhɛ yö va vers lui doucement pour pouvoir l'attraper

'lëëlë ['lëë- lë, 'lëë lë, 'lëë -lë] *adv* **1 lentement** ; 'yuö- bhë -yö

=piö' 'dhiö -bhö -a 'gan 'lëëlë, kö =kun 'ö dha ko -gɔ le poisson est au bout de l'hameçon, tire-le lentement pour qu'il ne nous échappe pas **2 patiemment, gentiment** ; -ka kë 'lëëlë ka 'ko 'piö, kö =kun 'ka 'si bho ka 'ko -nu -gɔ soyez doux les uns envers les autres, ne vous lancez pas d'injures

'lëënzë ['lëën- -zë] *adj* **apitoyant** *(digne de pitié)* ; =dhɛ 'ö- -mɛ -nu -wo =siö- =nɛ, =ya kë 'lëënzë =duö depuis que ses parents sont morts, il est devenu très pitoyable

lëkëndhë [lë- kën -dhë] *n Acacia ataxacantha* **liane** *f* **épineuse**

lëkëndhëga [lë- kën -dhë ga] *n* **cosse** *f* **de liane** *f* **épineuse**

lën-, lën → **lëng** *midi*

-lën *n* **mygale** *f* ; -lën 'yi -yö 'dhiö- =nɛ =mɛɛ 'yi 'dhö le venin de la mygale est aussi douloureux que celui du serpent

lëng, lënng-, lënng, lën-, lën *n* **midi** *m* ♦ lëng -dhɛ =ya ziö après-midi

'lëng- *n* **pitié** *f* ♦ 'lëng- kë avoir pitié

'lëngdhɛ ['lëng- -dhɛ] *n* **pitié** *f* ♦ 'lëngdhɛ kë inspirer la pitié ; aladiama -nu -bha pë 'plɛ tɔɔ 'lëngdhɛ kë -sü les mendiants inspirent la pitié

lënglëng *adv* **toute la journée**

lëngüdhɛ [lën 'gü -dhɛ] *n* **midi** *m*

lënng-, lënng → **lëng** *midi*

lëzë [lë- -zë] *adj* **1 honteux** *(affaire)* **2 honteux, timide** *(caractère)*

'lɛɛlɛ ['lɛɛ -lɛ] *adj* **1 souple, flexible** *(qui peut être plié, courbé facilement ; qui peut fléchir facilement les parties de son corps)* **2 habile, leste** *(qui donne une impression de légèreté)* ; dhoo -nu =plëëzë -bha 'tan -yö 'lɛɛlɛ -dhɛ -kwaa la plupart des femmes dansent lestement **3 léger** *(qui s'adapte facilement aux conditions)*

'lɛlɛ ['lɛ 'lɛ] *n* **heure** *f* ; 'lɛlɛ =ya kë =dhë =ɛ ? quelle heure est-il ?

'lɛnglɛng ['lɛng -lɛng] *adj* **ample, léger** *(habits)*, **clairsemé** *(lieu où il y a peu de brousse, pas assez d'herbes)*

'lɛangɛa ['lɛan 'gɛa-] (wo) *n* **magie** *f*

-lo 1, lo *v* **1.1** *vi* **arriver**

Syn. yö, -wo ♦ -lo ö kpɔn 'gü s'agenouiller **1.2** *vi* **présenter des condoléances** *(à — -bha)* **1.3** *vi* **arriver, commencer** *(temps)* **1.4** *vi* **s'emparer** *(de — -bha)*, **saisir** *(qn — -bha)* ; =wa -lo gɔɔn- bhë -a -bha 'gblaudhö ils ont saisi violemment cet homme **2.1** *vt* **mettre, ranger** ♦ mɛ -wo 'dhiö -lo -mɛ porte-parole *m*, interprète ; mɛ -wo 'dhiö -lo -mɛ 'yaa ö -bha -da -a -ta 'pö -be, -a -dhɛ 'wo- =blɛɛ -a -dhë 'ö 'dhiö -lo mɛ -bha l'interprète ne doit pas normalement ajouter son opinion personnelle à ce qu'on lui dicte, il doit interpréter fidèlement ce qu'on lui a transmis ♦ pë -lo mɛ kwɛɛ remettre qch dans les mains de qn, remettre qch à qn *(des biens appartenant à une personne morte)* ; -dhɛ 'ö- dë -yö =siö- =nɛ, 'ö-dë 'zlaa- -nu -wo -a -bha 'kɛn-pë -da -a kwɛɛ quand son père est décédé, ses oncles lui ont remis son héritage ♦ -lo 'kuë *i)* mettre ensemble *ii)* réconcilier ; -wo -kë 'yi 'to =dhia wo 'kuë 'kɛɛ dɔ 'kwa -a wo =nɛ =wa -lo wo 'kuë- ils ne se parlaient pas mais ils se sont réconciliés maintenant **2.2** *vt* **jeter 2.3** *vt* **verser** *(sur qch — -ta)* *Syn.* yö ♦ -lo pë -bha déborder ; 'yi =ya gbɔ pa =ya -lo -a -bha l'eau a débordé du canari ♦ 'dhi -lo mɛ -ta désapprouver, faire des reproches collectifs, médire ; ka do =nɛ 'ka tɔɔ pëkësëmɛ, ö 'wun =ya kë do 'ka ka 'dhi -lo mɛ -ta =nɛ =a ? êtes-vous les seuls bienfaiteurs qu'à chaque affaire vous blâmez les autres ?

-lo 2 *v vt* **1 raser** ♦ -gɔ -lo -sü tête rasée **2 couper, tailler** *(toutes les branches d'une plante pour favoriser la repousse)*

=**loko** [=lo 'ko-] *n* **alloco** ; =loko =kaa' pë 'ö tɔɔ glɔɔ l'alloco se fait à base de banane plantain

'long *n rn* **ressemblance** *f* **totale** *(entre les membres d'une famille)* ♦ mɛ 'long 'sü ressembler trait pour trait à un membre de la famille ; ö dhe 'long 'ö sü 'wa -tɛidhö elle ressemble tellement à sa mère

loo *v vt* **arracher** *(les feuilles)*

-loo *n rn* **1 vieille peau** *f* **2 écaille** *f* *(de serpent, margouillat, varan, lézard mais pas de croco-*

dile, ni de poisson ou de tortue) ♦ -tɔ -gɛn -bha -loo ; -tɔ -gɛn -a -loo écailles sur les pattes de poule ♦ =mɛɛ -loo écailles du serpent ♦ -loo bho changer de peau *(serpent, lézard, margouillat)*

'lö 1 (LOC. 'löödhö} *n* **mortier** *m (pour piler)*

'lö 2 *n* rn 'sɔn 'lö **carie** *f* **dentaire**

-lö 1 *v vi* **1 voler, s'envoler 2 sauter, bondir ;** =kwaanmɛ bhë -yö -lö böü- 'kploo -zü 'wa -vlüdhö 'ö yö pian =ladio bhë -a 'ka ce voleur a sauté par-dessus le mur d'un coup et s'est enfui avec la radio

-lö 2 *v vt* **1 lier, ligoter, attacher ;** =yaa- -gɛn -nu -lö il lui a lié les pieds ♦ wun -lö tresser *(les cheveux)* ♦ bhüö -lö panser la blessure **2 attraper 3 prendre ;** =wa Gi -bha wɛn -lö -a tii 'ka ils ont pris des grains de palmier à Gui sans que celui-ci s'en rende compte

=**löö 1** *n* **pou** *m* de tête
♦ =löö =dhee pou de tête
♦ =löö -guö lente *f*

=**löö 2** *pp* **1 sous, dessous, en bas 2 à, vers** *(la maison)*

'löö (dh) → 'tëë *odeur*

'löödhö LOC de 'lö mortier
-lösɔ [-lö -sɔ] *n* **1 pantalon** *m* **2 robe** *f*

'löülö ['löü -lö], **'löölö** ['löö -lö] *adj* **transparent, clairsemé** *Syn.* 'bhlöngbhlöng, 'lɛnglɛng

=**lɔng-** *n* **arbre** *m (de forêt ; espèce avec beaucoup d'épines)*

=**lɔnng** *n* **arbre** *m (espèce) ;* =lɔnng tɔɔ 'kɔ =gba bho -lü -së 'ö blöö l'arbre « lɔnng » est l'arbre de la brousse qui est bon pour la charpente

'lɔɔ- *n* **gros canari** *m* **à eau** *(en argile, 50-60 litres de contenance)* *Syn.* 'lɔɔfië

'lɔɔfië ['lɔɔ- =fië'] *n* **gros canari** *m* **à eau** *(en argile, 50-60 litres de contenance)* *Syn.* 'lɔɔ-

'lɔɔn *n* **ver** *m*

lɔɔnga [lɔɔn ga] *n* **fruit** *m (de xylopia aethiopica ; pimenté)*

lɔɔnlü [lɔɔn -lü] *n* ***Xylopia aethiopica*** **arbre** *m (espèce)*

=**lɔɔzë** [=lɔɔ -zë, =lɔɔ- -zë] *adj* **sale, vilain, répugnant**

'luu *n* **1 taon** *m* **2 *Glossina*** **mouche tsé-tsé** *f*

=**luu'-** *v* **1** *1) vt* **lever, soulever** *2) vi* **se lever** *(y compris le soleil)*, **lever** *(semis)* **2** *vt* **ériger, élever, construire ;** =ya böü 'kplo =luu' -klɔng -züto il a construit une margelle autour du puits **3** *vt* **courber qch**

'luukpa ['luu 'kpa] *n* **taon** *m*

'luulu ['luu -lu] *adj* **louche** *(affaire, personne que l'on croit malhonnête ou frauduleuse, qui n'inspire pas confiance, famille, maison)* Syn. 'zuuzu Ant. kpengdhö

'lü *n* **1 arbre** *m (terme générique)* ♦ 'lü zë battre le tambour, jouer du tambour **2 massue** *f* **3** *rn* **mât** *m (de bateau)*

'lüdhɛedhö ['lü =dhɛɛ' dhö] *n* **jardin** *m*

'lügɔkpö ['lü -gɔ kpö] *n* **maillet** *m*, **masse** *f*

'lügungpa ['lü 'gung pa] *n* ***Thelotornis kirtlandii*** **serpent** *m (espèce)*

'lükia ['lü =kia'] *n* **paludisme** *m* ; 'yua 'ö dhoë bhë, -wa -pö 'lükia -mü cette maladie qui l'a tué, on dit que c'est le palu

'lükɔnë ['lü -kɔ 'në] *n* **tige** *f*, **petite branche** *f*

'lükɔɔ ['lü -kɔɔ] *n* **calebasse** *f*

'lükpɛa ['lü 'kpɛa] *n* **1 bois sec 2 à jeun** ; yɛɛn bhë yi -wɔ 'lü 'kpɛa tuö nous avons couché à sec la nuit passée (sans avoir mangé) *lv.*

'lünë [lü 'në] *n* **bâton** *m*, **piquet** *m* ♦ 'lünë pë bâton

'lüüdhö ['lüü dhö] **1** *adv* **1 de bois** *(faire, tailler)* **2 pour abattre le bois** *(aller au champ)*

'lüüdhö ['lüü dhö] **2** *adv* **sans cesse** *(se promener par-ci par-là)* ; -yö =nië' -na 'lüüdhö il se promène continuellement

M m

ma 1 *v vt* **1 entendre** ; a- -ma =nɛ gɔɔn- bhë 'yaa -dhö -gbɔ j'ai entendu dire que cet homme n'est plus **2 comprendre** ; 'wun 'a- =blɛɛ bhë, ka- -ma -a ? est-ce que vous avez compris ce que j'ai dit ? **3** 'wun ma obéir *(à — -ta)*

ma 2 *v vi* **mûrir** Syn. -mɔ 2

ma 3 *pron* **moi** pronom *1ère* pers. sg. de la série autonome

ma 4 *pron* **mon, ma, mes** pronom *1ère* pers. sg. de la série possessive

-ma 1 *v* **1** *1) vt* **battre, frapper** ♦ -gɛn -ma sia- *i)* taper du pied, piétiner *ii)* marquer le pas ♦ -kɔ -ma së -ta taper qch du poing *2) vi* **être battu** ; 'bha 'wun -yö yaan -sü -zë kë ü -dhö -ma ! si tu fais des affaires louches, tu seras frappé ! **2** *vi* **bousculer** *(qn — -bha)* **3.1** *vt* **brasser 3.2** *vt* **pétrir 4** *vi* **avoir mal** ; n -gɔ 'gü -yö -ma -na j'ai mal à la tête

-**ma 2** *n* **oiseau** *m (terme générique)*

-**ma 3** *pron* **leur, leurs** *pronom 3ème pers. pl. de la série possessive*

'**ma 1** *pron* **je** *pronom subjectif du parfait, 1ère pers. sg.*

'**ma 2** → 'më *là*

'**ma-** *pron* **je le, je la** *forme contractée : pronom subjectif du parfait 1ère pers. sg. + pronom non-subjectif 3ème pers. sg.*

maa- *n* **1 balai** *m (de nervures de palmier, pas trop dur ; pour balayer l'intérieur de la maison)* **2 chasse-mouches** *m*

'**maa** *pron* **je ne** *pronom subjectif de la série imperfective négative ;* 'maa -mü =sua 'wo -kë n -gɔ ce n'est pas moi, ils mentent à mon propos

=**maa'-** *v vt* **taper, marteler** ; -mlü bhë, 'ka- pö 'ka- 'kaa yö, -kaa yö =bhɔɔ' 'gü kö 'ka- =maa'- si vous voulez pouvoir décortiquer le riz, il faut le mettre dans un sac afin de le taper

'**Maadhö** ['Maa dhö] *loc.n* **Man**

-**maa kë** *v vt* **surveiller, garder** ♦ -maakëmɛ *rn* **gardien, veilleur, surveillant**

=**maama** [=maa 'ma] *v 1) vt* **donner plusieurs coups** *2) vi* **heurter** *(contre — -bha ; en marchant, se dit de personnes ivres ou malades),* **se faufiler** *(entre — -bha) 3) vr* **se lamenter, faire des caprices** *(en s'agitant) ;* ü ü -de =maama 'waawa, ü 'ka 'dhö ziö n 'piö tu te lamentes pour rien, tu ne m'accompagneras pas

-**makun** [-ma 'kun] *v vt* **1 convenir** *(habits)* ; -ma sɔ =nɛ -yö n -makun mes habits me conviennent **2 mériter, être digne de** ; 'tɔbhɔdhe -yö -Zlan -makun Dieu est digne de louange

'**mangglo** ['mang 'glo], '**manggö** ['mang -gö] *n* **mangue** *f*

-**mawun** → -bhawun *besoin*

maziga [ma zi ga] *n* **cube** *m*

de bouillon Maggi *Syn.* 'sumanaga, 'sisungga

-më *n* quoi ?, quel ? ; ü -pö -më -ɛ ? *gros.* tu dis quoi ? ♦ -më yië =ɛ ? -më yi 'ka ɛ ? yi -më 'ka ɛ ? quand ? ü -dho nu -më yië =ɛ ? quand viendras-tu ? ♦ -më -kë, -më 'ö -kë, -më 'bhle -kë pourquoi ?

'më 1, 'ma *adv* là, là-bas *(plus loin que mü)* ♦ 'më =gbɛɛn au loin ♦ 'më ɛ ? më ɛ ? më ɛn ? 'më poo =e ? où ? d'où ?; ü -dho 'më ɛ ? où vas-tu ?

'më 2 *v* **1.1** *vi* **plonger** *(dans l'eau -- 'yi =bhaa)* **1.2 1)** *vi* **faire naufrage** ; gɔmië =ya 'më 'yi =löö la pirogue a fait naufrage **2)** *vt* **noyer 2.1** *vi* **se dérober aux regards, se retirer** *(soudainement)* **2.2** *vi* **s'infiltrer, pénétrer** *(dans la terre — 'sɛi)* ; 'yi =ya 'më 'sɛi =duö, -dhɛ -ya -dhɛ =ya kë 'pëëpë l'eau s'est infiltrée énormément dans la terre, il est maintenant facile de la labourer **2.3** *vt* **asperger 3 1)** *vt* **appliquer** *(du kaolin sur le corps)* **2)** *vr* **se maquiller 4** *vi* **commencer à faire nuit 5** *vi* **avoir marre** *(de — 'ka)* ; -toseadhe -kë 'sloo 'ka -sü =ya 'më n 'ka =duö j'en ai marre de vivre tout seul

mëëyɔn [mëë -yɔn] *n* **canne** *f* **de bambou**

-**mëmɛpiödhe** [-më mɛ 'piö dhe] *n* **corruption** *f*, **concussion** *f*

mëng → müng *Dioula*
'**mëng** *n* **corossol** *m*

mɛ 1 *n* **1 humain** *m*, **personne** *f* ♦ mɛ do -mü -an 'ka ils sont du même lignage **2 homme** *Syn.* gɔɔn- **3 on, quelqu'un** *(en fonction du pronom indéfini)*

mɛ 2 *n* **1 celui qui** *(nom explétif fonctionnant comme le sommet d'une clause relative)* ♦ -a mɛ -de =nɛ cela ♦ -a mɛ =nɛ ceci **2 chacun**

-**mɛ** *n* **1** *rn* **parent** *m* **2** *rn* surtout utilisé dans la forme plurielle **ancêtre** *m* **3 subordonné** *m*

-**mɛ** *mrph* **-eur** *(suffixe au nom d'agent ou de patient masculin)*

mɛɛ *adv* **où** ; ü -dho mɛɛ ? où vas-tu ?

Mɛɛ- *n* « **Mée** » *(nom d'un clan)*

-**mɛɛ** *n* **lien** *m* **de parenté par alliance** *(dans une famille,* clan, quartier) ; yië- -mɛɛdhɛ -yö -bɔ dhidhɛ -ta c'est un parent par alliance ♦ -mɛɛ kë saluer (qn — 'ka) ; = ya dɔ -së 'a dhö -lo -a 'piö = dhia' kö 'a -mɛɛ kë -a 'ka peut-être j'irai chez lui demain pour le saluer

= mɛɛ *n* serpent *m* (terme générique) ♦ = mɛɛ tii ***Naja melanoleuca, Naja nigricollis*** cobra noir, naja

= mɛɛ'- *v vt* **1 chercher 2 désirer** (qch — 'ka) **2 avoir besoin** (de — 'ka); a- -mɛɛ 'wëü- 'ka j'ai besoin d'argent

-mɛɛzë [-mɛɛ -zë] *adj* **1 lié par la parenté, apparenté** ; mɛ = plëëplëzë -nu -bha wɔ 'gü, mɛ 'wo -mɛɛzë 'waa dhe 'sü wo 'ko 'piö dans la plupart des coutumes ceux qui sont apparentés ne se marient pas entre eux **2 lié par l'alliance**

mɛng → ming *aiguille*

mɛsë [mɛ -së] *n* **1 ami** *m*, **amie** *f*, **chéri** *m*, **chérie** *f* (nom d'intimité entre un garçon et une fille) **2 amant** *m*

mɛtiisɛ [mɛ tii -sɛ] *n* **Afrique**

-mɛa, -mɛaga [-mɛa ga] *n* **graine** *f* **de sésame**

mi *n rn* **originaire** *m*, **citoyen** *m* ; mɛ -nu 'wo bhë Bloo- mi -mü -an 'plɛ 'ka tous ces gens-là sont des originaires de Blossé

'mia (wo) *n* **paresse** *f*

= mië' *n* **louche** *f* **en bois** ♦ = mië' 'gü -dhɛ **cuilleron** *m*

miiga → mingga *aiguille*

= miimi [= mii 'mi] *v* **1)** *vt* **bouger, balancer** (main, pied, tête) ; -bhö ü -gɛn = miimi -sü duan nu kö 'kwa -ya diindhö 'bang- = nɛ -a -ta arrête de remuer ton pied pour qu'on s'asseye tranquillement sur ce banc **2)** *vr* **bouger, se balancer**

miing → ming *aiguille*

miiyɔn [mii -yɔn], müüyɔn [müü -yɔn] *n* **canne** *f* **à sucre**

ming, miing, mɛng *n* **1 aiguille** *f* *Syn.* mingga **2 injection** *f*, **piqûre** *f* ♦ ming 'sü ; ming -zuö **faire une injection** ; -ka 'dho -a 'ka = dhɔngtrɔ = plöö, kö -yö ming 'sü envoyez-le à l'hôpital pour qu'on lui fasse une injection

'ming *n* **coussin** *m*, **support** *m* **de bagage** (sur la tête)

mingga [ming ga], miiga [mii ga] *n* **aiguille** *f* (à coudre, de chirurgie), **seringue** *f* *Syn.* -piöga

minitö [mi ni tö] *n* minute *f*

mla *n* chenille *f (espèce, env. 5 cm long., rouge-noir, mange les escargots ; non comestible)*

=**mlaa** *n* **rapports sexuels**
♦ =mlaa =mɛɛ' courtiser, chercher à avoir des relations sexuelles *(à une femme — 'piö)* ; 'nëdhe 'ü =mlaa =mɛɛ' -na -a 'piö bhë, ü -a =sɔɔn -dɔ -a ? est-ce que tu connais le comportement de celle que tu courtises actuellement ?

=**mlaabɔ** [=mlaa- -bɔ], -**mlaabɔ** [-mlaa -bɔ] *n* **1.1** **ami** *m*, **copain** *m*, **concubin** *m* **1.2** **amant** *m* *(d'une femme mariée)* **2** =mlaabɔ -nu **des jeunes** *(ayant l'âge de chercher une copine)*

=**mlaabɔmɛɛmɛ** [=mlaa -bɔ =mɛɛ'- -mɛ] *n* **1** **femme** *f* **facile 2 prostituée** *f* ; =mlaabɔ =mɛɛmɛ -nu 'wo bhë lë- 'yaa -an kë 'wun -pö gɔɔn- -dhë =dhia les prostituées n'ont pas honte de faire des avances aux hommes

=**mlaagɔɔn** [=mlaa gɔɔn-] *n* garçon *m* en âge de se marier

-**mlë** *adj* lequel ? ; ü -dhe -mlë 'ö ü -kë ɛ ? où as-tu mal ?

=**mlëë** *n rn* **1** **tendon** *m* **2** **muscle** *m* **3** **nerf** *m (de la dent)* = **mlëë** =**yua'** *n* varice *f*

mlëëzë [mlëë -zë] *adj* **1 rusé 2 suspect**; ü 'wun kë -kɔ =plëëzë -wo mlëëzë beaucoup de tes comportements sont suspects

'**mlɛngmlɛng** ['mlɛng -mlɛng], '**mlingmli** ['mling -mli] *adj* **collant** ; -më -ya -ma sɔa- 'mlɛngmlɛng 'ka =nɛ 'yɛa 'dhö e ? qu'y-a-t-il de collant sur mon habit, c'est comme du chewing-gum ?

=**mlii,** =**mling** *n* plante *m (espèce de plante grimpante de brousse, porte des fruits comestibles qui ressemblent aux pommes)*

-**mlɔɔ,** =**mlɔɔ** *n* **1** *Genetta tigrina* **genette** *f* à grandes taches *(longueur sans queue : 40 à 50 cm, pattes courtes, face proportionnellement courte, coloration de base gris brunâtre à jaunâtre pâle ou blanc-chamois avec des taches foncées, généralement grandes et allongées; habitat : brousse, forêts peu denses)* **2 lièvre** *m*

'**mlɔɔmlɔ** ['mlɔɔ -mlɔ] *adj* **1 tout rond** *(fruit, ballon, etc.)* **2.1 déficient, estropié, mal-**

formé *(enfant, né sans bouche, ni doigts et orteils, sans oreilles, etc.)* **2.2 sans doigts et sans orteils ;** =wee =yaa- -kɔ -nu, -a -gɛn -nu 'plɛ kë 'mlɔɔmlɔ la lèpre l'a privé des doigts et des orteils

mluë *n rn* **1** morceau *m (de bois ; 50-100 cm)* **2** moignon *m* ♦ mɛ mluë cul-de-jatte *m (sans jambes, de naissance)* ♦ -gbiö mluë -mɛ, mɛ -gbiö mluë -zë personne dépourvue des deux bras ♦ -kɔ mluë -mɛ personne dépourvue de doigts ou de mains ♦ -gɛn mluë -mɛ personne dépourvue de pieds ou d'orteils

-mlü *n* riz *m* ♦ -mlü 'maa gerbe de riz

-mɔ *v* **1** *vi* **pouvoir** *(qch — -bha)* ♦ -mɔa, -mɔ -a -bha être capable de faire qch ; a -mɔ -a -bha kö yuö bhë 'a -a kë je peux faire ce travail ; -bhö -a -bin -së 'ka, -wo -dhö -mɔa 'wo- =kwaan cache bien cela, on pourrait le voler ♦ -kɔ -mɔa, -kɔ -mɔ -a -bha pouvoir ; n dheglunëgɔɔn -kɔ -yö -mɔ -a -bha kö -yö -guökpö =nɛ -a 'sü 'dhu mon frère peut lever cette pierre **2** *vi* **suffire,** **convenir** *(à — -bha)* ; 'sakpa 'a -a dhɔ =nɛ 'yaa -mɔ n -gian ces chaussures que je viens d'acheter ne vont pas à mes pieds ; =ya -mɔ {n -bha} cela (me) suffit **3** *vi* **compter ;** biö -gbaa -mɔ =känng' do -bha le troupeau comptait une centaine d'éléphants ♦ -mɔ 'kuë égale, également ♦ -mɔ 'koë ranger ; -bhö ü -bha 'wun -mɔ 'koë range tes affaires ♦ zaa- 'pian 'piö -zian 'plɛ -mɔ 'koë la case est carrée ♦ =ya -mɔ ... -bha depuis **4** *vi rare* **mûrir, devenir mûr** *Syn.* ma 2 ♦ -mɔ pë 'gü être prêt ; yi -mɔ -a 'gü kö 'kwaa- 'dho -glu bhë -a 'piö nous sommes prêts à partir pour cette guerre

-mɔ 2 *n* souris *f (terme générique)* ♦ -mɔ 'puu ***Mystromys albicaudatus*** souris (espèce)

mɔa-, =**mua'** *n* corbeau *m*

-mɔa → -mɔ 1 *pouvoir*

'mɔbhli ['mɔ 'bhli], **'mɔbli** *n* voiture *f*

-mɔdhɛ *n* feuille *m (servant d'une assiette)*

'mɔɔ- *n* Coran

'mɔtrë ['mɔ -trë] *n* montre *f*

mu *n rn* femelle *f* ; -bho mu truie *f* ; -du mu vache *f* ; 'sɛ

=ya =sië'- zlöö yö -mü, 'yaa 'dhö pë mu 'yaa pë gɔn =mɛɛ'--be le monde est maintenant à l'envers, sinon, la femelle ne courtiserait pas le mâle

=**mua'** → mɔa- *corbeau*

'**muamua** ['mua -mua] *adj* **veule, mou, lent** *(dans ses décisions)* ; gɔɔn- bhë -yö 'muamua 'waa, =waa- -bha pë =kwaan 'yaa pë gbɛ kë mɛ 'ka *cet homme est vraiment mou, lorsqu'on l'a volé, il n'a rien fait au voleur*

muu *n* **paille** *f (herbes sèches de savane, utilisées pour couvrir la toiture)*

muu- *n* **poussière** *f (sur la route, entassée dans les coins de la maison)*

'**muu** *n rn* **courant** *m (d'eau)*

mü 1 *adv* **là** ; yi -kë mü 'yei 'ka -së 'ka *nous étions là-bas tout joyeux* ♦ ma pödhɛ mü =gbɛɛn *mon village est loin*

mü 2 *v* **1** *vt* **boire 2** *vt* 'yɔn mü **téter 3** *vt* **embrasser, donner des baisers** ; waa wo 'ko yö -a -dhɛ =ya =glɔɔ, pë -kë 'ö 'wo wo 'ko 'kpeng mü -na bhë 'ö bhë *ils ne se sont pas vus depuis très longtemps, c'est pourquoi ils s'embrassent*

-**mü** *mrph* **être** *verbe copulatif des constructions présentative et équative* ; bhi -mü *c'est toi* ♦ ma -mü -a 'ka... *si j'étais lui...*

müng, mëng *n* **Dioula** *m, f* ♦ müng -sɛ 'gü *Guinée*

müüyɔn → miiyɔn *canne à sucre*

N n

n *pron* **me, mon, ma** *pronom non-subjectif*

na *v vi* **tarder** ♦ 'wun -na mɛ -zoë *i)* **se fâcher** ; 'wun -yö -na -a -zuë *il se fâche souvent ii)* **agacer** ; 'në -yö 'wun na -na ö =dhoo -zuë *l'enfant agace son grand frère*

-**na** *mrph* **en train de** *(faire qch)* suffixe verbal du duratif ; exprime les valeurs dynamiques ou d'état

'**na 1** *n rn* **1 grand-mère** *f (grand-mère maternelle ou paternelle ; sœur de la grand-mère ou du grand-père, femme du frère de la grand-mère ou du grand-père)* ♦ 'na =va **arrière-**

grand-mère, arrière-arrière-grand-mère **2 vieille femme** *(forme d'appellation)*

'**na 2** → nka *pronom subjectif 1ère pers. sg. de la série perfective négative*

-**naa 1** *n rn* **1 limite** *f*; 'Yizlöömɛ waa 'Kɔtivoamɛ -an -naa tɔɔ Nuë- ga les libériens et les ivoiriens ont pour limite la rivière Nuë **2 colère** *f* ♦ -naa yö se fâcher, s'irriter *(contre — -bha)* ; -më 'a -kë ü 'ka 'ü ü -naa yö n -bha -ɛ ? qu'est-ce que je t'ai fait pour que tu te fâches contre moi ?

-**naa 2** *mrph* suffixe des nombres ordinaux ; 'gɔɔ- do -naa dixième

=**naa'** *n rn* **grand-mère** *f*, **vieille femme** *f* *(utilisé surtout par les enfants, forme d'appellation)* ; =ya kë =nɛ =naa' -yö bhë -ka -a pö -a -dhë -yö nu, 'në 'gbo bɔ -na si la grand-mère est là, dîtes lui de venir car le bébé pleure

-**naabhɔdhɛ** [-naa bhɔ -dhɛ] *n* **lisière** *f*, **limite** *f*

-**naadhe** [-naa dhe] *n* **colère** *f*, **fureur** *f* ♦ -da -naadhe 'gü bouder ♦ -naadhe kë *i)* manifester de la colère, faire palabre *iv. ii)* décharger sa colère *(sur — -bha)*

-**naakëmɛ** [-naa kë -mɛ] *n* **1 personne** *f* **irascible 2 révolté** *m*

=**naazë** [=naa' -zë] *adj* **1 persévérant** *(au travail)*, **assidu, courageux, laborieux** ; gɔɔnbhë -yö =naazë, =ya 'wun -gɔ -zuö 'ö -fö -yö =tun -lo -sü -bha cet homme est persévérant, il est satisfait lorsqu'il finit ce qu'il avait à faire ; 'në bhë -yö =naazë, yö -dië 'sloo 'ö ke- bhë 'ö- -kë cet enfant est courageux, c'est lui seul qui a fait ce champ **2 latent** *(maladie, talent, amour)*

-**naɔ, -nɔɔ** *n* **message** *m*, **commission** *f*, **colis** *m* ; ü -bha -naɔ -së -yö n -gɔ 'a nuë j'ai un bon message pour toi ♦ -naɔ bɔ envoyer une commission *(à — -gɔ)* ♦ -naɔ dɔ faire la commission ♦ -naɔ dɔ -mɛ messager

=**naɔ** *n arch.* **argent** *m* ; =naɔ -wun =ya kë 'gbee-, mɛ yaa yuö kë, yaa 'dhö pɔɔ- l'argent se fait rare, celui qui ne travaille pas ne mangera non plus ♦ =naɔ 'go *i)* payer une amende ; -Tië -ya -pö -a -bha kafedhe 'wo -güö bhë -wo -dhö =naɔ =va 'vaa -va go, 'kɛɛ yaa-

'kpöü 'kan =kun Tieu a affirmé que ceux qui ont brûlé sa plantation de caféiers vont payer une forte amende dont il n'a pas encore fixé le montant *ii)* dépenser de l'argent (pour qch — 'piö)

=naɔpë [=naɔ -pë] *n* richesse *f*, objet *m* de grande valeur

'në 1 *n* 1 enfant *m* 2 *rn* petit *m (pour les animaux)* ; 'bhla 'në agneau ♦ 'yuö- 'në *i)* alevin *ii)* petit poisson 3 *rn* larve *f (d'insecte)* ♦ 'në 'puu bébé ♦ 'në 'sɛɛn- enfant

'në 2 *mrph* suffixe diminutif

'nësɛɛnnubhablëë ['në 'sɛɛn- -nu -bha -blëë] *n* petite saison *f* sèche *(octobre-novembre ; une saison intermédiaire, quand il pleut moins)*

'nëdhe ['në dhe] {pl. 'nëdhong -nu} *n* fille *f*, fillette *f (de la naissance jusque vers 20 ans, avant d'être mariée)* ♦ 'nëdhe do 'pöë- elle n'est pas encore mariée

'nëdhenë ['në dhe 'në], 'nëdhezë ['në dhe -zë] *n rare* fille *f*, fillette *f (de l'initiation, environ 10 ans, jusqu'au mariage)*

'nëdhɛwun ['në -dhɛ -wun] *n* caprice *m* ♦ 'nëdhɛwun kë faire des caprices

'nëdhong -nu *pluriel de* 'nëdhe *fille*

=nëë 2 → =nëng *chair*

=nëë 1 → =nëng *coller*

'nëgɔɔn ['në gɔɔn-] *n* garçonnet *m (de la naissance jusqu'aux environs de 20-30 ans)*

'nëgɔɔnnë ['në gɔɔn- 'në] *n* 1 petit garçon *m* 2 jeune homme *m*, jeune garçon *m*

'nëgɔɔnzë ['në gɔɔn- -zë] *n* garçon *m*, jeune homme *m (de l'initiation jusqu'à la trentaine)*

=nëng 1, =nëë *v* 1 *1) vt* coller *(ensemble — 'koë-)* ; 'ma n -bha -piösɔɔ -gɛn =nëng j'ai réparé la roue de mon vélo ; 'ma 'sëëdhɛ =nëë 'koë- j'ai collé les feuilles de papier ensemble *2) vi* se coller, être collé *(à, sur — -bha)* **2.1** *vi* coincer ♦ 'wunblë =ya =nëë daɔn 'drong 'gü la mouche est prise dans la toile d'araignée **2.2** *vi* être serré *(l'un contre l'autre)* **2.3** *vi* être collé, être bloqué, être pris ; 'ma =nëng 'wun bhë -a 'gü giagiawo je me suis vraiment fourré dans cette affaire 3 *vr* -de =nëng se blottir *(personnes, animaux, y compris les serpents)*

=nëng 2, =nëë *n rn* chair *f* ; -bhö -du 'kilong do dan n -dhë, 'kɛɛ 'maa -a ga 'piö, -a =nëng =nɛ 'a- 'piö il faut peser un kilogramme de viande pour moi ; je ne veux pas des os mais de la chair

-nëngkuëdhe [-nëng 'kuëdhe] *n* alliance *f,* amitié *f* irrévocable *(y compris confirmée par un pacte de sang)* ; 'kwa dho 'kwa dho -nëng 'kuë- dhe 'ö -an -gɔ bhë -yö -dhö gla 'ko 'sü -sü 'gü tôt ou tard leur amitié se transformera en mariage ; mɛ =plɛ 'wo =nɛ -an -ma -nëngkuëdhe 'ö bhë pë dhoëkan 'kuë- 'ö tɔɔ ga l'alliance qui lie ces deux hommes ne peut se rompre que si la mort les sépare

=nëngzë [=nëng -zë] *adj* charnu *(animal, fruit)*

nɛ *n* blague *f* ◆ mɛ nɛ kɛn blaguer qn, se moquer gentiment

nɛ- *n rn* **1** langue *f (organe ; rarement — parole)* ; -a nɛ- -yö -kë =nɛ =suamɛ nɛ- 'dhö sa parole est comme la parole d'un menteur **2** pied *m (d'escargot)*

=nɛ *dtm* surtout marque de la focalisation ◆ 'ö =nɛ voici

nɛɛ- *n* Eidolon helvum ; Nanonycteris veldkampi *(familie Rhinopomatidae)* chauve-souris *f (espèce)*

-nɛɛ *n* chenille *f (espèce)*

=nɛɛ *n* fétiche *m,* idole *m (couteau emballé dans la peau d'un animal, cousu, gardé dans un panier à vanner ; en sorcellerie : donne une maladie à une personne qui a fait du mal ; il existait un fétiche par village ou même par canton)* ◆ -da =nɛɛ 'gü joindre le groupe qui a un fétiche *=nɛɛ*

=nɛɛ-, =nɛɛ, =nɛɛga [=nɛɛ- ga, =nɛɛ ga] *n* rasoir *m,* lame *f*

nɛɛgɔng [nɛɛ- gɔng] *n* Micropteropus pusillus chauve-souris *f (espèce)*

=nɛɛnɛ [=nɛɛ 'nɛ] *v* **1** *vt* flatter qn ◆ mɛ =nɛɛnɛ -mɛ cajoleur *m* **2** *1) vt* blaguer qn, se moquer gentiment *2) vr* se blaguer l'un l'autre

nɛga [nɛ- ga] *n rn* **1** langue *f (organe)* ◆ nɛga 'sian 'piö -dhɛ *anat.* pilier antérieur ◆ nɛga ziën -dhɛ *anat.* sillon médian **2.1** mâchoire *f (des insectes)* **2.2** labium *m (des insectes)*

♦ nɛga -kloo stylets vulnérants *(du moustique)*

'nɛnɛ ['nɛ 'nɛ] *n* **froid** *m* ; 'nɛnɛ -dhö nu =dhia', nɛnɛ -dhö kë -dhö =dhia' il fera froid demain ♦ 'nɛnɛ bho se dégourdir

'nɛnɛyua ['nɛnɛ 'yua, 'nɛnɛ =yua'] *n* **1 fièvre** *f* **2 maladie** *f* **cardiaque**

'nɛng *adj* **1 rabougri** *(fruit ; tomate, avocat pas bien formé, petit, ayant été arrêté dans sa croissance ; faute d'arrosage suffisant)* ♦ 'nɛng 'kun se rabougrir ; glɔɔ -be bhë =ya 'nɛng 'kun lan- =kua' ce régime de banane s'est rabougri sous l'effet du soleil **2 prématuré** *(enfant)*

-nia *n* **étranger** *m*, **visiteur** *m* ♦ -nia 'kun accueillir, offrir l'hospitalité ; -wo n -nia -kun -së 'ka, -a -de -wo -tɔ -zë n -dhë ils m'ont offert une bonne hospitalité, et d'ailleurs ils ont tué un coq en mon honneur ♦ ö -nia bhɔ s'installer *(chez — 'piö)*

'niaa- *n* **gros poisson** *m (espèce ; jusqu'à 50 kg)*

niania [nia nia] *n* **dartre** *f*

=niaɔnmɛ [=niaɔn -mɛ] *n* **infirme** *m* ; =wee =yua' =nɛ 'ö- -kë =niaɔnmɛ 'ka bhë, yaa kë 'dhö 'dhiö -be c'est la lèpre qui l'a fait infirme, il n'était pas comme cela auparavant

=nië *n rn* **1 gencive** *f*, **gencives 2 glande** *f* **à venin** *(de serpent)*

=nië'-, =nië' *v* **1** *vi* **se promener, se balader 2** *1) vt* **clôturer, entourer, encercler** *2) vi* **se rassembler autour** ; mɛ -nu -wo -nië -a -zü les gens se sont rassemblés autour de lui ♦ =nië 'gü tourner, tourner en rond ; 'ma =nië n 'gü 'kpa dhö 'ma dan 'ma kuën j'ai tourné en rond sans tarder

=niëmɛ [=nië' -mɛ] *n* **1 vagabond** *m* **2 frétillon** *m (personne remuante)* **2 débauché** *m*

=niënië [=nië 'nië, =nië' =nië'] *v* **1** *vi* **se promener, se balader 2** *1) vi* **contourner** *(qch — -zü)* ♦ -më 'pö 'ü =niënië -a -zü bhë =ɛ ? autour de quoi es-tu en train de rôder ? *2) vt* **faire la clôture** *(autour de -- -zü)*

nii *n rn* **1 âme** *f (principe de la vie incorporelle de l'homme)* **2 vie** *f (principe de la vie corporelle de l'homme)* **3 revenant** *m (être immatériel, incorporel)* **4 intellect** *m*, **intelligence** *f*, **raison** *f* **5 caractère** *m* **6 intention** *f*,

volonté *f (attitude générale qui détermine ou oriente l'action)*

-nii *n* **ligne** *f*

=nii *n* **amidon** *m (extrait des racines, tubercules, fruits, graines)*

-niiklang [-nii 'klang] *n* **losange** *m*

'niɔ- *n* **petit hippopotame** *m* <u>Syn.</u> 'yiëbiö

nka [n 'ka], **'na** *pron* **je ne** *pronom subjectif 1ère pers. sg. de la série perfective négative ;* nka 'ku 'dhɔ je n'ai pas acheté d'igname

=n 'n *itj* **non** <u>Syn.</u> =abi

noɛlö [no 'ɛ -lö] *n* **noël** *m*

'nö *adv* **ici** *(à quelque distance de l'interlocuteur)*

nɔ *n* **ver** *m* **de Cayor**

=nɔ *n* *rn* **beau-frère** *m*, **belle-sœur** *f (frère du mari, frère de l'épouse, femme du frère de l'épouse) ;* Kapö =nɔ =ya nu ö 'zlaa- -yɔ -ta le beau-frère de Kapeu est venu pour la dot de sa petite sœur

-nɔnɔ [-nɔ -nɔ] *n* **frisson** *m (plutôt de peur, de nausée, mais aussi d'étonnement, d'admiration) ;* 'wun 'ü -a =blɛɛ' -na bhë -yö -nɔnɔ -da n 'ka ce dont tu parles me donne des frissons

'nɔnɔ ['nɔ 'nɔ] *n* **lait** *m*

-nɔɔ → -naɔ *commission*

=nɔɔnɔ [=nɔɔ 'nɔ] *v vt* **chatouiller**

nu 1 *v* **1.1** *vi* **venir** ♦ nuë- =nɛ [nu -na =nɛ] prochain *(mois, semaine)* **1.2** *vi* **venir au monde, naître ;** -flɛan =plɛ 'wo bhë -a dö -zë 'ö nu -blɛɛzë plöö =e ? de ces jumeaux, quel est celui qui est venu au monde le premier ? **1.3** *vi* **retourner** ♦ nu mɛ tii 'ka surprendre ; dha -bha -nu 'zodhö -sü bhë -yö -nu yi tii 'ka ce brusque retour des pluies nous a surpris **2** *vi* **amener, faire venir, apporter** *(qn, qch — 'ka)* **3** *vi* **envoyer** *lv. (qn — 'ka)* **4** *vi* **aider** *(qn — -dhë)* <u>Syn.</u> -dɛnmɛ **5** *vi* **affronter, venir contre** *(qn — -gɔ) ;* -yö -nu n -gɔ, yaa nu n -dhë il vient m'affronter et non pas pour mon bien **6** *vi* **se lever** *(soleil)*

nu 2 *v vt* **donner** *(à — -dhë) ;* -më 'wo- nu ü -dhë gbaɔ 'ka ɛ ? qu'est-ce qu'on t'a donné comme cadeau ? <u>Syn.</u> gbaa ♦ 'yɔn -nu 'në -dhë allaiter ; n dhe -yö 'yɔn nu -na n 'zlaa- -dhë ma mère allaite mon petit-frère

-nu *mrph* marque du pluriel

=nua *n* **1 esclave** *m (acheté ou ramené de la guerre)* **2 obligé** *m (celui qui travaille pour le compte d'autrui : pour amortir une dette, etc.)*

-nuaa *adv* **lentement** <u>Ant.</u> 'siö-

-nuaanuaa [-nuaa -nuaa] **1** *n* **lenteur** *f*

-nuaanuaa [-nuaa -nuaa] **2**, 'nuaanua ['nuaa -nua], 'nuanua ['nua -nua] *adj* **très lent** <u>Syn.</u> 'klëëklë

-nuaanuaadhö [-nuaa -nuaa dhö] *adv* **lentement** <u>Syn.</u> -nuaanuaa

'nuanuadhɛ ['nua -nua -dhɛ] *n* **lenteur**

=nue : 'bha =nue, 'ka =nue **bonsoir!** *(salutation de l'après-midi)*

'nuëbɔ ['nuë- -bɔ] *n* **amante** *f*, **petite amie** *f (rapports sexuels sous-entendus, pas autorisés au village)* ♦ 'nuëbɔ 'kun **avoir une amante, commettre l'adultère, commettre un acte impudique** *(sens biblique)*

nuɛ *n* ***Procolobus verus*** **colobe** *m* **de Van Beneden** *(espèce de singe)*

nuɛazë [nuɛa -zë], nuɛzë [nuɛ -zë] *adj* **rouge, orange, pourpre, vermeil, cramoisi**

'nuu **1** *n* **hamac** *m* ♦ 'blü =kaa' 'nuu **filet de chasse**

'nuu **2** *n* **sœur** *f* **de famille** *lv.*, **fille** *f* **mariée ailleurs** *(pour sa famille d'origine : parents, frères)* <u>Syn.</u> 'dëë-

O o

o *prt* **particule interrogative générale**

oo *itj* **soit... soit** ; -a -bha 'në -nu -wa -kë -së oo, -wa -kë ya oo, 'töng 'saadhö 'ka -yö -dɔ ö -bha 'në -nu 'piö -kplawo que ses enfants aient un mauvais ou un bon comportement, elle les cautionne toujours ♦ mɛ 'oo mɛ **quiconque, chacun**

Ö ö

ö **1**, yö *pron* **il, elle** pronom subjectif logophorique 3ème pers.

sg. de la série existentielle

ö 2 *pron* **1 se, son, sa, soi** *pronom réfléchi singulier* **2** *élément conjonctif des numéraux composés*

-ö 1 → -yö 1 *pronom subjectif 3ème pers. pl. de la série existentielle*

-ö 2 → 'yö 1 *pronom subjectif 3ème pers. sg. de la série conjointe*

-ö 3 → -ö 2 *pronom subjectif 3ème pers. sg. de la série optative*

'ö 1 *pron* **qui, que** ; yö =nɛ 'ö- pö 'a nu c'est lui qui m'a dit de venir ♦ 'ö tɔɔ c'est..., parce que...

'ö 2 → 'yö 1 *pronom subjectif 3ème pers. sg. de la série conjointe*

'ö- → 'yö- *forme contractée : pronom subjectif de la série conjointe + pronom non-subjectif*

Ɔ ɔ

-ɔ *prt* **sorte de prévention, mise en garde** ; 'waa =kaan' -mɛ -bha -ɔ, 'yaa -së on ne se moque pas des gens, ce n'est pas bien

P p

pa 1 *v* **1** *1) vt* **remplir** *(de — 'ka)* ; -bhö -mlü bhë -a dan -kɔɔ =nɛ -a 'gü ; 'kɛɛ -bhö -a pa kwɛa 'dhu 'ka mesure ce riz dans cette calebasse, mais il faut que tu la remplisses à l'africaine ♦ -zuu tii =yaa- pa, -a kë -wun gbɛ 'yaa 'trëng 'piö gbɔ il est rempli de mauvais esprits, tout son comportement n'est pas bon *2) vi* **être plein, se remplir** ; 'blü -yö -dhi n -bha, -ma -kpasɛn -yö -pa 'yuö- 'ka la pêche a été fructueuse, mon panier est plein de poissons **2** *vi* **sortir du lit** *(fleuve)*

pa 2 *v vt* **1.1 sucer qch 1.2 laper qch 1.3 lécher 2 piquer** *(insectes)*

pa 3 *v vi* **1 faire marcher** *(le moteur de voiture — -bha)* **2** pa ö -dië **bouger, marcher** <u>Syn.</u> 'go piën-, -bho piën-

'pa *v* **1** *vi* **toucher** *(qch, qn — 'ka)* ; dö 'ö pa kpong 'ka =ɛ ? qui a touché à la porte ? **2** *1) vi* **accoster** *2) vt* **faire accoster**

3 *vi* réveiller *(qn — -bha)* ; =ya 'pa n -bha il m'a réveillé **4** choquer

'paa *n* **1** soupière *f* en argile **2** assiette *f*, cuvette *f* *(en bois)*

=**paa'-** *v vt* toucher

paafɛn [paa 'fɛn-] *n* parfum *m* ; ü 'ka paafɛn kë ü -bha =sia ü 'ka -dhö ziö n 'piö kö 'ko 'dho 'dhɔɔkuëdhö si tu ne mets pas du parfum, tu ne m'accompagneras pas au marché

paagɔmɛ [paa- -gɔ -mɛ] *n* richard *m*, riche *m*

'paan *n* conseil *m*, consigne *f*
♦ 'paan bho donner des conseils à qn, conseiller ♦ 'paan bho -wo, 'paan bho dhe instruction ; =dhɛ 'ö 'dhoë- 'ta 'gü =nɛ -më 'paan {bho dhe} 'ö- to ka -gɔ -ɛ ? lorsqu'il est parti en voyage, quelles étaient les instructions qu'il vous a laissées ?

'padhe ['pa 'dhe] *n* panne *f* ; -ma 'mɔbhli =ya -püö 'padhe -ta ma voiture est tombée en panne *Syn.* =sio' -dhe

pang *n* pantalon *m* *Syn.* =gɛinsɔgbɛɛn

'papa ['pa 'pa] *n Hirundo smithii* hirondelle *f* à longs brins *(longues rectrices externes effilées ; calotte marron ; dessous blanc pur) Syn.* 'tata

'papadhö ['pa 'pa dhö] *adv* parfaitement, clairement ; =ya kë =nɛ mɛ =nɛ yö -mü, kö a- -dɔ 'papadhö si c'est lui, je le connais parfaitement

payɛɛn [pa 'yɛɛn-] *n* païen *m*

'paɔ *n* **1** peigne *m* **2** *rn* -ma gban 'paɔ doigts *(d'aile)*

'paɔga ['paɔ ga] *n* dent *f* de peigne **2** -ma gban 'paɔga un doigt d'aile

-pe 1) *n rn* vomissement *m*

-pe 2) *v vi* vomir

pee *n* dermatose *f*, eczéma *m* ; 'në bhë, pee =yaa- bun zë la peau de cet enfant est couvert d'eczéma

-peedë [-pee dë] *num* deux *la forme est moins usitée ; on ne l'utilise pas pour compter, elle n'apparaît pas dans les numéraux 12, 102, etc. Syn.* =plɛ
♦ -peedë -naa deuxième

peenɛ [pee =nɛ] *adv* l'autre jour, la fois passée *(il y a une à trois semaines)*

pene [pe ne], **penega** [pe ne ga] *n rn anat.* clitoris *m*

pë *n* **1.1** chose *f* **1.2** quelque chose *(en fonction du pronom indéfini)* ♦ pë -mü peut-être ; pë -mü -yö -dhö nu = dɛɛ il va peut-être venir aujourd'hui ♦ pë 'oo pë n'importe quoi ; pë 'oo pë 'ü dhö -a pö, a -dhö -a kë quoique tu me dises, je vais le faire **2 médicament** *m* ♦ pë -bi médicament en poudre ♦ pë 'yi médicament liquide ♦ pë 'yi bho préparer un médicament liquide ; -wo pë 'yi -bho 'wo n gbaa 'a- mü ils ont préparé un médicament, ils me l'ont donné et je l'ai bu **3 raison** *f* ♦ -a pë -kë pourquoi ; -a pë -kë 'ü dhoë 'dhɔɔkuëdhö = nɛ bhë = a ? pourquoi l'as-tu envoyé au marché ? **4 génie** *m (celui qui n'est pas un être humain) ;* mɛ 'yaa -mü 'kɛɛ pë -mü ce n'est pas un homme, mais un génie

'pë *n* **crédit** *m* ♦ 'pë bho payer la dette, régler le crédit *(avec — 'ka)* ♦ 'pë nu faire crédit *(à — -dhë)* ♦ ü bha 'pë = ya yën ton crédit est réglé

pëbindhɛ [pë -bin -dhɛ] *n* **endroit** *m* **secret, cache** *f*

pëbhle [pë 'bhle] *restr* **un peu**

pëdhiö [pë 'dhiö-] *n* **1 accident** *m*, **malheur** *m* ; pëdhiö -yö = kaa' 'blü kë = dhia il a eu un malheur de chasse ; pëdhiö -yö = kaa' 'mɔbhli 'gü il a eu un accident de voiture **2 douleur** *f*, **deuil** *m*, **maladie** *f*

'pëë- *adj* **frais**

'pëëpë ['pëë -pë] *adj* **facile**

pëga [pë ga] *n* **1 semence** *f*, **grain** *m* *(terme générique)* **2 comprimé** *m*

pëkaapë [pë = kaa' -pë] *n* **matériel** *m* Syn. yuö = kaa' -pë

-pë kë *v* 1) *vt* **fabriquer, faire, créer, produire, tailler** 2) *vr* {mɛ -de} -pë kë **se préparer ;** -kwa kwa -de -pë kë kö 'kwa dho 'dhɔɔkuëdhö préparons-nous pour aller au marché

pëkpadhɛ [pë -kpa -dhɛ] *n* **cuisine** *f*

pëkpamɛ [pë -kpa -mɛ] *n* **cuisinier** *m*, **-ère** *f*

pëkpö [pë kpö] *n* **1 boule** *f* **2 abcès** *m*, **furoncle** *m* ; pëkpö = ya dɔ n gban -bha j'ai un abcès à la cuisse

pëtee [pë 'tee] *n* **un peu** ; n gbaa 'zang -bi pëtee 'ka donne moi un peu de poudre de tabac

'pɛ *v* 1) *vt* **fendre, percer** Syn. = pɛɛ'- 2) *vi* **fêler**

= pɛɛ'- *v* **1.1** *vt* **fendre**

(bois) Syn. 'pɛ **1.2** *vt* **déchirer, lacérer** ; -më 'pö 'ö pang =pɛɛ bhë =ɛ ? qu'est-ce qui a pu déchirer le pantalon ? **1.3** *vt* **couper** *(en morceaux)* **2** *vi* **gronder** *(tonnerre)* **3** *vi* **crier** *(d'une voix exagérément forte après qn)*, **hurler** *(contre qn)*

=pɛɛsü [=pɛɛ' -sü] *adj* **1 déchiré, fendu 2 sifflant** *(voix)*

pɛn- *n* **arbre** *m* (espèce)

-pɛn **1** *v* **1)** *vt* **éparpiller, disperser, jeter en désordre, semer en éparpillant** ; -bhö -mlü bhë -a -pɛn -së 'ka il faut bien disperser ce riz pour le semer ♦ -wa ga -wun -pɛn on a fait courir le bruit de sa mort **2)** *vi* **se disperser**

-pɛn **2** *n* **1 charançon** *m* **2 perce-bois** *m*

'pɛn *n rn* **morceau** *m* ♦ 'pɛn bho fendre, abîmer ; =Göö--bha 'paa =ya 'pɛn bho l'assiette en bois de Gueu est fendue ♦ 'pɛn 'pɛn 'ka en menus morceaux

pɛnng, pɛnngga [pɛnng ga] *n* **petite graine pas mûre de palmier à l'huile** *(sans huile ; se trouve parmi les graines mûres)*

-pɛnyua [-pɛn =yua'] *n* **épidémie** *f*

=pɛa' *n rn* **chance** *f*, **réussite** *f* ; -a =pɛa' -së bhɔ -sü 'gü il a de la chance au jeu ♦ ü =pɛa' kë -së ! bonne chance !

-pia → -pla *griller*

pian → plaan *dehors*

'pian 1) *n* **1** *rn* **côté** *m* **2 endroit** *m*

'pian 2) *pp* **1 vers** *(direction)* **2 à côté, près de**

-pië *n* **balai** *m* *(pour l'intérieur de la maison)*

piën COM de pin *trace*

-piën *n* **proverbe** *m*, **dicton** *m*

'piënpiën ['piën 'piën] *n* **moustique** *m* *(espèce de petite taille)*

'pii *n* **herbes** *fpl* *(ce qui pousse sur la savane)*

'piigüdhɛ ['pii 'gü -dhɛ] *n* **buisson** *m*

'piigbeedhɛ ['pii 'gbee- -dhɛ] *n* **force** *f* *(physique)*, **puissance** *f*, **pouvoir** *m* Syn. =faan'

-piikɔ [-pii 'kɔ] *n* **boutique** *f*, **magasin** *m*

piindhö [piin dhö] *adv* **longtemps** ; -a -dhɛ =ya kë piindhö kwaa kwa 'ko yö il y a longtemps que nous ne nous sommes pas vus

-piingdhö [-piing dhö] *adv*

fixement ; -më -kë 'ü n -ga -piingdhö 'dhö e ? pourquoi me regardes-tu fixement ?

'piitaa ['pii = taa] *LOC de* 'piitaadhɛ *savane*

'piitaadhɛ ['pii = taa -dhɛ] {LOC 'piitaa} ***loc.n* savane** *f (herbeuse, sans arbres)*

pin {COM piën} ***n* rn 1 trace** *f* ; ma =nɛ 'a bɔ n piën bhë c'est moi qui ai laissé ces traces là ♦ -kɔ pin *i)* empreinte digitale *ii)* écriture **2 marque** *f* ; -a -ma -pin -ya bun 'saadhö 'plɛ -bha elle a des marques de coups sur tout le corps

=pio'- *v vi* **avoir mal** ; -a 'gu =pio' -na elle ressent une douleur dans le bas-ventre

-piö 1) *n* **fer** *m* ♦ -piö bho forger

-piö 2) *v* **1** *vi* **souffler** ; ... 'ö 'tëë -saa -yö -piö -an -bha ... un vent frais soufflait sur eux **2** *vt* **forger** ; -piö bho -mɛ -nu -wo 'gbɛ -piö -na les forgerons sont en train de forger une machette **3** *vt* **vanner 4** *vt* **jouer** *(de la flûte)* ; =Göö 'yaa -bhɔng -piö -dhɛ dɔ Gueu ne sait pas jouer de la flûte

=piö' *n* **hameçon** *m* <u>Syn.</u> =piöga

'piö *pp* **1.1 vers, chez, à** *(localisation)* ; a -nu ü 'piö kö 'ko 'dɔɔ dɔ je suis venu chez toi pour causer ♦ ü 'piö =zian' -mü tant pis pour toi **1.2 à côté, près de 1.3 après** ; n 'zlaa- 'ö yö n 'piö 'dhö mon petit frère qui me suit **2 dans 3 sur 4** 'ko 'piö **ensemble 5 pendant 6** *dans une construction locative, exprime le sens « aimer ; vouloir » ; ce qu'on désire peut être exprimé par une construction verbale optative (l'action qu'on veut faire) ou par une phrase nominale (l'objet voulu)* ; a -a 'piö kö 'ko ko 'ko 'sü je veux que nous nous mariions

-piöga [-piö ga] **1** *n* **aiguille** *f* <u>Syn.</u> ming **2 barre** *f* **de fer** ♦ -piöga 'dhiö fil de fer

=piöga [=piö' ga] *n* **hameçon** *m* <u>Syn.</u> =piö'

-piögbɔ [-piö gbɔ] *n* **marmite** *f (en fer)*, **casserole** *f*

'piöklöözë ['piö =klöö'- -zë] *adv* **tout de suite** ; -bhö nu 'piöklöözë, nka 'dhö -ya ü -gɔ =glɔɔsü viens tout de suite, je ne vais pas t'attendre longtemps

-piöma [-piö -ma] *n* **avion** *m* <u>Syn.</u> 'viɔn-

piöngdhö [piöng dhö] *adv* **à perte de vue** ; 'yoo -dho 'wa piöngdhö, -a 'dhiö 'to -dhɛ 'yaa -dhö la mer s'étend à perte de vue, elle n'a pas de limite

-piösang [-piö 'sang] *n* **cuillère** *f* *(d'aluminium)*

-piösoo [-piö =soo] *n* **vélo** *m*

-piösü [-piö 'sü] *n* **aimant** *m*

'piongpiɔng ['piɔng -piɔng] *adj* **bancal** *(personne qui a les jambes torses)* ; 'nɛ bhë =niaɔ 'ö -a wo, pë -kë 'ö- -gɛn -kë 'piongpiɔng =nɛ 'ö bhë c'est parce que cet enfant est handicapé qu'il a les « pieds tordus »

'piɔnpiɔn ['piɔn -piɔn] *adv* **très** *(blanc)* ; -a -bha sɔ bhë -yö -kë 'puu 'piɔnpiɔn son habit était très blanc

-pla, -pia *v* *vt* **griller, braiser** ♦ -pla glɔɔ banane plantain

-plaadhɛ [-plaa -dhɛ] *n* **premier champ** *m* **de l'année**

plaan, pian *loc.n* **extérieur** *m* ; lë- -ya -kë -yö plaan =dhia il a honte de sortir (de sa maison) ♦ pian =zian' à l'extérieur *(d'une maison)*, sur le beau côté *(d'un habit)* ♦ pian 'puu 'piö -dhɛ air libre, espace vide ; pian 'puu 'piö -dhɛ -yö yi wöödhɛ =kaa' -na l'air nous caresse les visages

=plakai [=pla =kai'] *n* **plakali** *(plat de manioc)*

plan *n* **luminosité** *f*

=plang'- *n* **pépinière** *f* *(terrain où l'on cultive de jeunes végétaux destinés à être repiqués)*

=plëën *n rn* **testicules** *mpl*

'plëëplë ['plëë -plë] *adj* **mou** *(pas ferme au toucher)*, **faible, malléable, plastique** *(d'une personne qui n'a pas de force physique ; surtout d'une femme)*

=plëëplëzë [=plëë 'plë -zë] *adj* **beaucoup, la plupart**

=plëëzë [=plëë'- -zë, =plëë' -zë] *adj* **beaucoup, plusieurs** ; -wo -nu =plëëzë 'wlaan- bhë -a -ta il est venu beaucoup de monde à cette fête <u>Syn.</u> =va, =duö

'plëng *n rn* **aiguillon** *m* *(d'insecte)*

=plɛ 1 *num* **deux** <u>Syn.</u> -peedë

=plɛ 2 *n* **petit raphia** *m* *(palmier pas encore formé : sans branches ou avec les branches souples)*

'plɛ *dtm* **tout, tous** <u>Syn.</u>

'töüdhö

'plɛngplɛng ['plɛng -plɛng] *adj* **très souple, mou** *(terrain qui contient beaucoup d'eau)* ; -taalü 'pö kë 'ö- wo 'gɛngɛn 'yaa kë 'plɛngplɛng la canne n'est pas souple, elle a toujours été dure

=**plɛngzë** [=plɛng' -zë] (wo) *adj* **très chaud**

-**ploo** *n* **entonnoir** *m*

=**ploo'-** *v 1) vi* **contourner, se cacher derrière** *(qch — 'ka)* *2) vt* **poser qch autour** *(de — 'ka)* ; =ya sɔ =ploo'- -a -gɔ 'ö bhuö 'dhö -a -bha bhë -a 'ka elle lui posa un bandage autour de sa tête blessée ♦ -ploo 'koë *i)* **enrouler** *ii)* **s'enchevêtrer** ♦ =ploo'- -ta **tordre** ; -më 'në bhë 'ö- -kë ü 'ka 'ü- -gbiö =ploo -ta -ɛ ? qu'est-ce que cet enfant a pu te faire pour que tu lui tordes ainsi la main ?

plöö *LOC de* plöödhɛ **village**

=**plöö** *pp* **chez** *(dans le village de qn)* ; kö 'ma 'dho n =plöö je pars chez moi

plöödhɛ [plöö -dhɛ] {LOC plöö} *n* **village** *m*

=**plöödhɛ** [=plöö -dhɛ] *n rn* **fond** *m* *(de récipient)*

plöögan [plöö -gan] *n Numida meleagris* **pintade** *f* **commune** *(casque corné ; tête et cou nus ; caroncules rouges)* Syn. bhuugan

'plöönplö ['plöön -plö] *adj* **transparent**

-**plɔ, -plɔɔ** *n arch.* **pièce** *f* **d'argent** *utilisé seulement dans l'expression :* -plɔ 'yaa n -gɔ je n'ai aucun sou

-**plɔga** [-plɔ ga] *n arch.* **pièce** *f* **d'argent**

-**plɔng** *adj* **non comestible** *(fruit)*, **anormal** *(bébé)*

-**plɔɔ** → -plɔ **pièce d'argent**

'plɔɔ *n* **esclave** *m*

'plüng *n rn* **1 bourgeon** *m* **2 germe** *m*, **pousse** *f*, **plantule** *f* **3 aiguillon** *m*, **dard** *m* *(d'insecte)*

'plüplü ['plü -plü] *adj* **en bonne santé** ; -Zlan 'saa- 'gü, mɛ 'plɛ yi 'nö 'plüplü par la grâce de Dieu, nous sommes tous ici en bonne santé

'po *v* **1.1** *vt* **ouvrir** ♦ -po =taa' **être libre** *(libéré de l'esclavage, des dettes, de la maladie)* ; 'ma 'po n =taa' je suis libre / je suis guéri ♦ 'maa 'poü- 'ka je suis malade *(je ne suis pas libre)* **1.2** *vt* **dérouler, déplier** ; -bhö sɔ bhë -a 'po kö 'kwa -a 'yan -ga il faut déplier ce pagne pour voir la qualité de sa couleur **2** *1)* *vt* **allonger** *2)* *vi* **s'allonger, s'étendre** ♦ 'lü -nu =wa 'po zian 'to 'dhiö les arbres bordent la piste **3** *vt* **détacher** *(libérer)* ; -bhö gbɛnbhë -a 'po yaa 'dhö pë gbɛ kë gbɔ il faut détacher ce chien, il ne fera plus rien **4** -dhɛ 'po **faire jour** ♦ -dhɛposü *i)* aube *ii)* jour

'pong *n* *rn* **réputation** *f*, **renommée** *f* ♦ 'tɔ 'pong -piö *lv.* publier le nom ; ü- -pö -më yaa 'a -kë ü 'ka 'gbödhö 'ü n 'tɔ 'pong -piö -na -dhɛ 'saadhö 'gü =nɛɛ ? quel mal t'ai-je fait pour que tu publies mon nom partout (pour que tu me fasses une telle réputation) ?

poo *n* **crapaud** *m*

pookun [poo =kun] **d'abord** ♦ 'dho pookun pars d'abord

-potaasü [-po =taa' -sü] *1)* *n* **1** **liberté** *f* ; -potaasü -ya -gɔ il est libre ; 'ma -potaasü nu kö 'ka 'we 'sabla je vous donne la liberté de parler maintenant **2** **état** *m* **d'être en bonne santé** ; 'yua -yö n -kë, 'kɛɛ -potaasü -yö n -gɔ yië =plɛ =nɛ j'étais malade, mais depuis deux jours je suis en bonne santé ♦ 'yaa -po =taa' =sië' il n'a pas une bonne santé ♦ -potaasü 'ka en liberté, librement

-potaasü [-po =taa' -sü] *2)* *adj* **libre** ; -da plöö -dhɛ -yö -potaasü l'entrée du village est libre

pö *v* *vt* **dire** ; a- -pö 'ü 'go -dhɛ bhë -a -bha je te dis de quitter là *lv.* ; -wa -pö -glu =ya =luu'- 'dhu 'zü 'Yizlöö on dit que la guerre a repris au Libéria ♦ zuö pö remercier qn

pö- *n* **village** *m* *Syn.* pödhɛ ♦ pömɛ villageois

'pö *adv* **aussi** ♦ -de 'pö aussi

pödëmɛ [pö- dë -mɛ] *n* **chef** *m* **du village** ♦ pödëmɛ -nu notables

pödhɛ [pö- -dhɛ] *n* **village** *m* *Syn.* pö-

=pöü' *v* **1** *vi* **éclater** *(pneu, objet gonflé d'air)* ; n -gɔü' =pöü' -na ma tête est en train d'éclater **2** *vi* **germer** *(plante)*

'pɔdhö ['pɔ dhö] *adv* **sur le point de tomber, tout au bord**

'pɔn *v* **1** *1)* *vt* **creuser, déterrer** *2)* *vi* **être creusé** **2** *1)* *vt* **terrasser** qn *2)* *vi* **être terrassé** *(par la lutte)* **3** **percer** *(pour un furoncle)*

pɔɔ- *v vi* **manger** ♦ pɔɔ- -mɛ mangeur

'pɔɔ- *n* **port** *m*

'pɔɔn *n* **toucan** *m*

=puën, -puën *n* **hernie** *f* ♦ =puën =yua' *i)* **éléphantiasis** *m* des organes génitaux externes chez l'homme *ii)* hernie *f*

'puëngpuëng ['puëng -puëng] *adj* 'dhi 'puëngpuëng **édenté**

'puɛ-, 'puɛyua ['puɛ- =yua'] *n* **épilepsie** *f*

'pun *v 1) vt* **activer, souffler** *(le feu)* ; -bhö 'siö 'pun -bhöpë bhë -a -bha -dhɛ -po =dɛɛ pë il faut activer le feu, depuis le matin nous n'avons pas mangé *2) vi* **luire, donner la lumière** ♦ 'siö 'yaa 'pun =duö le feu ne donne pas beaucoup de lumière

'pupu ['pu 'pu] *pluriel de* 'puu blanc

=puu' *n* **gourde** *f (calebasse en forme de bouteille)*

'puu {pl. 'puu -nu, 'pupu -nu, 'pupu} *adj* **1 blanc 2 clair** *(couleur ; par comparaison aux couleurs plus foncées)* **3 non-camouflé** ; a -dho -a 'puu =blɛɛ' -a -dhë je vais lui dire la pure vérité

-püö *v* **1** *vi* **tomber** ; yië- 'mɔbhli -yö -püö, 'kɛɛ pë gbɛ yaa kë n 'ka notre voiture a fait un accident, mais je n'ai rien eu ♦ -püö yië- s'endormir **2** *1) vi* **se tromper** *(de — 'gü)* ; 'ma -püö 'kɔntö bhë -a 'gü kpingdhö je me suis vraiment trompé de compte *2) vt* **tromper** ; ü -kë kö 'üën- n -püö ü -bha 'sɔ 'gü a, dügɔmɛ, 'dho n 'ka =gbɛɛn ! tu voulais m'induire en erreur, Satan, va loin de moi !

'püü *n* **klaxon** *m*

S s

sa *v* **1** *1) vt* **étaler, répandre régulièrement** *(matières sèches)* ; -bhö -kakao =nɛ -a sa -së 'ka kö lan- -yö 'bhü -a -bha il faut bien étaler ces cabosses de cacao pour que le soleil puisse les sécher *2) vi* **s'étaler** *(sur — -bha)* ; böü- =ya sa -a -bha -lö -sɔ -bha sa robe est maculée de boue **2** *vt* **tendre** *(piège, nasse)*

'sa *prt* exprime une injonction ; -bhö dɔ 'sa ! arrête ! attends ! ; kö ko =dhia' 'sa à demain

saa-, =saa'- *n* savon *m*

-saa *adj* **1 froid 2 frais, cru** *(nourriture)* **3 frais** *(vent)* **4 gorgé de sève** *(plante)*

=**saa** *n* **nasse** *f (petite)* <u>Syn.</u> =saadhe

'saa *n* **1 éponge** *f (terme générique)* **2** *rn* **fibre** *f* **3** *rn* **frange** *f*, **fils** *mpl (qui sortent des coutures d'un vêtement)*

=**saadhe** [=saa dhe] *n* **nasse** *f* <u>Syn.</u> =saa

'saadhö ['saa dhö] *adv* **1 toujours 2 tous 3 déjà**

=**saakɔ** [=saa 'kɔ] *n* **maison** *f* **en bambou**

-saan *n* **balai** *m* **de cour** *(pour l'extérieur ; fait de nervures de raphia très dures)* <u>Syn.</u> -saanga

=**saan'** *n* *rn* **1 salaire** *m*
♦ =saan' bho payer un salaire ; =dhɛ 'su ga =nɛ ü -gɔmɛ -nu =wa ü =saan' bho =a ? est-ce qu'à la fin de ce mois tes patrons ont payé ton salaire ? **2 cadeau** *m* ; -yö n =saan' 'tete -bɔ il m'a envoyé un petit cadeau

'saan *n* **chuchotement** *m*
♦ 'saan bho chuchoter

=**saandhe** [=saan' dhe] *n* **amusement** *m*, **plaisanterie** *f* ; =saandhe 'yö- -kë il a fait cela par amusement ; -kë 'ko 'piö -sü pë -së tɔɔ =saandhe ; -siö 'koë dhe 'yaa -së la bonne manière de vivre ensemble, c'est vivre dans la plaisanterie et non dans la mésentente

=**saandhekëmɛ** [=saandhe kë -mɛ] *n* **1 personne** *f* **drôle 2 humoriste** *m*, **comédien** *m*

-saanga *n* **1 balai** *m* **de cour** *(pour l'extérieur ; fait de nervures de raphia très dures)* <u>Syn.</u> -saan **2 branchette** *f* **de balai**

'sabla ['sa- bla] *adv* **maintenant, à ce moment-là**

'sakasakadhö ['sa 'ka 'sa 'ka dhö] *adv* **1 tous 2 déjà** <u>Syn.</u> 'saadhö

-sakpa [-sa 'kpa], =**sakpa** [=sa 'kpa] *n* **chaussures** ; ü -bha =sakpa yuun -bhüö -klü lace tes chaussures

san *v* *vt* **s'écorcher** *(se blesser superficiellement en entamant la peau)* ; -püö 'a- wo yɛan 'ö n kpɔn san bhë c'est parce que je suis tombé hier que mon genou s'est égratigné
♦ san -pin *rn* **égratignure** *f*

(blessure superficielle de la peau)

-san *n* -san zë **haïr** ; -më 'a -kë ü 'ka 'ü n -san zë = gbaɔnsü 'dhö e ? qu'est-ce que je t'ai fait pour que tu m'haïsses autant ?

'san 1 *v vi* **manquer** *(qch — 'ka)* ; -a -bha 'sɛɛga = ya 'san -ma 'ka sa flèche a manqué l'oiseau ; -a -gɛn = ya 'san pë 'ka = ya -püö il a fait un faux pas, il est tombé ♦ böü- 'ö -kë bhë -bhö 'san -a 'ka voilà la boue, il faut passer à côté

'san 2 *v vr* yun 'san **éternuer** ♦ -yun 'san -dhɛ ; -yun 'san -sü **éternuement**

-sandhe [-san -dhe] *n* **bouteille** *f*

'sangodhöödhö ['sango = dhöö 'dhö] *n* **1** *Polemaetus bellicosus* **aigle** *m* **martial** *(poitrine et gorge brunes ; dessous blanc légèrement tacheté de brun)* **2** *Stephanoaetus coronatus* **aigle** *m* **blanchard** *(poitrine et ventre fortement striés ; cuisses tachetées)* **3** *Lophaetus occipitalis* **aigle** *m* **huppard** *(huppe ébouriffée bien visible)*

-sanzëdhe [-san zë dhe] *n* **haine** *f* ; -sanzëdhe = ya -da dhegluzë -nu songdhö kö -pɛ 'dhu = ya -da lorsque la haine s'installe parmi les frères c'est la débandade totale (c'est grave)

saɔ *n* **maladie** *f (considérée comme honteuse : gonococcie, hernie, syphilis ou rétention urinaire)*

'saɔ *n* **1 arc** *m* *(arme)* *Syn.* 'sɛɛ **2 carquois** *m*, **étui** *m* **à flèches**

-saɔn *n* *rn* **coquille** *f (d'escargot)*

'se *n* **parasite** *m* *(espèce ; transmet la bilharziose)*

=see'- *n* **agrumes** *mpl (citron, orange, pamplemousse, mandarine)*

sei, söi, söyi [sö 'yi] *n* **sauce** *f* **graine** *(faite avec les noix pilées du palmier à huile)*

'sengdhö ['sɛng dhö], **'senngdhö** ['sɛnng dhö] *adv* **tranquillement** ; -më -kë 'ü -ya 'sengdhö 'dhö = nɛ mɛ ga bhɔ -a -bha -a 'dhö e ? pourquoi es-tu assis aussi tranquillement que celui qui est en deuil ? ♦ ü = kwaa' n -zü 'sengdhö laisse-moi tranquille

'sengsengdhö ['seng 'seng dhö], **-sensendhö** [-sɛn -sɛn dhö] *adv* tranquillement, doucement ; 'blükëmɛ -yö -na wü -gɔ 'sengsengdhö le chasseur s'approche de l'animal doucement

-së 1) *adj* **1 bon, agréable** ♦ 'yaa n -dhë -së je n'aime pas cela **2 bon** *(au goût)* **3 beau, joli** ♦ 'glu -së gentil, généreux ; -Tië bɔɔ bhë -a 'glu -yö -së la femme de Tieu est généreuse

-së 2) *adv* **bien ;** yuö bhë -yö -kë -së c'est un travail bien fait ♦ -së 'ka bien

-sëdhɛ [-së -dhɛ] *n* **beauté** *f* Syn. dhi

=sëë' *n* **fatigue** *f* ♦ =sëë' bho *i)* **fatiguer** *ii)* **être fatigué ;** 'wun giagia =blɛɛ' -sü -yö -së, n =sëë' =ya bho nka 'dhö n -gɛn kpö yö =bhlöö- =dɛɛ franchement dit, je suis fatigué, je ne mettrai pas mon pied au champ aujourd'hui *iii)* **peiner** qn ♦ =sëë'- bhɔ **souffrir, avoir mal ;** n =sëë'- =ya bhɔ n -gɔ bhë -a -wun 'gü j'ai mal à la tête

=sëë'- *n* **fétiche** *m (morceau de fer émaillotté de tissu, décoré d'un cauri ; employé contre les malfaiteurs)*

'sëë *n* ü 'sëë -mü je te salue *(adressé à une personne)*, ka 'sëë -mü *(adressé à plusieurs personnes)* je vous salue ♦ 'sëë bho **saluer**

'sëë- 1 *n* **miroir** *m* Syn. -dhɛgayan

'sëë- 2 *n* **prière** *f* ♦ 'sëë- bho **prier**

'sëëdhɛ ['sëë 'dhɛ] *n* **1 papier** *m* **2 livre** *m* **3 lettre** *f* ♦ 'sëëdhɛ pö lire ; gɔɔnklöö bhë -yö 'sëëdhɛ pö -dhɛ -dɔ -së 'ka ce vieil homme sait très bien lire ♦ 'sëëdhɛ -ya écrire

'sëëdhɛbe ['sëë -dhɛ -be] *n* **livre** *m*

'sëëdhɛkɔ ['sëë 'dhɛ 'kɔ] *n* **1 enveloppe** *f* **2 librairie** *f*

-sëënë [-sëë 'në] *adj* **joli ;** -tönggbö -yö -ma -nu -bha -ma 'në -së do 'ka le pigeon est l'un des plus beaux oiseaux

-sëëzë [-sëë -zë] *adj* **bon, joli ;** -yö gɔɔn- -kë -wun -sëëzë 'ka, -yö gbaɔ -kë 'fɛɛ -mɛ -nu -dhë c'est un homme très généreux, il fait toujours l'aumône aux pauvres

-sëmɛ [-së -mɛ] *n rn* **amant** *m*, **copain** *m*, **copine** *f*

sënggbë [sëng gbë] *n* **plante** *f (petite ; à feuilles longues et pointues ; se trouve près de* *l'eau ; les feuilles servent dans la pharmacopée traditionnelle)*

'sëngsë ['sëng -së] *n* **1** *Protoxerus aubinnii* **écureuil** *m* **d'Aubinn** *(espèce non comestible ; selon les croyances pourrait provoquer des crises d'épilepsie)* **2** *Funisciurus lemniscatus* **écureuil** *m* **à quatre raies** *(non comestible, mais certains le consomme ; selon les croyances pourrait provoquer l'épilepsie et l'impuissance chez l'homme)*

sënng *n* rn **fibre** *f (de palmier)*

'sënng, 'sëng *n* **or** *m* ♦ 'sënng -dan -a 'gü -pë balance pour peser l'or ♦ 'sëng dɔ prêter *(à — -bha)*

'sënsëndhö ['sën 'sën dhö] (bl, dh) *adv* **densément** *(de la pluie)*

'sɛ {LOC sia-, sɛa-, 'sɛi, 'sɛidhö} *loc.n* **1 terre** *f*, **sol** *m* ; =pike bhë ü- -gban 'sɛi -së 'ka a ? est-ce que tu as bien enfoncé le piquet dans la terre ? ; sɔ 'ö -püö sia- bhë, -a 'sü 'ü- -da laan- prends le vêtement tombé par terre et mets-le au soleil **2** rn **pays** *m*, **canton** *m*, **région** *f* ; -bhö ka -gɔ 'sɛ 'gü -wun =blɛɛ' yi -dhë ! raconte-nous de ton pays !

'sedë ['sɛ dë] *n* **1 chef** *m* **de canton 2 chef** *m* **du village** <u>Syn.</u> -dhuutii, =kɔɔnmɛ, dëmɛ, pödëmɛ, dɛɛn, 'gɔ 1 **3 président** *m*

-sɛɛ *n* **ver** *m (long, noir)*

=sɛɛ- *n* **remerciement** *m*, **merci** <u>Syn.</u> zuö ♦ ü =sɛɛ- *(adressé à une personne)* ; ka =sɛɛ- *(adressé à plusieurs personnes)* merci ♦ ka =sɛɛ- mü *(salutation aux travailleurs)* ♦ =sɛɛ- bho **rémunérer, remercier** *(par la parole, l'argent ou un cadeau)* ; 'ö -gludë -yö nu yuökëmɛ -nu =sɛɛ- bho =dhia et le roi vint pour rémunérer les travailleurs ; -dhɛ 'ö -bhöpë nu ü -dhë bhë ü -a =sɛɛ- -bho -a ? est-ce que tu l'as remercié quand il t'a donné à manger ?

=sɛɛ' 1, =sɛɛ'- *n* **natte** *f* ♦ =sɛɛ' bɔ tresser les nattes

=sɛɛ' 2 *v* **1** *1) vt* **faire des traces, entailler** ; -bhö -a =sɛɛ'- =klööklöö' ! fais les traces à petite distance ; -yö -de =bhüö' =sɛɛ' -na il saigne la liane du caoutchouc *(il entaille le tronc de l'hévéa) 2) vi* **se fendiller, se fêler, se lézarder 2 trier** *(vanner le riz ou le mil)*

'sɛɛ *n* **1** arc *m (arme)* Syn. 'saɔ ♦ =ya ö -bha 'sɛɛ dɔ -kpaɔ -ta il a tendu la corde de son arc **2 flèche** *f*

-sɛɛbɔ [-sɛɛ -bɔ] *adj* Int. pluriel de -së *bon*

=sɛɛdhɛ [=sɛɛ' -dhɛ] *n rn* **1 ligne** *f* ; -kɔ =sɛɛdhɛ lignes de la main **2 nervure** *f (de feuille, de l'aile d'insecte)*

'sɛɛga ['sɛɛ ga] *n* **flèche** *f*
♦ 'sɛɛga -da -a 'gü -pë **carquois** *m*

'sɛɛlü ['sɛɛ 'lü] *n* **flèche** *f*

=sɛɛn- *n* **ceinture** *f (que portent les lutteurs)*

'sɛɛn- **1** {pl. 'sɛnsɛn -nu, 'sɛɛn- -nu} *adj* **petit**

'sɛɛn- **2** *n* 'sɛɛn- bho **pratiquer l'hygiène**

'sɛgɔ ['sɛ -gɔ] *n* **région** *f*, **pays** *m*, **province** *f*

'sɛgümɛ ['sɛ 'gü -mɛ] *n rn* **habitant** *m* d'un pays

'sɛi, 'sɛidhö ['sɛi dhö] LOC de 'sɛ *terre*

'sɛimɛɛ ['sɛi -mɛɛ] *n* **Calamelaps unicolor serpent** *m (espèce)*

'sɛipëngdhɛ ['sɛi =pëng -dhɛ] *n* « **ligne** *f* **de la tête** » *(ligne horizontale de la paume ; au-dessous de la « ligne du cœur »)*

'sɛisië ['sɛi sië] *num* **neuf**

'sɛkɛ ['sɛ 'kɛ] *n* **levure** *f* ; 'sɛkɛ =nɛ 'ö =ga 'to- 'yi =bhɛɛ c'est la levure qui fait monter la pâte du gâteau

'sɛkɔ ['sɛ 'kɔ] *n* **butte** *f (petite masse de terre au pied d'une plante)*

=sɛn *n* **panier** *m* **de pêche** *(de femme, pour déposer les poissons)*

'sɛn *n rn* **côte** *f* anat.

'sɛnsɛn -nu ['sɛn 'sɛn] pluriel de 'sɛɛn- *petit*

'sɛnɛ ['sɛ 'nɛ] *n* ü 'sɛnɛ *(adressé à une personne)*, ka 'sɛnɛ *(adressé à plusieurs personnes)* **bonne arrivée** lv., **soyez les bienvenus** *(réponse* — n -bhaa / -maa*)*

sɛnng *n* **banane** *m* **plantain** *(espèce)*

-sɛnsɛndhö → 'sɛngsɛngdhö *doucement*

'sɛntadhɛ ['sɛn -ta -dhɛ] *n rn* **côte** *f* anat.

'sɛpian ['sɛ 'pian] *n* **région** *f*

'sɛpɔndhɛ ['sɛ 'pɔn -dhɛ] *n rn* **trou** *m (creusé pas profond)* ; gbɛn- {-bha} 'sɛpɔndhɛ trou creusé par un chien

-sɛsiömɛ [-sɛ -siö -mɛ] *n* **rapporteur** *m (personne qui,* *par indiscrétion ou par malice, répète des choses vues ou entendues alors qu'il conviendrait de se taire)*

'sɛtɔn ['sɛ -tɔn] *n* colline *f* Syn. goo

sɛa- *LOC de* 'sɛ *terre*

sɛabɛn [sɛa- -bɛn] *n rn* mandibule *f (d'insecte)*

sɛazian [sɛa- -zian] *n rn* bas *m*, pan *m (de vêtement)*

'si 1 *n rn* 1 estomac *m* 2 gésier *m*, estomac *m* masticateur *(d'oiseau)* Syn. 'klɔa

'si 2 *n* injure *f* Syn. =dɔɔn ♦ 'si bho lancer des injures, injurier, insulter *(qn — -gɔ)* ; =dhɛ 'ö 'si bho n -gɔ 'a- -ma c'est quand il m'a injurié que je l'ai frappé

sia- 1 *n rn* lie *f*, dépôt *m*

sia- 2 *LOC de* 'sɛ *terre*

=sia, =sɛa *adv* 1 tout à l'heure, ensuite ; 'bha pë -bhö =sia, 'ü dho mange d'abord, tu partiras ensuite 2 après ; =ya kë =sia -bhö nu viens après

sian- *n* 1 charbon *m* de bois 2 *rn* suie *f*

'sian 1 *n* piquant *m* du porc-épic

'sian 2 *n* côté *m* ♦ 'sian 'piö à côté, près de ♦ wö 'sian 'piö ; -gɔ 'sian 'piö profil, trois-quarts

sië- *n* 1 griot *m* 2 hérault *m*, intermédiaire *m*

=sië' *v 1) vt* tourner ♦ =sië' 'ö -zü tourner sur l'autre côté ; glɔɔ 'ü- -da siö bhë -a =sië'- 'ö -zü =dhɛ yaa 'güö =kun retourne la banane qui est sur le feu pour qu'elle ne brûle pas *2) vi* se tourner ; -bhö =sië'- ü -zü 'ü -dhɛ -ga ! retourne-toi et regarde !

siën- *adj* incendié, brûlé *(espace brûlé, incendié, pour en faire un champ, pour préparer des cultures)*

sii *n* graine *f (de palmier)*

=siisi [=sii 'si] *v 1) vt* frotter qch *2) vr* se frotter

=sio' *n* =sio' -piö siffler

sioo (dh) *v vi* injurier *(qn — -gɔ)*

-siö 1 *n rn* amulette *f*, remède *m* ; =mɛɛ -siö remède contre la morsure de serpent ; bu -siö amulette contre les coups de feu ; 'yua -siö amulette contre la maladie

-siö 2.1) *n* gourmandise *f* ; -a -bha -siö =va il est trop gourmand ♦ -siö -mɛ gourmand *m*

-siö 2.2) *v vi* **manger trop ;** =ya -siö il s'est gorgé *Iv.*

'siö *n* **1 feu** *m* ♦ 'gii- =ya 'siö ziö -a kwi 'gü il est brûlant de fièvre ♦ lan- 'siö **chaleur** ♦ 'siö da **allumer le feu** ♦ 'siö dɔ *i)* allumer le feu *ii)* 'siö -dɔ mɛ -ta, 'siö -dɔ mɛ 'ka avoir chaud, souffrir de la chaleur ; 'siö -yö dɔ -na n -ta =duö, -ka 'yi -saa -kɔɔ 'gü do nu n -dhë 'aa- mü j'ai vraiment chaud, donnez-moi un verre d'eau glacée à boire ♦ 'siö dɔ -sü **chaleur** ; =dɛɛ =nɛ bhë, 'siö dɔ -sü 'gü =duö aujoud'hui il fait très chaud ♦ 'siö =ya 'pun le feu est allumé ♦ 'siö 'kan *i)* **couper la lumière** *ii)* **effrayer** *(qn — 'glu)* ♦ 'siö -yö -kan n 'gluu je m'étais effrayé *(litt. : le feu brûla mon intérieur)* ♦ 'siö -kan 'glu **effroi** *m* ♦ 'siö kpa *i)* **brusquer** *(qn — -ta) ii)* **être pressé** ; -më 'ö -a 'siö kpa ü -ta poo, 'ö 'ya 'siözë 'dhö ü 'güö -na bhë =ɛ ? qu'est-ce qui te presse tant pour que tu te brûles avec le riz chaud ? ♦ 'siö 'yi **pétrole** ♦ 'siö kun =zong'- **faire les funérailles 2** 'mɔbhli 'siö **phare** *m (de voiture)*

'siö- 1), 'siöö- *adj* **1 chaud**, **bouillant** ♦ -a =zuö' -yö 'siö- il est bouillant d'impatience **2 vite 3 zélé**

'siö- 2) *adv* **vite, rapidement** Ant. -nuaa

=siö'-, =siö' *v* **1** *1)* vt **gâter, abîmer** *2)* vi **se gâter 2** vi **échouer, ne pas réussir**

'siöbhöü ['siö =bhöü-] *n Bitis nasicornis* **vipère** *f (espèce)*

'siödhö ['siö- dhö] *loc.n* **au campement**

-siöga [-siö ga] *n* **bouton** *m (sur la peau),* **bourgeon** *m*

'siökɔ ['siö 'kɔ] *n* **1 allumettes, allumette** *f* ♦ 'siökɔ bho **allumer une allumette 2 boîte** *f* **d'allumettes**

'siökɔga ['siö 'kɔ ga] *n* **allumette** *f*

'siöözë → 'siözë *très chaud*

'siösiö ['siö siö, 'siö- siö] *adv* **1 vite, rapidement** ; -a kë 'siösiö, 'bin 'më -na fais « vite vite », il fait nuit ♦ -a 'bhɔë- 'yaa dhö 'gian, bhii 'yaa bhɔ 'siösiö il a une barbe rare, elle ne pousse pas vite **2 activement 3 fréquemment**

'siösiözë ['siö 'siö -zë] *adj* **très chaud**

-siösü [-siö -sü] *adj* **gourmand** ; -yö -siösü =duö il est trop gourmand

'siötëë ['siö 'tëë] *n rn* **fumée** *f* <u>Syn.</u> 'siɔn

-siözë [-siö -zë] *adj* **gourmand**

'siözë ['siö- -zë], **'siöözë** ['siöö -zë] *adj* **très chaud**

'siɔn *n* **fumée** *f* ; 'siɔn = ya 'dho n 'yënng la fumée brûle les yeux <u>Syn.</u> 'siötëë

'sisungga ['si 'sung ga] *n* **cube** *m* **de bouillon Maggi** <u>Syn.</u> maziga, 'sumanaga

sla- *n* **sacrifice** *m*, **libation** *f (terme générique)* ♦ sla- bho faire le sacrifice, offrir des libations *(à — 'dhiö)* ; sla- bho -dhɛ bhë -dhɛ 'slööslö -dhɛ -mü l'autel est un lieu saint ♦ sla- -dɔ mɛ -ta être populaire, être célèbre

-sla, -slë *n* **noix** *f (espèce)*

=slaa'- (wo) *n* **folie** *f*

slaan *n* **noix** *f (sert à faire la « sauce longue »)*

=slaangslaa [=slaang 'slaa], **=slangslaa** [=slang 'slaa] *n* **sergent** *m*

'slado ['sla do] *num* **six**

-slan *n* **1** *Psittacus erithacus* **jacko** *m (perroquet ; plumage gris, queue rouge)* **2** *Poicephalus robustus* **perroquet** *m* **robuste** *(énorme bec ; poignet de l'aile rouge)* **3** *Psittacula krameri* **perruche** *f* **à collier** *(longue queue étagée ; bec rougeâtre)* **4** *Agapornis pullaria* **inséparable** *m* **à tête rouge** *(mâle : calotte et gorge rouges ; femelle : calotte et gorge jaunes)*

'slaplɛ ['sla- =plɛ] *num* **sept**

slë *n* **petit oiseau** *m (espèce)*

-slë → -sla *noix*

'slë {COM 'slëa} *n* **circonspection** *f*, **attention** *f*, **prudence** *f* ; -a kë 'slëa ü 'dhoë- -püö attention, tu vas tomber ; -kwa yuö kë 'slë 'ka -kplawo travaillons toujours avec circonspection ; 'ka dɔ ka -de 'slë 'ka ! faites attention ! soyez prêts !

'slëa COM de 'slë *prudence*

-slëë *n* **oiseau-mouche** *m*

=slëë'- (wo) *v vi* **se retourner** *(autour — -zü)*

-slëëdhö [-slëë dhö] *adv* **secrètement** ; -bhö -a kë -slëëdhö, kö =kun 'ö mɛ gbɛ dhö -a 'wun dɔ fais-le en secret pour que personne ne le sache

'slëëdhö ['slëë dhö], **'slëüdhö** ['slëü dhö] *loc.n* **dans le grenier**

'slëënslën ['slëën -slën] *adj* **sucré**

-slëëslëdhö [-slëë -slë dhö] *adv* secrètement, en cachette

'slɛaga ['slɛa ga] *num* huit

'sloo *adj* seul ; ma -de 'sloo 'a dhö to zö je vais rester ici tout seul ♦ -dië 'sloo seulement

=sloo'- *v vi* rater la cible (avec une flèche)

'sloodhö ['sloo dhö] *adv* **abondamment** *(pour un liquide)* ; dha =ya ban n -bha 'sloodhö la pluie tomba sur moi abondamment

-slö *n* noix *f (espèce)*

'slö *n* machination *f*, intrigue *f*

-slöö *n* roitelet *m (espèce d'oiseau)*

=slöö' *n rn* honneur *m (pour qn)* ♦ mɛ =slöö' zë bafouer qn, humilier qn

slöödhö [slöö dhö] *adv* d'une voix perçante *(crier, pleurer)*, d'une manière perçante *(avoir une dorsalgie de fatigue)*

'slööslö ['slöö -slö] *adj* 1 limpide, purifié 2 saint

=slöözëmɛ [=slöö' zë -mɛ] *n* misanthrope *m (celui qui méprise les gens)*

'slɔaslɔa ['slɔa -slɔa] *adj* faible *(sans force ni énergie)*

'slɔng 1 *n Hirundo rustica, Hirundo smithii, Hirundo nigrita, Psalidoprocne obscura, Hirundo abyssinica, Hirundo senegalensis, Hirundo leucosoma* hirondelle *f*

'slɔng 2 *n* antilope *f (espèce)*

=slɔɔ *v* **1.1** *vt* **posséder** ; =dɛɛ nka 'töng =slɔɔ kö 'aanpɔɔ- aujourd'hui je n'ai pas eu le temps de manger **1.2** *vt* **recevoir, obtenir, gagner, bénéficier** *(de — 'gü)* ; -Sëpian -bha 'dhɔɔ 'ö- dɔ -na bhë -yö ö =trɔɔn -slɔɔ -a 'gü =va Sëpian fait de bons bénéfices dans le commerce qu'elle exerce **1.3** *vt* **retrouver** ; -ma 'wëüga 'ö =dhɔnng bhë 'ma- =slɔɔ j'ai retrouvé mon argent qui était perdu **2** *vr* **être disposé** ; =ya kë =nɛ 'bha ü -de =slɔɔ, -bhö nu viens si tu es disposé

'slɔɔ *n Thryonomys swinderianus* **aulacode** *m*, **agouti** *m lv. (gros rongeur robuste ; tête massive ; pattes courtes ; pelage hérissé ; brunâtre dessus, blanchâtre dessous ; queue courte)*

'slunmɔ ['slun -mɔ] *n Soricidae* musaraigne *f (nom générique ; habite dans les bas-fonds, non comestible)*

'sluun *n* **javelot** *m (arme de jet courte en fer que les anciens lançaient à la main)*

'slü, 'slüü *n Accipiter badius* **épervier** *m* **shikra** *(dessous finement barré ; queue unie)* ♦ 'slü 'puu *Polyboroides radiatus* petit serpentaire *(longues pattes, dessous barré, barre blanche sur la queue)* ♦ 'slü 'kpa, 'slü 'kpaa *Aquila wahlbergi* aigle de wahlberg *(brun, plus petit que le ravisseur, avec la queue relativement plus longue)* ♦ 'slü tii *Aquila rapax* aigle ravisseur *(brun, queue assez courte et arrondie)*

=slüü'- *n rn* **crête** *f (d'oiseau)* ♦ bhɔ 'piö =slüü'- excroissance ornant la tête du dindon, du coq, etc.

'slüü → 'slü *épervier*

so *n* **folie** *f* ; =dhɛ 'ö so -ya kun =nɛ, -a =blɛɛ' -wun 'plɛ =ya yö =gɔa' depuis qu'il a attrapé la folie rien n'est logique dans son discours *lv.*

-so 1 *v vi* **être matinal** *(se lever très tôt, sortir très tôt le matin)* ; -dhiadhiö -yö -so 'ö =luu' le matin il se lève tôt

-so 2 *v vi* **fleurir** *(employé uniquement pour le bananier)* ; n -bha glɔɔ -lü =ya -so mon bananier fleurit

=**soa** → =sua *mensonge*

somɛ [so -mɛ] *n* **fou** ; -më -da ü 'gü 'ü- pö ka n 'ka somɛ ka -dhö 'ko zë =ɛ ? qu'est-ce qui te prend pour que tu décides de te battre avec un fou ?

song *n* **lien** *m*, **rapport** *m*, **interstice** *m* ; kwa song ya ce qui est entre nous n'est pas bon ; kwa -nu kwa song -dhö il y a quelque chose entre nous (alliance) ♦ -kɔ song -dhɛ entredoigt, palmure ♦ mɛ song -mɛ homme qu'on peut respecter, "grand type" *lv.*

songdhö [song dhö] *pp* **entre, parmi**

'songgozë ['song =go -zë] *adj* **jaune** ; lan- waa 'sëng -nu -an 'yan -yö 'songgozë le soleil et l'or ont tous une couleur jaune

'songgo, 'songgolü ['song go -lü] *n* **arbre** *m (espèce ; l'écorce est utilisée en pharmacopée traditionnelle)*

=**soo 1** *n rn* **1 griffe** *f*, **griffes ; ongle** *m*, **ongles 2 sabot** *m*, **sabots**

=**soo 2** *n* **1 cheval** *m* ♦ =soo -gɛn -yuö kë -mɛ

maréchal-ferrant **2 âne** *m*

=soo **3** *n* **igname** *f* **sauvage**

=**soofang** [=soo =fang'] *n* **âne** *m*

=**sooga** [=soo ga] *n* *rn* **griffe** *f* ; **ongle** *m*

=**soosongdhɛ** [=soo song -dhɛ] *n* *rn* **dessous** *m* **du sabot**

sö *n* **1 graines de palmier à huile** ♦ sö 'böü régime de graines ♦ sö 'yi 'too sauce graine, soupe ♦ sö 'yɔn huile f de palme, huile f rouge **2** sö -lü **palmier** *m* **à huile**

-**sö 1** *n* *rn* **1 corne** *f*, **cornes 2 tentacule** *m* **oculaire** *(d'escargot)* ♦ -drünng -sö 'teezë tentacule tactile de l'escargot

-**sö 2** *n* **fétiche** *m* ♦ -sö -bhö jurer, prêter serment ; -Zlan -bha mɛ 'yaa -sö -bhö un chrétien ne prête jamais serment sur les fétiches

-**söbhɔkwɛa'** [-sö -bhɔ =kwɛa'] *n* *Cervus elaphus* **cerf** *m* *[n'existe plus actuellement en RCI]*

-**söga** [-sö ga] *n* *rn* *(utilisation en forme plurielle possible)* **1 corne** *f* **2 tentacule** *m* **oculaire** *(d'escargot)* **3 cornes** *fpl* **de vipère**

söi, söyi [sö 'yi] → sei *sauce graine*

sökpë [sö =kpë] 'yië sökpë *n* **génie** *m* **de l'eau** *Syn.* 'bhɔɔkpë

=**söng** *v* *vi* **fondre, dissoudre** ; 'yɔn bhë -a -zɔn 'siö -dhë, kö -yö =söng il faut poser cette huile au feu pour qu'elle fonde

'**sönggösönggö** ['söng 'gö -söng -gö] *adv* **vraiment**

sösɔɔ [sö =sɔɔ] *n* **envie** *f* *(sur le doigt)*

sɔ *n* **1 tissu** *m* *(de fabrique)* ♦ sɔ 'muu rouleau de tissu, ballot de tissu **2 vêtement** *m*, **pagne** *m* ; sɔ 'puu -yö -kë -a -bha elle était habillée de blanc ♦ 'kan -sɔ pagne ♦ sɔ =löö -sɔ maillot de corps **3** *rn* **coquillière** *f* *(d'œuf)*

'**sɔ 1)** *n* *dir., fig.* **piège** *m* ♦ 'sɔ -dhi piéger, tendre un piège ♦ 'sɔ dɔ tendre le piège ; -bhö 'sɔ kweng =kloo'--së 'ka kö 'sɔ -yaan dɔ -së il faut bien arquer le bois du piège pour que le piège soit bien tendu ♦ -püö 'sɔ 'gü *dir., fig.* tomber dans un piège

'**sɔ 2)** *v* *vi* **1 envahir, surprendre** *(d'une manière inattendue)*, **étouffer** *(priver d'oxygène)*, **s'emparer** *(de qn —*

-ta) ; = wa 'sɔ wo yaagümɛ -nu -ta ils ont envahi leurs ennemis ♦ 'gii- = ya 'sɔ n -ta la fièvre m'abat **2 entrer** *(dans — 'gü)*, **pénétrer** *(qch — 'gü)* ; -wo 'kɔdhi -po n -gɔ 'a -sɔ kɔɔ ils ont ouvert la porte et je suis entré dans la maison

= sɔa → = sua *mensonge*

'sɔga ['sɔ ga] *n* **1 piège** *m* **2 fibre** *f* **de raphia** *(utilisée comme matériel pour les cordes de piège)*

= sɔn → = sɔɔn *caractère*

'sɔn 1 *n rn* **1 dent** *f*, **dents** ♦ 'sɔn -bɛn 'dhiö couronne de dent ♦ 'sɔn -gɛn racine de dent ♦ 'sɔn = gona -blɛɛzë prémolaire ♦ 'sɔn = gona = va molaire ♦ 'sɔn = kaan' -sü dent ébréchée ♦ 'sɔn 'pɛ -dhɛ fissure de dent ♦ 'sɔn song = nië alvéole ♦ 'sɔn -wo -dhɛ dent ébréchée, absence de dent ♦ gbɛn- -sɔn canine ♦ 'nëng- 'sɔn, 'nëë- -sɔn incisive ♦ 'yɔn 'yi -sɔn dent de lait ♦ 'yuö- -gɔ -sɔn dent taillée *(pointue, en forme de poisson)* ♦ 'sɔn bho se brosser les dents ; 'bha ü 'sɔn bho -dhɛkpaɔ 'dhiö a ? est-ce que tu t'es brossé les dents ce matin ? **2 défenses** *fpl (d'éléphant, de phacochère)* ♦ 'sɔn = vaazë ; pë 'kan -sɔn mandibule broyeuse *(de scarabée)* ♦ pë = bhöë' -sɔn labre *(de scarabée)*

'sɔn 2 *n* **feuille** *f* **de raphia** ; = ya 'sɔn -ya ö -bha zaa- -bha il a couvert sa case avec des feuilles de raphia

sɔnë [sɔ 'në] *n* **chemise** *f*

= sɔng', = sɔɔn' *n rn* **prix** *m*

'sɔng *n* **antilope** *f (espèce)*

'sɔnga ['sɔn ga] *n rn* **1 dent** *f* utilisation en forme plurielle possible dans des contextes restreints, quand il s'agit du nombre des dents ; ü 'sɔnga = wo = dhɛɛ ? combien de dents as-tu ? **2 crochet** *m (de serpent)*

'sɔnkɔ ['sɔn 'kɔ] *n* **auvent** *m (fait en feuilles de raphia)*

'sɔnkpɛng ['sɔn kpɛng] *n Neuroptera* **guêpe** *f (espèce)*

= sɔɔ- *n* **silure** *m* ♦ = sɔɔ- 'puu *Gymnarchus niloticus* silure *(espèce)*

= sɔɔ'- *v vi* **tomber par terre** *(de fatigue)*; n 'gü = ya ga = dɛɛ = duö, 'ma 'dho kɔɔ = sia, a -dhö = sɔɔ'- sia- 'a yizë je suis très fatigué aujourd'hui et quand je serai à la maison je vais tomber de sommeil

'sɔɔ 1) *pp* **1** près de, auprès de **2** autour

'sɔɔ 2) *adj* proche, voisin

'sɔɔdhu ['sɔɔ 'dhu] *num* cinq

sɔɔn *n* nasse *f* *(d'environ deux mètres de longueur)*

= sɔɔn, = sɔn *n rn* **caractère** *m,* **comportement** *m* ; 'në bhë -a = sɔɔn -yö ya = duö cet enfant a un mauvais caractère ♦ = sɔɔn yaa injustice ; 'Biblë -ya -pö = sɔɔn yaa = trɔɔn tɔɔ ga la Bible dit que le salaire du péché, c'est la mort ♦ = sɔɔn kë être impudique, commettre l'adultère *[par adultère on entend une liaison avec un partenaire marié]*

= sɔɔn' → = song' *prix*

= sɔɔnyaamɛ [= sɔɔn yaa -mɛ] *n* pêcheur *m* ; = sɔɔnyaamɛ = ya 'to = sɔɔ yaa kë -sü -bha = ya gaa, -a 'dho -dhɛ tɔɔ 'siö 'gü si le pêcheur continue de pêcher jusqu'à sa mort, il ira en enfer

= sɔɔsɔ [= sɔɔ 'sɔ] *v 1) vt* **insérer, fourrer** *(faire entrer qch avec peine)* *2) vi* **s'insérer, pénétrer, s'introduire**

'sɔɔsɔ ['sɔɔ -sɔ] *adj* étroit, serré *(espace)* ; zian 'ka- pö 'kwa bɔ -a 'ka bhë -yö 'sɔɔsɔ = duö le chemin que vous voulez qu'on emprunte est très étroit

su *n* mil *m*

'su *n* **1 lune** *f* ♦ 'su -bha au clair de lune **2 mois** *m* ; -kwɛ do -ya -pö 'su 'gɔɔ- do ö ga = plɛ une année compte douze mois ♦ 'su -ziö = nɛ mois passé

= sua, = soa, = sɔa *n* **1 mensonge** *m* **2 malhonnêteté** *f* ♦ = sua kë *i)* tromper *(qn — -gɔ)* *ii)* calomnier, porter un faux témoignage *(contre — -gɔ)*

-suadhö [-sua dhö] *adv* **facilement** ; -gblünn -kɔ -mɔ -a -bha {kö} -yaan -vë = yɔɔ'- -suadhö le boa peut facilement avaler une biche

= suakëmɛ [= sua kë -mɛ], = suamɛ [= sua -mɛ] *n* **menteur** *m*

'suan- *n* **remarque** *f* ♦ 'suan- bho faire attention à qn, étudier qn

'subhoyɛabha ['su bho -yɛa -bha], 'subhoyɛagü ['su bho -yɛa 'gü], 'subhoyɛa ['su bho -yɛa] *n Atheris chloraechis* **vipère** *f* **verte** *(espèce)*

'subhüsü ['su 'bhü -sü] *n* **pleine lune** *f*

'sudëü ['su -dëü] *n* **1 nouvelle lune** *f* **2 début** *m* **de mois**

'suglöö ['su =glöö] *n* **lune** *f* **décroissante** *(dernier jour avant la nouvelle lune)*

'sugbɔ ['su -gbɔ] *n* **pleine lune** *f*

'sumanaga ['su 'ma 'na ga] *n* **cube** *m* **de bouillon Maggi** <u>Syn.</u> maziga, 'sisungga

sunng *n* **carême** *m*

'suö 1) *v vi* **craindre, avoir peur** *(de — -dhë)*

'suö 2) *n* **peur** *f*, **crainte** *f*
♦ 'suö 'sü avoir peur *(de — -dhë)*
♦ kë 'suö 'ka faire peur à qn

'suögadhë ['suö ga dhë] *n* ***Dendromus* ; *Steatomys* ; *Gerbillus* souris** *f (espèce)*

'supɛn ['su 'pɛn] *n* **croissant** *m (nouvelle lune ou la lune décroissante)*

'susong ['su song], 'susongga ['su song ga] *n* **étoile** *f*

=suu'- *n rn* **1 espèce** *f*, **sorte** *f* ; wü =suu'- -ta -nu 'wo blöö =wo =va 'vaa -va ; =zloo -nu, -tiɔn -nu, 'slɔɔ -nu, 'wo dhoë 'pö les espèces animales qui vivent en brousse sont nombreuses ; il y a les antilopes, les léopards, les agoutis, etc. ; 'yua =suu'- 'ö- kë -na bhë 'yië- dɔ nous ne savons pas quelle maladie il a **2 façon** *f*, **manière** *f* ; 'wun =blɛɛ' -kɔ =suu'- bhë 'yaa -së ö =dhoobɔ -nu 'ka cette façon de parler aux grands frères ne convient pas ♦ =suu'- 'o =suu'- n'importe quoi, de toute manière, en tout cas ; 'ö -kë =suu'- 'o =suu'- -ta, -a -bha za ya 'ö tɔɔ -a -bha za ya de toutes façons s'il a tort — c'est qu'il a tort

=suugünë [=suu'- 'gü 'në], =suuta [=suu'- -ta] *n rn* **descendant** *m*

=suuyaamɛ [=suu'- yaa -mɛ] *n* **vilain personnage** *m (personne ayant un mauvais comportement)*

-sü 1 *mrph* **marque du gérondif**, se met après la base verbale ; sɔ 'blë -sü *i)* action de déchirer un vêtement *ii)* vêtement déchiré

-sü 2 *mrph* **suffixe improductif de l'adjectif dénominal**

'sü *v* **1.1** *vt* **prendre** ♦ 'sü 'dhu soulever ♦ dhe 'sü épouser une femme ♦ =ya Maatö 'sü dhe 'ka il a épousé Marthe ♦ ü 'dhu bhë 'sü -dhe -mü ta fille est mariable ♦ 'sü sia- ramasser ; 'ma 'wëü- =këng' =plɛ 'sü sia- j'ai ramassé mille francs à terre ♦ 'ö sü =dɛɛ -bha à partir d'aujourd'hui, à partir de maintenant ; 'ö sü =dɛɛ -bha 'kuë 'bhang- -zë 'kan zlöö à partir de maintenant nous sommes des amis **1.2** *vt* **prendre** *(un médicament)* **2** *vt* **choisir ;** -dadhëü -nu =wa 'Zakö 'sü wo -gɔmɛ 'ka les jeunes ont choisi Jacques comme leur président **3** *vr* **se marier ;** waa- Maatö =wa wo 'ko 'sü Marthe et lui se sont mariés **4** *vr* -sü 'tee, -de -sü 'tee se faire humble, s'humilier ; -de -sü 'tee -sü =bhlë -yö =va 'ö =zië' -de -sü =va -sü -ta se faire humble a plus de valeur que de se montrer orgueilleux ♦ -de -sü =va être orgueilleux -desüva orgueil ; -desüva -ya pa -sü 'ka, yaa ö 'to 'to ö 'bhaɔ- -nu -bha -dhio -bha do il est plein d'orgueil, il n'a jamais écouté les conseils de ses camarades

-sü 'dhu *v vt* **brandir qch**

'süësüë ['süë -süë] *adj* **coriace, résistant, difficile à couper** *(bois humide, viande crue, corde, liane, câble, tendon)*

-süëta [-süë -ta] *n rn* **cause** *f*

T t

ta *v* **1** *vt* **fermer ;** -bhö 'kwɛi ta ferme la porte ♦ ü 'dhi ta ferme ta bouche, tais-toi **2** *1) vt* **bloquer, boucher** ♦ wü -nu =wa zian ta les animaux ont barré la route *2) vi* **être bloqué, être bouché** ♦ -a yun =ya ta son nez est bouché **3** *vt* **planter, cultiver**

-ta *1) n rn* **surface** *f*

-ta *2) pp* **1 sur, à la surface de 2 lors de 3 que, par rapport à** *(dans les constructions comparatives)*

'ta *1) n* **1 marche** *f*, **déplacement** *m*, **pas** *m* ; 'në bhë -a -bha 'ta -blɛɛzë -mü ce sont les premiers pas de cet enfant ♦ 'ta -kɔ démarche ♦ 'ta 'sü marcher ; 'ta =gbɛɛn 'sü -sü ö blöö bhë =yaa- 'gü ga de longues marches dans la brousse l'ont fatigué ; -a -bha =klang' -yö 'ta -sü ses études ont marché **2 voyage** *m (en voyage —* 'ta 'gü*)* 'ta 2) *v vi* **1 marcher** *(avoir capacité)* ; -yö -ta -dukloolü -ta il marche avec une canne **2 marcher** *(sur — -ta)*

-ta ga *v vt* **apaiser, calmer, faire taire** *(y compris par la corruption)* ; ma =nɛ 'a -an -ta ga, 'yaa 'dhö -be -wo -dhö -ya {wo} 'küë- c'est moi qui les ai apaisés, sinon ils se seraient battus ; -ya -an -ta -ga 'wëüga =va 'ka il les a fait taire avec une grosse somme d'argent

-ta =kɔɔ' *v* **1** *1)* *vt* **défendre** *(contre — 'dhiö)* *2)* *vr* **se défendre, se débattre** ; -yö ö -de -ta -kɔɔ këpëyaamɛ -nu 'dhiö, 'ö =duë -dhɛ yö il s'est défendu contre les brigands et a pu s'échapper **2** *vt* **se réunir sur qch** *(pour que chacun prenne sa part)*, **se ruer sur** ; 'në 'sɛɛn- -nu -wo glɔɔ -ta =kɔɔ' -na les enfants se sont rués sur les bananes pour se servir

-ta 'kun *v vt* **aider** ; =ya ö -bha dhebɔ -ta 'bhaa 'kun il a aidé sa femme encore une fois

-ta -kpa *v vt* **protéger qch, qn** *(contre — -gɔ)*

-ta yö *v 1)* *vt* **rencontrer** *2)* *vr* **détourner, abandonner** *(qn — -bha)* ; =dhɛ 'wo wo -ta yö -a -bha =nɛ, yö gia- -de =nɛ 'ö ö -de -bha =klang' -faan sü depuis qu'on l'a abandonné, c'est lui-même qui prend sa formation en charge

=taa 1.1) *loc.n* **LOC** *de* =taadhɛ *dos*

=taa 1.2) *pp* **1 sur 2 derrière 3 après** ♦ =taa -bha à l'avenir **4 à côté, près de**

=taa 2 *loc.n rn* **champ** *m* ; 'ku =taa champ d'ignames

'taa- *n* **tabac** *m* ♦ 'taa- mü fumer

=taadhɛ [=taa -dhɛ] {LOC =taa} *n rn* **dos** *m (surface du dos)* <u>Syn.</u> 'gɛngko; -bhö 'në bhë -a -ya ü =taa il faut mettre cet enfant au dos

'taagbɔlü ['taa- gbɔ 'lü] *n* **pipe** *f* ♦ 'taagbɔlü dɔ allumer sa pipe

-taalü [-taa -lü] *n* **canne** *f (que les vieux ou les handicapés utilisent pour marcher)* <u>Syn.</u> -dukloolü

=taan' *n* **1 clou** *m*, **clous 2** *rn* **pointe** *f (de tout objet qui pique, qui perce)*

=taanga [=taan' ga] *n* **1 clou** *m* **2 pointe** *f (de tout objet qui pique, qui perce)*

'tablë ['ta -blë] *n* table *m*

-tadhɛ [-ta -dhɛ] *loc.n rn* surface *f* ♦ nɛ- -tadhɛ face supérieure de la langue, dessus de la langue

-tadhuö [-ta dhuö] 1) *loc.n rn* surface *f*

-tadhuö [-ta dhuö] 2) *pp* au-dessus

-tamamɛ [-ta ma -mɛ] *n* pacificateur *m*

'tan *n* 1 chant *m*, chanson *f* ♦ 'tan bho chanter 2 danse *f* ♦ 'tan kë danser

'tantandhö ['tan 'tan dhö] *adv* durement, fortement *(attacher ; pour qu'il ne se détache pas)* ; =wa 'në bhë =wa -a -lö 'tantandhö ils ont ligoté l'enfant-là durement

tapë [ta -pë] *n* 1 plantation *f* 2 récolte *f*

tapëdhɛ [ta -pë -dhɛ] *loc.n* plantation *f*

'taü- *adj* qui apprend à marcher *(enfant)*

-tazɔndhe [-ta -zɔn dhe] *n* plainte *f* ♦ -tazɔndhe kë se plaindre contre qn *(à — -dhë)*

-taɔ *adj* nouveau, nouvelle ♦ 'wun -taɔ nouvelle, annonce ; -yö 'wun -taɔ -blɛɛ n -dhë il m'a fait savoir une nouvelle ♦ 'wun -taɔ -së =blɛɛ' -mɛ chr. celui qui annonce la bonne nouvelle, l'évangéliste

=taɔ' 1) *n* ajout *m*, augmentation *f* ♦ =taɔ' -da, =taɔ' 'dho ajouter; -bhö kwee =taɔ' -da 'too 'piö ajoute du sel dans la soupe ♦ =taɔ' kë *i)* ajouter, faire cadeau *(au marché)* ; -bhö -a =taɔ' kë ajoute encore ! *(se dit souvent au marché)*; -bhö n =taɔ' pë 'tee kë, 'ma =see'- bhë 'ma- 'dhɔ ü -gɔ =va faites moi un cadeau car je vous ai acheté beaucoup d'oranges *ii)* agrandir, augmenter ; -yö ö -bha bhlödhɛ =taɔ' -kë il agrandit sa plantation

=taɔ' 2) *v vt* donner de la nourriture à

te *n* filet *m* de pêche *(pour les femmes)*

-te *n rn* 1 couvercle *m*, capsule *f (de bouteille)* 2 capot *m (de voiture)* 3 tranche *f*, morceau *m (de fruit)*

'te 1 *n* 1 *Hystrix cristata* porc-épic *m (espèce)*, petit hérisson Afr. 2 *Atherurus africanus africanus* athérure *m* africain *(espèce de porc-épic)* 3 *Atelerix albiventris* hérisson *m* à ventre blanc *Afr. [comestible]*

'te 2 *n rn* **stupéfaction** *f*, **étonnement** *m* 'te 'tun *i)* étonner ; 'wun 'ö- =blɛɛ bhë -yö n 'te -tun je suis vraiment étonné de ce qu'il vient de dire *ii)* s'étonner ; n 'te =ya 'tun je suis étonné ♦ mɛ 'te 'tun étonnant ; 'wun mɛ 'te 'tun -mü c'est une chose (affaire) qui étonne les gens

'tee 1) *adj* **petit** <u>Syn.</u> 'teezë, 'teete, 'tete ♦ pë 'tee peu de...

'tee 2) *adv* **peu ;** -a =faan' =ya 'to 'tee il est à bout de forces

'teete ['tee -te] *adj* **petit** <u>Syn.</u> 'tee, 'teezë, 'tete

'teezë ['tee -zë] *adj* **1 petit** <u>Syn.</u> 'tee, 'teete, 'tete **2 maigre** ♦ mɛ =gbeing bhë 'teezë grand, maigre et élancé *(constitution d'un individu)*

-tenë [-te 'në] *n* **orphelin** *m*, **orpheline** *f (de père et de mère)*

'tengtengdhö ['teng 'teng dhö] *adv* **goutte à goutte** *(couler)* ; yɔ -yö -yö 'tengtengdhö 'ö gbɔ pa -a 'ka le vin de palme coule goutte à goutte pour remplir le canari

'tete ['te 'te] *adj* **petit** <u>Syn.</u> 'tee, 'teezë, 'teete

'tetunsü ['te 'tun -sü] *n* **étonnement** *m*

'teyi ['te- 'yi] *n* **thé** *m*

-të *n* **rotang** *m*, **rotin** *m*

'të *v vi* **respirer ;** -yö -të 'gbee- 'ka il respire avec force

'tëdhɛ ['të -dhɛ] *n rn* **fontanelle** *f (espace entre les os du crâne du nouveau-né qui s'ossifie progressivement)*

'tëë 1 *n* **1 vent** *m* ♦ 'tëë -piö **souffler** *(avec la bouche)* ; -yö 'tëë -piö -na 'siö -bha il souffle sur le feu **2** *rn* **odeur** *f* ♦ 'tëë dɔ **donner l'odeur** ; -më 'pö 'ö 'tëë 'dhö dɔ -na yaa 'ka =nɛ wü =glöö 'tëë 'dhö e ? qu'est-ce qui pue comme charogne ? ♦ 'tëë ma **sentir l'odeur**

'tëë 2 *n* **guêpe-maçonne** *f*

'tëëbɔagü ['tëë =bɔa' 'gü] *n rn* **bronche** *f*

'tëëgɔn ['tëë gɔn] *n* **guêpe** *f (espèce, différent de 'tëë)*

'tëëtë ['tëë -të] *adj* **faible** *(sans force)* ♦ 'tëëtë 'ka **péniblement** ; gɔɔn- -nu -wo 'dho -na 'tëëtë 'ka bliidhö les hommes avancent péniblement dans la forêt

tën *v* **1** *vi*, *vt* **s'appuyer** *(contre — -bha)*, **s'adosser, s'accouder** *(à — -bha)* ; -bhö tën 'lü

167

dɔ bhë -a -bha, 'ü ü 'tɛɛ pë 'tee pa appuie-toi contre l'arbre qui est là, puis repose-toi un tout petit peu ; -bhö ü ko tën 'lü -bha adosse-toi à l'arbre **2** *vt* **confier** *(à — -bha)* **3** *vt* **avoir besoin** *(de — -bha)*

-tën *v vt* **faire la sourde oreille à qn, ne pas répondre à l'appel de qn** ; -më -kë 'ü n -tën -ɛ ? pourquoi tu me fais la sourde oreille ?

tëng *adv* **l'autre fois, l'autre jour, récemment**

=tëng *n* **jalousie** *f (d'un enfant envers sa mère enceinte)* ♦ 'në bhë -yö =tëng kë -na cet enfant jalouse sa mère

-tënggë [-tëng -gë], -tëngë *n rn* **cerveau** *m*, **cervelle** *f*

'tëpë ['të pë] *n* **insecte** *m (terme générique)*

'tësü ['të -sü] *n* **respiration** *f* ; -a -bha 'tësü -yö =gbaannu son souffle s'est arrêté *(il est mort ou dans le coma)*

tëü *n* **laps** *m* **de temps, période** *f (à partir d'un mois jusqu'à onze mois)* ; =dhɛ 'wun 'gbee- -kë -a 'ka tëü =nɛ, ka -lo -a -bha -a ? quand il était en deuil la dernière fois, êtes-vous allés lui rendre visite ?

=tëü' *n* **panier** *m*, **corbeille** *f*

'tɛɛn *adj* **rouge** *(s'emploie comme injure)*

'tɛɛ pa *v vr* **se reposer**

'tɛɛpa ['tɛɛ pa] *n* **repos** *m* ♦ 'tɛɛpa -dhɛ lieu de repos *(par ex. un jardin)*

=tɛi' *n rn* **sensation** *f* ; pë 'ö n -kë bhë -a =tɛi' -kë =nɛ 'yi mü -dhɔ 'dhö ce que j'ai eu, on dirait que j'ai soif ♦ =tɛi' dɔ savoir qch

-tɛidhö [-tɛi dhö] *adv* **tout juste** ; -a -bha =gɛng' -sɔ 'klu -ya -kun -a kpɔn 'ka -tɛidhö sa culotte tombe tout juste sur ses genoux

tɛndhɔɔyi [tɛn 'dhɔɔ yi], tɛnyi *n* **lundi** *m*

=tɛnɛ'- *n* **tamis** *m*

tɛnyi → tɛndhɔɔyi *lundi*

'tɛtɛ ['tɛ -tɛ] *adj* **fade** *(aliment qui a perdu son goût)*

'tia- *n* **cuvette** *f*, **assiette** *f*

tian *n rn* **totem** *m*

-tiandhömɛ [-tian dhö -mɛ] *n* **grande personne** *f*, **personnage** *m*

'tiangtiang ['tiang -tiang] *adj* **plat** *(récipient)* ; 'tia- =nɛ -a =plöödhɛ -yö 'tiangtiang =duö cette cuvette a un fond très plat

tii {pl. tii -nu, titi -nu, titi} *adj* **1 noir** <u>Syn.</u> tiizë **2 foncé** *(couleur, en comparaison à qch d'autre)* ♦ dhang- tii ciel bleu **3 sale** *(noir de crasse)* **4 troublé** *(eau)* **5 inconnu** ♦ n blii tii -mü *rare* je n'en sais rien *(litt : c'est la forêt noire pour moi)* ♦ -yö -dho ö bɔɔ tii il partit en cachette de sa femme ♦ nu mɛ tii 'ka surprendre qn

'tiin, 'tiing *n* 'tiin yën anéantir

'tiinmɛ ['tiin -mɛ], **'tiinyuamɛ** ['tiin = yua' -mɛ] *n* **paralytique** *m (paralysie de tout le corps)*

tiizë [tii -zë] *adj* **1 noir 2 foncé** *(couleur, en comparaison à qch d'autre)* **3 sale** *(noir de crasse)* **4 troublé** *(eau)* <u>Syn.</u> tii

'ting *n* **crampe** *f*, **engourdissement** *m* ; 'ting = ya yö n 'gban 'gü j'ai une crampe à la jambe

'tiöngtiöng ['tiöng -tiöng] *adj* **nain, de petite taille** *(personne, animal, oiseau)*

-tiɔn *n* ***Panthera pardus*** **panthère** *f*, **léopard** *m (tacheté de noir ; corps allongé et robuste ; pattes courtes, queue longue)* ♦ -tiɔn 'kun -tiɔn **lion** *m*

'tiɔngtiɔng ['tiɔng -tiɔng] *adj* **boitillant et penché, bancal** *(individu handicapé pour la marche)*, **instable** *(maison, chaise, trépied)*

titi [ti ti] *pluriel de* tii *noir*

-to *v* **1** *vt* **adopter ;** -yö -tenë -to il a adopté un enfant orphelin **2 1)** *vt* **élever, former 2)** *vi* **être élevé ;** ö gbö bhë -yö -to ya ton fils manque de manières **3** *vt* **faire de l'élevage, élever** ♦ -to -wü bétail

'to 1 *v 1)* *vi* **rester 2)** *vt* **laisser, abandonner** ♦ =ya zian 'to il a perdu son chemin ♦ -yö yuö -to 'kluë- il a laissé le travail inachevé ♦ 'to yiö *i)* **noyer, couler ;** =ya gɔmiën 'to yiö il a coulé (chaviré) la pirogue *ii)* **couler au fond, se noyer** ♦ -to 'sɛadhe kë **vivre, habiter** ♦ -to 'flüë **vider** ♦ 'to diën *i)* **rester sans manger** *ii)* **affamer** qn ♦ -to mɛ -bha 'ka **rester avec qn, rester dans le mariage ;** -Zlan =ya 'we -a -bha, 'në dhe bhë -yö -dhö to -a -go si Dieu le veut, cette fille restera mariée avec lui ♦ 'to mɛ -gɔ **rester mariée** *(pour une femme)* ♦ -to mɛ 'gbee- 'ka **l'emporter sur qn, être victorieux ;** -gɔn 'ö -kwɛ

=nɛ -a 'ka =nɛ, -Zlangɔ 'ö to -a 'gbee- 'ka en lutte, cette année, Zlango est resté le victorieux ♦ -to mɛ 'piö *i)* rester avec qn *ii)* suivre qn ; -kwa 'to -a 'piö kwa =faan' 'plɛ 'ka ! suivons-le de toute notre force ! ♦ -zo -to 'wun 'piö se souvenir de qch, se rappeler qch ; gɔɔn- bhë -a -zo -to 'wun 'piö, 'wun yaa 'go -a 'yaan 'siö- cet homme se souvient de ce qui s'est passé, il n'oublie pas facilement ♦ -kwa 'to -a -wo 'gü yi 'plɛ 'ka persévérons dans Sa voie (parole) en tout temps ♦ -to -wo 'gü rester fidèle ; dhe bhë -yö -to ö -wo 'gü ö =gɔn -dhë, yaa =mlaabɔ gbɛ 'kun cette femme est restée fidèle à son mari, elle n'a jamais commis d'adultère ♦ -to mɛ -woë *i)* provoquer des gros mots *ii)* se lamenter ; gɔɔn- bhë -yö -to -Zlan -wo 'gü 'ö yöë -a ga -yi -bha cet homme est resté fidèle à Dieu jusqu'à sa mort ♦ -to mɛ 'yaan mémoriser, se souvenir ; 'wun bhë -yö -to -a 'yaan il a mémorisé cette histoire ♦ -wun 'to pardonner qn ; -bhö n -bha -wun 'to -a -dhɛ bhë zë 'ö- wo -a 'ka n -gɔ pardonne-moi, cette faute m'a échappé

'**to 2** *n rn* **1 oreille** *f* ♦ n 'to -yö ü -bha je t'écoute ♦ 'to 'dhi trou auditif, trou de l'oreille ♦ 'to =gɛin' -dhɛ ; 'to kpöü -dhɛ tempe ♦ 'too 'gbee- kë ; 'to 'gü 'gbee- kë être têtu, récalcitrant ♦ 'to kë écouter *(qn, qch — -bha) ;* 'wun zii =blɛɛ' -mɛ 'yan -yö 'to -kë ö -bha -mɛ -nu -bha le conteur observe si les auditeurs l'écoutent ♦ 'to kpö oreille ♦ 'to 'në gɛn, 'to 'në =gɛin' -dhɛ lobe de l'oreille ♦ 'to 'to écouter *(qn, qch — -bha)* **2 ouïes** *fpl (poissons, batraciens)* **3 bord** *m (puits, table, route, vêtement)*

'**todhɛ** ['to 'dhɛ] *n rn* **1 auricule** *f*, **pavillon** *m* de l'oreille <u>Syn.</u> 'tonëga **2 opercule** *m (de poisson)* **3 champignon** *m*

'**todhiö** ['to 'dhiö], '**todhiödhɛ** ['to 'dhiö -dhɛ] *n* **bord** *m (puits, table, route, vêtement)*

'**tokpöüdhɛ** ['to kpöü -dhɛ] *n rn* **ganache** *f (du cheval)*

=**tomatö** [=to ma tö] *n* **tomate** *f*

-**tomɛgɔpë** [-to mɛ -gɔ -pë] *n* **1 héritage** *m* <u>Syn.</u> kɛnpë **2** souvenir *m (objet, cadeau)*

'tonëga ['to 'në ga] *n rn* **auricule** *f,* **pavillon** *m* **de l'oreille** Syn. 'todhɛ

too *n* -tɔ too **corbeille** *f* **à poules** *(cage à poules en vannerie)*

=**too** *n* **1** « **to** » *(pâte faite avec la farine de manioc, de maïs ou de mil)* ; =bee'- =too pâte de manioc **2 poudre** *f,* **farine** *f (de manioc, de maïs ou de mil ; pour préparer le « to »)*

'too *n* **sauce** *f,* **soupe** *f* ; =bee'- 'dhɛ 'too sauce faite avec les feuilles de manioc

'toobhɛ ['too bhɛ] *n* **légume** *m*

'toodhɛɛdhɛ ['too =dhɛɛ'-dhɛ] {LOC 'toodhɛɛdhö} *loc.n* **potager** *m,* **jardin** *m*

'toodhɛɛdhö ['too =dhɛɛ'dhö] LOC de 'toodhɛɛdhɛ potager

'toogbeekësü ['too 'gbee- kë -sü] *n* **obstination** *f*

tookɔ [too -kɔ, too 'kɔ] *n* **case** *f* **ronde** *(dans le village)*

'tooyi ['too 'yi] *n* **sauce** *f*

'totamɛ ['to ta -mɛ] *n* **sourd** *m*

'töng *n* **1 temps** *m (ponctuel),* **moment** *m* ; ü -nu 'töng -së 'ka tu es venu à temps

♦ 'töng 'bhaa -bha souvent ♦ 'töng 'ka pendant ♦ 'töng 'saadhö chaque fois, toujours ♦ pë kë 'tönng temps de faire qch ; pë 'ö -dhö waa ö 'tönng -mü chaque affaire à son temps **2.1 temps** *(période)* ♦ 'töng 'bhle temps bref ; yi 'dɔɔ -dɔ 'töng 'bhle 'ka, 'ö =tun dho =bhlöö- nous avons causé pendant un petit moment, puis elle est partie au champ **2.2 saison** *f* ; yi -bha 'töng -yö =plɛ, =kpɔɔ -bha 'töng waa- -blëë -bha 'töng nous avons deux saisons : la saison des pluies et la saison sèche

töngga [töng 'ga] *n rn* anat. **luette** *f,* **uvula** *f*

-tönggbö [-töng -gbö], **-tönggö** [-töng -gö] *n* **pigeon** *m* ♦ 'kwië- -tönggbö pigeon villageois ♦ -tönggö =blo, -tönggö =bloo *i) Columba unicincta* pigeon gris écailleux *(grande taille ; queue barrée de blanc) ii) Columba guinea* pigeon de Guinée *(bleu pâle, dos marron ; couvertures alaires tachetées ; croupion gris clair)* ♦ -tönggbö 'gbio- pigeon vert pâle ♦ -tönggö 'kpa, -tönggö 'kpaa *i) Turtur tympanistria* tourterelle tambourette *(front et sourcils blancs)* ***ii) Turtur afer*** émerauldine à bec rouge *(bec rougeâtre ; croupion barré ; large tache marron à l'aile)* ♦ -tönggbö 'ting ***Streptopelia senegalensis* tourterelle maillée** *(devant du cou finement moucheté de noir ; couvertures alaires gris-bleu)*

=tönö [=tö =nö] *n* **arbre** *m (espèce)*

=töü', =töö' *n* **corbeille** *f*, **panier** *m (espèce)*

'töü-, 'töö- *n* **tirage** *m* **au sort** ♦ 'töü- -bhö, 'töü- dɔ tirer au sort ; -kwa 'töü- -bhö, mɛ 'töü- 'dhöa- to -a tuö =sia, 'ö 'wëü- -vuu do =nɛ 'ö dhö to -a -gɔ tirons au sort, celui qui gagne le tirage aura cinq mille francs ♦ 'töö- -bhö -sü loterie f

'töüdhö ['töü- dhö] *adv* **tous, tout**

-tɔ *n* **poulet** *m*

'tɔ **1** *n rn* **nom** *m* ; 'nëdhe bhë -a 'tɔ 'ö tɔɔ de e ? comment s'appelle cette jeune fille ? ♦ 'tɔ -blü, 'tɔ bhɔ exalter, célébrer, glorifier ; -a 'tɔ -yö -bhɔ -a -bha -kë =faan' -zë -sü -wun 'gü il est célèbre pour son courage ♦ 'tɔ 'go promettre qch *(à — -dhë)* ; -më 'a- 'tɔ go ü -dhë, 'ö 'na -a kë ü -dhë -ɛ ? que t'ai-je promis et que je n'ai pas fait ? ♦ 'tɔ =siö'- *i)* blâmer qn, critiquer, désapprouver, réprimander ; 'dhiö -sü -a 'ka -mɛ =yaa- 'tɔ =siö'- son chef l'a réprimandé *ii)* dire du mal de qn

'tɔ **2** *v vt* **puiser**

'tɔbhɔdhe ['tɔ bhɔ dhe] *n* **gloire** *f* ; -Zlan -bha 'tɔbhɔdhe -yö -dhɛ 'saadhö -dhɛ -bha, 'sɛ waa dhang- -an 'gü la gloire de Dieu est partout, sur la terre comme dans le ciel

-tɔdhe [-tɔ dhe] *n* **poule** *f*

-tɔgɔn [-tɔ =gɔn], -tɔgɔn [-tɔ gɔn] *n* **coq** *m*

'tɔma → 'tɔɔma *homonyme*

'tɔmɔdhiödhɛ ['tɔ 'mɔ 'dhiö -dhɛ] *n* **partie** *f* **tactile du doigt**

'tɔmɔdhiöyɛkluëdhɛ ['tɔ 'mɔ 'dhiö -yɛ 'kluë- -dhɛ] *n* **deuxième articulation** *f* **du doigt**

-tɔn *n* **1 montagne** *f* ♦ -tɔn 'në colline, petite montagne ♦ -tɔn 'piö -dhɛ région de montagnes **2 bloc** *m*, **grand tas** *m*

-tɔnbhagbɛn [-tɔn -bha gbɛn-] *n* **chacal** *m*, **lycaon** *m*

tɔng *n* **1 conseil** *m* Syn. -dhio

♦ tɔng -dɔ conseiller, donner des conseils *(à — -dhë)* **2 loi** *f* ; 'bha tɔng ziö = gɔü', 'zusü -dhö ü -da -kan 'so 'kɔɔ dhö si tu abuses la loi, le juge va te mettre en prison ♦ -yö tɔng 'gü c'est légal ♦ tɔng 'gü -pë légalité, amende ♦ tɔng -da *i)* légiférer *ii)* ordonner **3 interdit** *m*

tɔɔ 1 *v vt* **1 dénoncer, nommer** *(son amant, en cas d'adultère)* ; dhe =ya gɔɔn- bhë =yaa- tɔɔ la femme a dénoncé cet homme-là *(qui a commis l'adultère avec elle)* **2 critiquer**

tɔɔ 2 *n* **nom** *m* ♦ 'ö tɔɔ **parce que, que** ♦ n {'tɔ} tɔɔ... je m'appelle... ♦ ü tɔɔ dö = e ? comment t'appelles-tu ?

=tɔɔ 1 *v 1)* *vt* **mouiller** ; dha =ya n =tɔɔ, -ma sɔ 'plɛ =ya kë -saa la pluie m'a mouillé, tous mes habits sont trempés *2)* *vi* **s'imbiber, être mouillé**

=tɔɔ 2 *n* **potins** *mpl (commérages, petites médisances sur qn)* ; =tɔɔ -yö 'kɔ -wü les potins détruisent le foyer ♦ mɛ =tɔɔ kë **médire de qn** ; -më 'a- -kë ka 'ka 'ö 'ka n =tɔɔ -kë -ɛ ? qu'est-ce que je vous ai fait pour que vous me critiquiez ?

'tɔɔ- *n Hydrocynus vittatus* **poisson** *m (espèce)*

'tɔɔma ['tɔɔ 'ma], 'tɔma ['tɔ 'ma] *n rn* **homonyme** *m,* « **homo** » *m lv. (personne qui porte le même prénom)*

'tɔɔtɔ ['tɔɔ -tɔ] *adj* **long et mince** *(objet),* **élancé et grand de taille** *(personne mince et svelte)* ; dhebɔ 'ö =nɛ -yö 'tɔɔtɔ =duö cette femme est svelte et grande de taille

'tɔsiö ['tɔ -siö] *n rn* **infirmité** *f* ♦ n 'tɔ -a -siö je suis devenu infirme ♦ 'tɔ -siö -mɛ **infirme** *(individu n'ayant plus l'usage de parties ou de fonctions de son corps par suite d'un accident)*

'tɔtɔ ['tɔ -tɔ] *adj* **fade** *(sans goût : nourriture, médicament ; par extension : repas sans piment)*

-tratradhö [-tra -tra dhö] *adv* **1 facilement** *(parler une langue étrangère)* **2 de rien** *(causer)* ; -ko 'dho, 'ko 'dɔɔ 'kpaan dɔ -tratradhö ! allons causer !

=trëë'- *v vi* **bouillir**

-trëëdhö [-trëë dhö] *adv* **sans bruit, silencieusement** *(mouvement)* ; =mɛɛ -yö 'ta -na

-trëëdhö le serpent se déplace sans bruit

'trëëtrë ['trëë -trë] *adj* **nonchalant;** -më -kë 'ö -kë 'trëëtrë =nɛɛ ? pourquoi a-t-il l'air mourant comme ça ?

'trëng → 'trüng **vers**

-trëngtrëngdhö [-trëng -trëng dhö] *adv* **débordant ;** yɔ bhë =ya gbɔ pa -trëngtrëngdhö ce vin a rempli le canari jusqu'à en déborder

=**trein'**, =**trɛɛn'**- *n* **train** *m*

troo- *n* **perdrix** *f (de forêt)*

=**troo'** *n* **amusement** *m* Syn. =saandhe ♦ =troo' kë *i)* jouer *ii) fam.* se marrer, s'amuser

'troo *n* **termitière** *f*

=**trookaapë** [=troo' =kaa' -pë] *n* **jouet** *m*

=**trookëmɛ** [=troo' kë -mɛ] *n* **danseur** *m*

trö *v* **1** *1) vt* **noircir** ♦ 'yëng trö aveugler, devenir aveugle *2) vi* **devenir noir, s'assombrir ;** dha =ya -dhɛ trö dhuö, -yö 'dhoë- ban le ciel se brouille, il va pleuvoir **2** *vi* **se salir, devenir sale 3** *vt* **tromper ;** gɔɔn- 'ö bhë =ya ö gbö trö cet homme a trompé son fils ♦ -zö trö oublier *(qch — -bha) ;* n -zö =ya trö ma =lakele -bha j'ai oublié la clé

'tröngtröng ['tröng -tröng] *adj* **clair** *(eau, ciel, yeux) ;* 'yi =nɛ -a ga -yö 'tröngtröng =dhɛɛ ! comme cette eau est claire !

trɔng bho *v* **filer du coton**

trɔɔ- *n* **lézard** *m*

'trɔɔn- *n* **marmite** *f*, **canari** *m (pour la sauce)*

trɔɔndhö [trɔɔn dhö] *adv* **étroitement ;** -bhö -mlü 'pɛ trɔɔndhö 'ü dhoë -de, kö 'kwa kwa bɔ -dhɛ yö il faut frayer un chemin étroit dans la rizière pour qu'on ait le passage

=**trɔɔndhö** [=trɔɔn dhö] *adv* **complètement** *(fermer) ;* dhebɔ bhë =ya 'kwɛi ta =trɔɔndhö kö =kun 'ö zɛnpë dhö -da kɔɔ la femme a fermé la porte complètement pour que les moustiques ne pénètrent pas

=**truën** *n rn* **bénéfice** *m (de commerce)* ♦ -a =truën gbɛ 'yaadhö *i)* il n'a pas fait de bénéfice *ii)* il n'est bon à rien

-truu *n rn* **vagin** *m*

'truu *n* **flûte** *f* ♦ 'truu -piö jouer de la flûte

'trüëtrüë ['trüë -trüë] *adj* **mou, pâteux et sans grains** *(lé-*

gumes, fruits, pâte d'arachide, boue)

'trüng, 'trëng, 'trüün *pp* vers ; -bhö 'dho 'lü dɔ -de bhë -a 'trüng 'ka, ü -dhö -kpën =Göö -bha 'sɔ -bha va vers l'arbre qui est là-bas, tu verras le piège de Gueu

'tu *n Sterculia tragacantha* arbre *m (espèce)*

-tuë *n* animal *m* domestique, bétail *m (y compris chiens et chats, mais oiseaux exceptés)*

'tuëngtuëng ['tuëng 'tuëng-] *adj* toqué *fam*., retardé mentalement

'tuɛyɔn ['tuɛ 'yɔn] *n* beurre *m* de karité

=tun *v vi* continuer ; encore ; -yö =tun 'kwɛa 'ka il est encore célibataire

tuö *loc.n rn* **1** sommet *m* ; =ya 'go 'lü tuö =ya -püö il est tombé de l'arbre **2** tête *f*

tuudhö [tuu dhö] *adv* continuellement ; =wa 'wun =blɛɛ' tuudhö, -a 'dhiötodhɛ -yö -kë -dhö quand on parle longuement, on y met fin quand même

=tuun'- *n* chique *f (insecte parasite)*

=tuun', =tuun, =tung' *v* 1) *vi* bouger 2) *vt* remuer, agiter, secouer *(arbre, vêtements, personne)* ; mɛ 'yaa -mü 'kɛɛ, wü 'ö 'blü =tuun ce n'est pas un homme, mais un animal qui remue la broussaille ; -yö -zodhɛ =tung' -na il agite la bouteille

'tuun *n* pet *m* ♦ 'tuun bho péter, lâcher un pet ; mɛ =vava -nu =wa 'tuun bho, 'ö 'wo- dɔ 'në 'sɛɛn -nu -bha lorsque les grandes personnes pètent, elles accusent les petites

'tuunmɛ ['tuun -mɛ], 'tunngmɛ ['tunng -mɛ] *n* muet *m*

=tuuntun [=tuun 'tun] *v* **1** 1) *vt* remuer 2) *vi* se balancer **2** 2 *vt* bercer *(l'enfant)* ; 'në bhë -a wɔ ü 'gbaan- dhö kö 'ü- =tuuntun -yaa yi zë prends l'enfant sur tes genoux et berce-le un peu pour qu'il dorme

=tuunzë [=tuun -zë] *adj* pourri *(viande ayant une odeur de pourri et, malgré tout, comestible)*

=tuutuu [=tuu' =tuu'] *n* **1** *Streptopelia decipiens* tourterelle *f* pleureuse *(queue grise à bout blanc et sans barre noire)* **2** *Streptopelia semitorquata* tourterelle *f* à collier *(queue brune avec une large bande noirâtre)*

Ü ü

ü 1 *pron* **tu** *pronom subjectif de la série existentielle ;* ü -dhö nu -më yië =ɛ ? *quand est-ce que tu viendras ?*

ü 2 *pron* **te, ton, ta** *pronom non-subjectif*

ü- *pron* **tu le, tu la** *forme contractée : pronom subjectif 2ème pers. sg. de la série existentielle + pronom non-subjectif 3ème pers. sg.*

'ü 1 *pron* **tu** *pronom subjectif 2ème pers. sg. de la série conjointe*

'ü 2 *pron* **tu** *pronom subjectif 2ème pers. sg. de la série optative*

'ü- *pron* **1 tu le, tu la** *forme contractée : pronom subjectif 2ème pers. sg. de la série conjointe + pronom non-subjectif 3ème pers. sg.* **2 tu le, tu la** *forme contractée : pronom subjectif 2ème pers. sg. de la série optative + pronom non-subjectif 3ème pers. sg.*

'üën- *pron* **pour que tu** *pronom subjectif de la série à valeur de but / d'antériorité*

üka [ü 'ka] *pron* **tu ne** *pronom subjectif de la série perfective négative*

V v

=va 1) {pl. =vava} *adj* **1 grand, gros** *Syn.* =vaazë ♦ mɛ =vava -nu **les notables, les gros bonnets ;** za 'ö- -gɔ bhë -a 'dhiö -dhö to mɛ =vava -nu 'dhiö **leur problème doit se terminer devant les notables 2 en forme, bien en chair** *(pour les personnes) Syn.* -basü ♦ =va =duö **trop gros**

=va 2) *adv* **beaucoup ;** -yö n 'kian -nu =va **il m'a donné beaucoup de cadeaux** *Syn.* =duö

'va *n* **1 ligne** *f (de pêche)*; -yö 'va -da -na **il pêche à la ligne 2 piège** *m* ; =ya 'va -dhi -kaɔ -gɔ **il a tendu un piège à la perdrix**

-vaa *n* **bague** *f Syn.* -vaaga

'vaa 1 *n arch., rare* **vent** *m* **léger** *(janvier-avril ; entre*

14h.30 — 16h.00)

'vaa 2 (wo) *n* famine *f*

-vaaga [-vaa ga] *n* bague *f*

-vaagayiëkɔnëga [-vaa ga -yië -kɔ 'në ga] *n rn* annulaire *m Syn.* -kɔnëga

'vaan dɔ, 'vaɔ dɔ *v vt* ravager, détruire ; -a -bha =kpëü' -bhlöö bhë 'slɔɔ -nu =waa- 'plɛ 'vaɔ dɔ les agoutis ont ravagé toute sa plantation de maïs

=vaanvan [=vaan 'van] *v* 1) *vt* secouer *(arbre, tamis, bouteille, personne)* 2) *vr* se débattre *(de colère)*

'vaanvandhɛ ['vaan -van -dhɛ] *n* violence *f*, brutalité *f* ; -kaa -bha 'vaanvandhɛ pin -ga bhë regardez les conséquences de sa brutalité

=vaavaa [=vaa' =vaa'] *n* grand brassoir *m (pour faire mousser l'huile de palme)*

=vaazë [=vaa- -zë, =vaa -zë] *adj* 1 grand 2 gros, massif *(y compris pour la constitution des personnes)* ♦ mɛ =gbɛing bhɛ =vaazë grand-gros, massif *(personne)* Syn. =va

'vadhö ['va dhö] *adv* rapidement ♦ 'wa 'vadhö d'un bond

=vava [=va =va] *pluriel de* =va *grand*

'vavadhö ['va 'va dhö] *adv* très vite, rapidement

vaɔnvaɔndhö [vaɔn vaɔn dhö], vaɔngvaɔngdhö [vaɔng vaɔng dhö] *adv* à grandes enjambées *(courir en sautant comme une gazelle ; y compris pour les personnes)*

've *n* petit poisson *m (espèce de carpe)*

'veaavea ['veaa -vea], 'viavia ['via -via] *adj* plat et lisse *(sol, surface d'une table, fond d'une assiette)*

'vee- *itj* tu n'es pas garçon ! *(c.-à-d. tu n'es pas capable de faire qch)* ; ü 'vee- -bhö 'pa -a 'ka ! gare à toi, touche-le !

'vega ['ve ga] *n* petit poisson *m (espèce de carpe)*

-vë *n Sylvicapra grimmia* céphalophe *m* couronné *(espèce d'antilope ; hauteur au garrot : 50 à 65 cm ; poids : 10 à 14 kg. ; oreilles longues ; uniformément fauve jaunâtre à grisâtre ; cornes droites verticales)*

'vëüvëü ['vëü -vëü] *adj* détruit complètement, cassé *(plante)*

=vëüvëüdhö [=vëü' =vëü' dhö] *adv* totalement *(détruire)*, complètement *(achever un tra-*

vail) Syn. = fëüfëüdhö

vɛ *n* **1** *Piliocolobus* **colobe** *m* **bai** *(espèce de singe)* **2** *Colobus polykomos* **colobe** *m* **blanc et noir** *(espèce de singe)* **3** *Papio papio* **babouin** *m* **de Guinée** *(assez petit : longueur, moins la queue, jusqu'à 75 cm ; crinière bien développée ; pelage brun olivâtre)*

vɛɛdhɛ [vɛɛ -dhɛ], **vɛidhɛ** [vɛi dhɛ] {LOC vɛidhö} *loc.n* rn **bas-ventre** *m*

vɛɛdhö 1 [vɛɛ dhö] *adv* **directement, carrément**

vɛɛdhö 2 [vɛɛ dhö], **vɛidhö** LOC de vɛɛdhɛ, vɛidhɛ *bas-ventre*

-vɛi *n* **herbe** *f* Syn. = blëë', = blëëdhɛ ♦ -vɛi zë i) **désherber** ii) **mépriser, humilier** qn, **insulter** qn

vɛidhɛ → vɛɛdhɛ *bas-ventre*

-vɛnngdhö [-vɛnng dhö] *adv* **en éparpillant** *(lancer pour semer, jeter, verser)* ; -yö -mlü -pɛn -vɛnngdhö -së il sema le riz de manière à bien éparpiller les grains

=vianviandhö [=vian' =vian' dhö], **-vianviandhö** [-vian -vian dhö], **'vianviandhö** ['vian 'vian dhö] *adv* **fortement** *(douleur forte provenant des intestins, y compris à cause de la faim)* ; -a 'glu -pio =vianviandhö il a violemment eu mal au ventre

'viavia → 'veaavea *plat et lisse*

'viëë *n* rn **1 écume** *f (mousse blanchâtre formée à la surface d'un liquide agité, chauffé ou en fermentation ; écume de rivière)* Syn. -dɔn **2** =yee'- 'viëë **coton** *m (pas encore filé)*

'viëvië ['vië -vië] *adj* **jaune**

vii *n* **tâche** *f (qui apparaît sur la noix de cola, comme si le feu l'avait brulée)*

vin *v* vi **faire du bruit**

-vinng, -viin *n* rn **bruit** *m*

'viɔn- *n* **avion** *m*

vla 1, zlua *n* **roussette** *f (espèce de chauve-souris)*

vla 2 *v* **1** *vt* **percer, faire un trou** *(dans un mur, une planche, un pneu, du tissu)* **2** *vi* **sauter** *(à terre)* ; =ya 'go 'lü tuö =ya vla sia- il a quitté le dessus de l'arbre et il a sauté à terre

=vlaa *v* vr **faire doucement, faire lentement** ; ü =vlaa 'ü 'ta 'sü 'kwe e ! s'il te plaît, marche doucement !

'vlaanvlan ['vlaan -vlan] *adj* **1 louche, malhonnête, suspect,**

178

sale *(affaire)* **2** malpropre, sale *(personne)*

vlankaandhö [vlan kaan dhö] *adv* en désordre ; -më 'pö 'ü- =mɛɛ-, 'ö 'bha së 'plɛ dɔ kɔɔ vlankaandhö bhë =ɛ ? qu'est-ce que tu cherchais à la maison? tout est pêle-mêle

vlanvlanvlan [vlan =vlan vlan] *n* **1** épanchement *m* d'une mauvaise humeur sur qn **2** désorganisation *f*

vlanvlanvlandhö [vlan =vlan vlan dhö] *adv* d'une manière désorganisée ou louche *(faire qch)*

'vlëngvlëng ['vlëng -vlëng] *adj* pliant, souple

vlɛi- *n* varan *m*

'vlɛngvlɛng ['vlɛng -vlɛng] *adj* clairsemé, pas serré *(plantes, dents)*

'vlo *n* **1** serpent *m (espèce)* ♦ 'vlo 'puu *Boaedon virgatum* serpent *m (espèce)* ♦ 'vlo tii *Mehelya poensis* serpent *m (espèce)* **2** *fig.* serpent *m*, vipère *f* ♦ 'aa 'vlo dö 'ü dhö -a -dian =dɛɛ ? ah ! monsieur Vipère, qui vas-tu duper aujourd'hui ?

vloo *v vi* se dépêcher, s'empresser

vlödhö [vlö dhö], **=vlödhö** [=vlö dhö] *adv* au-dedans, à l'intérieur ; =ya gbɔ zloa vlödhö il a percé le canari

vlua *v vt* piquer, transpercer ; 'blükëmɛ -nu =wa -zloo vlua 'dü 'ka =waa- zë a les chasseurs ont blessé la gazelle à coups de lance et l'ont tuée

=vluazë [=vlua -zë] *adj* sage, intelligent, compréhensible

vlü *v vt* couper *(les herbes, les fleurs, les arbustes à une certaine hauteur)*

'vlüng *n rn* **1** nageoire *f* dorsale *(du poisson)* **2** tranchant *m (de la main, du pied)*

'vlüün *n rn* bord *m (d'une table, d'une chaise)*, coin *m* extérieur *(d'une maison)*

'vlüvlüdhö ['vlü 'vlü dhö], **'vlüüvlüüdhö** ['vlüü 'vlüü dhö] *adv* à grandes enjambées *(comme le saut de la gazelle)*

=vokaa- [=vo kaa-] *n* avocat *m (juriste)*

voodhö [voo dhö] *adv* à long souffle

vö *n Hypsignathus monstrosus* grande chauve-souris *f (espèce)*, chat-huant *m (espèce de chauve-souris qui ne vole pas* trop loin ; sorte entre 19h et 21h ; son cri ressemble à celui d'un bébé)

'vöü *n* excès *m*

'vöüzë ['vöü -zë] *adj* gaspillant, dépensant inutilement, peu soigneux *(« qui gâte tout » lv.)*

'vɔ *n rn* poignée *f*, une pleine main *f (beaucoup)*

vɔng *n rn* poumon *m* ♦ vɔng -kɔ 'në poche à air

-vɔɔ, -vɔɔga [-vɔɔ ga] *n* cola *m* blanc

=vuën' *n* nourriture *f* qui rend la bouche remplie *lv. (manière de nommer le repas ; le plus souvent utilisé pour nommer le pain)*

=vuënvuëndhö [=vuën' =vuën' dhö] *adv* à pleine bouche *(mâcher)*

'vuëvuë ['vuë -vuë] *adj* désordonné, pas sérieux, désorganisé

'vuu *n rn* écume *f (de la salive, de l'eau, d'une sauce pourrie)*

-vuudo [-vuu do] *num* mille ♦ 'wëü- -vuu do cinq mille francs

'vü- *prt* tout à coup *(se lever; partir ; s'introduire dans la conversation)* ; 'vü- =klöö 'ö to 'ö -ziö tout à coup il est parti

W w

wa *n* arbre *(espèce)*

-wa 1 *v vi* passer de l'autre côté ; -ka -wa 'Yuu 'gluu =zian' ; kwa -dhö kwa 'ko yö 'kɔ =löö passez sur l'autre rive du Cavally ; nous nous retrouverons au campement

-wa 2 *pron* ils le, ils la, elles le, elles la *forme contractée : pronom subjectif 3ème pers. pl. de la série existentielle + pronom non-subjectif 3ème pers. sg.*

=wa 1 *pron* ils, elles *pronom subjectif du parfait, 3ème pers. pl.* ; =wa 'dho 'baan- ils sont partis au travail

=wa 2 *n* peine *f*, souffrance *f* ♦ =wa -bhö souffrir ; yi =wa -bhö -na -Zlan 'tɔ 'piö nous souffrons au nom de Dieu

'wa *pron* ils, elles *pronom subjectif du parfait, logophorique pluriel*

waa, -woka [-wo 'ka] *pron*

ils ne, elles ne *pronom subjectif 3ème pers. pl. de la série perfective négative*

waa- 1 *pron* **lui et..., elle et...** *pronom coordinatif* ♦ waa- ... -nu **eux et..., elles et...**

waa- 2 *pron* **lui et son..., lui et sa..., elle et son..., elle et sa...** *pronom coordinatif fusionné avec le pronom non-subjectif 3ème pers. sg. suivant*

-waa → **-waan** *pronom subjectif 3ème pers. pl. de la série à valeur de but / d'antériorité*

=**waa**, =**waɔ** *v vt* **trier** *(riz, café, maïs, etc. ; occupation des femmes, des garçons célibataires)*

=**waa'-** *n* **fourmi** *f* **noire** *(pique les gens ; fait son nid dans le feuillage)*

'**waa** 1 *pron* **ils ne, elles ne** *pronom subjectif 3ème pers. pl. de la série imperfective négative*

'**waa** 2 *adj* **paresseux**

'**waa-** → '**waan-** *pronom subjectif logophorique pl. de la série à valeur du but / d'antériorité*

'**waadhɛ** ['waa -dhɛ] *n* **paresse** *f*

-waadhö [-waa dhö] *adv* **à la volée** *(semer)* ; -a -pen -waadhö -së 'ka kö =ya bho =sia kö =kun 'ö- 'siö dhö 'ko sü **il faut semer à la volée pour que, quand les grains germeront, ils ne puissent pas s'étouffer**

-waamaayi [-waa -maa -yi] *n rn* **veille** *f* ; a -dhö nu plöö 'dhɔɔ -waamaayi 'ka **je viendrai au village la veille du marché**

-waan, -waa *pron* **pour qu'ils/elles** *pronom subjectif 3ème pers. pl. de la série à valeur de but / d'antériorité*

=**waan'** *n* **pagne** *m* (traditionnel, tissé sur le métier)

'**waan** *n* **bâillement** *m* ♦ 'waan bho **bailler** ; -wo 'waan bho -na -wo wo -kɔ -kpa wo 'dhië- **lorsqu'on bâille, on met la main devant sa bouche**

'**waan-, 'waa-** *pron* **pour qu'ils/elles** *pronom subjectif logophorique pluriel de la série à valeur de but / d'antériorité*

waanu [waa nu], =**waannu** [=waan' nu], **waannu** [waan nu] *v 1) vi* **se coucher** ♦ 'wun 'ü- =blɛɛ n -dhë bhë n =zuö' =ya waanu **ce que tu m'as dit a apaisé mon cœur** *2) vt* **coucher, déposer**

'**waanwan** ['waan -wan] *adj* **rougeâtre, orange** ; -më 'pö 'ö 'yan -kë 'waanwan 'dhö =nɛɛ kafe maü- 'yan 'dhö e ? qu'est-ce qui a la couleur rougeâtre comme celle du café mûr ?

=**waawa** [=waa 'wa] *v 1) vi* **planer** *(oiseau, insecte, avion, feuille qui tombe)* *2) vt* **agiter qch** *(au-dessus de la tête)*

'waawa ['waa 'wa] **1)** *adj* **inutile, sans valeur**

'waawa ['waa 'wa] **2)** *adv* **pour rien, sans raison**

wagɔn [wa gɔn] *n* **arbre** *m (haut et important ; on utilise l'écorce dans la pharmacopée traditionnelle)*

wang *n rn* **mètre** *m (mesure de longueur)* ♦ 'lü wang fourche d'arbre ♦ -gɛn wang espace entre deux pas ♦ zian wang *rare*, -kpinng wang carrefour *m* ♦ zü wang *gros.* raie des fesses

=**waɔ** → =waa *trier qch*

=**Waɔdhö** [=waɔ- dhö] *n* **canton Oua** *(se trouve entre les régions de Man et de Danané)*

'we *v vi* **1** **parler** **2** **crier** *(pour un animal : miauler, aboyer, bramer, barrir, bêler),* **boubouler** *(hibou),* **chanter** *(oiseau)* **3 saluer** *(lors d'un départ ou par un intermédiaire ; qn — 'ka) ;* 'bha -lo 'më =sia, 'ma 'we mɛ 'plɛ 'ka =duö si tu arrives là-bas, je salue bien tout le monde **4 accepter** *(qch — -bha)* ♦ 'ma 'we -a -bha je suis d'accord ; -a =sɔng' bhë 'ma 'we -a -bha, -bhö nu -a 'ka kö 'a- 'dhɔ j'accepte son prix, emmène-le pour que je paye ♦ =ya 'we -a -gɔ 'wun -bha il s'est mis d'accord avec lui **5** 'we -a -bha, 'weë- **vouloir qch ;** Zaaplöö 'në dhoo -nu 'waa 'weë- -wo 'dho guan, -wa 'piö 'wo 'to -dɔpuë 'ka -kplawo les jeunes filles de Zapleu ne veulent pas se marier, elles préfèrent rester célibataires **6 avouer** *(qch — -bha)* **7 gronder, réprimander** *(qn — -dhë, 'piö)* ♦ pë -kë 'wo -we -a -dhë bhë voilà pourquoi on l'a grondé **8 insister** *(sur — 'piö)*

wee → wei *urine*

=**wee 1** *n* **lèpre** *f*

=**wee 2** (dh) *n* **sel** *m*

weekɔ [wee 'kɔ] *n rn* **intestins** *mpl*

=**weepakɔnëga** [=wee pa -kɔ 'në ga] *n rn* **index** *m*

=**weeyi** [=wee -yi, =wee 'yi] *n* **1** (dh, bl) **mer** *f* Syn. 'yoo **2** (bl) **salive** *f*

'weë- → 'we -a -bha *vouloir*

qch

'wega ['we ga] *n rn* **trachée-artère** *f*

wei, wee *n rn* **urine** *f* ♦ wei bho uriner

weiyi [wei 'yi] *n rn* **urine** *f*

weng, ween *n rn* **1 queue** *f* **2.1 manche** *m (de cuillère)* **2.2 manche** *m (de hache)*

'weng *n Crinifer piscator* **touraco** *m* **gris** *(espèce d'oiseau : gris ; tache blanche sur l'aile déployée ; bec jaune citron)*

'wëü- *n* **argent** *m* <u>Syn.</u> 'wëüga ♦ yuö bhë 'wëü- -ya 'gü c'est un travail lucratif

'wëüdhɛ ['wëü- 'dhɛ] *n* **billet** *m* **de banque**

'wëüga ['wëü- ga] *n* **argent** *m* <u>Syn.</u> 'wëü-

'wëüsɛɛn ['wëü- 'sɛɛn-] *n* **pièce** *f* **de monnaie, jeton** *m* **lv.**

-wëüzë [-wëü -zë] (wo) *adj* **lugubre**

-wɛɛ, -wɛi *n* **tristesse** *f*, **affliction** *f* ; -yö -wɛɛ 'gü 'ö tɔɔ -a -bha 'në =ya ga elle est triste parce que son enfant est mort ; -wɛɛ 'ö =nɛ -yö -mɔ -a zë -sü -bha cette tristesse est capable de la tuer ♦ -wɛɛ bho organiser l'enterrement

-wɛɛbhodhe [-wɛɛ bho dhe] *n rn* **enterrement** *m* ♦ mɛ -wɛɛbhodhe kë enterrer qn

-wɛɛndhö [-wɛɛn dhö] *adv* **rapidement**

-wɛi → -wɛɛ *tristesse*

wɛn *n* **grain** *m* **de palmier à huile** *(noyau de la noix du palmier à huile)*

'wɛngsɔnë ['wɛng sɔ 'në] *n* **habit** *m* **brodé**

=wɛa' *n* **salut** *m*, **garde à vous !** ♦ =wɛa' -zuö rendre le salut militaire, saluer *(qn — -dhë)* ; 'dhasi -nu -ma -mɛɛ -kë 'ko 'ka -sü =va -dhɛ tɔɔ =wɛa' -zuö -sü la plupart des salutations des « corps habillés » se fait par un salut militaire

=wian, =wianga [=wian ga] *n* **scarification** *f (faite sur le visage lors de l'initiation ; les habitants du Blossé ne la pratiquent pas)*

'wianwian ['wian -wian] *adj* **vigoureux** *(personne)*

'wië *n* **ensemble** *m* **de petits poissons** *(résidus des poissons après la pêche)*

wiö *loc.n* **ouest** *m*, **à l'ouest, en direction du soleil couchant** ; yi -bha pö- -yö 'sɛ =nɛ -a -gɔ wiö notre village est à l'ouest du pays

'wisa ['wi 'sa] *n* **Haoussa** *m*

wla *n* **1** *Procavia johnstoni mackinderi* **daman** *m* **de rocher 2** *Dendrohyrax dorsalis* **daman** *m* **d'arbre**

'wlaan *n* **1 crinière** *f (de cheval, d'âne, de lion)* **2 cheveux** *mpl* **blancs ;** -a -gɔ =ya kë 'wlaan 'ka il a des cheveux tout blancs ♦ 'wlaan -lo mɛ tuö blanchir *(cheveux)* ; 'wlaan -lo -na -a tuö ses cheveux blanchissent

'wlaan- *n* **fête** *f (terme générique)* ♦ 'wlaan- -ta à la fête ; =wa pë 'yi 'dhiö- =va -pë kë 'wlaan- 'kpɔ -sü -bha 'ka on a fabriqué beaucoup d'alcool pour la fête

=wlaawla [=wlaa 'wla] *v vi* **se débattre** *(se dit des personnes et animaux ayant reçu un coup mortel)*

-wladhö [-wla dhö] *adv* **d'un bond**

'wlan *n* **moisissure** *f*

-wlawladhö [-wla -wla dhö] *adv* **1 avec éloquence 2 avec générosité 3 sans effort** *(faire tout le travail)*

=wlëë', **=wlëë** *v* **1** *vt* **casser, briser** *(en plusieurs morceaux)* **2** *vt* **dramatiser** *(une affaire)* ; -yö 'wun =wlëë' -na kö -a -ta -yaan kë =va elle dramatise cette affaire pour en faire une affaire grave

'wlëënwlën ['wlëën -wlën] *adj* **croustillant** *(qui craque agréablement sous la dent)*, **cartilagineux**

wlëü *adj* **vaste** *(portion de terre, de champ, de brousse)* ; 'sɛ 'wo- nu -a -dhë bhë -yö wlëü la portion de terre qu'on lui a donné est vaste

-wlɛɛdhö [-wlɛɛ dhö] *adv* **lentement** *(marcher en groupe)*

'wlɛa- *n* **paresse** *f*

-wlɛazë [-wlɛa -zë] *adj* **gentil**

wloo *v vt* **arracher** *(des feuilles ; en laissant les tiges et les nervures)*

wlöwlözë [wlö wlö -zë] *adj* **vaillant, éloquent**

wo 1 *v vt* **faire** *(verbe substitutif qui apparaît lors de la nominalisation du verbe principal)* ; 'sëëdhɛ -nu =bɛɛn' 'ö -a wo il écrit des lettres (c'est son travail)

wo 2 *pron* **ils, elles** *pronom subjectif logophorique pluriel de la série existentielle*

wo 3 *pron* **eux, elles** *pronom 3ème pers. pl. de la série autonome*

wo 4 *pron* **se, son, sa, soi** *pronom réfléchi pluriel*

-wo 1 *n rn* **1 voix** *f* ; 'në 'gbo -wo **2 parole** *f*, **langue** *f*, **langage** *m* ; ü gɛ- -wo -ma -a ? est-ce que tu comprends la langue guéré ? ♦ -wo -bhö jurer, promettre avec un serment ♦ -wo -da dire au revoir *(à — -dhë)* ♦ -wo -kë -a 'gü do, -wo -kë 'wun 'gü do se mettre d'accord, être d'accord ; -a 'saadhö 'ka 'dhö -a -mɔ 'koë 'më =sia, kwa -wo -ya 'gü do tout ce que vous allez conclure là-bas, nous sommes d'accord avec vous ; kwa 'plɛ kwa -wo -ya 'gü do -a -bha -wun 'to -sü 'ka nous nous mettons tous d'accord pour le pardonner ♦ -wo 'kpɔ *i)* se lamenter *ii)* se soucier *(en proférant des lamentations)* ; -më 'ü -a -wo kpɔ =ɛ, a -pö a -dhö nu ü 'kian 'ka de quoi tu te soucies, j'ai promis de t'envoyer un cadeau ♦ -wo 'kpɔ -sü lamentations ; -a -bha -wo 'kpɔ -sü yaa kë n 'ka yi zë ses lamentations m'ont empêché de dormir ♦ -wo -mɔ 'wun 'gü décider ; 'ö sü =dɛɛ -bha n -wo -mɔ -a 'gü -sü -mü kö 'a 'to =Yesu 'piö à partir d'aujourd'hui, j'ai décidé de suivre Jésus

-wo 2 *v vi* **1 apparaître** *(sortir à l'extérieur)*, **arriver** ; 'su -yö -wo -na dhuö =zian' la lune apparait à l'horizon *Syn.* -lo, yö **2 surprendre** *(qn — -ta)* ; a -wo -a -ta 'wa 'sɔdhö kö -yö -ma =bee'- =kwaan -na je l'ai surpris en train de voler mon manioc

-wo 3, =wo *pron* **ils, elles** *pronom subjectif 3ème pers. pl. de la série existentielle*

-wo 4 *pron* **ils, elles** *pronom subjectif optatif 3ème pers. pl.*

-wo 5 *v vt* **déraciner** *(petits arbres, plantes)*

-wo 6 → 'wo 1 *pronom subjectif conjoint 3ème pers. pl.*

=wo → -wo 3 *pronom subjectif 3ème pers. pl. de la série existentielle*

'wo 1, -wo *pron* **ils, elles** *pronom subjectif conjoint 3ème pers. pl.*

'wo 2 *pron* **ils, elles** *pronom subjectif optatif logophorique pluriel*

'wo- *pron* **ils le, ils la, elles**

le, elles la *forme contractée : pronom subjectif inclusif 3ème pers. pl. de la série conjointe + pronom non-subjectif 3ème pers. sg.*

-wodaplɛmɛ [-wo -da =plɛ -mɛ] *n rn* compagnon *m (de route, de résidence, sans lien de parenté)*

-wodhiölomɛ [-wo 'dhiö -lo -mɛ] *n* **1** porte-parole *m (celui à qui on confie une tâche pour parler au nom du groupe, du peuple)* **2** interprète *m*

-wodhiösümɛ [-wo 'dhiö 'sü -mɛ] *n* interprète *m*

woë- *pron* son, ses *pronom réfléchi pl. de la série possessive*

-wogbinngdhɛ [-wo 'gbinng- -dhɛ] *n* autorité *f*

woka [wo 'ka] *pron* ils ne, elles ne *pronom subjectif logophorique pluriel de la série perfective négative*

-woka [-wo 'ka] → waa *pronom subjectif 3ème pers. pl. de la série perfective négative*

wong- *pron* lui et lui, elle et lui, elle et elle *pronom coordinatif*

=wong *n* **1** *Lepus* lièvre *m* **2** *Poelagus marjorita* lapin *m* d'Afrique *(oreilles et pattes courtes ; pelage gris brun dessus et blanc dessous ; queue courte)*

'wong- *n* grosse grenouille *f (espèce)*

wong -nu, wong wo -nu *pron* eux et lui, eux et elle, elles et lui, elles et elle, lui et eux, elle et eux, lui et elles, elle et elles, eux et eux, eux et elles, elles et eux, elles et elles *pronom coordinatif*

=woo' *v* **1** *vt* enlever **2** *vt* déterrer

wö *n rn* visage *m*, face *f* ♦ wö 'sian 'piö profil, trois-quarts

=wöng' *n* pilon *m*

wöö *n* petit moustique *m (espèce)*

wöödhɛ [wöö -dhɛ], wöüdhɛ {LOC wöüdhö} *loc.n rn* visage *m*

wöüdhö [wöü dhö] LOC de wöödhɛ *visage*

wɔ **1** *n* coutume *f*

wɔ **2** *v* **1** *vi* passer la nuit **2** *1) vi* être couché *2) vt* coucher, poser, mettre *(sur — 'ka, -ta)* **3** *vi* habiter, loger **4** garder

wɔ **3** *n Phataginus tricuspis* pangolin *m* commun, pangolin *m* à écailles tricuspides *(petit ; écailles petites et nombreuses ; fauve clair ; dessous du corps* *blanchâtre ; queue longue)*

-wɔ *v vt* **coudre, recoudre**

'wɔ *n* **bois** *m* **à brûler, fagot** *m* ♦ 'wɔ 'yɛ couper des fagots

wɔdhɛ [wɔ -dhɛ] *n* **1 logement** *m* **2 couchette** *f*

'wɔdhö ['wɔ dhö] *adv* **brusquement, aussitôt**

wɔkɔ [wɔ -kɔ] *n* **coutume** *f*

'wɔnngwɔnng ['wɔnng -wɔnng] *adj* **un peu fort** *(plus grand que ses camarades d'âge : qui grandit ou grossit très vite)*

=wɔɔ-, wɔɔ- *n* **singe** *m (nom générique pour plusieurs espèces de singe; on traduit souvent ce mot en français par « chimpanzé avec la queue »)*

'wɔɔnwɔn ['wɔɔn -wɔn] *adj* **calme, silencieux** *(de nature ou à cause d'une maladie)*

=wɔugloëma [=wɔu' gloë--ma] *n* **Tauraco leucolophus touraco** *m* **à huppe blanche** *(espèce d'oiseau : tête presque entièrement blanche)*

'wɔyɛlan ['wɔ 'yɛ lan-] *n* **temps pour aller ramasser les fagots** *(entre 15h-17h)*

'wɔzë ['wɔ -zë] (wo) *adj* **chaud**

wun *n* **1 cheveux** *mpl,* **chevelure** *f* ♦ wun bɔ tresser ; 'wlaan- yi =ya 'to 'tee, -bhö -ya ü -bha wun bɔ -sü -bha la fête s'approche, commence à te tresser ♦ wun bɔsü cheveux nattés *(coiffure féminine)* ♦ wun bhosü cheveux coupés ♦ wun do wun 'dhiö -sü faux cheveux *(chignon postiche, perruque)* ♦ wun -kpasü cheveux collés par le savon, cheveux défrisés *(coiffure féminine et masculine)* ♦ wun -lösü cheveux tressés *(coiffure féminine)* ♦ wun 'pɛn -yan raie ♦ wun -piö peigner ; -bhö ü -bha wun -piö kö 'üën- =tun 'dho -sü -bha =klang' 'kɔɔdhö peigne-toi avant de partir à l'école ♦ wun -yuö kë -sü cheveux coiffés, coiffure ♦ wun 'zɔ plantation des cheveux en épis **2** *rn* **manche** *m (d'outil)*

'wun *n* **1 affaire** *f* ; n -bha 'wun -mü, ü bha 'wun 'yaa -mü ! c'est mon affaire et non la tienne ! **2 événement** *m* ♦ 'wun -së yö accoucher *(litt. : avoir un heureux événement)* ♦ -a -wun -to 'tee à peine

'wunblë ['wun 'blë] *n* **mouche** *f*

'wundanpömɛ ['wun 'dan pö -mɛ] *n* **rapporteur** *m,* **médisant**

m, **personnage** *m* **malveillant**

'wundɔa ['wun -dɔa], **'wundɔadhe** ['wun -dɔa dhe], **'wunduadhe** ['wun -dua dhe] *n* **prétexte** *m*, **argument** *m*, **faux alibi** *m* ; -wundɔa 'ö- =mɛɛ kö 'yaan- =duë il cherche un prétexte pour fuir

'wundɔdhe ['wun dɔ dhe] *n* **connaissance** *f*, **sagesse** *f* ; -Zlan -yö 'wundɔdhe =va -ta 'vaa -va -nu -gludë Salomɔn -dhë Dieu a donné une très grande sagesse à Salomon

'wundɔmɛ ['wun dɔ -mɛ] *n* **sage** *m*, **savant** *m* ; 'wundɔmɛ waa- 'blɔɔnmɛ -an 'wun kë -kɔ 'yaa do le sage et l'insensé n'ont pas la même manière de faire les choses

'wunduadhe → 'wundɔa *prétexte*

'wundhökëdhiöblɛɛmɛ ['wun dhö kë 'dhiö =blɛɛ' -mɛ] *n* **prophète** *m*

wunga [wun ga] *n* **cheveu** *m*

'wungia ['wun gia-] *n* **vérité** *f* ; 'wun gia- -mü, yaa =sua kë c'est la vérité, il n'a pas menti ♦ 'wun gia- =blɛɛ' -mɛ honnête personne

'wungɔ ['wun -gɔ] *n* **sujet** *m* **d'affaire, résumé** *m*, **indication** *f*

'wungɔdhiömɛ ['wun -gɔ 'dhiö -mɛ] *n* **responsable** *m*, **président** *m* **de séance**

'wuntayɔmɛ ['wun -ta 'yɔ -mɛ] *n* **personne** *f* **qui fait autorité** *(celui qui conclut après un discours ; le plus souvent c'est le chef du village ou le chef d'une famille)*

'wunyöyaansü ['wun -yö yaan -sü] *n* **mauvaise affaire** *f* ; 'bha 'wunyöyaansü -zë kë ü zü -dhö -ma ! si tu fais des affaires louches, tu seras chicoté ! *Iv.*

'wunzaasü ['wun =zaa' -sü] *n* **faute** *f*

'wuu *n rn* **vapeur** *f*

wü *n* **1 animal** *m* ♦ wü -bhö -wü carnassier *m* ♦ wü kë faire la chasse **2** *rn* **viande** *f*

'wü 1 *v 1)* vi **se casser** *2)* vt **casser, briser** *Syn.* 'yɛ, =wüü'-

'wü 2 *v* vi **embrasser** *(qn — -bha)*

'wüdhe ['wü -dhe] *n rn* **trou** *m (percé)*

wükwi [wü kwi] *n* **cuir** *m* **en croûte**

=wüü'-, =wüü' *v vt* **1 casser** *(en plusieurs morceaux)* ; =bluu'- bhë 'bha -a =wüü'- -a ? as-tu coupé le pain en morceaux ? *Syn.* 'wü, 'yɛ **2 écraser,**

moudre *(avec une pierre)* ; laɔn bhë -a =wüü'- -guö -ta il faut moudre ce poivre avec le caillou

Y y

ya 1), yaa {pl. yaa -nu, yaya -nu, yaya} *adj* **1 mauvais** *(de mauvaise qualité)* **2 mauvais** *(au goût)* **3 laid, vilain, odieux 4 méchant, hostile 5 sale** ♦ -yö ö -de -kun ya, 'yaa ö 'zlu il est malpropre, il ne se lave pas ♦ 'në =nɛ -yö pɔɔ- -de -kun yaa 'gü cet enfant mange salement

ya 2) *adv* **mal**

-ya 1 *v* **1)** *vi* **s'asseoir, être assis ;** =ya -ya sia- il s'est assis par terre ; -yö -ya -sü 'ka sia- il est assis par terre ♦ =ya -ya 'mɔbli 'gü -yaan 'dho 'Maadhö il est allé à Man en voiture ♦ -ya mɛ =gbɛi' être contre qn ♦ mɛ -ya 'yaan veiller ; -bhö -ya ü 'yaan kö =kun 'ü yi zë il faut rester éveillé, ne dors pas ♦ -ya pë =zɔng' -ta se soucier ; -më 'pö 'ü -ya -a =zɔng' -ta 'gbö dhö, 'ö 'bha =kluɛ'- bhë ɛ ? de quoi te soucies-tu, pour que tu maigrisses de la sorte ? **2)** *vt* **faire asseoir, mettre** ♦ -ya -de -ta mettre qch à part ; -bhö 'wëü- =këng' =plɛ -nu 'wo bhë -an -ya -de -ta, kö =kun 'ü -an =kaan 'wëü- =këng' do -nu 'ka il faut mettre les billets de mille francs à part, ne pas les mélanger aux billets de cinq cent ♦ -ya mɛ =tian' -pë destiner à... ; -a -bha 'wo- -ya -a =tian' yö -mü, kö =kun 'ö mɛ gbɛ -ya sü on lui a déjà destiné cela, il ne faudrait pas que quelqu'un le prenne **2** *1) vt* **nommer ;** -dadhëü -nu 'wo =Tɛaplöö =wa 'Zakö -ya wo -gɔ 'dhiö les jeunes de Téapleu ont mis Jacques à leur tête *2) vi* **être à la disposition** *(de qn — -gɔ)* ; =ya kë =nɛ ü -bhawun -yö -ma, kö a -ya ü -gɔ si tu as besoin de moi, je suis à ta disposition **3** *vi* **habiter, demeurer ;** a -ya mü -kwɛ =plɛ 'ka j'ai habité là pendant deux ans ♦ -ya -de 'flëë 'gü être en paix *(tranquillité de cœur, liberté totale)* **4** *vi* **se mettre** *(à faire qch — -bha)* ; gbɔdɔdhe =ya -ya gbɔ 'sɛ kpö =va -ma -sü -bha la potière a commencé à pétrir une masse d'argile **5** *vt* **mettre** *(chapeau, chaussures)* **6** *vi* **attraper, saisir** *(qch — -bha)* ♦ 'lü -kɔ -nu 'plüng -nu =wa -ya -a -bha les branches sont couvertes de bourgeons ♦ -ya 'kuë- s'attraper fortement, se battre **7 labourer** *(avec une houe)* ♦ 'sɛ 'kɔ -ya **butter ;** =wa 'dho 'ku 'sɛ 'kɔ -ya =dhia =bhlöö- ils sont partis au champ pour faire des buttes d'ignames **8** *vt* pë -ya, 'sëëdhɛ -ya **écrire** *Syn.* pë =bɛɛn'

-ya 2 *pron* **il le, il la, elle le, elle la** *forme contractée : pronom subjectif 3ème pers. sg. de la série existentielle + pronom non-subjectif 3ème pers. sg.*

=**ya** *pron* **il, elle** *pronom subjectif du parfait, 3ème pers. sg.*

'ya 1 *n* **riz** *m* **cuit** ♦ 'ya pë plat de riz

'ya 2 *pron* **il, elle** *pronom subjectif logophorique singulier du parfait*

yaa 1, -yöka [-yö 'ka] *pron* **il ne, elle ne** *pronom subjectif 3ème pers. sg. de la série perfective négative*

yaa 2 → ya *mauvais*

-yaa → -yaan 1 *pronom subjectif 3ème pers. sg. de la série à valeur de but / d'antériorité*

'yaa *pron* **il ne, elle ne** *pronom subjectif de la série imperfective négative ;* 'yaa yiö -ya -kë 'ö 'yaan elle ne dort pas, elle le fait exprès

'yaa- → 'yaan- 1 *pronom subjectif logophorique sg. de la série à valeur de but / d'antériorité*

yaadhɛ [yaa -dhɛ] *n* **laideur** *f*

-yaaga [-yaa ga] *num* **trois**

yaagümɛ [yaa 'gü -mɛ] *n rn* **ennemi** *m Syn.* 'yung-

-yaan 1, -yaa *pron* **pour qu'il, pour qu'elle** *pronom subjectif 3ème pers. sg. de la série à valeur de but / d'antériorité*

-yaan 2 → -yan *œuf*

=**yaan-** *n* **Ploceus luteolus, Ploceus cucullatus, Quelea quelea, Ploceus superciliosus, Ploceus aurantius, Ploceus nigricollis brachypterus, Ploceus nigerrimus oiseau-gendarme** *m (terme générique pour plusieurs espèces)*

'yaan 1 *n* **canne** *f* **à sucre sauvage** *(ressemble à du maïs, tiges plus petites ; épis avec barbes urticantes ; non comestible)*

'yaan 2 *COM de* 'yan *œil*

'yaan- 1, 'yaa- *pron* pour qu'il, pour qu'elle *pronom subjectif logophorique sg de la série à valeur de but / d'antériorité*

'yaan- 2 *SUB de* 'yan *œil*

'yaandhɛ ['yaan 'dhɛ] *n* herbe *f (toute herbe longue et mince, par ex. Setaria barbata)*

'yaanlo ['yaan 'lo] *n* masque *m (recouvert de paille jusqu'au sol, espèce de* =glöö sia-*; sort aux cérémonies de circoncision et excision)*

=yaannu → =yaanu *s'asseoir*

-yaantedhe [-yaan 'te dhe] *n* chenille *f* ♦ -yaantedhe 'kɔ cocon ♦ -yaantedhe 'në 'glaü nymphe

=yaanu [=yaa' nu], =yaannu [=yaan' nu] *v vi* s'asseoir ; -yö =yaannu -sü 'ka sia- il est assis par terre

-yaatagbloo [-yaa -ta -gbloo] *n rn* callosités *fpl* fessières *(du singe)*

yaazë [yaa -zë] *adj* 1 très mauvais ♦ sɔ 'yan yaazë envers *m* de tissu 2 *fig.* très sale ; -më -wun yaazë 'ö- =blɛɛ' -kɔ -kë 'dhö e ! c'est quelle sale histoire çà !

-yadhɛ [-ya -dhɛ] *n rn* 1 place *f* 2 logement *m* 3 siège *m* ♦ -yadhɛ nu céder la place *(à — -dhë)*

'yako ['ya -ko] *n rn anat.* sacrum *m (partie inférieure de la colonne vertébrale)*

-yakuëdhe [-ya 'kuë- dhe], -yakoëdhe [-ya 'koë- dhe] *n* réunion *f*

-yan, -yaan *n rn* œuf *m*, larve *f (d'insecte)* ♦ -yan -da pondre ; -tɔ bhë =ya ö -yan -da =ya kë =plɛ cette poule a déjà pondu deux œufs ♦ -yan -da -we wo caqueter

'yan 1 {IN 'yënng, 'yëng, COM 'yaan, SUB 'yaan-} *n rn* 1 œil *m*, paire *f* des yeux ; pë =ya 'dho n 'yënng, n -dhɛ yö -dhɛ 'yaa -dhö quelque chose est sorti de mes yeux, je ne peux rien voir ♦ -a 'yënng -ya -a 'ka =klöö' elle était au bord des larmes ♦ 'yan -dhɛ 'puu -dhɛ blanc de l'œil ♦ 'yan -dhɛ tii -dhɛ iris ♦ 'yan =gɛing' -ga pommette ♦ 'yan =gɛing' -kwi paupière inférieure ♦ 'yan kwi paupière supérieure ♦ 'yan 'zɔ =sɛɛ' -dhɛ patte d'oie ♦ 'yan 'yi larmes ♦ 'yënng bhɔ *i)* souffrir *(à cause de — 'piö)* ; =klang' ka -gɔ =nɛ ka 'yënng bhɔ -na -a 'piö =dhɛɛ ! vraiment vous peinez énormément pour vos études *ii)* avoir mal ; n 'yëng =ya bhɔ n -gɔ bhë -a -wun 'ka j'ai mal à la tête ♦ 'yënng =dhoë', 'yënng =dhuë' consoler ♦ 'yëng tii aveugle ; -a 'yëng tii 'ö bhɔa il est aveugle de naissance ♦ 'yënng yö avoir pitié de ; -bhö -a 'yënng yö 'ü -a -bha -wun 'to aie pitié de lui, et pardonne-le **2 regard** *m* ; ü 'yan bhɔ n 'piö ne me regarde pas ♦ 'yan -da voir *(qch — 'gü)* ♦ 'yan dɔ regarder *(qch — -bha)* ♦ 'yan -ziö manifester un manque de respect, mépriser *(qn — 'gü)* ♦ 'yan 'zɔ -zuö lorgner *(qn — 'piö, -bha)* **3 couleur** *f*

'yan 2 *v vt* **tailler** *(le bois ; les dents)* ; gɔɔn- bhë -yö 'lö -yan -së cet homme taille bien les mortiers ; =ya =glöö -gɔ 'yan il a sculpté un masque en bois

-yanbɔdhɛ [-yan bɔ -dhɛ] *n* **cloaque** *m*

'yandheyöme ['yan -dhɛ yö -mɛ] *n* **clairvoyant** *m (personne qui connaît les pensées des autres ; qui « voit » les revenants régulièrement)* Syn. 'zoo

'yang- *n rn* 'sɔn 'yang- **dent** *f* **taillée** *(terme générique)*

'yanga ['yan ga] *n rn* **1 œil** *m* **2 regard** *m* ♦ ü 'yanga bhɔ n 'piö ! détourne ton regard de moi ! *(se dit en colère contre qn : invective ou blasphème)*

-yangado [-yan ga do] *n rn* rare *(forme -yanga n'existe pas)* **un œuf**

'yangadozë ['yan ga do -zë] *adj* **borgne**

'yankpongta ['yan -kpong -ta] *n rn* **bosse** *f* **frontale**

'yannë ['yan 'në] *n rn anat.* **pupille** *f (orifice central de l'iris de l'œil)*

'yanpiöpë ['yan 'piö -pë] *n* **rêve** *m* ; 'yanpiöpë 'ö yö yiö gbeng =dɛɛ -yö -kë -ziizë le rêve qu'il a fait cette nuit était épouvantable

'yanpuu ['yan 'puu] *n rn anat.* **iris** *m*

'yantii ['yan tii] *n rn anat.* **pupille** *f*

'yantoagɔpë ['yan -to -a -gɔ -pë] *n rn* **espoir** *m*

'yanziö ['yan =ziö'] *n* **muflerie** *f,* **manque** *m* **de respect** ♦ 'yanziö 'gü kë manifester un manque de respect, mépriser *(qn — 'ka)* ; 'në -bha 'yanziö 'gü -kë mɛ =vava -nu 'ka -sü bhë 'yaa -së ce n'est pas du tout bien que les enfants méprisent les grandes personnes

'yasa ['ya 'sa] *loc.n rn* clôture *f*, enceinte *f*, cour *f*

=yaü [-ya 'gü -sü -zë] *adj* mɛ -gɛn 'gü =yaü *n* bancal *(jambes arquées)*

yaya [ya ya] *pluriel de* ya *mauvais*

-yayɔɔ [-ya 'yɔɔ] *n rn* voisin *m*, prochain *m*

-yaɔ *n* tas *m* de marchandise *(au marché)* ♦ -yaɔ bho vendre *(qch en tas)* ; -bhö -yaɔ bho kö 'üɛn- 'wëü- yö il faut marchander pour avoir de l'argent

=yaɔbhaa [=yaɔ bhaa], -yaɔbaa [-yaɔ baa] *n* langue *f* dan *(en Côte d'Ivoire, à l'exception des Dan de la préfecture de Touba)* <u>Syn.</u> =daanwo

=yaɔn'-, =yaɔn' *n* chat *m*

=yee'-, yee- *n* coton *m* ♦ =yee'- bho filer du coton ; dhe =klöklöö -nu -ma yuö =plëë' -zë 'ö tɔɔ =yee' bho -sü le travail le plus important des vielles femmes c'est de filer du coton

'yee → 'yei *rire*

'yee- *n Natrix anoscopus* serpent *m (espèce)*

=yeedhi [=yee'- -dhi] *n rn anat.* pulpe *f (de dent)*

=yeega [=yee'- ga] *n* **1** grain *m* de coton **2** fil *m* de coton **3** balle *f* de coton

'yeegblüng ['yee gblüng] *n Grayia smythii* serpent *m (espèce)*

'yei, 'yee *n* rire *m* ♦ 'yei 'to *i)* rire *ii)* se moquer *(de — -bha)*

'yeizë ['yei -zë] *adj* ridicule, comique

'yena ['ye 'na] *n rn* souffrance *f*, misère *f* ; 'ma 'yena -wun kë kwa 'ka *i)* malheur à nous ! *ii)* je nous ai fait du mal

'yenamɛ ['ye 'na -mɛ] *n* misérable *m, f,* pauvre *m*

'yenazë ['ye 'na -zë] *adj* **1** lugubre **2** malheureux

'yene ['ye 'ne] *n Oecophylla* fourmi *f* rouge

yën *v vi* achever, terminer *(qch — -bha)* ; 'ma yën pë -bhö -sü -bha =sia, a -dhö 'sëëdhɛ -nu =bɛɛn'- quand j'aurai fini de manger, j'écrirai des lettres <u>Syn.</u> 'dhiö 'to

'yëng 1, 'yënng *n* sable *m*

'yëng 2, 'yëng -lü *n Ostryoderris stuhlmannii* arbre *m (espèce)*

'yëng 3 *IN de* 'yan *œil*

'yëngdhɛ ['yëng -dhɛ] *n rn* blanc *m* de l'œil

'yënggblo ['yan 'yi 'gblo] *n rn* cerne *m* des yeux

'yëngyë ['yëng -yë] *adj* lâche

=yënng 1 *n* insecte *m* (*espèce vivant dans des lieux mal entretenus, se fixe sur les vêtements, dans les matelas ; pique, suce le sang ; différent de la punaise*)

=yënng 2 *n* vigne *f* vierge

'yënng 1 *IN de* 'yan œil

'yënng 2 → 'yëng sable

'yënngtaa ['yënng =taa] *LOC de* 'yënngtaadhɛ désert

'yënngtaadhɛ ['yënng =taa -dhɛ] {LOC 'yënngtaa} *n* **1** désert *m*, sahel *m*, Sahara *m* **2** plage *f*

'yënngtiimɛ ['yënng tii -mɛ] *n* aveugle *m*

-yɛ *v vt* rôtir, griller

'yɛ *v 1) vt* casser, couper (*fagot*), fracturer (*bras, jambe*), abîmer (*nasse*) ; dhoo -nu =wa 'dho 'wɔ 'yɛ =dhia les femmes sont allées couper le fagot *Syn.* 'wü *2) vi* se briser, se casser, être abîmé ♦ -yɛ ö 'zü retourner ; 'në bhë -kaa pö -a -dhë -yö 'yɛ ö 'zü 'yi =ya pa =duö, 'yi 'kan -dhɛ gbɛ 'yaa -dhö dites à cet enfant de retourner, l'eau est en crue, il n'y a aucun moyen de la traverser ♦ -yɛ 'zü -sü retour

=yɛɛ'- *v 1) vt* casser en morceaux ; =sian 'pɛn -nu 'wo bhë -an =yɛɛ'- 'kuë =klööklöö kö 'ko 'siö -da -an 'ka il faut casser ces brindilles en morceaux pour allumer le feu *2) vi* se casser en morceaux

-yɛɛdhö [-yɛɛ dhö] *adv* en masse, en groupe (*déplacer*)

yɛɛn → yiɛn hier

yɛɛntaabha [yɛɛn =taa -bha] *adv* avant-hier

'yɛin *n rn* larmes ; ü =kwaa' 'gbo bɔ -sü -zü, 'ü ü 'yɛin =glüü'- cesse de pleurer et essuie tes larmes

-yɛingzë [-yɛing -zë] *adj* sale (*qui donne la nausée, envie de vomir*)

'yɛlü ['yɛ 'lü] *n Andropogon guanganuo, Aframomum alboriolaceum* bambou *m* de Chine

yɛnyɛnyua [yɛn yɛn =yua'] (dh) *n* folie *f*

'yɛsü ['yɛ -sü] *n rn* fracture *f*

'yɛtadhɛ ['yɛ -ta -dhɛ] *loc.n* savane *f*

-yɛtawɔɔ [-yɛ -ta =wɔɔ-] *n* singe *m* de la savane (*ne se*

trouve pas en pays Blossé)
=yɛü *adj* **rôti, grillé** *(viande, légumes, tubercules)*

'yɛa *n* **chewing-gum** *m*

yɛan → yiɛn *hier*

yi 1 *n* **jour** *m*, **temps** *m (non-défini)*, **moment** *m* ; -mlü 'kan -yi temps de la récolte de riz ♦ yi do 'ka un jour ; kwa -dhö kwa 'ko yö yi doë nous nous verrons un jour ♦ yi 'kpɔ fixer une date ; -ma 'ban yi 'wo -a kpɔ 'ö tɔɔ tɛn {'dhɔɔ} yi ils m'ont fixé le lundi comme jour de travail

yi 2 *pron* **nous** *pronom subjectif exclusif 1ère pers. pl., « nous sans vous » de la série existentielle*

yi 3 *pron* **nous** *pronom exclusif 1ère pers. pl., « nous sans vous » de la série autonome*

yi 4 *pron* **nous, notre** *pronom non-subjectif exclusif 1ère pers. pl., « nous sans vous »*

yi 5 *n* **sommeil** *m* ♦ yi zë, yiö dormir ; -yö =tun yiö =kun =a ? -Ka 'dho 'ka 'pa -a -bha il est encore endormi ! allez-y le réveiller

yi- *pron* **nous le, nous la** *forme contractée : pronom subjectif exclusif 1ère pers. pl., « nous sans vous » de la série existentielle + pronom non-subjectif 3ème pers. sg.*

'yi 1 {LOC yiö} *n* **1 eau** *f* ; -bhö -a dɔ yiö ! mets-le à l'eau ! ♦ 'yi 'kan *i)* traverser l'eau *ii)* respecter qn ; 'bhaa n 'yi 'kan tu ne me respectes pas ; -Zlangɔ -bha 'në bhë -yö mɛ 'yi -kan =duö le fils de Zlango respecte beaucoup les gens **2 liquide** *m* ♦ =mɛɛ 'yi venin de serpent

'yi 2 *pron* **nous** *pronom subjectif conjoint exclusif 1ère pers. pl., « nous sans vous »*

'yi 3 *pron* **nous** *pronom subjectif optatif exclusif 1ère pers. pl., « nous sans vous »*

'yi- *pron* **1 nous le, nous la** *forme contractée : pronom subjectif exclusif 1ère pers. pl. de la série conjointe + pronom non-subjectif 3ème pers. sg.* **2 nous le, nous la** *forme contractée : pronom subjectif exclusif 1ère pers. pl. de la série optative + pronom non-subjectif 3ème pers. sg.*

'yiblüme ['yi -blü -mɛ] *n* **pêcheur** *m*

'yibhletee ['yi 'bhle 'tee] *n* **mare** *f*

'yido ['yi do] *n* **lac** *m* <u>Syn.</u>

'yipuë, 'yiglu

yidoë [yi do ë] *formule de séparation* kwa yidoë, ko yidoë **à bientôt ;** kwa yidoë, 'ma 'dho 'ta 'gü *à bientôt, je vais en voyage*

'yidhe ['yi dhe] *n* **poliomyélite** *f* ♦ -gɛn 'gü 'yidhe *poliomyélite de la jambe*; -gbiö 'gü 'yidhe *poliomyélite du bras* ♦ mɛ 'yidhe =yua' dhö -a -gɛn /-gbiö -bha *poliomyélitique*

yië 1 *n* **1 moment** *m*, **saison** *f*, **temps** *m* **2 fois** *f* ♦ yië do *une fois* **3 jour** *m* ♦ yië =plɛ =nɛ *dans deux jours*

yië 2, yika [yi 'ka] *pron* **nous ne** *pronom subjectif exclusif 1ère pers. pl., « nous sans vous » de la série perfective négative*

yië- 1, yië *pron* **moi et...** *pronom coordinatif* ♦ yië- ... -nu *nous et...*

yië- 2 *pron* **moi et son..., moi et sa...** *pronom coordinatif fusionné avec le pronom non-subjectif 3ème pers. sg. suivant* ♦ yië- ... -nu *nous et son...*

yië- 3 *pron* **notre, nos** *pronom exclusif 1ère pers. pl. de la série possessive*

=**yië'** *n* **saison** *f*, **temps** *m*

=**yië'-** *n* **étoffe** *f*

'yië *pron* **nous** *pronom subjectif du parfait, exclusif 1ère pers. pl., « nous sans vous »*

'yië- 1 *pron* **nous le, nous la** *forme contractée : pronom subjectif exclusif 1ère pers. pl. du parfait + pronom non-subjectif 3ème pers. sg.*

'yië- 2 → 'yiëën- *pronom subjectif exclusif 1ère pers. pl. : « nous sans vous » de la série à valeur de but / d'antériorité*

'yiëbiö ['yië- biö] *n* **Hippopotamus amphibius hippopotame** *m*

'yiëbhaɔ ['yië- =bhaɔ'] *n* **tortue** *f* **d'eau**

'yiëë *pron* **nous ne** *pronom subjectif exclusif 1ère pers. pl., « nous sans vous » de la série imperfective négative*

'yiëën-, 'yië- *pron* **pour que nous** *pronom subjectif exclusif 1ère pers. pl. : « nous sans vous » de la série à valeur de but / d'antériorité*

'yiëma ['yië- -ma], **'yipiöma** ['yi 'piö -ma] *n* **1 Crex egregia, Sarothrura pulchra, Canirallus oculeus râle** *m* (*espèce d'oiseau*)

'yiëpa ['yië- -pa] *n* **pagaie** *f*

yiɛn 1), yɛan, yɛɛn *adv*

hier

yiɛn 2) *adj* d'hier ; 'ya yiɛn -yö -kë -së le riz fait hier était bon ; dha yiɛn =nɛ -yö -kë =va il pleuvait à verse hier

'yiga ['yi ga] {LOC 'yigaadhö} *n* **fleuve** *m* ♦ 'yiga -gɔ 'go -dhɛ amont *m* du fleuve ♦ 'yiga 'sɛɛn- ruisseau, marigot ♦ 'yiga 'tee rivière ♦ 'yiga =va fleuve

'yigloopiödhɛ ['yi gloo 'piö -dhɛ] *n* **fossé** *m*

'yiglu ['yi -glu] *n* **lac** *m* <u>Syn.</u> 'yido, 'yipuë

'yigɔ ['yi -gɔ] **1)**, **'yigɔbhɔdhɛ** ['yi 'gɔ bhɔ -dhɛ] *n* **source** *f* **d'eau**

'yigɔ ['yi -gɔ] **2)** *n frère ou sœur le plus aîné (la plus aînée) dans la famille* ♦ =dhoo 'yigɔ frère le plus aîné ♦ 'dhei 'yigɔ sœur la plus aînée

'yigba ['yi gba] *n* **barrage** *m*, **digue** *f (fait en nervure de palme et dans lequel on laisse un passage pour placer la nasse)* ; 'yi =ya =bhüö'- kö 'yigba 'yaa 'yuö- 'kun gbɔ lorsque l'eau se tarit, il n'y a plus de poisson dans la nasse

yigbanwo [yi -gban -wo] *n* **ronflement** *m*

-yiisië [-yii sië] *num* **quatre**

yika [yi 'ka] → yië 2 *pronom subjectif exclusif 1ère pers. pl., « nous sans vous » de la série perfective négative*

'yikanmɛdhëwun ['yi -kan mɛ -dhë -wun] *n* **événement** *m* **agréable**

'yikɔnë ['yi -kɔ 'në] *n* **affluent** *m (de fleuve)*

'yikpong ['yi 'kpong] *n* **rivage** *m*

'yikpongdhiö ['yi 'kpong 'dhiö] *n* **rivage** *m*

'yikpö ['yi kpö] *n* **1 vague** *f* **2 glaçon** *m*

'yimükɔɔ ['yi mü -kɔɔ] *n* **tasse** *f*, **verre** *m*

'yimüvɛdhɛ ['yi mü 'vɛ -dhɛ] *n* **verre** *m*

'yinëga ['yi 'në ga] *n* **marigot** *m* <u>Syn.</u> 'yisɛɛn-, 'yiga 'sɛɛn-

ying- *pron* **lui et moi, elle et moi** *pronom coordinatif*

ying -nu, ying yi -nu *pron* **nous** *(excl.)* **et lui, nous** *(excl.)* **et elle, nous** *(excl.)* **et eux, nous** *(excl.)* **et elles, moi et eux, moi et elles** *pronom coordinatif*

'yinia ['yi =nia'] *n* **soir** *m* ♦ 'yinia 'piö le soir

yiö 1.1) *n* **rêve** *m* ♦ yiö bho rêver, faire des rêves ; -bhö yiö

-së bho ! bonne nuit ! *(litt. : fais de beaux rêves !)*

yiö 1.2) → yi 5 *forme contractée : yi zë + suffixe verbal du duratif -na*

yiö 2 LOC *de* 'yi *eau*

'yipiö ['yi 'piö] *n* tic *m* nerveux des enfants

'yipiöma → 'yiëma *râle*

'yipuë ['yi 'puë], **'yipoë** *n* **1** lac *m*, étang *m* Syn. 'yido, 'yiglu ♦ 'yipuë =va lagune **2** rivage *m* **3** mare *f*

'yipuu ['yi 'puu] *n* rn -yan 'yipuu blanc *m*, albumine *f (d'œuf)*

'yiseɛn ['yi 'sɛɛn-] *n* ruisseau *m*, marigot *m* Syn. 'yinëga, 'yigasɛɛn

'yita ['yi -ta], **'yitagɔ** ['yi -ta -gɔ, 'yi -ta gɔ] *n* bateau *m* ♦ 'yitagɔ =gbaan' nu -pë ancre

'yitee ['yi 'tee] *n* rivière *f* Syn. 'yigatee

'yitɔɔbhaadhɛ ['yi 'tɔɔ- =bhaa -dhɛ], **'yitɔü** ['yi 'tɔü-] *loc.n* marigot *m*, trou *m* d'eau *(où l'eau d'une rivière se jette ; d'une profondeur d'environ 1-5 mètres)*

'yiva ['yi =va] *n* fleuve *m* Syn. 'yiga =va

'yiziënsɛgɔ ['yi ziën 'sɛ -gɔ] *n* île *f*

'Yizlöö ['yi =zlöö] *loc.n* Libéria

'yizuödhɛ ['yi -zuö -dhɛ] *n* cascade *f*

-yong *n* Cardiospermum grandiflorum plante *f* grimpante *(espèce ; provoque des démangeaisons)*

'yoo 1 *n* **1** cendre *f* Syn. -büö ♦ 'yoo -bi cendre, poussière **2** félicitation à la naissance d'un enfant, pour un mariage, ou adressée à qn qui a réchappé d'un danger ; -kwa 'yoo -mü ! -kwa 'yoo -mü ! félicitations (à la naissance d'un enfant) ♦ mɛ -bha 'yoo 'sü féliciter qn ; -ka yië- 'yoo 'sü, =ya 'yi -së -lo ö kwië- félicitez-nous, car elle a accouché

'yoo 2 *n* mer *f* Syn. =weeyi

yö 1 *v* **1** *vt* voir ; 'yënngtiimɛ 'yaa -dhɛ yö l'aveugle ne voit pas ♦ ü n yö -na 'fiamɛ 'ka tu me traites de paresseux **2.1 1)** *vi* arriver, se trouver ♦ lan- 'bhü =ya yö n 'yënng la lumière du soleil m'éblouit ♦ zaakpong yaa yö -së la porte de la case est mal ajustée ♦ yö plaan *i)* sortir *ii)* libérer *(personne)* **2)** *vt* trouver, retrouver ;

mɛ 'ö pë = mɛɛ 'ö pë yö *prov.* celui qui cherche, trouve ♦ -yö 'wëü- -yö = va il a gagné beaucoup d'argent ♦ {pë} -yö -a -bha -pë qch qu'on possède (travail), réussite **2.2** *vi* **pousser** *(plantes)* <u>Syn.</u> -da, bhɔ **2.3** *vi* **entrer dans, marcher sur, poser le pied** *(sur — -ta)* ♦ yö yiö entrer/descendre dans l'eau **2.4** *vt* mɛ ko yö **s'appuyer le dos** *(contre —-bha)*, **s'adosser** *(à — -bha)* <u>Syn.</u> mɛ ko tën ♦ yö kpɔn 'gü s'agenouiller ; mëng -nu -wo = bhɛa' –na, = ya kë -wo -yö wo kpɔn 'gü 'pö lorsque les musulmans prient, ils s'agenouillent aussi **2.5** 1) *vt* **rencontrer** 2) *vr* **se rencontrer** ; = wa wo 'ko yö ils se sont rencontrés **2.6** *vr* **se réunir, se rassembler 2.7** *vi* yö pë -bha **atteindre, réussir 3** *vi* **commencer** *(à faire qch — 'gü)* ; 'yi yöë- zë -sü 'gü... nous avons commencé à le tuer (le serpent)... **4.1** *vt* **mettre** *(sur — -bha, -ta)* ♦ -piö -yö = soo -gɛn -bha ferrer un cheval **4.2** *vt* **verser** *(liquide)* **4.3** *vt* **lancer** *(à la poursuite de — -bha)* ; = ya ö -bha gbɛn- yö n -ma il a lancé son chien à ma poursuite **5** *vt* **provoquer une maladie** ; ziɔn -nu = wa 'lükia yö -a -bha les moustiques lui ont donné la malaria **6** *vt* **donner un médicament** *(à — -bha)*

yö **2** *pron* **il, elle** *pronom 3ème pers. sg. de la série autonome*

yö **3** → ö *pronom subjectif existentiel logophorique*

-yö **1**, =yö, -ö *pron* **il, elle** *pronom subjectif 3ème pers. pl. de la série existentielle* ; -yö -nu yɛɛn il est venu hier

-yö **2**, -ö *pron* **il, elle** *pronom subjectif 3ème pers. sg. de la série optative*

-yö **3** → 'yö 1 *pronom subjectif 3ème pers. sg. de la série conjointe*

=yö → -yö 1 *pronom subjectif 3ème pers. pl. de la série existentielle*

'yö **1**, 'ö, -ö, -yö *pron* **il, elle** *pronom subjectif 3ème pers. sg. de la série conjointe* ; =dhɛ 'ö nu 'yö -a pö 'yi 'dho quand il est venu, il nous a dit de partir

'yö **2** *pron* **il, elle** *pronom subjectif logophorique de la série optative*

'yö-, 'ö- *pron* **il le, il la, elle le, elle la** *forme contractée : pronom subjectif inclusif 3ème pers. sg. de la série conjointe + pro-*

nom non-subjectif 3ᵉᵐᵉ pers. sg.

yöka [yö 'ka] *pron* **il ne, elle ne** *pronom subjectif négatif logophorique de la série perfective négative*

-yöka [-yö 'ka] → yaa 1 *pronom subjectif 3ᵉᵐᵉ pers. sg. de la série perfective négative*

-yökoëdhɛ [-yö 'koë -dhɛ] *n rn* **maille** *f* ; 'kplö -yökoëdhɛ maille du filet ; =yɔɔ' ga -nu -yökoëdhɛ maillon d'une chaîne

-yösongkëmɛ [-yö song kë -mɛ], **-yösongmɛ** *n* **1 médiateur** *m* **2 avocat** *m (juriste)*

-yözludhëdhiö [-yö zlu dhë 'dhiö] *n Calabaria reinhardtii* **python** *m (espèce)*

yɔ *n* **boisson** *f (y compris alcoolisée)* ; =ya yɔ mü =va, -ya kë -na il a trop bu, il est ivre

-yɔ *n rn* **dot** *f* ; n 'zlaa- 'nëdhe 'ö ka -gɔ bhë, kaa- -yɔ kë =kun vous n'avez pas versé la dot de ma petite sœur que vous avez déjà épousée

'yɔ *v* **1** *1) vi* **être glissant** *2) vt* **faire lisser, faire glisser 2** *vt* **enduire** *(de — 'ka)* **3** *vt* **enduire de kaolin, blanchir avec du kaolin** ; n dë =ya 'kɔ 'yɔ 'töüdhö mon père a blanchi toute la maison

yɔakëmɛ [yɔ -a -kë -mɛ] *n* **homme** *m* **ivre, ivrogne** *m*

'yɔn 1 *n rn* **1 sein** *m*, **seins** *(femmes)* ♦ 'yɔn nu donner du lait *(animaux)* ♦ 'në gbaa 'yɔn 'ka, 'yɔn nu 'në -dhë allaiter **2 pis** *m*

'yɔn 2 *n* **1 huile** *f* **2** *rn* **graisse** *f* **3 beurre** *m* **4** *rn* 'zɔ 'yɔn **miel** *m* **5 baume** *m*

'yɔng *n* **danse** *f (espèce ; danse de réjouissance pratiquée en saison sèche)*

'yɔnga ['yɔn ga] *n rn* **pis** *m (de vache)*

'yɔngɔ ['yɔn -gɔ] *n rn* **tétin** *m (de femme, d'homme, d'animal)*

=yɔɔ' 1) *n* **chaîne** *f*

=yɔɔ' 2), =yɔɔ'- *v* **1** *vi* **descendre 2** *vt* **avaler** ; -a =yɔɔ' 'yi 'ka avale-le avec de l'eau **3** *vr* -gɔ =yɔɔ'- **incliner la tête, se soumettre** *(à — -dhë)* ; =klang' 'në =ya ö -gɔ =yɔɔ'- ö -gɔmɛ -dhë sia-, 'ö- -gɔmɛ -de 'pö 'ö pë -zɔn -a -dhë -së 'ka c'est quand l'élève se soumet à son maître que celui-ci pourra bien l'enseigner ; 'bɔn -nu -wo -da -na plöö, -an 'plɛ -an -gɔ -yö =yɔɔ' -sü 'ka quand les nouveaux circoncis rentrent au village, toutes leurs têtes sont inclinées 4 *vt* **déchaîner** *(chien, etc.)*

'yɔɔ *n* **kaolin** *m* ♦ 'yɔɔ -kë, 'yɔɔ 'puu -kë peindre, blanchir *(avec du kaolin ; qch — -bha)* ♦ 'yɔɔ 'kpɔ *i)* mettre du kaolin *(sur — -gɔ) ii)* donner une bourrade amicale *(à — -gɔ)*

=yɔɔdhɛ [=yɔɔ' -dhɛ] *n* **descente** *f (de la montagne, le lit d'une rivière)*

=yɔɔn 1 *v* **1** *vi* **s'approcher** *(de — -bha, 'sɔɔ)* ♦ =yɔɔn sia- abaisser **2** *vt* **enfoncer, mettre** *(dans — 'gü ; sous l'eau — 'yi =löö)* **3** *vi* =yɔɔn mɛ -ta affirmer ; -yö -yɔɔn -a -ta =nɛ, -yö -nu yɛɛn il affirme qu'il est venu hier

=yɔɔn 2 *n rn* **sang** *m*

'yɔɔn- *adj* **graisseux** *(viande)*

-yɔɔnmɛa [-yɔɔn mɛa-] *n* **chameau** *m*

'yɔsü ['yɔ -sü] *adj* **1 glissant 2 épais** *(liquide)*

'yɔsüzë ['yɔ -sü -zë] *adj* **lisse, glissant** ; dha =ya ban kö -dhɛ 'plɛ =ya kë 'yɔsüzë lorsqu'il pleut tous les recoins deviennent lisses Ant. 'kiakia

yɔzla [yɔ -zla] *n* **vin** *m* **de palme nouveau** *(très sucré)*

'yua {=yua'} *n* **maladie** *f* ; 'yua -ya -bha il est malade ; -sü 'koë =yua' -mü c'est une maladie contagieuse ♦ 'yi dhɛ =yua' poliomyélite ♦ =ya -püö 'yua 'ka sia- il est tombé malade ♦ 'yua pë 'sɛɛn- malaise ♦ 'yua kë être malade ; 'yua -ya kë -na il est malade

'yuadhɛ ['yua 'dhɛ] *n* **médicament** *m*, **remède** *m (terme générique)*

yuan *adj* **inactif, indolent**

'yuandhɛ ['yuan -dhɛ] *n* **paresse** *f*

'yuazë ['yua -zë] *adj* **malade**

yuën *n* **arbre** *m (espèce)*

'yuënyuën ['yuën -yuën, 'yuën yuën] *adj* **pâle, pas clair, mat**

yun 1, yuun *n rn* **1 nez** *m* ♦ yun 'dhi narine ♦ yun 'dhiö -dhɛ espace entre nez et lèvres ♦ yun 'gblo canal sous le nez ♦ yun -gbloo arête du nez, chanfrein ♦ yun =sɛɛ' -dhɛ ride à la racine du nez ♦ yun 'san éternuer ; -yö ö yuun 'san -na il éternue ♦ yunsandhɛ éternuement ♦ yun 'to fosse nasale **2 antenne** *f (d'insecte)*

yun 2, yuun *n rn* **racine** *f* ♦ yun -gbloo racine adventive aérienne *(arbre)*

'yung-, 'yunng-, 'yuun-, 'yuu- *n rn* ennemi *m* <u>Syn.</u> yaagümɛ

yungɔn [yun gɔn] *n rn* museau *m (d'animal)*

yungbɔ [yun gbɔ] *n rn* nez *m*

'yunng- → 'yung- *ennemi*

yuö *n* travail *m*, emploi *m*, métier *m* ♦ yuö kë *i)* travailler *ii)* réparer ; =ya ö -bha zaa- zii -yuö kë il a reconstruit son ancienne case *iii)* fabriquer

=yuö *n rn* restes *mpl (de nourriture restée pour le lendemain)*

'yuö- 1, 'yuö *n* poisson *m*, banc *m* de poissons

'yuö- 2 *n rn* poche *f* ; -a 'yuö- -ya 'dhiö, -a 'yuö- -ya =zlöö il y a une poche devant et une poche derrière

'yuöga ['yuö ga] *n* 1 poisson *m* séché 2 très petit poisson *m*

'Yuu *n* Cavally *(fleuve)*

'yuu- → 'yung- *ennemi*

yuun → yun 1 *nez*

yuun → yun 2 *racine*

'yuun- → 'yung- *ennemi*

yuunga [yuun ga] *rare n rn* racine *f*

Z z

za *n* 1 procès *m* ♦ za dɔ juger *(qn — -bha)* ; Daan' 'dhɔɔyi =dɛɛ =nɛ -wo -dhö za dɔ -a 'ka 'Zusü =plöö ce jeudi ils vont faire le jugement au palais de justice de Danané ♦ za 'kan 'kɔ cour, tribunal *(bâtiment)* ♦ za 'kan -kɔ façon de juger 2 accusation *f*, tort *m* ; za 'yaa- -bha il n'est pas coupable ♦ za -lo accuser; za 'wo- -lo -a tuö bhë, -wa -lo 'waawa, -a kë -wun 'yaa -mü ce dont on l'accuse, il n'y est pour rien, il n'est pas coupable 3 jugement *m* ; ü -bha za =yö -së tu as raison ; za -së -yö -kë -a 'piö il avait raison ♦ ü -bha za- -së s'il te plaît ♦ za -së 'sü avoir raison, prendre le bon jugement ; 'wun 'yi -a =blɛɛ bhë, -a -bha za -yö -kë -së il a eu raison dans cette affaire que nous avons tranchée ; za ka -a dɔ bhë dö 'ö za -së sü =i ? qui a eu raison lorsque vous avez jugé cette affaire ? ♦ za yaa 'sü avoir tort ; 'wun bhë ü -kë ya, ü -bha za ya tu as mal agi, tu as eu tort

-za *n* débat *m* ♦ -za dɔ *i)* discuter *(prix, affaire)* ; 'wun bhë -wo -a -za dɔ -na ils parlent de cette affaire *ii)* fiancer *(discuter les fiançailles entre les parents)* ; =wa dhebɔ -za dɔ ils ont fiancé la femme

zaa- *n* **cabane** *f (dans un champ ; dans une cour et qui sert de cuisine)*

=**zaa**' *n* ***Albizia adianthifolia*** **arbre** *m (espèce)*

'**zaa 1)** *n rn* **1 peau** *f* **de la région pectorale** *(d'un animal)* **2 devant** *m*, **face** *f (d'un objet)*

'**zaa 2)** *loc.n* **devant, en face de**

-zaan 1, -zaangɔn [-zaan gɔn] *n* **coq** *m* **rouge**

-zaan 2 *n* **champ** *m* **défriché** *(endroit où les arbres n'ont pas encore été abattus ; champ nettoyé mais non cultivé)*

=**zaanzan** [=zaan 'zan] *v* **1)** *vt* **agiter, balancer, secouer** ; 'yi kpö -nu -wo gɔmïë =zaanzan -na les vagues agitent la pirogue ; 'tëë 'ö -ziö yɛan -ö yië- 'kɔ =gba =zaanzan le tornade qui a soufflé hier a secoué notre toit ; -yö 'në =zaanzan -na elle berce l'enfant *(pour qu'il dorme)* **2)** *vi* **s'agiter, se balancer** *(doucement)* ; 'yiga =vava -nu -wo =zaanzan -na les eaux du fleuve sont agitées **3)** *vr* **s'agiter, s'inquiéter**

'**zadhö** ['za dhö] *adv* **vite, rapidement** <u>Syn.</u> 'zodhö, 'bladhö

=**zaga** [=za ga] *n rn* **pomme** *f* **d'Adam**

'**zan** *n* **plante** *f (dont l'écorce utilisée dans la sauce la rend gluante)* ♦ 'zan 'too sauce longue

=**zang** *n* **gendarme** *m*

'**zang** *n* **tabac** *m* ♦ 'zang -bi poudre de tabac ♦ 'zang 'yi 'sü mâcher du tabac, chiquer

'**zazadhö** ['za 'za dhö] *adv* **rapidement** <u>Syn.</u> 'blabladhö, 'zozodhö

'**zaɔ** *n* **lame** *f (arme)*

zaɔdhe [zaɔ dhe] *n* **dispute** *f*, **discussion** *f* ♦ zaɔdhe kë argumenter, discuter

-zaɔndhö [-zaɔn dhö] *adj* **rouge** ♦ mɛ -zaɔndhö -zë albinos

ze *n* **haricot** *m (rouge, blanc)*

'**zeewɔyɛgbaangü** ['zee- 'wɔ 'yɛ =gbaan' 'gü] *n* ***Nycticorax nycticorax*** **héron** *m* **bihoreau** *(calotte et dos noirs)*

zelü [ze -lü] *n* **arbre** *m (espèce ; l'écorce est utilisée en* pharmacopée traditionnelle)

-zenggbekɔdɔdhagɔ [-zeng -gbe -kɔ dɔ dha -gɔ] *n Orycteropus afer* oryctérope *m (gros mammifère fouisseur; hauteur au garrot : 60 cm ; poids : 70 kg; corps massif, dos voûté, tête allongée, terminée par un long groin tubulaire et un museau obtus ; membres courts et puissants avec 4 doigts aux pattes antérieures et 5 aux pattes postérieures, chacun d'eux étant armé d'une griffe énorme et droite)*

=**zetunmadhe** [= ze tun ma dhe], =**zetunmadhega** [= ze tun ma dhe ga] *n Labeo senegalensis* carpe *f (espèce)*

zë *v* **1** *vt* **tuer** ♦ mɛ zë -mɛ assassin **2.1** *vt* **frapper** ♦ -zë = gɛan' frapper du pied ♦ -zë -kɔkpöë [-kɔ kpöë] donner un coup de poing **2.2** *vt* 'ko zë **se battre, faire palabre** *Afr.* **2.3** *vt* **casser** *(par ex., des noix)* **3** *vt* **lancer à** *(qch — 'ka)* ♦ mɛ -zë za 'ka condamner qn, accuser qn ; -wo -dho zlöö 'wo- zë za 'ka 'zu -zö = plöö finalement ils y sont allés et on leur a donné tort à la justice ♦ -zë 'gü *i)* trier qch, fouiller dans qch ; = ya -a -bha sɔ -nu zë 'gü -a -bha = kwɛɛ- 'gü il a fouillé les habits dans son bagage *ii)* faire de la discrimination ; pë = ya kë 'ö 'gü -gludhe -da -na kɔɔ bhë 'ö tɔɔ mɛ -zë 'gü kë -sü ce qui apporte la division dans la maison c'est la discrimination ♦ mɛ -zë 'gü dhe discrimination *f* des personnes ; pë 'ö -së -zlangɔkɔɔ 'ö tɔɔ 'waa mɛ -zë 'gü dhe kë, mɛ 'plɛ -ta -yö do 'Klito 'gü ce qui est bien à l'église, c'est qu'il n'y a pas de distinction de personne, tout le monde est réuni en Jésus-Christ **4** *vt* **jouer** *(du tambour, du balafon)* **5 à cause** *(de — -wun -dhë)* ; a -zë ü -wun -dhë c'est à cause de toi que je l'ai fait ; -yö -zë n -wun -dhë 'ö -püö dhayië 'ö dho -bhöpë = mɛɛ' = dhia à cause de moi il s'est jeté sous la pluie pour aller chercher de la nourriture ♦ = ya zë n -gɔ -a 'ka je me suis trompé

-zë 1 *mrph* suffixe improductif de l'adjectif dénominal

-zë 2 *mrph* marque supplémentaire du pluriel des noms des quelques parents et des personnes du même âge ♦ 'ziözë -nu grand-pères ♦ 'bhazë camarades d'âge

zëë *adj* amer

'zëëdhe ['zëë dhe] *n* mange-mil *m (oiseau)*

zën *n* 1.1 cuivre *m* 1.2 bronze *m* 2 bijou *m* en bronze 3 arch. argent *m*

zënga [zën ga] 1 *n rn* ovaire *m (d'oiseau)*

zënga [zën ga] 2 *n* 1 bijou *m* en bronze 2 arch. pièce *f* d'argent

zënggë [zëng gë] *n Galago senegalensis* galago *m* du Sénégal *(longueur sans queue : 17 à 20 cm ; face courte, très grandes oreilles, membres postérieurs très allongés, queue très longue et touffue; se déplace en sautant, très actif et rapide; nocturne, arboricole)*

zënggbë [zëng gbë] *n* tarsier *m* zool. *(petite primate remarquable par ses grands yeux, cri nocturne)*

'zëngzë ['zëng -zë] 1 *adv* un peu *(distance, temps non mesuré)*

'zëngzë ['zëng -zë] 2 *adj* vert

zënzë [zën -zë] *adj* bronzé *(couleur)*

zënzënzë [zën zën -zë] *adj* jaune-foncé ♦ -yan 'yi zënzënzë jaune d'œuf

zëü 1 *n* zëü bhɛ **fruit** *m (tous les fruits fades de goût)*

zëü 2 *n* roseau *m (espèce)*

=**zɛ** *n* termite *m* maçon

'zɛ, 'zɛlü *n* arbre *m (espèce, sert dans la pharmacopée traditionnelle)*

=**zɛga** [=zɛ ga] *n* termite *m* maçon

=**zɛi'** *n* cache-sexe *m* d'homme *[morceau de pagne ; prévu initialement pour les femmes, puis utilisé par les hommes]*

zɛn *n* arbre *m (espèce ; fruits non comestibles, écorce s'utilise en pharmacopée traditionnelle)*

zɛnpë [zɛn pë], **zinpë** *n Aedes aegypti* moustique *m*

'zɛnzɛn ['zɛn -zɛn] *adj* orange, rose

'ziaa *n* poudre *f* noire *(faite avec les cosses de certains arbres ; sert de remède pour les furoncles, l'angine et certaines maladies infantiles, par ex. 'yi 'piö)*

zian {LOC ziandhö} *n* chemin *m* ; ziandhö bhɛ 'ö yië- 'mobhli -yö =siö- en cours de route, notre voiture est tombée en panne ♦ zian 'dhi barrière f ♦ zian -gböng carrefour m ♦ zian -ta partir

=**zian'** *pp* vers *(direction)*, **sur la route de**

-**zian** *v vt* **griller**

ziandhö [zian- dhö] *LOC* de zian route

zianga [zian ga] *n* **chemin** *m*

ziangbloo [zian -gbloo], **ziangblo** *n* **chemin** *m* Syn. zian

ziangblooga [zian -gbloo ga] *n* **chemin** *m* ♦ ziangblooga -pë kë -sü -zë c'est un chemin carrossable *(ou on peut passer facilement)*

zië *n rn* **beaux-parents** *mpl (parents de l'épouse ou du mari ; mari de la sœur, épouse du frère ainsi que ses parents, ses frères et ses sœurs ; frère de l'épouse, épouse du frère de l'épouse, frère du mari)* ♦ zië =va beau-père *m (père de l'épouse)*

=**zië'** *v* 'ö =zië' ... -ta **par rapport à** *(dans les constructions à valeur comparative)* ; a =va 'a =zië' ü -ta je suis plus grand que toi

ziën 1) *loc.n rn* **milieu** *m*, **centre** *m*

ziën 2) *pp* **entre, au milieu de, parmi**

-**ziga, -zuuga** *n* **pioche** *f*

♦ -ziga -zuö piocher

zii {pl. zii -nu, zizi -nu, zizi, ziizii -nu, ziizii} *adj* **1 vieux** ♦ blii zii forêt f primaire *(vierge, jamais cultivée)* ♦ 'wun zii conte m ♦ mɛ ziizii ; mɛ zizi les vieux, les notables **2 usé 3 caduque** *(feuilles)*

-**zii** *adj* mɛ -zii **revenant** *m*, **spectre** *m (d'un défunt)*

=**zii** *v vi* **trembler** ; -yö =zii -na 'nɛnɛ -dhë il tremble de froid

'**zii** *n rn anat.* **vagin** *m (de femme, de femelle)* ♦ ü 'zii ! *vulg.* ton vagin ! *(« c'est ton nom — vagin »)*

-**ziingdha** [-ziing dha] *n* **pluie** *f* **dense**

-**ziisü** [-zii -sü] *adj* **étonnant**

-**ziizë** [-zii -zë] *adj* **horrible, effrayant, étonnant** ; a yiö -ziizë -nu -bho gbeing =dɛɛ j'ai fait des rêves épouvantables cette nuit ; pë -ziizë -nu -wo kë -na 'kpong =taa -dhɛ 'ö =nɛ -a -bha, -më tɔɔ 'në dhe -bha 'drɔɔ 'kpɔ -sü -i ? vraiment cette nature fait des prodiges, comment une femme peut-elle accoucher d'une grenouille ?

ziizii [zii zii] *pluriel de* zii

206

vieux

zinpë → zɛnpë *moustique*

-zioo, zio *n* **harpe** *f* **buccale** *(instrument de musique traditionnel à cordes; on le met dans la bouche et on frappe les cordes avec un petit morceau de bois ; on ne souffle pas dedans)*

-ziozëmɛ [-zio zë -mɛ] *n* **musicien** *m (celui qui joue de la harpe)*

ziö *v* **1.1** *vi* **passer** *(personnes, objets, temps)* ♦ ziö -dhɛ passage **1.2** *vi* **dépasser, devancer** *(qn — -ta)* ♦ pë -ziö =gɔü' *i)* abuser, exagérer *ii)* enfler *(le prix)* **1.3** *vi* **surpasser** *(qn — -ta)* **1.4** *vi* **s'en aller, partir ;** 'ma ziö je m'en vais ♦ -ziö mɛ 'piö suivre qn, aller après qn ; a -dhö ziö ka 'piö je partirai après vous **1.5** *vi* **couler** *(larmes)* **1.6** *vi* **souffler** *(vent)* **2** *vt* **tracer** *(une ligne)* **3** *1) vi* **s'accrocher** *(à — 'gü) 2) vt* **accrocher qch 4** *vi* **barrer ;** 'lü =kpëü -nu =wa ziö 'yi -gɔ zian- des troncs d'arbres barrent la rivière ♦ -ziö 'kluë- entorse *f* ♦ -ziö 'kluë- se faire une entorse ♦ -a -gɛn -nu =wa ziö 'kluë- *i)* elle a les genoux cagneux *ii)* elle s'est fait une entorse ♦ ziö 'kweng avoir des relations sexuelles ; -yö -kë =nɛ Si waa- -Kpaan -wo ziö -na wo 'kweng yië =plɛ =nɛ il semble que Suzanne et Kpan ont eu des rapports sexuels ces deux jours-ci ♦ -ziö 'kweng kë avoir des relations amicales *(travailler ensemble, etc.)*

'ziö- {pl. 'ziö- -zë -nu} *n rn* **1 grand-père** *m (paternel et maternel)* Syn. dë =va, dë 'kpii- **2 frère** *m* **de grand-père, frère de grand-mère, mari** *m* **de sœur de grand-père, mari de sœur de grand-mère** ♦ 'ziö- =va arrière-grand-père *m*

'ziözë -nu *pl. de* 'ziö- *grand-père*

-ziöziö [-ziö 'ziö] *v* **1** *1) vi* **se balancer ;** -klö -yö -ziöziö -na le singe se balance *2) vt* **balancer 2** *vi* **barboter ;** 'kwi -tɔ -nu -ziöziö -na 'yi -ta les canards barbotent dans la mare

-ziologɔɔ [-ziɔ 'lo =gɔɔ'] *n* **oiseau** *m (espèce ; surveille les oiseaux* 'dhɔɔdo -ma *et les avertit quand il y a un danger)*

ziɔn *n* **moustique** *m*, **essaim** *m* **de moustiques** Syn. zɛnpë

zizi [zi zi] *pluriel de* zii *vieux*

'zlaa- {pl. 'zlaa- -nu, 'zlaa-

207

-bɔ -nu, 'zlaa- -bɔ} *n rn* **frère** *m* **cadet, sœur** *f* **cadette**

'zlaadhezë ['zlaa- dhe -zë] {pl. 'zlaa- dhoo -nu} *n rn* **petite sœur** *f (mariée)*

'zlaagɔɔnzë ['zlaa- gɔɔn- -zë] *n rn* **frère** *m* **cadet**

'zlaanëdhe ['zlaa- 'në dhe] {pl. 'zlaa- 'në dhoo -nu, 'zlaa- 'në dhe -zë -nu (rare)} *n rn* **petite sœur** *f (encore célibataire)* Syn. 'zlaanëdhezë

'zlaanëdhezë ['zlaa- 'në dhe -zë] {pl. 'zlaa- 'në dhoo -nu, 'zlaa- 'në dhe -zë -nu (rare)} *n rn* **petite sœur** *f (encore célibataire)* Syn. 'zlaanëdhe

-zlakpɔɔ [-zla =kpɔɔ] *n* **sagesse** *f*

-Zlan, Zlan *n* **Dieu** ♦ -Zlan 'to ka 'piö que Dieu soit avec vous ♦ -Zlan 'dhuë- 'kpɔ ka -bha, -Zlan 'në nu ka -dhë que Dieu vous bénisse ♦ -Zlan -bha bɔ -mɛ ange, envoyé de Dieu ♦ -Zlan -bha mɛ chrétien ♦ -Zlan -kɔ Temple ; =wa 'dho =bhɛa'- =dhia -Zlan -kɔ 'gü ils sont partis prier à l'église ♦ -Zlan -wo parole de Dieu

-zlanbhɔyaa [-zlan -bhɔ yaa] *n* **revenant** *m*, **spectre** *m (d'un défunt)* Syn. mɛ -zii

-zlanwopömɛ [-zlan -wo pö -mɛ] *n* **1 chrétien** *m* Syn. -Zlan -bha mɛ **2 pasteur** *m*, **évangéliste** *m*, **prédicateur** *m (celui qui prêche la parole de Dieu)*

=zloa, =zlɔa, =zlua *v vr* **1.1 faire doucement, faire lentement** ; ü =zlɔa kö =kun 'ü pa -a -bha fais doucement, ne le réveille pas **1.2 lambiner, ralentir** ; -bhö ü =zlɔa 'ü =yɔɔ'- goo bhë -a -bha il faut ralentir pour descendre de ce côté ♦ -yö ö -zlua 'ta 'sü -sü 'ka il marche lourdement **2 faire attention, prendre garde** *(à — -gɔ)* ; ü =zloa pë =nɛ -a -gɔ fais attention à cette chose

-zloo, -zlooga *n* **chenille** *f (noire, 5-7 cm, avec des poils blancs, se met en tas, se déplace en groupe ; comestible : séchée au soleil et poils retirés ; se met dans la sauce)*

=zloo *n Tragelaphus scriptus* **antilope** *f* **harnachée** *(hauteur au garrot : 68 à 92 cm ; poids : 32 à 77 kg; légèrement plus haute à la croupe qu'au garrot, ce qui lui donne un air bossu quand elle court ; oreilles grandes et larges; coloration générale variant du châtain vif*

au brun foncé, passant au noir sous le corps chez les mâles adultes ; raies transversales et verticales, blanches ou blanchâtres ; taches sur les côtés de la croupe) **2 *Kobus kob* gazelle** *f (roux vif à brun foncé ; pelage blanchâtre autour des yeux ; marques noires sur les pattes ; cornes longues)*

=zloo' *v 1) vi* **se faner** *2) vt* **enrouler** *(coton)*

zlöö *adv* **enfin, désormais, à partir de maintenant ;** pë 'ö =nɛ üka 'dhö -a kë 'dhö zlöö -bha ne fais pas cela maintenant ♦ zlöö =nɛ actuellement ; dɔ 'kwa -a wo zlöö =nɛ 'sida =yua' =ya sa, -ka kë 'slë 'ka présentement où nous sommes, la maladie sida est partout ; protégez-vous *lv.* ♦ zlöö -bha =nɛ maintenant

=zlöö *pp* **1 derrière 2 après 3 au-delà**

=zlöödhɛ [=zlöö -dhɛ] 1) *loc.n rn* **derrière** *m*

=zlöödhɛ [=zlöö -dhɛ] 2) *pp* **derrière**

zlɔa *n Rousettus aegyptiacus* **chauve-souris** *f (espèce)*

=zlɔa → =zloa *faire doucement*

=zlɔazë [=zlɔa -zë] *adj* **sage**

-zlɔɔ, -zlɔɔga *n* **1 perle** *f* **naturelle 2 graines** *fpl* **séchées de la plante kaa** *[utilisées dans la confection des ceintures traditionnelles]*

zlu (lw, kl) *n Dorylinae (Hymenoptera)* **fourmi-magnan** *f*

'zlu *v* **1** *1) vt* **laver, baigner** ♦ sɔ 'zlu faire la lessive *2) vr* **se laver** ♦ 'zlu 'kɔ baignoire *lv. (maisonnette)* **2** *vr* **se baigner** *(dans le fleuve — 'yi gaa- dhö)*

zlua → vla *roussette*

=zlua → =zloa *faire doucement*

zluɛi- *n* **varan** *m (espèce)*

'zlusɔ ['zlu sɔ] *n* **serviette** *f*

=zluu *v 1) vi* **trembler** *(de froid, de peur, de fièvre) 2) vt* **agiter ;** 'yua -yö mɛ bhë =zluu -na le malade est agité *(par la fièvre)*

zo **1** *n Agama agama* **margouillat** *m*

zo **2** *n Phago loricatus* **poisson** *m (espèce)*

-zo *n rn* **cœur** *m (comme siège des émotions, des pensées),* **rappel** *m,* **souvenir** *m* ♦ -yö n dheglunëgɔɔn -zo 'piö =nɛ dha

-dhö ban =dhia' mon frère croit qu'il pleuvra demain ♦ -më yuö {'ö} ü -zo 'piö kö 'üën- kë =ɛ ? quel travail voudrais-tu faire ? *(litt. : quel travail est près de ton cœur ?)* ♦ -zo -büö *i)* faire savoir, prévenir *ii)* se souvenir *(de — 'ka)* ; 'dho 'ü -a wo -na bhë, ü -zo -yö -büö n 'ka tu t'en vas, mais souviens-toi de moi *iii)* rappeler qn *(de — 'ka)* ; -bhö n -zo -büö, 'yaa 'dhö n -zö -dhö trö ma =lakele -bha il faut me le rappeler, sinon je risque d'oublier ma clé ♦ -zo bho *i)* oublier *ii)* se venger ; pë 'ö -kë n 'ka =nɛ, a -dhö n -zo bho 'kɛɛ =dɛɛ 'yaa -mü 1) j'oublierai ce qu'il m'a fait, mais ce n'est pas aujourd'hui ; 2) quant à ce qu'il m'a fait, je me vengerai même si ce n'est pas maintenant ♦ -zo -gɔn espérer ♦ -zo -gban *i)* encourager, persuader, rassurer qn *(celui qui a peur) ii)* se rassurer ♦ -zo 'gbee--dhɛ kë prendre son courage ; -zo 'gbee- -dhɛ kë 'ö -a wo 'waa 'wa, -a -kɔ yaa -mɔ Zan- -ma -sü -bha il joue au dur pour rien, il ne peut pas frapper Jean ♦ -zo 'kun ; -zo 'sü plaire *(attirer le cœur)* ; =yaa- -zo 'kun =sia, -yö -dhö yɛ ö 'zü 'ö nu si ça lui plait, il va revenir ♦ -zo -lo *i)* soupirer ; -më -wun 'ü ü -zo 'ta -na -a 'gü, 'ü ü -zo -lo =gbaɔnsü 'dhö e ? à quoi réfléchis-tu pour soupirer de la sorte ? *ii)* se souvenir, se rappeler ; n -zo =ya -lo mü 'sabla je m'en souviens maintenant ♦ -zo 'ta penser, réfléchir *(à — 'gü)* ; =dhɛ 'ö Göö -ya =blɛɛ n -dhë 'dhö a n -zo -ta -a 'gü =duö lorsque Göö m'a dit cela, j'y ai beaucoup réfléchi ; ü ü -zo -ta -më -wun 'gü i ? à quoi penses-tu ? ♦ -yö ö -zo -së -ta ö -de buën- il a une bonne opinion de lui-même ♦ a n -zo -ta gɔɔn- =nɛ -a -wun 'gü j'ai de l'antipathie pour cet homme ♦ -zo -ta mɛ -wun 'gü -sü -yö -a -gɔ 'bhe 'tee 'ka la pensée d'un tel homme est toute petite *(il pense peu aux autres)* ♦ -zotadhɛ intention, pensée ♦ -zo 'ta –wun, -zo 'ta 'gü -wun *i)* pensée, affaire de cœur *ii)* **rare** ambition ♦ -zo 'tën espérer, avoir foi, compter *(sur — -dhë)* ♦ -zo 'tën -sü confiance ♦ -zo -to 'wun 'piö avoir la mémoire ♦ -zo trö oublier ♦ -zo yö espérer *(en — -bha)* ; -bhö ü -zo yö -Zlan -bha, pë 'ü- -dhɛ -a -gɔ -yö -dhö -a nu ü -dhë espère en Dieu, il te donnera tout ce que tu lui demanderas

-zodhe [-zo -dhɛ] *n* **bouteille** *f*

'zodhö ['zo dhö] *adv* **1 vite, tout de suite 2 tôt 3 tout à coup, brusquement** ♦ =yö 'kpënngzë =duö 'waa -mɔa -wo =sua kë -a -gɔ 'zodhö il est trop malin pour qu'on puisse le tromper facilement

zoëkpëübizë [=zoë' 'kpëü -bi -zë] *adj* **orange**

-zogɔndhe [-zo 'gɔn dhe] *n* **pensée** *f* ; -an -bha -zogɔndhe 'yö -kë -an -gɔ 'ö tɔɔ -yö 'kaa dha 'yua bhë -a -gɔ -be ils pensaient qu'il ne guérirait plus de cette maladie

-zogbandhe [-zo -gban dhe] *n* **courage** *m*

-zogbeedhɛ [-zo 'gbee- -dhɛ] *n* **courage** *m* ; dhe bhë -a -zo -yö 'gbee-, -yö =mɛɛ -zë ö -de -dhë cette femme est courageuse, elle tue elle-même les serpents

=zong'- *v vt* **jeter**

-zoo *n* **grève** *f (cessation du travail)* ♦ -zoo kë **refuser** *(de — 'ka)* ; =ya -zoo kë -bhöpë 'ka il a refusé de manger ; -yö ö -naa yö n -ma, -dewo -yö -zoo -kë gbaɔ 'a- nu -a -dhë bhë -a 'ka il se fâche contre moi, il a refusé mon cadeau *(parce que le cadeau ne lui a pas plu)*

=zoo' *n* =zoo' -siö **quémander** ; 'bha =zoo' -siö -sü =daan' ü zü -dhö -ma ; -më 'bhaa -bhö kɔɔ 'ü dho gba -dhɛ =dhia pian =ɛ ! si tu apprends à mendier, tu seras corrigé ; est-ce que tu ne manges pas assez à la maison, que tu ailles tendre la main dehors ?

'zoo *n* **clairvoyant** *m*

'zooyɛan ['zoo yɛan] *n* **calao** *m (oiseau)*

-zotadhe [-zo 'ta dhe] *n* **idée** *m*, **pensée** *f*, **réflexion** *f* ; -zotadhe 'ö -kë n dheglugɔɔnzë -gɔ yiɛn 'ö tɔɔ 'ü nu zö =dɛɛ mon frère espérait hier que tu viendrais ici aujourd'hui

'zozodhö ['zo 'zo dhö] *adv* **rapidement** <u>Syn.</u> 'blabladhö, 'zazadhö

zozozë [zo zo -zë] *adj* **jaune**

zö *adv* **ici** *(où se trouve le locuteur et l'interlocuteur, ou dans*

211

la parole indirecte), **là** *(tout près ; là où nous sommes)* Ant. *-de* ♦ yi zö -së ça va bien ♦ 'yua -mɛ -nu -wo pö- zö = va il y a beaucoup de malades dans ce village

=**zöng'** *n* **mange-mil** *m* ♦ =zöng' 'paa 'gü weng *Vidua macroura* **veuve dominicaine** *(mâle : queue à longues plumes en forme de rubans; femelle : tête rayée ; bec corail)* ♦ =zöng' =taa **oiseau** *(petit et rapide, qui suit les gros oiseaux)*

=**zöngben** [=zöng' -bɛn] *n* **dent** *f* **taillée** *(espèce ; courte, pas pointue)*

'**zöü** *n* **1** *Sida corymbosa* **herbe** *f (utilisée dans la confection des balais pour l'extérieur)* **2 chanvre** *m*

zɔ *n Smutsia gigantea* **pangolin** *m* **géant** *(grand et massif ; écailles larges et arrondies ; queue proportionnellement courte, pointue à l'extrémité)*

'**zɔ** **1** *n Diptera, family Bombyliidae* **abeille** *f,* **essaim** *m* **d'abeilles**

'**zɔ** **2** *n* **1** *rn* **pointe** *f (d'épine, d'aiguille, d'os)* ♦ 'kɔ 'zɔ 'piö -dhɛ **coin extérieur de la maison** ♦ nɛ- ga 'zɔ **pointe** *f* **de la langue** ♦ 'yan 'zɔ **coin** *m* **de l'œil** ♦ yun 'zɔ **bout** *m* **du nez** **2 épingle** *f*

=**zɔan'** **1)** [-zɔn -a 'ka] *v vt* **comparer**

=**zɔan'** **2)** *n rn* **modèle** *m,* **exemple** *m* ; -Zlan -bha 'glu -së bhë =zɔan' pë 'yaa -mü **la bonté de Dieu est incomparable**

'**zɔga** ['zɔ ga] *n* **abeille** *f*

zɔn *v vt* **1 piler, pétrir** ♦ gbɔsɛ bhë zɔn -pë -mü **l'argile est malléable** ♦ böü- zɔn **bancoter** *(la maison)* **Iv.** ♦ -zɔn ö 'dhië **mâcher qch, mastiquer** **2 taper** *(avec — 'ka)*

-**zɔn** **1** *v vt* **1 montrer** *(à — -dhë)* ♦ mɛ -ta -zɔn **porter plainte contre qn** ; =waa- -ta -zɔn zang 'da -mü =plöö **ils ont porté plainte contre lui à la gendarmerie** ; -a -ta -zɔn -sü =ya 'to **il a lieu de se plaindre** **2 enseigner** *(à — -dhë)* ♦ pë -zɔn -mɛ **enseignant** *m (formateur, instructeur)* **3 comparer** *(avec — 'ka)*

-**zɔn** **2**, -**zɔɔn** *n* **1** *Perodicticus potto* **potto** *m* **de Bosman** *(longueur : 32 à 40 cm)* **2** *Arctocebus calabarensis* **potto** *m* **de calabar** *(longueur : 25 à 30 cm, svelte ; membres grêles, tête*

pointue ; pas de queue)
=zɔnngga [=zɔnng ga],
=zɔɔnga *n* **chicote** *f (tige de la plante =zɔɔn)*

zɔɔ *v vt* **discuter** *(dans le sens de contredire qn)*

-zɔɔ *n* **gibecière** *f*

=zɔɔ *v vi* **bégayer**

'zɔɔ- *n* ***Canna indica*** **faux sucrier** *m*

=zɔɔn *n* **1 plante** *f (espèce)* **2 chicote** *f*

-zɔɔndhö [-zɔɔn dhö] *adj* **rouge** <u>Syn.</u> nuaɛnzë

=zɔɔnga [=zɔɔn ga] → =zɔnngga *chicote*

'zou- ['zɔ -sü] *adj* **pointu**

zuën *n rn* **mollet** *m*

'zuɛdhö ['zuɛ dhö] *adv* **directement**

-zuga [-zu ga] *n* **pioche** *f*

zungblëë [zun =gblëë'] *n* **très petite fourmi** *f* **rouge** *(espèce, niche dans les maisons) [dans certaines familles on ne les tue pas ; on croit qu'elles portent bonheur ; les tuer permet au génie de priver le tueur de tout cela]*

zuö *n* **remerciement** *m*, **merci** <u>Syn.</u> =sɛɛ- ♦ ü zuö *(adressé à une personne)* ♦ ka zuö *(adressé à plusieurs personnes)*

merci ♦ ka zuö mü *(salutation aux travailleurs)* ♦ zuö pö re- mercier *(de — 'gü)*

-zuö 1 *v* **1.1** *vt* **lancer** *(à — -dhë)* **1.2** *vt* **jeter sur** *(qch — 'ka, piö)* ♦ -zuö sia- jeter par terre **1.3** *vt* 'sɛɛ -zuö **tirer** *(à l'arc)* **1.4** *vt* **tirer qn** *(à l'arc — 'sɛɛ 'ka)* ; =ya -klö -yaaga -zuö 'sɛɛ 'ka il a tiré trois singes à l'arc **2** *vt* **jouer** *(par ex., au « doo », à la balle)* **3** *vi* **jaillir** ; 'yi -yö -zuö -na gwaa- dhö l'eau est en train de jaillir du rocher ♦ -yö ö -kɔ -zuö 'zozodhö il est coléreux *(litt. : il donne souvent des coups de poing)* ♦ 'gbe -zuö manier la machette ; -yö 'gbe -zuö -dhɛ -dɔ -së 'ka il sait bien travailler à la machette ♦ mɛ -wo -zuö pë -ta ajouter quelques mots ; -bhö ü -wo -zuö n -dhë mü, 'yaa 'dhö -yö -dhö -kɔ il faut ajouter quelques mots, sinon il va refuser

-zuö 2, -zuöö *n rn* **1 bavardage** *m* **2 bruit** *m* ♦ 'wun 'yö -kë bhë -a -zuö -yö -pɛn l'événement a fait un grand bruit ♦ -zuö dɔ *i)* bavarder, faire beaucoup de bruit *(en bavardant)* ; -ka ka bo -zuö dɔ =dhia kö 'kwa =bhɛa'- arrêtez de bavarder, nous allons prier *ii)* faire des cancans

=zuö', =zoë' *n rn* **cœur** *m (organe)* ♦ =zuö' -da 'ye -na 'gü chagriner qn ; 'yuamɛ =zuö' =ya -da 'ye -na 'gü le malade est dans l'angoisse ♦ -yö ö =zuö' -dhɛ -së, -yö ö =zuö' -kun sia- -së il se maîtrise bien ♦ =zuö' =dhië'-, =zuö' =sië'- se convertir ; =ya ö =zuö' =dhië'- -Zlan -gɔ kɔɔ il s'est converti à l'Église *(au christianisme)* ♦ =zuö' 'klo bhɔ souffrir, avoir de l'amertume ; n =zuö' 'klo giagia -yö bhɔ -na ma 'në =nɛ -a buën- dhö, 'ö tɔɔ 'yaa 'kpaakpadhɛ =daan' -na j'ai vraiment de l'amertume au sujet du comportement de mon fils, car il n'apprend pas à être sage ♦ =zuö' 'gludhi **joie** *f* ♦ =zuö' 'gludhi {kë} se réjouir, être en joie ♦ =zuö' =luu'- exciter qn *(contre — -bha)* ; -më -kë 'ü -a =zuö' =luu n -ma, 'ö dɔ n -gɔ 'yëng i ? pourquoi le révoltes-tu contre moi ? ♦ =zuö' 'piö -wun *rn i)* **intention** *f ii)* **rare pensée** *f* ♦ -a -bha =zuö' -saa -yö =duö il est trop patient ♦ =zuö' -saa, =zuö' -saa -dhɛ **patience** ; -a -bha =zuösaadhɛ 'dhiöto -dhɛ 'yaa -dhö sa patience n'a pas de limites ♦ =zuö' -saa -mɛ celui qui a la patience ♦ ka =zuö' =ya kë 'siö- =duö ka -dhö ziö ka -bha 'wun -së 'dhiö si vous êtes très impatients, vous risquez de passer à côté de votre bonheur ♦ -a =zuö' -yö 'siö- il bout d'impatience ♦ =zuö' -to zlöö {dhe} *i)* **arrière-pensée** *f ii)* **regret** ♦ =zuö' -to {=}zlöö regretter, avoir une arrière-pensée *Iv.* ; kö =kun 'ö ü =zuö' to zlöö n 'piö ! n'aie pas d'arrière-pensée contre moi *(n'aie pas de regrets à cause de moi!)* ♦ =zuö' waanu calmer qn ♦ -a =zuö' =ya waanu il s'est calmé ♦ =zuö' za -dɔ mɛ -bha avoir des remords ; mɛ 'wo -a zë bhë, -an =zuö' =tun za dɔ -an -bha {=kun} ils ont encore des remords sur leur conscience à cause de la personne qu'ils ont tuée ♦ =zuö' =zɔng **patienter** *(litt. : apaiser le cœur de qn)* ; -bhö ü =zuö' =zɔng n 'piö, ü -bha 'wëüga 'ö n -ma bhë a -dhö -a 'pë bho il faut être patient avec moi, je vais rembourser mon crédit

=zuöbe [=zuö' -be] *n rn* poumon *m* anat. Syn. 'bhlu

-zuödɔmɛ [-zuö dɔ -mɛ] *n* cancanier *m*, cancanière *f*

=zuöga [=zuö' ga] *n rn* cœur *m* anat.

=zuögën [=zuö' gën] *n rn* trachée *f* anat.

=zuögludhi [=zuö' 'glu dhi] *n* joie *f*

=zuökunsiadhe [=zuö' -kun sia- dhe], =zuökunsiasü [=zuö' -kun sia- -sü] *n rn* maîtrise *f* de soi, patience *f*, calme *m* ; -a -bha =zuö' -kun sia- -sü -yö -së sa maîtrise de soi est admirable

=zuöpiöyaamɛ [=zuö' 'piö yaa -mɛ] *n* hypocrite *m* (personne qui cherche à faire tomber un ami) Syn. =zuöyaamɛ

=zuöpuudhɛ [=zuö' 'puu -dhɛ] *n* candeur *f* ♦ -yö -bhɔ =zuö' 'puu -mɛ -bha il a l'air candide

=zuösiödhɛ [=zuö' 'siö- -dhɛ] *n* impatience *f*

=zuötozlöödhe [=zuö -to =zlöö dhe] *n* regret *m* ♦ =zuö' -to =zlöö -wun désespoir *m*

=zuövɔng [=zuö' vɔng] *n rn* poumon *m* anat.

=zuöwaannudhe [=zuö' waan nu dhe] *n* **1** apaisement *m* du cœur **2** paix *f*

=zuöyaamɛ [=zuö' yaa -mɛ] *n* méchant *m* (personne qui ne veut pas aider les autres, se moque de tous) Syn. 'gluyaamɛ

=zuöyagluu [=zuö' -ya 'gluu] *loc.n* **1** paix *f* ; =zuöyagluu kë ü -gɔ que la paix soit avec toi ; 'dhiö -be kwa -bha 'sɛ -kë =zuöyagluu 'gü avant notre pays était en paix **2** apaisement *m* du cœur ; 'ma -zlanwo 'sëëdhɛ pö -yö =zuöyagluu -nu n -dhë quand je lis la parole de Dieu, elle apaise mon cœur

'zusü ['zu -sü] *n* justice *f*, tribunal *m*

-zuu *n* esprit *m* ; -yö -kë =nɛ mɛ 'bhei- 'dhö, 'kɛɛ -zuu -mü il a l'apparence d'un homme, mais c'est un esprit ♦ pë -ta =kɔɔ' -zuu rivalité *f (y compris commerciale)* ; pë -ta =kɔɔ' -zuu -yö =tun -a 'gü =kun il a encore l'esprit de rivalité

-zuuga → -ziga pioche

'zuuzu ['zuu -zu] *adj* louche, pas correct, pas propre Syn. 'luulu Ant. kpengdhö ; gɔɔn- bhë 'wun 'zuuzu kë -mɛ 'yaa -mü,

-yö gɔɔn- kpengdhö 'ka cet homme ne fait pas des choses louches ; c'est un homme correct ♦ pë 'zuuzu, 'wun 'zuuzu affaire louche ♦ 'kɔ 'zuuzu maison mal famée

'zuzaa ['zu 'zaa] *n* **pluie** *f* **torrentielle, grosse pluie** *f* **à grosses gouttes**

zü *n rn* **1 derrière** *m*, **fesses** *fpl (partie du corps)* ♦ zü 'piö -dhɛ *méd.* anus m ♦ zü 'zɔ tarière f, oviscapte m *(d'insecte)* ♦ -yan zü gros bout de l'œuf ♦ zü dɔ commencer *(à faire qch)* ; -ma yuö 'a- nu ü -dhë bhë, 'bha -a zü dɔ =a ? est-ce que tu as commencé le travail que je t'ai confié ?

-zü *loc.n rn* **alentours** *mpl*, **abords** *mpl* ; 'kɔ -zü abords de la maison *(tout autour)* ; bɔ 'kɔ -zü 'to fais le tour de la maison ♦ -zü 'to (espace) autour de qch ♦ mɛ -gbɛ 'yaa -dhɛ -zü 'to il n'y a personne aux alentours ; -dhɛ -ga ü -zü 'to regarde autour de toi ♦ -zü 'to -dhɛ alentours

'zü *adv* **de nouveau, encore** ♦ 'zü -kpo dévoiler le secret de qn, dévoiler qch [de] louche ; =waa- -bha -bhuaa -dhë 'zü -kpo ils ont dévoilé le secret de son génie

züdhi [zü 'dhi] *n rn* **1 gros. trou** *m* **du cul 2 cloaque** *m*

zügoo [zü -goo] *n rn* **croupe** *f*

zükpö [zü kpö] *n rn* **1 fesses** *fpl* *Syn.* zügbɔ **2 croupe** *f* **3 croupion** *m (des oiseaux)*

-zütodhɛ [-zü 'to -dhɛ] *n rn* **environs** *mpl*

züü *n rn* **anus** *m* ♦ ü züü *gros.* « trou du cul » ; =waa- pö ü züü -dhɛ kö =wa 'si bho ü -gɔ si on dit « trou du cul » c'est qu'on t'a injurié

Index français-dan

A a

à -gɔ, 'ka, =löö, 'piö, -bha, -dhë, =dhia
abandonner 'go, -ta yö, 'to
abattre bɔ
abcès *m* pë kpö
abdomen *m* 'gugbɔ
abeille *f* 'zɔ, 'zɔga, bhɔng
Abidjan Bia-
abondamment 'sloodhö
abords *mpl* -zü
abri du soleil -dhɛpëëdhɛ
abîme *m* =bhlëng'-
abîmer =siö'-, 'yɛ
acacia *m* lëkëndhë
accepter 'kun, 'we
accessoires *mpl* =kwɛɛ-
accident *m* pëdhiö-
accompagner dɔ
accord *m* dhi, -dhikuëdhe
accoster =gbaannu, 'pa
accouchement *m* 'bë
accrocher ziö
accroître -ba
accusation *f* za
accuser dɔ, 'kan
acheter 'dhɔ
achever 'dhiö 'to, bhɔ, yën
acte *m* këwun
activement 'siösiö

activer 'pun
adopter 'gblü, -to
adorer gba
adulte 'kpii-, -kpɔɔn
affaire *f* 'wun
affaire durable 'daɔn
affiler -klu
affliction *f* -wɛɛ
affluent *m* 'yikɔnë
affronter nu
affûter 'dhiö bɔ
afin kö
Afrique mɛ tii -sɛ
âgé -kpɔɔn
   le plus âgé 'kpiizë
d'âge mûr -dee
agile =güngzë
agir en faveur =kpaa
agiter =tuun', =waawa, =zaanzan, =zluu
agouti *m* 'slɔɔ
agréable -së
agrumes *mpl* =see'-
ah aa, 'a!
aider -dɛnmɛ, nu, -ta 'kun
aïe! 'a
aigle *m* blanchard, aigle *m* huppard, aigle *m* martial 'sango =dhöö 'dhö

217

aigre = gliisü
aigrette *f* glɔngdë
aigrette *f* garzette 'goo = dhoo -dɔɔ
aiguille *f* ming, mingga, -piöga
aiguillon *m* 'plëng, 'plüng
aiguiser 'dhiö bɔ
aile *f* gban
aimant *m* -piösü
aimé = kpaanzë
ainsi 'dhö
ajout *m* = taɔ'
ajouter bɔ, -da
ajusté 'kpokpodhö, 'kpodhö
albinos *m* = gungzië, gëümɛ
albumine *f* 'yipuu
alcool *m* de canne, de maïs 'kinzuu
alentours *mpl* -zü
allégresse *f* dhɛ
aller 'dho
alliance *f* -nëngkuëdhe
alloco = loko
allonger 'po
allumer dɔ
allumette *f* 'siökɔ, 'siökɔga
alors kö
aluminium *m* fɔng
amant *m* mɛsë, = mlaabɔ, -sëmɛ
amante *f* 'nuëbɔ
âme *f* nii
amende *f* = gaan
amener nu

amer 'güüzë, zëë
ami, -e *m*, *f* mɛsë
amidon *m* = nii
amitié *f* 'bhadhɛ, dhidhe
amitié *f* irrévocable -nëngkuëdhe
amour *m* -dhɔ
ample 'lɛnglɛng
amputé 'klu
amulette *f* = blɛɛdhɛ, -siö
amusement *m* = saandhe, = troo'
an *m* -kwɛ
an *m* passé = kwɛa
ananas *m* lantra, = dhangtaa
ancêtre *m* 'bhɛma, -mɛ
ancien = klöö
âne *m* = soofang
anéantir bhɔ, 'tiin yën
animal *m* wü
animal *m* aquatique 'kplën
animal *m* domestique -tuë
animosité *f* dëgludhɛ
année *m* -kwɛ
année *f* dernière = kwɛa
année *f* prochaine = kwɛa
annulaire *m* -vaagayiëkɔnëga, -kɔnëga,
anormal -plɔng
antenne *f* yun
antilope *f* 'slɔng
espèces d'antilopes 'sɔng, -gblɔdheslën, = zloo
anus *m* züdhi, züü
apaisement *m* du cœur

= zuöwaannudhe,
= zuöyagluu
apaiser -ta ga
apitoyant 'lëënzë
apparaître -wo
apparenté -mɛɛzë
appel *m* = dhɔɔ
appeler -dhɛ
appétit *m* din
appliquer kpa, 'më
apporter nu
apprécier -gɔn
apprendre = daan'
apprentissage *m* = daandhɛ
apprêter = baa'-
après = taa, = zlöö
arachide *f* 'kɛɛ
arachide *f* fausse 'kɛɛbhɔa
araignée *m* daɔn
arbre *m* 'lü
espèces d'arbres: biö -lü, 'bɔ,
bhaa, = bhiaɔng, bhiɔng,
= bhlɛi-, -bhlɔlü, = dɔu' -lü,
'dhoo, 'dhuu 'puu, = flen,
'glü -lü, 'guu, gban-,
gbenggbanlü, 'kpee, = lɔng-,
= lɔnng, lɔɔn -lü, pɛn-,
'songgo{-lü}, = tönö, 'tu, wa,
wagɔn, 'yëng, yuën, = zaa',
zelü, 'zɛ, zɛn
arc *m* 'sɛɛ, 'saɔ
arc-en-ciel *m* dhabhüö
ardent 'dhiö-

arête 'gɛɛn
argent *m* 'wëü-, 'wëüga
argile *f* böü-, gbɔ, gbɔsɛ
argument *m* 'wundɔa
armée *f* 'dhasi
arquer = kloo'
arracher = kpoo', loo, wloo
arracher une plante avec la racine
'kpukpudhö, 'kpudhö
arranger = baa'-
arrêter = gbaannu, kuënnu
arrière-grand-mère *f* dhekpɔdhe,
'na = va
arrière-grand-père *m* dë = va,
dëkpɔdë, 'ziö- = va
arrière-arrière-grand-mère *f* 'na
= va
arriver -da, -lo, -wo, yö
arroser = kpëng, 'kpɔ
artère *f* 'gblo
asperger 'më
aspirer -blü
assemblée *f* = bhang', gbung
assembler = kpaakpa
assez -buadhö
assidu = naazë
assiette *f* 'paa, 'tia-
athérure *m* africain 'te
atour *m* = baapë
attacher 'dhu, -klu, 'kplan, -lö
mal attaché 'bhlɛɛbhlɛ
atteindre yö
attendre dɔ, 'dhiö 'gan

219

attention *f* 'slë
faire attention =zloa
attirer 'gan
attraper 'kun, -lö, -ya
aubergine *f* daa
aucun gbɛ
au-dedans vlödhö
au-delà =zlöö
au-dessus -tadhuö
augmentation *f* =taɔ'
augmenter =gbaɔn
aujourd'hui =dɛɛ
aumône *f* gbaɔ
auprès de 'sɔɔ
auricule *f* 'todhɛ, 'tonëga
aussi 'pö
aussitôt 'bladhö, 'wɔdhö
autorité *f* -wogbinngdhɛ

autour =klëën, 'sɔɔ
autre 'bhaa, gbɛ
autrefois -be, -bezë, 'kpa
auvent *m* 'sɔnkɔ
avaler =dian kë, =yɔɔ'-
avant -be, -bezë, 'dhiö -be
avant-bras *m* -gbiö
avant-hier yɛɛntaabha
avare 'dönggödönggö
avec 'ka, 'aan, -bha
avenue *f* -kpiingga, -kpinng
aveugle *m* 'yënngtiimɛ
avion *m* -piöma, 'viɔn-
avocat *m* -yösongkëmɛ, =vokaa-
avoir peur 'suö
avouer tɔɔ, 'we

B b

babine *f* -bɛn
babouin *m* =gbɔng'-, 'klaɔng-
babouin *m* de Guinée vɛ
bagage *m* =kwɛɛ-
bague *f* -vaa, -vaaga
baigner 'zlu
bâillement *m* 'waan
balafon *m* 'dhuung
balai *m* -dhɛgopië, maa-, -pië, -saan, -saanga
balancer =bhangbha, =miimi, =zaanzan, -ziözio

balayer -go
balayures *fpl* 'dung
balle *f* -gbo, =kian'
ballon *m* balon {kpö}, -dhöö kpö
ballot *m* -be, -dhöökpö
bambou *m* gbɔnggbɔ
bambou *m* de Chine 'yɛlü
banane *m* glɔɔ
banane *m* douce glɔɔ -saa
banane *m* plantain sɛnng
banc *m* -gbloo

bancal 'piɔngpiɔng, 'tiɔngtiɔng, =yaü
banco *m* böü-
baobab *m* gwɛ-
barbe *f* 'bhuë-
barbillon *m* 'bhuë-
barboter -ziö 'ziö
barbouiller -bhla
barque *f* 'dɔn
barrage *m* 'yigba
barre *f* de fer -piöga
barrer ziö
bas *m* sɛazian
en bas =löö
bas-fond *m* böügüdhɛ
bassin *m* -gban -tia
bas-ventre *m* vɛɛdhɛ
bateau *m* 'yita
bâtir dɔ
bâton *m* 'lünë
battre -ma
baume *m* 'yɔn
bavardage *m* -zuö
béant 'büëngbüëng, 'gbɛa
beau 'gian, 'gianzë, -së
beaucoup =duö, =dhɛɛ, 'gian, 'gianzë, =gbaɔnsü, =gbɔngbɔnsü, =gbɔɔnsü, =va
beaucoup =plëëplëzë, =plëëzë
beau-frère *m* =nɔ
beau-frère *m* cadet =gɔn
beau-père *m* zië =va

beauté *f* dhi, dhidhe, -sëdhɛ
beaux-parents *mpl* zië
bébé *m* 'në 'puu
bec *m* -bɛn, 'gbë
bécasse *f* glɔngdë
bégayer =zɔɔ
belette *f* 'bhaɔng-, =dhoo'
belle-mère *f* =da
belle-sœur *f* =nɔ
belliqueux 'dhinaazë
bénédiction *f* 'dhuë-
bénéfice *m* =truën
bénéficier =slɔɔ
bercer =dhɔɔ 'dhɔ, =tuun 'tun
berge *f* 'kpong
besoin *m* -bhawun
bétail *m* -tuë
bêtise *f* 'bɔnkanpë
beurre *m* 'yɔn
beurre *m* de karité 'tuɛyɔn
biche *f* blanche -bhüö
bien -së
bien *m* -gɔpë
bien formé 'bɔngbɔng, 'böüzë
bientôt =klöö'
à bientôt yidoë
bigarré gbɛgbɛzë
bijou *m* =baapë, -bɔtou
bijou *m* en bronze zën, zënga
billet *m* 'wëüdhɛ
blague *f* nɛ
blaguer -dian, =nɛɛ 'nɛ
blanc 'puu

221

homme *m* blanc, personne *f* blanche 'kwi
blanc *m* d'œuf 'yipuu
blanc *m* de l'œil 'yëngdhɛ
blanchâtre 'fafa
blanchir 'flö
blesser -gi
blessure *f* bhüö, -gipin
bleu 'bulazë
bleu *m* 'bula
bloc *m* -tɔn
bloquer ta
être bloqué -kpën, =nëng, ta
boa *m* -gblüng
bœuf *m* -du
bœuf *m* sauvage 'blüdu
boire mü
bois *m* 'lü
boisson *f* yɔ
boîte *f* 'bɔa 'siö
boîte *f* d'allumettes 'siökɔ
boiteux 'kpiankpian
bon -së, -sëëzë
être bon dhi
bond : d'un bond -wladhö
bondir -lö
bonnet *m* 'kwla 'teezë
bonté *f* 'glusë
bord *m* 'bleedhɛ, 'dhiö, 'kpong, 'to, 'todhiö, 'vlüün
borgne 'yangadozë
bosse *f* klɔɔ, kpu
bosse *f* du talon -kɛidhɛ

bosse *f* frontale 'yankpongta
botte *f* 'bɔa 'siö
boubou *m* court 'bhɛi
boubouler 'we
bouche *f* 'dhi
à pleine bouche =vuënvuëndhö
boucher ta
boucle *f* d'oreille -bɔtou
bouder =kplëë
boudiner =kloo'
boue *f* böü-
boueux 'baaba, 'blɛngblɛng, böüzë
bouger =mii 'mi, pa, =tuun'
bouillie *f* 'bhaa, -bhöyië, =dhëë'-
bouillir =trëë'-
bouillant 'siö-
bouilli =kpaü-
faire bouillir -kpa
boule *f* kpö, pë kpö
boulevard *m* -kpinng, -kpiingga
bourgeon *m* =dhuu, -siöga
bousculer -blü, -ma
bout *m* 'dhiö, 'dhiötodhɛ, -gɔ, kɔng
au bout 'dhiö
bouteille *f* -kpolü, -sandhe, -zodhɛ
boutique *f* -piikɔ
bouton *m* =dhuu, -siöga
bovidé *m* -du
boyaux gblëën-, gbobhüö

bracelet *m* -kɔapë
braiser -pla
braises *fpl* de feu =dhuu
branche *f* -gbiö, -kɔ
branchette *f* de balai -saanga
brandir -sü 'dhu
bras *m* -gbiö
bras *m* atrophié -fin
brassée *f* =fië'
brasser -ma
brassoir *m* =kpaɔ'
brebis *f* 'bhla
brèche *f* entre les dents dhing
bréchet *m* -kuu
bretelle *f* gën
brigade *f* de travailleurs 'ban
brigand *m* =kwaangludamɛ
brillance *f* 'bhü
brillant 'bhlöngbhlö, 'bhüzë, 'dröngdröng
briller 'bhü
brindille *f* klaan
brique *f* 'blikö, böükpö

briser =wlëë', 'wü
bronche *f* 'tëëbɔagü
bronzé zënzë
bronze *m* zën
brouillard *m* 'dhuu
brousse *f* blöö, 'blü
broyer =bio
bruit *m* -diing, -vinng
avec bruit -gliglidhö
faire du bruit vin
brume *f* 'dhuu
brusquement 'wɔdhö, 'zodhö
brutalité *f* 'vaanvandhɛ
bruyamment -gliglidhö
brûlé siën-
brûler 'güö
brûlure *f* bhüö
buffle *m* du cap -duöö
buisson *m* -kpɔɔ, 'piigüdhɛ
bulle *f* de savon -dɔn
butin *m* de guerre -glupiöpë
butte *f* 'sɛkɔ
butter —ya

C c

cabane *f* 'kɔnëtee, zaa-
cabinets gbo 'kɔ
cabri *m* -bho
cacao *m* -kakao
cache *f* pëbindhɛ
cacher -bin
cache-sexe *m* d'homme =zɛi'

cadavre *m* =glöö, =glöö =kpëü
cadeau *m* =bhlë, =bhlëkëpë, gɔɔpë, gbaɔ, gbaɔpë, 'kian, =saan'
cadre *m* 'klang
cadrer avec -kpa

caduque zii
cafard *m* goo-
café *m* kafe
café *m* décortiqué kaflee
cage *f*-bhing, 'kɔ
cahotant 'könaköna
cahoter = könaköna
caille *f* kaɔ
cailler -klu
caillou *m* -guö, -guöga, -guökpö
caïman *m* = guö'
caisse *f* = gbëü, -gblaɔn
cal *m* = dhuu
calao *m* faa-, 'zooyɛan
calculer = dhong'-
cale *f* de voiture 'kale
calebasse *f*-kɔɔ, 'lükɔɔ
caleçon *m* -bɛɛ, 'gbɛi-
calme 'wɔɔnwɔn
calme *m* diin
calmer kuënnu, -ta ga
calvitie *f* 'kpodha
camarade *m, f* 'bha, = guë'
camarade *m, f* d'âge 'bha, 'bhamɛ
caméléon *m* 'guudë
campement *m* des champs = bhlöö' -gbaa, 'bhüö-, 'kangbaa
au campement 'siödhö
canard *m* 'kwi -tɔ
canari *m* gbɔ, 'trɔɔn-
   gros canari *m* à eau 'lɔɔ-, 'lɔɔfië
cancanier, -ière -zuödɔmɛ

cancrelat *m* goo-
candeur *f* = zuöpuudhɛ
canne *f*-duklɔɔlü, -taalü
canne *f* à sucre mii -yɔn
canne *f* à sucre sauvage -gbua, 'yaan
canne *f* de bambou mëë -yɔn
canon *m* = kwlaa-
canton *m* 'sɛ
canton Blossé Bloodhö
canton Blouno = Blongdhö
canton Koulinlé = Klwɛandhö
canton Oua = Waɔdhö
caoutchouc *m* -de
capitale *f* 'kwi pö- = va
capiteux 'dhiö-
capot *m* -te
caprice *m* 'nɛdhɛwun
capsule *f*-te
captivité *f* 'gan
car bhii
caractère *m* nii, = sɔɔn
carapace *f* = kia', -klëë
carême *m* sunng
carie *f* 'sɔn 'lö
carpe *f* -koo, -kplaɔ, = zetunmadhe
carquois *m* 'saɔ
carrément vɛɛdhö
cartilagineux 'wlëënwlën
cartouche *f* buga
cascade *f* 'yizuödhɛ
case *f* 'kɔ

case ƒ ronde tookɔ
cassé 'vëüvëü
casser =wlëë', 'wü, =wüü'-, 'yɛ, zë
casser en morceaux =yɛɛ'-
casserole ƒ-piögbɔ
cataracte ƒ'drong
cauri m kplɔɔn, kplɔɔnga
cause ƒ-gɛn, -süëta
à cause de buëndhö
causerie ƒ'dɔɔ
cautionner dɔ
Cavally 'Yuu
ce ; cette =nɛ
ceinture ƒ-dukwi, =sɛɛn-
ceinture ƒ de femme mariée -dɔsɔta
célibat m -dɔpöë
célibataire m 'kwɛa
celui qui mɛ
cendre ƒ-büö, 'yoo
cent =këng'
centaine =këng'
centre m ziën
centre m du village 'dhëëdhödhɛ
cépée ƒ-duun
céphalophe m à bande dorsale noire ; céphalophe à flancs roux ; céphalophe m noir -gba
céphalophe m couronné -vë
cercocèbe m -gaɔ
cercueil m =gbëü, -gblaɔn
cerf m -söbhɔkwɛa'
cerne m des yeux 'yënggblo

certain 'bhaa
cérumen m gbo
cerveau m, cervelle ƒ-tënggë
cesser bo, 'kan
chacal m -tɔnbhagbɛn
chacun mɛ
chair ƒ =nëng
chaise ƒ-gbloo
chambre ƒ kɔɔdhɛ
chameau m -yɔɔnmɛa
champ m bhlödhɛ, 'bhüö-, =dhɛɛdhɛ, ke-, =taa
ancien champ m de manioc bhuu-
champ m défriché -zaan
champignon m bhlo, =dɔu', 'todhɛ
chance ƒ'din, =pɛa'
changer =dhië'
chanson ƒ, chant m 'tan
chanter 'we
chanvre m 'zöü
chapeau m =gblaa', -kpla
charançon m -pɛn
charbon m de bois sian-
charger de bagage dɔ
charger le fusil -dhi
charnu =nëngzë
charpente ƒ =gba
charpente ƒ traditionnelle d'un toit 'bɛi
charrue ƒ-dhɛyaapë
chasse ƒ'blü
chasse-mouches m =biën, maa-

225

chasser kë
chasseur m 'blükëmɛ
chat m = yaɔn'-
chat m ganté 'blüyaɔn
chat m sauvage gu
chat-huant m vö
châtiment m = dɛi'
chatouiller = nɔɔnɔ
chaud 'siö-
chaussette f 'ba
chaussures -sakpa
chauve 'kpodhazë
chauve-souris f: espèces de chauve-souris : gbɔnggbɔ, kpë, nɛɛ-, nɛɛ- gɔng, vö, zlɔa
chaux f-guö 'puu 'yi, laso
chaîne f = yɔɔ'
chef m -gɔmɛ, = kɔɔngɔɔn
chef m d'armée 'dhasigɔmɛ
chef m de canton 'sɛdë
chef m des sorciers dügɔmɛ
chef m du village dëmɛ, dɛɛn-, -dhutii, 'gɔ, = kɔɔnmɛ, 'sɛdë
chemin m zian, zianga, ziangbloo, ziangblooga
chemise f 'bhɛi, sɔnë
chenille f-yaantedhe
espèces de chenilles : mla, -nɛɛ, -zloo
chercher = mɛɛ'-
cheval m = soo
chevelure f wun
cheveu m wunga

cheveux mpl wun
cheveux mpl blancs 'wlaan
cheville f -gɛnkpöüdhɛ, -kɛi = zlöö, kpöö
chèvre f-bho
chevrotain m aquatique -bhüö
chewing-gum m 'yɛa
chez 'piö, = plöö, = dhia
chicote f -klaa, -klaaga, = zɔɔn, = zɔnngga
chien m gbɛn-
chimpanzé m bhiöfɛadë, = kluë-
chimpanzé m avec la queue = wɔɔ-
chique f = tuun'-
choisir 'sü
choquer 'pa
chose f bhɛ, ga, kpö, pë
chrétien m -zlanwopömɛ
cicatrice f bhaɔ, bhaɔga, 'kpa
cicatrice f en relief kplɔ
ciel m dhang-, dhangga, dhanggüdhɛ
ciment m laso
cimetière m blɔɔntaadhɛ
cinq 'sɔɔdhu
circoncis m 'bɔn
circoncision f 'bɔn
circonspection f 'slë
cire f 'gba = gɛin' -pë
citoyen m mi
citron m = dansee
citronnelle f dɛn

civette *f* 'gɔɔ-
clair 'blɛngblɛng, 'bhlöngbhlö, 'puu, 'tröngtröng
clairement 'kpakpadhö, 'papadhö
clairsemé 'lɛnglɛng, 'löülö, 'vlɛngvlɛng
clairvoyant *m* 'yandhɛyömɛ, 'zoo
clan *m* 'guun
clarté *f* 'bhü
clé *f* = lakedhe
clitoris *m* pene, penega
cloaque *m* -yanbɔdhɛ, züdhi
cloche *f* gɔnggɔng
clôture *f* -glɛng, 'yasa
clôturer = klëën, = nië'-
clou *m* = taan', = taanga
coaguler -klu
cobaye *f* 'kwia- -mɔ
cobe *m* defassa gëü
cobra *m* sans capuchon 'blɔɔ
coépouse *f* 'bhadhe
cœur *m* -zo, = zuö', = zuöga
cogner -blü, -gban
coincer = nëng
cola *f* blanche -vɔɔ, -vɔɔga
colère *f* -naa, -naadhe
colis *m* = bhlü
collant 'bhlɛngbhlɛng, 'dɔngdɔn, 'mlɛngmlɛng
collé 'kɔnmingdhö
coller = nëng
colline *f* goo, 'sɛtɔn
colobe *m* 'föö-, kpɔng
colobe *m* bai; colobe *m* blanc et noir vɛ
colobe *m* de Van Beneden nuɛn
combattant *m* -glugɔnmɛ, -glukëmɛ
combien? = dhë
comédien *m* = saandhekëmɛ
comique 'yeizë
comme 'ka, 'dhö
comme ça 'dhö
commencer -lo, yö
commencer à faire nuit 'më
comment? = dhë, -kɔklë {= ɛ}?
commettre adultère -da
commission *f* -kpua, -naɔ
compagnon *m* -wodaplɛmɛ
comparer = zɔan', -zɔn
complètement = fëüfëüdhö, 'fɛfɛdhö, 'kpadhö, = trɔɔndhö, = vëüvëüdhö
compliqué 'glaagla
comportement *m* = kian', 'klo, = sɔɔn
compréhensible = vluazë
comprendre ma
comprimé *m* pëga
compter = dhong'-, -mɔ
concession *f* 'kwɛan-, 'kwɛandhɛ
concubin *m* = mlaabɔ
concussion *f* -mëmɛpiödhe
condor *m* gblüë-
conduire -blü
conduite *f* = kian'

confier dɔ
conflit *m* 'dhinaa
congédier bho
conjonctivite *f* 'drong
connaissance *f* 'wundɔdhe
connaître dɔ
conseil *m* -dhio, 'paan, tɔng
consigne *f* 'paan
constipation *f* 'gulöta
construire dɔ, =luu'-
conte *m* daɔn
content -kpɛzë
continuellement tuudhö
continuer =tun
contourner =nië 'nië, =ploo'-
contre -gɔ
convenir dɔ, -makun, -mɔ
conversation *f* 'dɔɔ
copain *m*, copine *f* -sëmɛ
coq *m* -tɔgɔn
coq *m* rouge -zaan
coquille *f* -klëë
coquille *f (d'escargot)* -saɔn
coquillière *f* sɔ
cor *m* 'güë, 'güëga
Coran 'mɔɔ-
corbeau *m* mɔa-
corbeille *f* =tëü', =töü'
corbeille *f* à poules too
corde *f* 'bhɔ, =bhüö', =bhüöga, =bhüögblooga, 'kpënng
coriace 'süësüë

corne *f* -sö, -söga
corossol *m* 'mëng
corps *m* bun, bhɛ
correct kpengdhö
corriger =dɔɔ', gblɔɔ
corruption *f* -mëmɛpiödhe
cosse *f* d'acacia lëkëndhëga
côte *f* 'sɛn, 'sɛntadhɛ
côté *m* 'pian, 'sian
à côté 'badhö, =bhaa, gbiindhö, 'pian, 'piö, =taa
coton *m* =yee'-
balle *f* de coton =yeega
cou *m* bhɔ
coucher waanu, wɔ
couchette *f* wɔdhɛ
coucou-geai *m* -kplɛkplɛ
coude *m* -kɔkpi
coudre -wɔ
couler ban, bhɔ, ziö
couleur *f* 'yan
coup : d'un coup de reins 'büdhö
d'un seul coup 'dudhö
coupé 'klu
couper =blëë'-, 'kan, -lo, =pɛɛ'-, vlü, 'ye
cour *f* 'kwɛan-, 'kwɛandhɛ
dans la cour 'dhëëdhö
courage *m* =faan', =gluɛn', -zogbandhe, -zogbeedhɛ
courageux =gluɛnzë, =naazë
courant *m* 'muu
courber =luu'-

course *f* -bla
court 'klu, =klöö', =klöözë
cousin *m,* cousine *f* **dheglu, dhegluzë**
cousine *f* **dheglunëdhe, dheglunëdhezë**
coussin *m* 'ming
coussinet *m* kwɛ
couteau *m* -dhaanë
coutume *f* wɔ, wɔkɔ
couvercle *m* -te
couverture *f* gblang
couvrir **kpa**
coût *m* -kɔɔ
crabe *m* kaa-
crachat *m* 'dhee
craindre 'suö
crainte *f* 'suö
cramoisi **nuɛanzë**
crampe *f* 'ting
crâne *m* -gɔga
crapaud *m* poo
crayon *m* klɛyɔn
crédit *m* 'pë
créer **kë, -pë kë**
crépuscule *m* =dhɔng'
crête *f* =slüü'-
creuser **gloo, 'pɔn**
crier 'gbla, =gblaagbla

crinière *f* 'biɔ, 'wlaan
criquet *m* -kpaa
critiquer -dɔn, tɔɔ
crochet *m* =kaɔ
crocodile *m* **gbaa**
grand crocodile *m* =guö'
petit crocodile *m* gbɛa-
croire -**ga**
croissant *m* 'supɛn
croix *f* =kloa'-
croupe *f* zügoo, zükpö
croupion *m* zükpö
croustillant 'wlëënwlën
cru -**saa**
cube *m* de bouillon Maggi **maziga,** 'sisungga, 'sumanaga
cueillir **bho, kploo**
cuillère *f* -piösang
cuir *m* en croûte **wükwi**
cuisine *f* =**gbaa** 'bong, pëkpadhɛ
cuisiner -**kpa**
cuisinier *m*, -ère *f* pëkpamɛ
cuisse *f* 'gban, 'gban -ta
cuivre *m* **zën**
culotte *f* -bɛɛ
cultiver 'kpɔ, **ta**
cuticule *f* =soo =döngga
cuvette *f* 'paa, 'tia-

D d

d'abord **poo** =kun

d'accord =ɛ

daman *m* d'arbre **wla**
daman *m* de rocher **wla**
dan (*langue*) =**daanwo**, =**yaɔbhaa**
Danané =**Daan', Daandhö**
danger *m* =**güng'**
dangereux =**güngzë, 'gbee-, 'gbeezë**
dans -**bha**, =**bhaa, 'gü, 'ka, 'piö**
danse *f* **'tan**
danseur *m* =**trookëmɛ**
dard *m* **'plüng**
dartre *f* **niania**
de -**bha**, =**bhaa, -dhë, -gɔ, 'ka**
débat *m* -**za**
débauché *m* =**niëmɛ**
déblayer **gloo**
débordant -**trëngtrëngdhö**
débroussailler -**ba, bho**
début *m* de mois **'sudëü**
décédé *m* **'güsiömɛ**
décéder **'gü** =**siö'**
décharge *f* -**glukpa**
déchaîner =**yɔɔ'-**
déchiré =**pɛɛsü**
déchirer **'blë**, =**blëë'-**, =**pɛɛ'-**
déchirure *f* **'blëdhɛ**
déclarer -**wun 'kan**
découper =**kaan'-**
découragement *m* **bhlɔ**
dedans *m* **'gü**
défendre **dɔ**, -**ta** =**kɔɔ'**
défenses *fpl* **'sɔn**

déficient **'mlɔɔmlɔ**
dégager -**ba**
degré *m* scientifique ou scolaire =**la**
dehors **plaan**
déjà **'kpɛɛdhö, 'saadhö, 'sakasakadhö**
demain =**dhia'**
demander -**dhɛ**
demander pardon =**bhɛa'-**
déménager =**gbloo**
demeurer -**ya**
démonter =**kpoo'**
dendrocygne *m* veuf **'kwi -tɔ**
dénoncer **tɔɔ**
densément **bhingbhingdhö, 'sënsëndhö**
dent *f* **'sɔn, 'sɔnga**
dent *f* de peigne **'paɔga**
dentine *f* -**bhlu**
dépasser **ziö**
déplacement *m* **'ta**
déplacer -**blü**, =**gbloo**
déplier **'po**
déposer **waanu**
dépôt *m* **kpuan, sia-**
depuis -**bha**
député *m* **depite**
déraciner -**wo**
déranger =**kpaa**
dermatose *f* **pee**
dernier -**kaanta**
dérouler **'po**

230

derrière =taa, =zlöö, =zlöödhɛ
derrière *m* zü
descendant *m* =bhang', =suugünë
descendre =yɔɔ'-
descente *f* =yɔɔdhɛ
désert *m* 'yënngtaadhɛ
déshabiller =kpoo'
désherber bho
désirer =mɛɛ'-
désordonné 'vuëvuë
désorganisation *f* vlanvlanvlan
désorganisé 'vuëvuë
désormais zlöö
dessécher -kɔ
dessiner =bɛɛn'-
dessous =löö
destruction *f* 'güsiödhe, 'güsiösü
détacher 'po
déterrer 'pɔn, =woo'
détourner -ta yö
détruire 'vaan dɔ
deuil *m* pë 'dhiö-
deux -peedë, =plɛ
devancer ziö
devant 'dhiö, 'gladhiö, 'zaa
devant *m* 'zaa
développer 'gla
devenir kë, 'gla
devenir aigre =glii'
devenir mûr -mɔ
devenir noir trö

devenir sale trö
devin *m* -dɛ
devinette *f* =kpongdhee
devoir *m* =dua'
diable *m* dü, dügɔmɛ
diamant *m* 'goo-
dicton *m* -piën
Dieu -Zlan
différent gbɛgbɛzë
difficile 'gbee-, 'gbeezë
digue *f* 'yigba
dimanche *m* =dimasü
dimension *f* =duan'
Dioula *m* müng
diplôme *m* =la
dire =blɛɛ'-, pö
directement vɛɛdhö, 'zuɛdhö
dirigeant *m* -gɔmɛ
diriger 'dhiö 'sü
disciple *m* =bhang', =guë'
discussion *f* -dɔn, zaɔdhe
discuter =blɛɛ'-, zɔɔ
disperser -pɛn
dispute *f* 'dhinaa, zaɔdhe
dissoudre =söng
distance *f* =duan'
distribuer -glu
diviser -glu
division *f* 'gügludhe
divorcer 'go
dix 'gɔɔ- do
dizaine *f* -kɔ
doigt *m* -kɔnëga

donner nu, gbaa
dorloter =dhɔɔ 'dhɔ, =kaa-
dos *m* 'gɛngko, =taadhɛ
dos *m* de la main -kɔtaa, -kɔdhɛtaa
dot *f* -yɔ
doucement 'bhlɔbhlɔ- 'ka, -lëëdhö, 'sengsengdhö
douleur *f* pë 'dhiö-
douloureux 'dhiö-, 'dhiözë

dramatiser =wlëë'
droit : côté droite =kwɛɛ-
droitier kwɛɛzë
duper -dian
dur 'gɛngɛn, 'gbee-, 'gbeezë
durement 'gblaudhö, -kpakpadhö, 'tantandhö
durer =glɔɔ
durillon *m* kpu

E e

eau *f* 'yi
dans l'eau yiö
écaille *f* =kia', -loo
écart : à l'écart 'badhö
échelle *f* gbɛa-
échine *f* koga
échouer =siö'-
éclair *m* -blaan, dhayan
éclair *m* de forme sphérique dhaga
éclatant 'bhüzë
éclater =pöü'
école *f* =klang'
écolier *m* =klang', =klang' 'në
écorce *f* gba-, -gbo, =kia'
écraser =wüü'-
écrevisse *f* =kɛn, =kɛnga
écrire =bɛɛn'-, pë -ya, 'sëëdhɛ -ya
écume *f* 'viëë, 'vuu
écureuil *m* : espèces d'écureuils :
'bhaɔng-, bhɔɔ-, diɔng, gba, gbaklüdë, -gbeng, 'sëngsë
eczéma *m* pee
édenté 'kplong, 'puëngpuëng
effrayant -ziizë
effrayer -dian
eh bien =ɛ
élégant 'böüzë
éléphant *m* biö
élève *m, f* =klang', =klangnë
élever =luu'-, -to
éloigné =gbɛɛn
éloquent wlöwlözë
avec éloquence -wlawladhö
élytre *m* =kia'
émail *m* dentaire =kia'
embrasser 'wü
empêcher =kpaa
emploi *m* yuö
emprunt *m* =daan'

enceinte *f* 'yasa
encercler =klëën, =nië'-
enclume *f* =gɔɔn'
encore =kun, 'zü
endroit *m* -dhɛ, 'pian
endroit *m* rocheux gwaadhɛ
endroit *m* secret pëbindhɛ
enduire 'yɔ
enfant *m* 'në, 'në 'sɛɛn-
enfin zlöö
enfler -bhla
enfoncer -gban, =yɔɔn
engendrer 'kpɔ
engourdissement *m* 'ting
engraissé 'bhlɛɛbhlɛ
enlever bho, 'kun, =woo'
ennemi *m* yaagümɛ, 'yɔɔ, 'yung-
énorme 'bhlaabhla
enrouler =zloo'
enseigner =daan', -zɔn
ensemble 'piö
ensuite =sia
entailler =sɛɛ'
entendre ma
entente *f* -dhikuëdhɛ
enterrement *m* -wɛɛbhodhɛ
entonnoir *m* -ploo
entourer =klëën, =nië'-
entre songdhö, ziën
entrée *f* 'dhi
entrée *f* du village -daplöödhɛ
entrer 'sɔ, yö
envahir 'sɔ

enveloppe *f* 'sëëdhɛkɔ
envie *f* sösɔɔ
envie *f* -dhɔ
environs *mpl* -zütodhɛ
envoyer bɔ, nu
épais kplüngzë, 'yɔsü
épaisseur *f* kplüng
éparpiller -pɛn
épaule *f* gban, gban -ta
épaulette *f* =la
épée *f* -blaan
épervier *m* shikra 'slü
épidémie *f* -pɛn =yua'
épilepsie *f* 'puɛ- =yua'
épinard *m* =kplɔɔ', -kpua
épine *f* 'gɛɛn
épingle *f* 'zɔ
éponge *f* =fuu'-, 'kpënng, 'saa
épouse *f* bɔɔ, dhebɔ
éprouver dan
ergot *m* -kɛi -soo
ériger =luu'-
escalier *m* 'kpan
escargot *m* -drünng, =kpongdhee
esclavage *m* 'gan
esclave *m* =nua, 'plɔɔ
escroc *m* =druungmɛ
espèce *f* =suu'-
espoir *m* 'yantoagɔpë
esprit *m* =glööbɔɔmɛ
esprit *m* -zuu
essaim *m* d'abeilles 'flɔ, 'zɔ

233

essaim *m* de moustiques **ziɔn**
essaimer =**gbloo**
essayer **dan**
essuyer =**glüü'-**
estimer -**gɔn**
estomac *m* **'si**
estropié **'mlɔɔmlɔ**
et **waa**
étaler **'kpɔ, sa**
étang *m* **'yipuë**
éteindre =**dhuu'-**
éternuer **'san**
étoffe *f* =**yië'-**
étoile *f* **'susong, 'susongga**
étonnant **'gblüünzë,** =**kpaɔzë, -ziisü**
étonnement *m* **'tetunsü**
étouffer **'sɔ**
étrange =**kpaɔzë**
étranger *m* **-nia**
être **'dhö, -mü**

étroit **'sɔɔsɔ**
étroitement **trɔɔndhö**
études *fpl* =**klang'**
étudiant *m* =**klang',** =**klang' 'në**
étudier =**daan'**
événement *m* **'wun**
événement *m* agréable **'yikanmɛdhëwun**
éventail *m* =**biën**
exagérer **blɔ,** =**gbaɔn**
examiner -**ga**
excès *m* **'vöü**
excision *f* **'bɔn**
excrément *m* **gbo**
exemple *m* =**zɔan'**
exoder =**gbloo**
exprimer =**bhloo'-**
exténué **'glëngglëng**
extraordinaire **'gblüünzë,** =**kpaɔzë**

F f

fabriquer -**pë kë**
face *f* **'zaa**
en face de **'dhiö, 'zaa**
facile **'pëëpë**
facilement -**fiëfiëdhö, -suadhö, -tratradhö**
façon *f* -**gua,** =**suu'-**
fade **'tɛtɛ, 'tɔtɔ**
fagot *m* **'wɔ**

faible **'plëëplë, 'slɔaslɔa, 'tëëtë**
faim *f* **din**
fainéant -**bhɛa**
faire **bho, kë,** -**pë kë, wo**
bien fait **kpengdhö**
famille *f* **kɔɔmɛ**
famine *f* **din, 'vaa**
fanon *m* **'bhɔng -zɔ**
farine *f* -**bi, 'bluubi**

fatigue *f* 'gügadhe, =sëë'
fatiguer 'gü ga
faute *f* 'wunzaasü
favoris *mpl* 'gblë
fêler 'pɛ
femelle *f* mu
féminin dhe
femme *f* dhe, dhebɔ
femme *f* âgée dheklöö
femme *f* facile =mlaabɔ =mɛɛmɛ
femme *f* mariée gɔɔnmɛdhe, gwandhe
femme *f* stérile 'bhüödhe
fendre 'pɛ, =pɛɛ'-
fenêtre *f* födhɛ
fer *m* -piö
fermer ta
féroce 'dhiö-
fesses *fpl* zü, zükpö
fête *f* =bhlëkpɔdhe, 'wlaan-
fétiche *m* =blɛɛdhe, gbapë, kwiga, =nɛɛ, =sëë'-, -sö
féticheur *m* -dɛ, kwiga kë -mɛ, kwiga =kɔɔn -mɛ
feu *m* 'siö
feuillage *m* 'dhɛ, 'dhɛɛdhɛ
feuille *f* 'dhɛ, 'dhɛga
fibre *f* 'saa, sënng
fier 'gɔügɔ
fierté *f* =gluɛn', 'gɔügɔ
fièvre *f* 'gii-, 'nɛnɛ 'yua
filer du coton trɔng bho

filet *m* de pêche 'kplö, te
fille *f* 'dhu
fille *f* mariée ailleurs 'dëë-, 'nuu
fillette *f* 'nëdhe, 'nëdhenë
fils *m* gbö
fin *f* 'dhiöto, 'dhiötodhɛ, ga
finir bo, bhɔ, 'dhiö 'to
fixement kpɛnngdhö, -piingdhö
fixer -gban
flambeau *m* 'gbɛa
flatter =nɛɛ 'nɛ, trö
flèche *f* 'sɛɛ, 'sɛɛga, 'sɛɛlü
fleur *f* 'bin, 'flëë-
fleurir 'bin
fleuve *m* 'yiga, 'yiva
flexible 'duaanduan, 'lɛɛlɛ
flotter dun
flou 'biɔnbiɔnzë
flûte *f* -bhɔng, 'truu
foie *m* 'bhlu
fois *f* -gua, yië
la fois passée peenɛ
l'autre fois tëng
folie *f* 'blɔɔn-, so
foncé tii, tiizë
fonctionnaire *m* 'kwi
fondation *f* 'kpan
fondre =söng
fontanelle *f* 'tëdhɛ
force *f* =faan', 'piigbeedhɛ
avec force -bibidhö, 'bidhö, 'dudhö, 'gblaudhö
de force -büdhö

235

forêt *f* blii
forger -piö
forme *f* 'böü
former -to
fort 'dhiö-, 'gbee-
fortement kpɛnngdhö, 'tantandhö, =vianviandhö
fossé *m* 'yigloopiödhɛ
fou 'blɔɔnzë
foudre *f* dhaga
fouet *m* -klaa, -klaaga
fouiller =blüü'-
foule *f* =bhang', -gbaa, gbung, kpö
en foule 'dhëëdhö
fourche *f* =kaɔ
fourchette *f* =flengnë
fourmi *f*: espèces des fourmies : druë, =waa'-, 'yene
fourmi-magnan *f* zlu
fourrer =sɔɔ 'sɔ
foyer *m* gwaan
fracture *f* 'yɛsü
fracturer 'yɛ
fragile =güngzë
frais 'duaanduan
francolin *m* kaɔ, 'blükaɔ
frange *f* 'saa
frapper -ma, zë

fréquemment 'siösiö
frère *m* dheglu, dheglugɔɔn, dheglugɔɔnnëzë, dheglugɔɔnzë, dheglunëgɔɔn, dheglunëgɔɔnzë, dhegluzë
frère *m* cadet 'zlaa-, 'zlaagɔɔnzë
frère *m* de grand-mère 'ziö-
frère *m* de grand-père dë =va, 'ziö-
frétillon *m* =niëmɛ
frire =fluu
frisson *m* -nɔnɔ
froid -saa
froid *m* 'nɛnɛ
fromager *m* gwɛ-
fronde *f* -gba -bhüö
front *m* -kpong
frotter =glii'-, =glüü'-, =kaa-, =sii 'si
fructifier bha
fruit *m* bhɛ
fugitif *m* duë
fuir =duë, =dunng
fuite *f* =duë
fumée *f* 'siɔn, 'siötëë
fureur *f* -naadhe
furoncle *m* -dhiö, pë kpö
fuseau *m* =kionggbɔ
fusil *m* bu

G g

gagner =slɔɔ

galago *m* du Sénégal zënggë

gale *f* 'kaa
galon *m* = la
ganache *f* 'tokpöüdhɛ
gant *m* 'ba, -gwaa
garçon *m* gɔɔn-, 'nëgɔɔnzë
garçonnet *m* 'nëgɔɔn
garder -da, kuënnu, -maa kë, wɔ
gardien *m* 'gladhiösümɛ
garrot *m* 'kan -bhɔ
gaspillage *m* 'güsiödhe, 'güsiösü
gaspillant 'vöüzë
gaspiller 'gü = siö'
gâté 'bhaa
gâter = siö'-
gauche : côté gauche = kwaa-
gaucher kwaazë
gazelle *f* = zloo
gazon *m* 'kpaa-
gencives *fpl* = nië
gendarme *m* = zang
gêner = kpaa
générosité *f* 'glusë
avec générosité -wlawladhö
genette *f* à grandes taches -mlɔɔ
génie *m* 'gina, pë
genou *m* kpɔn, kpɔngɔ
gentil -wlɛazë
gentillesse *f* 'glusë
gentiment 'lëëlë
gerbe *f* = fië'
germe *m* 'plüng
germer bhɔ, 'gla, = pöü'
gésier *m* 'klɔa, 'kwla, 'si

gibecière *f*-bhing, -zɔɔ
gibier *m* -köpë
glaçon *m* 'yikpö
glissant 'drɔɔdrɔ, 'yɔsü, 'yɔsüzë
glisser = draan'
faire glisser 'yɔ
gloire *f* 'tɔbhɔdhe
gombo *m* gbloo
gonfler -bhla
gorge *f* bhɔng, bhɔngdhɛ
goundi -bha
gourde *f* = puu'
gourmand -siösü, -siözë
gourmandise *f*-siö
goyave *f* 'kwiëdhoo
goût *m* din
goûter dan
grade *m* = la
grain *m* ga, pëga
graine *f* ga, sii
graisse *f* 'yɔn
graisseux 'yɔɔn-
grand = gbɛɛn, 'gblögblö, 'kpii-,
  'kpiizë, 'kpikpi, -kpɔɔn, = va,
  = vaazë
grande aigrette *f* 'goo = dhoo
  -dɔɔ
grande hirondelle *f* à ventre roux
  'slɔng
grand-frère *m* = dhoo
grand-mère *f* 'na, = naa'
grand-père *m* dë 'kpii-, dë = va,
  'ziö-

grandir 'gla, =kpɛa'
gratin m =lan
gratter gloo, =kaa-
gratuit -bhɛa
grave =gbaɔnsü, 'gbee-, 'gbeezë, =kpaɔzë
gravier m =kaan'
grenier : dans le grenier 'slëëdhö
grenouille f 'drɔɔ, 'drɔɔmuan, 'wong-
grève f-zoo
griffe f =soo, =sooga
gri-gri m =blɛɛdhe, =gbaa', =gbaaga, gbapë, kwiga
grillé =yɛü
griller -pla, -yɛ, -zian
griot m sië-
grippe f'gii-
groin m -bɛn gbɔ
gronder (chien) -lan
gronder qn =blɛɛ'-, 'we
gronder (tonnere) =pɛɛ'-
gros 'gblögblö, 'kpii-, =va, =vaazë
grossir -ba
groupe m =bhang', =guë', kpö
en groupe -yɛɛdhö
groupe m de travail 'ban
groupe m familial 'guun
guêpe f-gbɔɔn
espèces de guêpes : 'blügbɔɔn, 'sɔnkpɛng, 'tëë, 'tëëgɔn
Guéré m gɛ-
guérir bo
guérison f-dhɛbosü
guerre f-glu
guerrier m -glugɔnmɛ, -glukëmɛ
gueule f'dhi
guidon m -gɔ
Guinée Lagine

H h

habile 'lɛɛlɛ
habit m -dasɔ
habiter wɔ, -ya
hache f =dua
haine fdëgludhɛ, -sanzëdhe
haïr -san
hamac m 'nuu
hameçon m =piö', =piöga
hanche f 'dün, 'göng-, =kpoodhɛ, kpong
Haoussa m 'wisa
haricot m ze
« haricot m sauvage » 'gɔ
harmattan m -buu
harpe fbuccale -zioo
haut =gbɛɛn
en haut dhuö
hélas! aa
héliosciure de Gambie 'bhaɔng-
hérault m sië-

herbe *f* =blëëdhɛ, 'dhɛ, =gbɔɔ', 'pii, -vɛi
espèces d'herbes : 'kpaa-, 'yaandhɛ, 'zɔɔ-, 'zöü
hérisson *m* 'blüüng, 'te
héritage *m* 'kɛnpë, -tomɛgɔpë
hermétiquement 'bëdhö
hernie *f* -blugbɔng, =puën
héron *m* ; espèces : 'aanaan, glɔngdë, 'zeewɔyɛgbaangü
héros *m* kluë
heure *f* lan- 'kɔ, 'lɛlɛ
heureux 'gɔügɔ
heurter -gban, =maa 'ma
hibou *m* 'gɔma
hier yiɛn
d'hier yiɛn
hippopotame *m* 'yiëbiö
hirondelle *f*; espèces : 'papa, 'slɔng
histéridé *m* 'kpöökpanggo
hivernage *m* =kpɔɔ-, =kpɔɔ yië
homme mɛ, gɔɔn-
homme *m* âgé gɔɔnde, gɔɔnklöö

homme *m* marié dhemɛdë, dhesügɔɔn
homonyme *m* 'tɔɔma
honnêteté *f* 'kpaakpadhɛ
honneur *m* =slöö'
honorable =bhlëzë
honorer gba
honte *f* lë-
honteux lëzë
hoquet *m* 'klönggbö
horrible -ziizë
hostile ya
houe *f* 'kaɔ
huée *f* duö
huer 'düë 'sü
huile *f* 'yɔn
huit 'slɛaga
hum! 'kiin
humain *m* mɛ
humide 'dréëdrë, 'kɔnkɔn
humoriste *m* =saandhekëmɛ
hurler =pɛɛ'-
hyène *f* 'bhuu
hylochère *m* géant 'blübhɔ
hypocrite *m* =zuöpiöyaamɛ

I i

ici 'nö, zö
idée *m* -zotadhe
idole *f* gbapë, kwiga, =nɛɛ
igname *f* 'ku
igname *f* sauvage 'bhüö, kplöö-, =soo
île *f* 'yiziënsɛgɔ
image m 'bin
immangeable -plɔng
immense 'kpikpi, -kpɔɔn

239

impatience f = zuösiödhɛ
important 'gian, 'gianzë
inachevé 'kplong
inactif yuan
incendié siën-
incirconcis m = druɛn-
incliner = yɔɔ'-
inconnu tii
incrédulité f 'glɔɔglɔdhɛ
incroyable = kpaɔzë
index m = weepakɔnëga
indication f 'wungɔ
indolent yuan
infirme 'kpiankpian
infirme m = niaɔnmɛ
infirmier m = dhɔngtrɔɔ
infirmité f 'tɔsiö
inhaler -blü
injection f ming
injure f = daɔn, = dɔɔn, 'si
injurier sioo
insecte m 'tëpë
insensibilité f 'glɔɔglɔdhɛ
inséparable m à tête rouge -slan

insérer = sɔɔ 'sɔ
insister 'we
intellect m nii
intelligence f -gɔgagüdhɛ, nii
intelligent 'kpaakpa, = vluazë
intention f nii
interdire = gbaannu
interdit m tɔng
intérieur m 'glu, 'gü
intermédiaire m sië-
interprète m -wodhiölomɛ, -wodhiösümɛ
interstice m song
intestin m gbëng-, gbëng--bhüö, gbëngga, gblëën-, weekɔ
intrigue f 'slö
inutile -bhɛa, 'flëë, 'waawa
irascible 'dhinaazë
iris m de l'œuil 'yanpuu
iroko m = göö-
irréprochable 'kpëdhö
iule m kpanklu
ivrogne m yɔakëmɛ

J j

jabot m 'bhɔɔzɔ
jacko m -slan
jadis -be, -bezë
jaillir -zuö
jalousie f dëgludhɛ, = druɛɛ-, = gluɛn', = tëng

jamais 'gbɛɛdhö, gbonggbodhö
jambe f -gɛn, -gɛngalü
à grandes enjambées 'vlüvlüdhö, vaɔnvaɔndhö
jardin m 'lüdhɛɛdhö, 'toodhɛɛdhɛ

240

jarret *m* -kɛi =zlöö
jaune **'fafa, 'songgozë, 'viëvië, zozozë**
jaune-foncé **zënzënzë**
javelot *m* **'sluun**
jeter **flu, -lo, =zong'-, -zuö**
jeton *m* **'wëüsɛɛn**
jeun : à jeun **'lü 'kpɛa**
jeune **-dadhëü, -dëü**
jeune homme *m* **'nëgɔɔnnë, 'nëgɔɔnzë**
jeunesse *f* **-dadhëü**
joie *f* **dhi, 'gludhi, =zuögludhi**
joli **'gian, 'gianzë, -së, -sëënë, -sëëzë**
joue *f* **'kpeng**
jouet *m* **=trookaapë**
jour *m* **-dhɛ, -dhɛkpaɔyi, yi, yië**
   l'autre jour **peenɛ, tëng**
joyau *m* **=baapë**
joyeux **-kpɛzë**
juge *m* **'gɔ**
jugement *m* **za**
jumeau *m*, jumelle *f* **-flɛan**
juste **kpengdhö**
justement **'kpakpadhö**
justice *f* **'zusü**

K k

kaolin *m* **'yɔɔ**
   blanchir avec du kaolin **'yɔ**
kapokier *m* **gwɛ-**
klaxon *m* **'püü**
kono *(langue)* **=klɔɔn-**
kyste *m* **kpu**

L l

là **bhë, -de, 'më, mü, zö**
là-bas **bhë, -de, 'më**
labium *m* **nɛga**
laborieux **=gluɛnzë, =naazë**
labourer **bɔ, -ya**
laboureur *m* **-dhɛyamɛ**
lac *m* **'yido, 'yiglu, 'yipuë**
lacérer **=pɛɛ'-**
lacet *m* **gën, =kong**
lâche **'fiasü, 'yëngyë**
lâcher **=kwaa'-**
lâcheté *f* **'fia**
laid **'glaagla, ya**
laideur *f* **yaadhɛ**
laisser **=kwaa'-, 'to**
lait *m* **'nɔnɔ**
lambiner **=zloa**
lame *f* **'dhiö, =nɛɛ-, =nɛɛga, 'zaɔ**
lampe *f* à pétrole **=labang**

lance *f* **'dü**
lance-pierres *m* = **gbei'**
lancer **yö, -zuö, zë**
lancinant = **gbaɔnsü**
langage *m,* langue *f*-**wo**
langue *f* **nɛ-, nɛga**
laper **pa**
lapin *m* -**dɛmlɔɔdë,** = **wong**
lard *m* **'gluëkwi**
large **'gbɛa**
largement ouvert **'büëngbüëng, 'gbɛa**
largesses *fpl* = **bhlëkpɔdhe**
larmes **'yɛin**
larve *f* **'në, -yan**
lassitude *f* **'gügadhe**
latent = **naazë**
lavement *m* **'dhee**
laver **'zlu**
lécher **pa**
légende *f* **daɔn**
léger **'faafa, 'föngfö, 'lɛɛlɛ, 'lɛnglɛng**
légèrement -**fɔdhö**
légume *m* **'toobhɛ**
lendemain = **dhiadhiö**
lent **'klëëklë, 'muamua**
lentement **'bhlɔbhlɔ 'ka,** = **kplüëkplüëkplüëdhö, 'lëëlë, -nuaa, -nuaanuaadhö, -wlɛɛdhö**
lenteur *f* **'klëëklëdhɛ, -nuaanuaa**
léopard *m* -**tiɔn**

lèpre *f* = **wee**
lequel? **dözë, -mlë**
leste **'lɛɛlɛ**
lettre *f* **'sëëdhɛ**
lever = **luu'-**
lèvre *f*-**bɛn**
levure *f* **'sɛkɛ**
lézard *m* **trɔɔ-**
liane *f* = **bhüö', -gbloo**
liasse *f*-**be**
libation *f* **sla-**
libérer **dha**
liberté *f*-**potaasü**
librairie *f* **'sëëdhɛkɔ**
libre -**potaasü**
lie *f* **sia-**
lien *m* **song**
lien *m* de parenté -**mɛɛ**
lier **'dhu, -klu, -lö**
lieu *m* -**dhɛ**
lièvre *m* -**dɛmlɔɔdë, diɔng, -mlɔɔ,** = **wong**
ligne *f*-**bhüö, -nii,** = **sɛɛdhɛ**
ligne *f* de pêche **'va**
ligoter -**lö**
limace *f* = **draan**
lime *f* **'gbe 'dhiö bɔ -pë**
limer **'dhiö bɔ**
limite *f*-**naa**
limonade *f* **'kafeyi**
limpide **'dröngdröng, 'slööslö**
lion *m* = **laa'**
liquide **'blɛngblɛng, 'bhlɛɛbhlɛ**

liquide *m* 'yi
lisse 'bionbion, 'drëëndrën, 'yosüzë
lit *m* traditionnel =gba, -kping
litige *m* 'dhinaa
livre *m* 'sëëdhɛ, 'sëëdhɛbe
logement *m* wɔdhɛ, -yadhɛ
loger wɔ
loi *f* tɔng
loin =gbɛɛn
long =gbɛɛn
longévité *f* =glɔɔsü
longtemps piindhö
longueur *f* 'dɔn, =duan', =kpë
lors de -ta
lorsque =dhɛ
losange *m* -nii 'klang
lot *m* =kwɛɛ-
louche 'luulu, 'vlaanvlan, 'zuuzu
louche *f* =kluu', =mië'
loupe *f* kpu
lourd 'gbiing-, 'gbingbin
loyauté *f* 'kpaakpadhɛ
luette *f* töngga
lugubre -wëüzë, 'yenazë
luire 'pun
lumière *f* -dhɛpuudhɛ
luminosité *f* plan
l'un l'autre 'ko
lundi *m* tɛndhɔɔyi
lune *f* 'su
lune *f* décroîssante 'suglöö
lunettes =bhla
lunule *f* -gbandhɛ
lutte *f* -gɔn
lutter =gɔɔn
lutteur *m* =gɔɔnmɛ
lycaon *m* -tɔnbhagben

M m

mâcher -bhö
machette *f* -dhaa
machination *f* 'slö
mâchoire *f* nɛga
magasin *m* -piikɔ
magie *f* bhe, -dhidhaa
magnifique =bhlëzë
maigre 'glënggläng, 'kpɛa, 'teezë
maigreur *f* =kwɛɛ'
maigrir =kwɛɛ'
maille *f* =kong, -yökoëdhɛ
maillet *m* 'lügɔkpö
mailloche *f* de balafon 'dhuung ga
main *f* -kɔ, -kɔdhɛ
main *f* droite =kwɛɛ-
main *f* gauche =kwaa-
maintenant 'sabla
à partir de maintenant zlöö
maire *m* =kɔɔnmɛ
mais 'kɛɛ
maïs *m* =kpëü'

maison *f* 'kɔ
maison *f* gbangkɔ
maison *f* en bambou =saakɔ
mal ya
avoir mal -ma, =pio'-
mal équilibré 'biɔngbiɔng
mal pilé gazë
malade 'yuazë
maladie *f* pë 'dhiö-
maladie *f* saɔ
maladie *f* 'yua
maladie *f* cardiaque 'nɛnɛ 'yua
malaria *f* 'gɔɔn =yua'
malaxer =dhië'
mâle *m* gɔn
malédiction *f* 'dhangga, -gwɛɛ, 'kpöü
malfaiteur *m* 'gluyaamɛ
malformé 'mlɔɔmlɔ
malgré 'kö
malheur *m* 'klobhɔdhe, pëdhiö-
malheureux 'yenazë
malhonnête =kwaansü, 'vlaanvlan
malhonnêteté *f* =sua
malimbe à queue rouge 'dhono
malle *f* =gbëü, -gblaɔn
malléable 'plëëplë
malpropre 'vlaanvlan
mamba *m* vert dhuödhe, 'glɔɔ
manche *m* weng, wun
mange-mil *m* 'zëëdhe, =zöng'
manger -bhö

manger tout seul (sans partager) -dhuö
manger trop -siö
mangouste *f,* espèces : diɔng, gëëpiëklu, 'glaan
mangue *f* 'mangglo
manière *f* -kɔ, =suu'-, këdhɛ
manioc *m* =bee'-
manioc *m* sauvage =bee'- 'kpa
manque *m* de respect 'yanziö
manquer 'san
mansuétude *f* 'glusë
mante *f* religieuse =dengde, gbenekun
manteau *m* gblang
manœuvrer -blü
maquiller 'blakpɔ
marabout *m* -dɛ
marche *f* 'ta
marché *m* 'dhɔɔ, 'dhɔɔkoëdhö
marcher 'ta
marcher sur yö
mare *f* 'yipuë, 'yibhletee
marécage *m* böü-
margouillat *m* zo
mari *m* =gɔn, gɔɔn-
mariage *m* 'kosüdhe
marigot *m* 'yinëga, 'yisɛɛn, 'yitɔɔbhaadhɛ
marmite *f* gbɔ, -piögbɔ, 'trɔɔn-
marque du ton =duakëpë
marque *f* =dɔa', =duakëpë
marque *f* pin

marre : avoir marre **'më**
marteau *m* **'gbanng 'klu**
marteler **=maa'**
martinet *m* **-klaa**
mascotte *f* porte-bonheur **'dhuë-**
masque *m* **=glöö**
masque-coureur *m* **'gbaa**
masse *f* **'lügɔkpö**
en masse **-yɛɛdhö**
masser **=gaan'**
massif **'gbiing-, =vaazë**
massue *f* **-klaa, 'lü**
mat **'yuënyuën**
mât *m* **'lü**
matériel *m* **pëkaapë**
matin *m* **-dhɛkpaɔdhiö, =dhiadhiö**
matinée *f* **=dhiadhiö**
mauvais **ya**
mauvaise affaire *f* **'wunyöyaansü**
mauvaise conduite *f* **këpëyaa**
maître *m* **dëmɛ, -gɔmɛ**
maître *m* d'école **=klanggɔmɛ**
maître *m* des féticheurs **kwigakɔɔnmɛ, kwigakëmɛ**
maîtresse *f* d'école **=klanggɔdhe**
maîtrise *f* de soi **=zuökunsiadhe**
maîtriser **'kun**
méchant **ya**
méchant *m* **'gluyaamɛ, =zuöyaamɛ**
médecin *m* **=dhɔngtrɔɔ**
médiateur *m* **-yösongkëmɛ**

médicament *m* **=blɛɛdhɛ, =blëëdhɛ, 'yuadhɛ, 'dhɛ**
médisant *m* **'wundanpömɛ**
mélanger **bɔ, =kung'-**
membrane *f* **-döngdhö**
membre *m* antérieur **-kɔ**
membres d'une famille **=bhang'**
même **-de, gia-**
même si **'kö**
mensonge *m* **=sua**
menteur *m* **=suakëmɛ**
mer *f* **=weeyi, 'yoo**
mère *f* **dhe**
mériter **-makun**
mesquin **'dönggödönggö**
message *m* **-naɔ**
mesure *f* **=duan'**
mesurer **dan**
métier *m* **yuö**
mètre *m* **wang**
mettre **-da, -lo, wɔ, -ya, yö**
mettre au monde **'kpɔ**
mettre ensemble **=kpaakpa**
midi *m* **kpönglöö, lëngüdhɛ, lëng**
mie *f* **-bhlu**
miel *m* **'yɔn**
mil *m* **'klën**
milieu *m* **ziën**
au milieu **'dhëëdhö, ziën**
militaire *m* **'dhasi**
mille **-vuudo**
mille-pattes *m* **kpanklu**

245

ministre *m* 'dhasigɔmɛ
minute *f* minitö
miracle *m* bhe, -dhidhaa
miroir *m* 'sëë-, -dhɛgayan
misanthrope *m* = slöözëmɛ
misérable *m*, *f* 'yenamɛ
misère *f* 'yena
mobylette *f* -blüpë, -gbëügbëü
modèle *m* = zɔan'
moignon *m* mluë
mois *m* 'su
moisissure *f* 'wlan
mollet *m* zuën
mollusque *m* kpɛɛn
moment *m* 'töng, yi, yië
monde *m* 'kpongtaa
monsieur m gɔɔndë
montagne *f* -tɔn
monter -da
montre *f* lankɔ, 'mɔtrë
montrer -zɔn
moquerie *f* duö
morceau *m* 'klu, kpö, mluë, 'pɛn, -te
en petits morceaux = klööklöö
mordre 'kun
mort *f* ga, 'güsiösü, 'güsiödhe
mortier *m* 'lö

mou 'muamua, 'plɛngplɛng, 'plëëplë, 'bhaa
mouche *f* 'wunblë
mouche tsé-tsé *f* -duëluu, 'luu
moucheron *m* -këü
moudre = wüü'-
mouillé 'baaba
mouiller = tɔɔ
mouler = bio
mourir ga
moustache *f* -bɛankaa
moustique *m* 'piënpiën, zɛnpë, ziɔn
mouton *m* 'bhla
muet *m* 'tuunmɛ
mufle *m* -bɛngbɔ
muflerie *f* 'yanziö
mur *m* böü-
muraille *f* 'kplo
murmure *m* -gunng
murmurer -dɔn
musaraigne *f* 'slunmɔ
muscle *m* = mlëë
museau *m* -bɛn, -bɛngbɔ, yungɔn
musicien *m* -ziɔzëmɛ
mygale *f* -lën
mûrir ma, -mɔ

N n

nageoire *f* dorsale 'gɛngko, 'vlüng
nageoire *f* pectorale, abdominale, anale -gɛn
nain 'tiöngtiöng

nain *m* -fin
naja *m* -gbaa
naja *m* cracheur 'dheepɛn, 'dheesuö
nasse *f* = saa, = saadhe, sɔɔn
natte *f* = sɛɛ'
naître bhɔ
négligence *f* kpoo
nerf *m* = mlëë
nervure *f* = sɛɛdhɛ
nettoyer -ba
neuf -dëü
neuf 'sɛisië
neveu *m* bɛa
nez *m* yun, yungbɔ
nièce *f* bɛa
noce *f* 'kosüdhe
noël *m* noɛlö
noir tii, tiizë
noircir trö
noix *f* de cola gɔ-
nom *m* 'tɔ, tɔɔ
nombreux -bluudhö

nombril *m* -blu
nombril *m* gonflé -blugbɔng
nommer -ya, -dhɛ
non = abi, = n 'n
non-camouflé 'puu
nonchalant 'trëëtrë
notable *m* 'gɔ
nourriture *f* -bhöpë
nouveau -dëü,-taɔ
de nouveau -dëüwo, 'zü
nouveau marié *m* dhegɔn, dhesügɔɔn
nouveau vin *m* de palme yɔzla
nouvelle -taɔ
nouvelle lune *f* 'sudëü
noyau *m* ga
noyer 'më
nuage *m* dhakpö
nuageux = blingblingdhö
nuit *f* 'bin, gbeng
nuit noire 'bingatii
nuque *f* = kei-
nœud *m* dhing

O o

obscurité *f* 'bin, 'bingatii
obstination *f* 'toogbeekësü
obtenir = slɔɔ
occiput *m* = keidhɛ
odeur *f* 'tëë
odieux ya
œil *m* 'yan, 'yanga

œuf *m* -yan
oie *f* glɔngdë
oiseau *m* -ma
espèces d'oiseaux : boi, bheng, 'dhɔɔ dɔ -ma, -ziɔlogɔɔ
oiseau *m* de nuit bhlaa-
oiseau-gendarme *m* = yaan-

oiseau-mouche *m* -slëë
ombre *f* 'bin, -dhɛbiëndhɛ, -dhɛpëëdhɛ
on mɛ
oncle dë 'tee
ongle *m* =soo, =sooga
opercule *m* 'kee, 'todhɛ
or *m* 'goo-, 'sënng
orange nuɛanzë, 'waanwan, 'zɛnzɛn, zoëkpëübizë
ordures *fpl* 'dung, =blëë'
oreille *f* 'to
organiser -gban
orgueil *m* 'gɔügɔ
originaire *m* mi
orphelin *m* -tenë

orteil *m* -gɛnnëga
oryctérope *m* -zenggbekɔdɔdhagɔ
os *m* ga
osseux gazë, 'giinzë
où mɛɛ
ou bien 'inng
ouest *m*, à l'ouest wiö
oui =ao', =ii-
ouïes *fpl* 'to
ouragan *m* 'buu
outil *m* à main =kaɔ
ouverture *f* 'dhi
ouvrir 'po
ovaire *m* zënga

P p

pacificateur *m* -tamamɛ
pagaie *f*-blüpë, 'yiëpa
page *f* 'dhɛ, 'dhɛga
pagne *m* sɔ, =waan'
païen *m* payɛɛn
paille *f*-gbo, muu
pain *m* =bluu'-
pain *m* grillé =fluflu
paix *f* =zuöwaannudhe, -dhikuëdhe
en paix *f* =zuöyagluu
palabre *f* dëgludhɛ
palais *m* -gbandhɛ, 'dhiëng
pâle 'biɔnbiɔn, 'fafa, 'yuënyuën,

'bhluubhluzë
palissade *f*-glɛng
palmier *m* à huile =glaa-, sö
palmier *m* long 'bhɔɔ-
palpe *m* -bɛankaa
paludisme *m* 'lükia, 'gɔɔn =yua'
pan *m* sɛazian
pancréas *m* -faa
pangolin *m* à écailles tricuspides wɔ
pangolin *m* arboricole -bhadë
pangolin *m* commun wɔ
pangolin *m* géant zɔ
panier *m* kpasɛn, =kpluu',

=tëü', =töü'
panier *m* de pêche =sɛn
panne *f* 'padhe
panse *f* 'kwla
pantalon *m* -lösɔ, pang
panthère *f* 'gɔɔ-, -tiɔn
papaye *f* -bhanggö
papier *m* 'sëëdhɛ
papillon *m* 'dhenegbaa
paquet *m* enveloppé =bhlü
par 'ka, -bha
par rapport à -ta, =zië'
paralytique *m* -gɛnlomɛ, 'tiinmɛ
parasite *m* 'sɛ
parce que tɔɔ, bhii
pardon *m* 'gën-
pardonner 'flii-
parent *m* 'kpɔmɛ
paresse *f* 'fia, 'mia, 'waadhɛ, 'wlɛa-, 'yuandhɛ
paresseux 'fiasü, 'waa
parfaitement 'kpakpadhö, 'papadhö
parfum *m* paafɛn
parler 'we
parmi 'gü, songdhö, ziën
parole *f* -wo
partager -glu
partenaire =bhang'
partir 'dho, ziö
pas *m* 'ta
passer bɔ, ziö
passer autour bɔ

passer la nuit wɔ
pasteur *m* -zlanwopömɛ
patas 'föö-
patate *f* douce =baandhee
pâte *f* -bünng, kpö
pâteux 'drɛngdrɛng, 'bhlɛɛbhlɛ, 'bhlɛngbhlɛng
patiemment 'lëëlë
patience *f* =zuökunsiadhe
patriarche *m* 'gɔ
patron *m* -gɔmɛ, =kɔɔnmɛ
patte *f* -gɛn, -gbiö, =klɔa-
patte *f* de derrière -gɛn
patte *f* de devant -kɔ
patte *f* échassière -gɛngalü
paturon *m* -kɛi
paume *f* -kokwɛɛ, -kɔkwɛɛdhɛ, -kɔdhɛ, -kɔdhɛkwɛɛ, kwɛɛ, kwɛɛdhɛ
pauvre 'fɛɛzë, 'yenamɛ
pauvreté *f* 'fɛɛ
pavillon *m* de l'oreille 'tonëga
pavillon *m* de l'oreille 'todhɛ
payer 'dhɔ
pays *m* 'sɛ
peau =kia'
peau *f* kwi
pêcheur *m* 'yiblümɛ
peigne *m* 'faa, 'paɔ
peine *f* =wa
avec peine 'kpüdhö
pelure *f* de banane föü
pendant 'gü, 'ka, 'piö, -bha

pendre dun
pénétrer 'më, 'sɔ, =sɔɔsɔ
pénis *m* =kuö-
pensée *f*-zogɔndhe, -zotadhe
penser -ga
pépinière *f* =plang'-
perçant : d'une manière perçante ; d'une voix perçante slöödhö
perce-bois *m* -pɛn
percer 'pɛ, 'pɔn, vla
perdre =dhɔng
perdrix *f* 'blükaɔ, kaɔ, troo-
père *m* dë
période *f* tëü
perle *f* naturelle -zlɔɔ
persévérant =naazë
personel kpingdhö
personnage *m* -tiandhömɛ
personne *f* mɛ
personne *f* drôle =saandhekëmɛ
personne *f* éloquente 'dhikanmɛ
personne *f* irascible -naakëmɛ
peser dan
pet *m* 'tuun
petit 'sɛɛn-, 'tee, 'teete, 'teezë, 'tete
petit à petit klëng
petit doigt *m* -kɔnëga 'gbaazë
petit garçon *m* 'nëgɔɔnnë
petit hérisson 'te
petit hippopotame *m* 'niɔ-
petit moustique *m* wöö
petit poisson *m* =dong

petit *m* 'në
petite amie *f* 'nuëbɔ
petite saison *f* de pluie dhuödhe 'töng
petite saison *f* sèche 'në 'sɛɛn- -nu -bha -blëë
petite sœur *f* 'zlaanëdhe
petite sœur *f* 'zlaanëdhezë
petite sœur *f* 'zlaadhezë
petite sœur *f* dheglunëdhe
petite sœur *f* dheglunëdhezë
pétrir =kaan'
pétrir -ma
pétrir zɔn
peu 'tee
un peu 'dɛdɛ, 'bhle
peu soigneux 'vöüzë
Peul 'fla
peuple *m* 'sɛgümɛ
peur *f* 'suö
phacochère *m* 'blübhɔ
phacochère *m* 'blübhɔ
phare *m* 'siö
pic *m* à dos vert 'gbɔɔtoo
pic *m* -kplɔngge
pièce *f* d'argent -plɔ, -plɔga, zënga, 'wëüsɛɛn
pied *m* -gɛn
pied *m* -gendhɛ
piège *m* 'sɔ, 'sɔga, 'va, -bhing
pierre *f* -guöga
pierre *f* -guökpö
pigeon *m* -tönggbö

piler =bio
piler 'flö
piler zɔn
bien pilé 'biɔnbiɔn
pilier *m* en bois =gban
pilon *m* =wöng'
piment *m* -bɛan
pintade *f* commune -gan, bhuugan, plöögan
pintade *f* huppée 'blügan
pioche *f*-ziga, -zuga
pipe *f*'taagbɔlü
piquant *m* du porc-épic 'sian
pique-bœuf *m* 'goo
piquer 'kan, pa, vlua
piquet *m* 'lünë
piqûre *f* ming
pirogue *f* gɔ
pirogue *f* gɔmië
pis *m* 'yɔn
pis *m* 'yɔnga
pitié *f*'lëng-
pitié *f*'lëngdhɛ
place *f*-dɔdhɛ
place *f*-duɛ
place *f*-yadhɛ
place *f* publique 'dhëëdhödhɛ
plage *f*'yënngtaadhɛ
plaie *f*-gipin
plaie *f* bhüö
plainte *f*-tazɔndhɛ
plaisanterie *f* =saandhɛ
planche *f*'fa

planer =waawa
plantation *f* tapë
plantation *f* tapëdhɛ
plantation *f* =dhɛɛdhɛ
plante *f*-ding
plante *f*-gɛndhɛ
plante *f* sënggbë
plante *f*'zan
plante *f* =zɔɔn
plante *f* =bhoonë
plante *m* =mlii
planter -gban
planter ta
plantule *f*'plüng
plastique 'plëëplë
plat 'gbɛgbɛ
plat 'tiangtiang
pleine lune *f*'sugbɔ
pleine lune *f*'subhüsü
pleur *m* 'gbo
pleuvoir ban
pliant 'vlëngvlëng
plier =kplëë
plonger 'më
pluie *f* dha
pluie *f* dense -ziing dha
pluie *f* torrentielle 'zuzaa
plume *f* kaa-
plupart =plëëplëzë
plus gbɔ
plusieurs =plëëzë
pneu *m* -gbloo
poche *f*'ba

poche *f* 'yuö-
poche *f* sous les yeux **kpung**
poignée *f* 'vɔ
poignet *m* -kɔkpöödhɛ
poignet *m* **kpöö**
poil *m* **kaa-**
poil *m* de queue 'flü
poils **kaa-**
poing *m* -kɔkpö
pointe *f* = **taan'**
pointe *f* = **taanga**
pointe *f* 'zɔ
pointu 'zɔu-
poisson *m*, banc *m* de poissons 'yuö-
poisson *m* **gbɔɔn-**
poisson *m* = **kɛadhe**
poisson *m* -**klaa kpudhe**
poisson *m* 'tɔɔ-
poisson *m* **zo**
poisson *m* 'dhɔɔ
gros poisson *m* 'niaa-
poisson *m* séché 'yuöga
poitrail *m* -**kuu**
poitrail *m* -**kɛng**
poitrine *f*-**goo**
poitrine *f*-**kɛng**
poivre *m* **laɔn**
policier *m* 'dhasi
poliomyélite *f* 'yidhe
pomme *f* d'Adam = **zaga**
pont *m* de lianes 'dra
porc *m* -**bhɔ**

porc-épic *m* 'te
porc-épic *m* à crête 'blüüng
port *m* 'pɔɔ-
porte *f* 'kɔdhi
porte *f* **kpong**
porte *f* 'kwɛi
porte *f* 'kwɛn -yan
porte *f* 'dhi
porte-monnaie *m* 'ba
porte-parole *m* -**wodhiölomɛ**
porter **bun**
porter -**da**
porter des fruits **bha**
poser -**da**
poser **wɔ**
poser **bho**
poser le pied **yö**
poser -**da**
poser qch autour de = **ploo'-**
position *f*-**duɛ**
posséder = **slɔɔ**
potager *m* 'toodhɛɛdhɛ
potins *mpl* = **tɔɔ**
potto *m* de Bosman -**zɔn**
potto *m* de calabar -**zɔn**
pou *m* de tête = **löö**
poubelle *f* 'dung
pouce *m* -**kɔnëgagɔn, -kɔnëgavazë**
poudre *f*-**bi**
poudre *f* = **fii**
poudre *f* = **too**
poudre *f* à fusil **blɔɔn-**

poudre *f* médicamenteuse traditionnelle =fii
poudre *f* médicinale dii-
poudre *f* noire 'ziaa
poule de rocher 'blükaɔ
poule *f*-tɔdhe
poulet *m* -tɔ
poumon *m* vɔng
poumon *m* =zuöbe
poumon *m* =zuövɔng
pour -gɔ
pour -bha
pour =dhia
pour -dhë
pour abattre le bois 'lüüdhö
pour que kö
pour rien 'waawa
pourpre nuɛanzë
pourquoi? =dhë
pourri 'buu-
pourri =tuunzë
pourrir 'bu
poursuivre 'düë
pousse *f* 'plüng
pousser -blü
pousser -da
pousser yö
pousser bhɔ
poussière *f* -büöbi
poussière *f* muu-
pouvoir -mɔ
pouvoir *m* 'piigbeedhɛ
prêcher =blɛɛ'-

prédilection *f* -dhɔ
de prédilection =kpaanzë
préféré =kpaanzë
préféré =kpaandhɛ, kpingdhö
préfet *m* 'gɔ
préfet *m* 'kumana
prématuré 'nɛng
premier -blɛɛzë
prendre 'kun
prendre -lö
prendre 'sü
prendre garde =zloa
prendre un médicament 'sü
préparé =kpaü-
préparer kë
préparer =baa'-
près de 'sɔɔ, =taa, =bhaa, 'pian, 'piö
présenter des condoléances -lo
président *m* -gɔdhiöme, 'sɛdë
presser =bhloo'-
prêt *m* =daan'
prétexte *m* 'wundɔa
prier =bhɛa'-
prière *f* 'sëë-
principal =kpaandhɛ
prison *f* -kanso
priver -dhuö
prix *m* -kɔɔ
prix *m* =sɔng'
procès *m* za
prochain *m* -yayɔɔ
prochain *m* 'bhamɛ

proche 'sɔɔ	province f 'sɛgɔ
procréer 'kpɔ	provoquer une maladie yö
produire -pë kë	prudence f 'slë
profond =gluuzë	ptéryles lë-
profond =gbɛɛn	puiser 'tɔ
profondément 'bö	puissance f 'piigbeedhɛ
prolongé =glɔɔsü	puits m -klɔng
prophète m 'wundhökëdhiöblɛɛmɛ	pulpe f =yeedhi
	pulpe f -bhlu
propre kpingdhö	punaise f -gbëü
propriétaire m dɛɛn-	punaise f 'kɔdhɔngdhɔ
propriété f -gɔpë	punition f 'klobhɔdhe
prostituée f =mlaabɔ =mɛɛmɛ	pupille f 'yannë
protéger -ta -kpa	pupille f 'yantii
protester -dɔn	purge f 'dhee
prothorax m bhɔ	purifié 'slööslö
protubérance f kpu	python m -gblüng
proverbe m -piën	python m -yözludhëdhiö

Q q

quand =dhɛ	quel? -më
quartier m 'guun	quémander =zoo'
quartier m 'kwɛan-	querelle f -dɔn
quartier m 'kwɛandhɛ	querelle f dëgludhɛ
quatre -yiisië	querelle f 'dhinaa
que kö	question f =dhɛɛ'
que -ta	queue f weng
que tɔɔ	qui 'ö
que 'ö	quitter 'go
quelconque 'bhaa	quitter 'kpɛi
quelque chose pë	qui? dö
quelqu'un mɛ	quoi? -më

R r

rabot *m* 'kpuë
rabougri 'nɛng
racheter 'dhɔ
racine *f* yun
racine *f* yuunga
raconter =blɛɛ'-
raison *f* -gɛn
raison *f* nii
raison *f* pë
raisonnable kpɛnngdhö
râle *f* à gorge grise -dhongdho
râle *m* africain 'yiëma
ralentir =zlɔa
rame *f* -blüpë
ranger -lo
raphia *m* dhuö
rapidement =blaa'
rapidement 'blabladhö
rapidement -bëngbëngdhö
rapidement 'kpüdhö
rapidement 'siö-
rapidement 'siösiö
rapidement 'vavadhö
rapidement 'vadhö
rapidement -wɛɛndhö
rapidement 'zazadhö
rapidement 'zadhö
rapidement 'zozodhö
rappel *m* -zo
rapport *m* song
rapporteur *m* -sɛsiömɛ

rapporteur *m* 'wundanpömɛ
rapports sexuels =mlaa
raser -lo
raser bho
rasoir *m* =nɛɛ-, =nɛɛga
rat *m* de Gambie 'finng
rat *m* huppé 'blëng, -glaan
rat *m* palmiste -gbeng, 'bhaɔng-
rater la cible =sloo'-
ravager 'vaan
récemment -dëüdëü
récemment tëng
recevoir =slɔɔ
récipient *m* gbɔ
récolte *f* tapë
récolte *f* bhlödhɛ
récolter 'kan
récolter bho
récompense *f* =dɛi'
récompense *f* 'kian
réconciliation *f* dhidhe
recoudre -wɔ
reculer -blü
reculer bhɔ
à reculons küëküë
redresser =dɔɔ'
réflexion *f* -zotadhe
réfugié *m* duë
refuser -kɔ
regard *m* 'yan
regard *m* 'yanga

255

regard *m* -dhɛgakɔ
regarder -ga
régime *m* -be
régime *m* 'böü
région *f* 'sɛ
région *f* 'sɛgɔ
région *f* 'sɛpian
règlement *m* d'un litige = blɛɛdhe
régler = baa'-
regret *m* = zuötozlöödhe
remarque *f* 'suan-
remboîter (entorse) 'gan
remède *m* -siö
remède *m* 'yuadhɛ
remède *m* traditionnel = blɛɛdhe
remerciement *m* = sɛɛ-
remerciement *m* zuö
remplir pa
remuer = tuun', = tuuntun
renard *m* diɔng
rencontrer -kpën
rencontrer -ta yö
rencontrer yö
renier = kploo
renommée *f* 'pong
rentrer -da
renverser 'gblü
renverser = dhië'
renverser gblüënnu
répandre régulièrement sa
réparer = baa'-
repas *m* -bhöpë
réponse *f* -daa

repos *m* = gloo
repos *m* 'tɛɛpa
réprimander 'we
reptile *m* -gblëë 'gu -ta -wü
répugnant = lɔɔzë
réputation *f* 'pong
résistant 'süësüë
résolution *f* = blɛɛdhe
respect *m* = bhlë
respectable = bhlëzë
respiration coupée -fö
respiration *f* 'tësü
respirer 'të
responsable *m* 'wungɔdhiömɛ
ressemblance *f* totale 'long
ressembler bhɔ
reste *m* 'dhiöto
rester 'to
résumé *m* 'wungɔ
retardé mentalement 'tuëngtuëng
retenir kuënnu
retourner nu
retrousser en pliant = kplëë
retrouver = slɔɔ
réunion *f* -yakuëdhe
réunion *f* -bhɔkuë
réunir = kpaa -kpa
réussir yö
réussir dans la vie sociale 'gla
réussite *f* 'din
réussite *f* = pɛa'
rêve *m* yiö
réveiller 'pa

revenant *m* = glööbɔɔmɛ
revenant *m* nii
revenant *m* -zii
revenant *m* -zlanbhɔyaa
revenir de 'go
revers *m* de la main -kɔtaa
revers *m* de la main -kɔdhɛtaa
révolté *m* -naakëmɛ
rhume *m* kpɛng
richard *m* paagɔmɛ
riche = bhɔɔzë
riche *m* paagɔmɛ
riche *m* = bhɔɔmɛ
richesse *f* = naɔpë
richesse *f* = bhɔɔ'
richesse *f* = bhɔɔpë
ridicule 'yeizë
ridicule -bhaazë
rire *m* 'yei
rivage *m* 'yikpong
rivage *m* 'yikpongdhiö
rivage *m* 'yipuë
rive *f* 'kpong
rivière *f* 'yitee
riz *m* -mlü
riz *m* cuit 'ya
robe *f* gblang
robe *f* -lösɔ
rocailleux 'glaagla
rocher *m* -guögbɔng
rocher *m* plat gwa
roi *m* -gludë
roitelet *m* -slöö

rond 'glɔɔglɔ
rond 'klɔɔklɔ
rond 'dhöüdhöü
rond et gros 'güënggüëng
rondin *m* 'bɛi
ronflement *m* yigbanwo
rose 'zɛnzɛn
roseau *m* 'gbuë- {'lü}
roseau *m* zëü
rosée *f* 'flinng
rosée *f* = dhɔng'
rossignol *m* = buei'-
rotang *m* -të
rôti = yɛü
rotin *m* -të
rôtir -yɛ
roue *f* -gɛn
roue *f* -gbloo
roue *f* = kong
rouge nuɛanzë
rouge 'tɛɛn
rouge -zɔɔndhö
rouge -zaɔndhö
rouge clair -dhodhɔɔpiösüzë
rougeâtre 'waanwan
rouler -blü
roussette *f* vla
route *f* -kpiingga
route *f* -kpinng
ruche *f* 'kɔ
rue *f* -kpinng
rugir -lan
rugueux 'kiakia

ruisseau m 'yisɛɛn
rusé -glengzë
rusé 'kplaakpla
rusé 'kpënngzë

rusé mlëëzë
ruse f-gleng
ruse f'kplaakpladhɛ
ruse f'kpënng-

S s

sable m 'yëng
sabot m = soo
sabre m -dhaa
sac m 'ba, = bhɔɔ'
s'accouder tën, ziö
s'accroupir 'gblü, = kloo'
sachet m = bhlü
sacrifice m sla-
sacrum m 'yako
s'adosser kpa, tën, yö
sage 'kpaakpa, = vluazë, = zlɔazë
sage m 'wundɔmɛ
sagesse f-gɔgagüdhɛ
sagesse f 'kpaakpadhɛ, 'wundɔdhe, -zlakpɔɔ
s'aggraver = gbaɔn
s'agiter = bhangbha
s'agiter = kpëng
s'agiter = zaanzan
Sahara m 'yënngtaadhɛ
s'aigrir = glii'
saint 'slööslö
saisir 'kun, -lo, -ya
saison f'töng
saison f yië

saison f pluvieuse = kpɔɔ
saison f sèche -blëë
salaire f'kian
salaire m = saan'
sale = lɔɔzë
sale tii
sale tiizë
sale 'vlaanvlan
sale ya
sale -yɛingzë
sale -dhiizë
salé kweezë
saleté f-dhii
salive f = weeyi
salive f'dhee
saliver dɔ
s'allonger 'po
saluer 'we
salut m = wɛa'
sang m fɛi
sang m = yɔɔn
sanglier m 'blübhɔ
santé : en bonne santé 'plüplü
s'appaiser bo
s'approcher = yɔɔn
s'appuyer kpa

s'appuyer tën
s'appuyer le dos yö
sarcelle ƒ à oreillons glɔngdë
s'arrêter dɔ
s'arrêter =gbaannu
s'arrêter kuënnu
Sassandra =Gwanga
s'asseoir –ya, =yaanu
s'assombrir trö
sauce ƒ'too, 'tooyi
sauce ƒ graine sei
s'augmenter =gbaɔn
sauter -lö
sauvage 'blü, 'blüü
sauver dha
savane ƒ'piitaadhɛ, 'yɛtadhɛ
dans la savane 'piitaa
savant m 'wundɔmɛ
savon m saa-
scarabée m 'kpöökpanggo
scarification ƒ =wian
scolopendre ƒ dhongzëmɛɛ
scorpion m gian
sculpter 'yan
se baigner 'zlu
se balader =nië'-
se balader =niënië
se balancer =miimi
se balancer =tuuntun
se balancer =zaanzan
se balancer -ziözio
se balancer =bhangbha
se battre zë

se blaguer l'un l'autre =nɛɛ 'nɛ
se blesser -gi
se blottir =nëng
se briser 'yɛ
se cacher -bin
se cacher derrière =ploo'-
se calmer kuënnu
se casser 'wü
se casser en morceaux =yɛɛ'-
se changer =dhië'
se coiffer =baa'-
se coller =nëng
se coucher =sɔɔ'-
se coucher waanu
se courber =kloo'
se dandiner =dang 'da
se débattre -ta =kɔɔ'
se débattre =vaanvan
se débattre =wlaawla
se déchirer en lambeaux =kaan'-
se défendre -ta =kɔɔ'
se dépêcher vloo
se dérober aux regards 'më
se déshabiller =kpoo'
se disperser =dunng
se disperser -pɛn
se faner =zloo'
se fatiguer blɔ
se fatiguer 'gü ga
se faufiler =maa 'ma
se fêler =sɛɛ'
se fendiller =sɛɛ'
se frayer -ba

se frotter =glüü'-	se rencontrer -kpën, yö
se frotter =kaa-	se reposer =fuë, =gloo, 'tɛɛ pa
se frotter =sii 'si	se retirer 'më
se gâter =siö'-	se retourner =slëë'-
se gonfler -bhla	se réunir yö
se gratter =kaa-	se réunir sur -ta =kɔɔ'
se heurter -gban	se réveiller -büö
se joindre -da	se ruer sur -ta =kɔɔ'
se lamenter =maa 'ma	se salir trö
se laver 'zlu	se sauver =duë
se lever =luu'-	se sauver dha
se lézarder =sɛɛ'	se sécher -kɔ
se luxer =kloo'	se séparer 'kan
se maquiller 'më	se soumettre =yɔɔ'-
se maquiller avec le kaolin 'blakpɔ	se tordre =kplëë
se marier 'sü	se tourner =sië'
se méfier 'kun	se transformer 'gla
se métamorphoser 'gla	se tromper -püö
se mettre -ya	se trouver yö
se moquer =kaan'	seau *m* 'gbonggbo
se moquer gentiment =nɛɛ 'nɛ	sec 'kpɛa
se parer =baa'-	sécher ga
se parer 'dhu	sécheresse *f*-blüëyië
se passer kë	séchoir *m* gba
se perdre =dhɔng	s'écorcher san
se pommader =glüü'-	secouer =kpëng
se préparer -pë kë	secouer =vaanvan
se promener =nië'-	secouer =tuun'
se promener =niënië	secouer =zaanzan
se rassembler yö	secrètement -slëëslëdhö, -slëëdhö
se rassembler autour =nië'-	
se remettre bo	sein *m* 'yɔn
se remplir pa	sel *m* kwee

260

sel *m* kweezö
sel *m* =wee
semaine *f*'dhɔɔgɔ
semelle *f*-gɛnkwɛɛdhɛ
semelle *f*-gɛndhɛkwɛɛ
semence *f* ga
semence *f* pëga
semer en éparpillant -pɛn
s'emparer 'sɔ, -lo
s'empêcher =kpaa
s'empresser vloo
s'en aller 'go, ziö
s'enfler -bhla
s'enfoncer -gban
sens *m* -gɛn
sensation *f* =tɛi'
s'envoler -lö
séparer 'kan
sept 'slaplɛ
sergent *m* =slaangslaa
sérieux kpiindhö
seringue *f* mingga
serpent *m* =mɛɛ
espèces des serpents : 'guɛdukpo, 'guɛdukpo, 'guɛfiën, gbeng -mɛɛ, gbɔnggbɔtia, 'lü 'gungpa, 'sɛimɛɛ, 'yee-, 'yeegblüng, =bee'ging, 'vlo
serré 'sɔɔsɔ
serviette *f* 'zlusɔ
s'étaler sa
s'eteindre =dhuu'-
s'étendre 'po

seul dokasɛn, dosɛn, 'sloo
seulement 'kpaan
s'évanouir =fuë
sévèrement -bibidhö, =gbaɔnsü
sévérité *f* 'dhiödhɛ
s'habiller 'dhu
s'habiller bien =baa'-
siège *m* -yadhɛ
sifflant =pɛɛsü
siffler -lan
siffler =sio'
sifflet *m* 'güë, 'güëga
signaler 'kan
signe *m* =dɔa'
silence *m* diin
silencieusement -trëëdhö
silencieux 'wɔɔnwɔn
silure *m* =sɔɔ-
s'imbiber =tɔɔ
s'infiltrer 'më
singe *m* -klö
singe *m* =wɔɔ-
espèces des singes: 'föö-, -gikpɛ
singe *m* de la savane -yɛtawɔɔ
singe *m* rouge 'föö-
s'inquiéter =zaanzan
s'insérer =sɔɔsɔ
s'introduire =sɔɔsɔ
sinusite *f* 'blüün =yua'
six 'slado
slip *m* -bɛɛ
sœur *f* dheglu, dhegluzë
sœur *f* aînée =dhei',

dhegludhezë
sœur *f* cadette **'zlaa-**
sœur *f* mariée **dhegludhebɔ**
soif *f* -**dhɔ**
soir *m* **'yinia**
soit... soit **oo**
sol *m* **'sɛ**
soldat *m* -**glugɔnmɛ, -glukëmɛ, 'dhasi**
soleil *m* **lan-**
solide **'gɛngɛn, 'gbee-, 'gbeezë**
solidement **'bëdhö, kpɛnngdhö**
sommeil *m* **yi**
sommet *m* **tuö**
son *m* -**gbo**
son *m* pilé =**guun**
songe *m* **'yanpiöpë**
sonore **buudhö**
sorcellerie *f* **dü**
sorcier *m* **dü**
sort *m* **'kpöü**
sorte *f* =**suu'-**
sot **'blɔɔnzë**
sottise *f* **'blɔɔn-**
souche *f* **kun**
soudain **'budhö**
souffler -**piö**
souffrance *f* **'klobhɔdhe**
souffrance *f* =**wa, 'yena**
soulever =**luu'-**
soupe *f* **'too**
soupière *f* en argile **'paa**
souple **'lɛɛlɛ**

souple **'vlëngvlëng**
source *f* d'eau **'yigɔ**
sourcil *m* **lë-**
sourd *m* **'totamɛ**
souris *f* =**bɔɔ'**
souris *f* **kpan**
souris *f* -**mɔ**
souris *f* **'suögadhë**
souris *m* **kpanmɔ**
sous =**löö**
sous-préfet *m* **'gɔ, 'kumana**
soutenir **bun**
souvenir *m* -**tomɛgɔpë**
souvenir *m* -**zo**
souvent -**kplawo**
souvent **'bhaabha**
spatule *f* d'Afrique -**kluködhönggö**
spectre *m* =**glööbɔɔmɛ**
spectre *m* -**zii**
spectre *m* -**zlanbhɔyaa**
squelette *m* **gaga**
squelette *m* **'klang**
stupéfaction *f* **'te**
stupide **'blɔɔnzë**
stupide **'drɛɛndrɛn**
stupidité *f* **'blɔɔn-**
subitement **'drodhö, 'du, 'kpüdhö**
subordonné *m* -**kɔlöö**
sucer =**fɛɛn'-, pa**
suçoir *m* **'dongdo**
sucré **'slëënslën**
sueur *f* **föyi**

suffir -mɔ
suffisamment -buadhö
suie *f* sian-
sujet *m* -gɔ
support *m* de bagage 'ming
supporter bun
sur =an
sur 'ka
sur 'piö
sur -ta
sur =taa
sur -bha

sur =bhaa
surface *f* -ta
surface *f* -tadhɛ
surface *f* -tadhuö
à la surface de =an, =bhaa, -ta
surmonter bɔ
surpasser ziö
surprendre 'sɔ
surveiller -maa kë
suspect mlëëzë
suspect 'vlaanvlan
suspendre dun

T t

tabac *m* 'taa-
tabac *m* 'zang
table *m* 'tablë
tabouret *m* -gbloo 'në
tache *f* -dhii
tailler 'kan
tailler -lo
tailler -pë kë
tailler 'yan
talon *m* 'din
tambour *m* =bhang
tamis *m* =tɛnɛ'-
tamiser =kpëng
bien tamisé 'biɔnbiɔn
tante *f* dhe
tante *f* dhe 'tee
taon *m* 'luu
taon *m* 'luu 'kpa

taper =maa'
taper zɔn
tarder na
tarir =bhöü'-
taro *m* -gwëë
tarsier *m* zënggbë
tas *m* kpö
tas *m* 'dhia
tas *m* bhing
tas *m* de marchandise -yaɔ
tasse *f* 'yimükɔɔ
tectrice *f* gbantëë
témoin *m* =goo-
temps *m* 'töng
tenaille *f* =gbɛan-
tendon *m* =kwlaa-, =mlëë
tendre dun, sa
tendre le piège -dhi

ténèbres *f* -dhɛtii, -dhɛtiidhɛ
tentacule *m* oculaire -sö, -söga
tenter dan
terminer yën, 'dhiö 'to
termite 'dongdo
termite *m* ailé 'bhlë
termite *m* maçon =zɛ, =zɛga
termitière *f* 'troo
terrasser 'pɔn
terre *f* 'sɛ
testicules *mpl* =plëën
têtard *m* =blëng
tête *f* -gɔ
téter mü
tétin *m* 'yɔngɔ
thé *m* 'teyi
thorax *m* bhɛgüdhɛ
tic *m* nerveux des enfants 'yipiö
tige *f* 'lükɔnë
timide lëzë
tirage *m* au sort 'töü-
tirer 'gan, -zuö
tisserin gendarme =yaan-
tissu *m* sɔ
titubant 'dangdangdangdhö
lentement et en titubant =kplüëkplüëkplüëdhö
toile *f* 'drong
toit *m* =gba
tomate *f* =tomatö
tombeau *m* blɔɔn-
tomber -püö
tomber en goutte ban

tomber par terre =sɔɔ'-
tonnerre *m* dhagblawo
tonsure *f* 'kpla
toqué 'tuëngtuëng
torche *f* 'gbɛa
tordre =kloo', =bhloo'-
tort *m* za
tortue *f* =bhaɔ'
tortue *f* d'eau 'yiëbhaɔ
tôt 'zodhö
totalement 'kpadhö, =vëüvëüdhö
totem *m* tian
toucan *m* 'pɔɔn
touche *f* de balafon 'dhuung ga
toucher 'pa, =paa'-
touffe *f* d'herbe -kpɔɔ kpö
toujours -kplawo, 'saadhö
touraco *m* à huppe blanche =wɔugloëma
touraco *m* géant =kloo-
touraco *m* gris 'weng
tourment *m* 'klobhɔdhe
tourner =kloo', =sië', =dhië'
tourterelle *f* 'gbio, =tuutuu
tous 'kpɛɛdhö, 'kpɛkpɛ, 'plɛ, 'saadhö, 'sakasakadhö, 'töüdhö
tout 'plɛ, 'töüdhö
tout à coup 'vü-, 'zodhö
tout à l'heure =sia
tout au bord 'pɔdhö
tout autour 'blüblüdhö

tout de suite 'bladhö, 'budhö, 'piöklöözë, 'zodhö
tout juste 'kpodhö, -tɛidhö
tout le monde 'kpɛkpɛ
tout près =klöö'
toux f dɔn
trace f pin, 'gblo
tracer ziö
trachée f =zuögën
trachée-artère f 'wega
traduire =dhië'
train m =trɛin'
tranchant 'dhiö-, 'dhiözë
tranchant m 'vlüng
tranche f 'fa, -te
tranquillement diindhö, 'sengdhö, 'sengsengdhö
transformer 'gla
transparent 'löülö, 'plöönplö, 'bhlöngbhlö
transpercer vlua
transporter bun
travail m yuö
travailleurs 'ban
traverser bɔ

traîner =gblëë'-
trembler =kpëng, =zii, =zluu
très =duö
tribunal m 'zusü
trier =sɛɛ', =waa
tristesse f -wɛɛ
trochanter m -kɔkpi
trois -yaaga
trompe f d'éléphant 'dhongbho
tromper -dian, trö
tronc m =kpë, =kpëü, bhɛ
trop =duö, =gbɔngbɔnsü, =gbɔɔnsü, =gbaɔnsü, =dhɛɛ
trou m -du, -glu, -glukpa, -gludhi, 'sɛpɔndhɛ, 'wüdhɛ, 'dhi
trou m du cul züdhi, züü
trou m pour les ordures -glukpa
trouble 'bhluubhluzë
troublé tii, tiizë
troupeau m -gbaa
trouver yö
tubercule m =dhee
tuer zë

U u

ulcère m =gbaazɔng'
un do
un à un dodo

unité f ga
urine f wei, weiyi
usé zii

V v

vache *f* -du
vagabond *m* = niɛmɛ
vagin *m* -truu, 'zii
vague *f* 'yikpö
vaillant wlöwlözë
vaincre bɔ
valise *f* = gbëü
vallée *f* = bhlëng'-
van *m* 'dhaa-
vanner -piö
vapeur *f* 'wuu
varan *m* vlɛi-, zluɛi-
varice *f* = mlëë = yua'
vaste wlëü
vautour *m* palmiste 'gɔɔ
veille *f* -waamaayi
veine *f* 'gblo
vélo *m* -blüpë, -piösoo
vélomoteur *m* -blüpë
vengeur *m* = dɛidamɛ
venir nu
venir de 'go
vent *m* 'tëë
vent *m* léger 'vaa
ventre *m* 'gu, 'gugbɔ
dans le ventre 'glu
ver *m* 'lɔɔn
ver *m* de Cayor nɔ
ver *m* intestinal = bhüö', = bhüönë
verdure *f* = blëë'

véritable giagia
vérité *f* 'wungia
vermeil nuɛanzë
verre *m* 'yimükɔɔ, 'yimüvɛdhɛ
verrue *f* bhaɔ, bhaɔga
vers 'piö, = zian', 'dhö
verser 'daawo, 'kpo, -lo, = kpëng, yö
vert = beedhɛyizë, 'blüdhɛyizë, -gblɛibizë, 'zëngzë
vésicule *f* biliaire 'këü
vêtement *m* buënpë, sɔ
veule 'muamua
veuve *f* = gɛan
viande *f* -du, -köpë, wü
vide 'flëë
vie *f* nii
vieillard *m* gɔɔngboo, 'gboodhɛ, gɔɔnklöö
vieille femme *f* dhegboo, dheklöö, 'gboodhɛ
vieillesse *f* 'gboodhɛ
vieillir = glɔɔ
vieux = klöö, zii
vigne *f* vierge = yënng
vigoureux 'böüzë, 'gbee-, 'wianwian
vilain 'glaagla, = lɔɔzë, ya
village *m* plöödhɛ, pö-, pödhɛ
ville *f* kwiplöödhɛ
vin *m* -drɔɔn

vin *m* de palme 'kwaa-
violemment 'baudhö, 'böüdhö, 'bhaɔdhö, bhungbhungdhö
violence *f* 'vaanvandhɛ
vipère *f*, espèces : 'siö =bhöü-, =bhöü-, 'subhoyɛabha
visage *m* wö, wöödhɛ
visiteur *m* -nia
vite =blaablaa, 'bladhö, -büdhö, 'kpüdhö, 'siö-, 'siösiö, 'zadhö, 'zodhö
vivant 'bhei-
vivre longtemps =glɔɔ
voir yö
voisin *m* 'sɔɔ, -yayɔɔ

voisine *f* 'bhadhe
voiture *f* gɔ, 'mɔbhli
voix *f* -wo
volée : à la volée -waadhö
voler *(dérober)* =kwaan
voler *(dans l'air)* -lö
voleur *m* =kwaanmɛ
volonté *f* =dhɔɔ', nii
vomir -pe
vomissement *m* -pe
vouloir 'we -a -bha, -dhɔ kë
voyage *m* 'ta
vraiment 'sönggösönggö, giagiawo
vue : à perte de vue piöngdhö

Z z

zélé 'siö-
zigzagant : en zigzagant 'dangdangdangdhö

Liste récapitulative des conventions notationelles et des abréviations

1, 2, 3 – personnes des pronoms personnels
AD – cas adessif
adj – adjectif
adv – adverbe
Afr. – français africain
<u>Ant.</u> – antonymes
anat. – terme anatomique
arch. – archaïque
badin – badin
(bl) – dialecte blo
chr. – mot ou expression utilisé(e) dans la pratique et la littérature chrétienne
CMM – cas commun
COM – cas comitatif (provenant de la fusion avec la postposition *'ka*)
conj – conjonction
(D) – dialecte de Danané
(dh) – dialecte dhoo
dir. – au sens direct
dtm – déterminatif
excl. – pronom exclusif de la 1ère personne du pluriel
f – genre féminin (du nom français)
fam. – familier
fig. – au sens figuré
fn – nom autosémantique

gros. – grossier
IN – cas inessif (provenant de la fusion avec la postposition *'gü*)
incl. – pronom inclusif de la 1ère personne du pluriel ou duel
Int. – intensif
itj – interjection
Iv. – français ivoirien
(k) – dialecte ka
(kl) – dialecte kulen
litt. – littéralement
(ll) – dialecte loole
LOC – cas locatif
loc.n – nom locatif
log. – pronom logophorique
(lw) – dialecte loo
m – genre masculin (du nom français)
méd. – terme médical
mrph – morphème non-autonome
n – nom
num – numéral
onomat. – onomatopée
pers. – personne
pl. – pluriel
pp – postposition
pron – pronom personnel
prov. – proverbe

prt – particule
qch – quelque chose
qn – quelqu'un
<u>*Qsyn.*</u> – quasi-synonymes
rare – rare
RCI – République de Côte-d'Ivoire
restr – restricteur
rn – nom relationnel
sg. – singulier
SUB – cas subessif (provenant de la fusion avec la postposition *-bha*)
<u>*Syn.*</u> – synonymes

v – verbe
vi – verbe intransitif (sans complément d'objet direct)
vr – verbe réfléchi
vt – verbe transitif (avec complément d'objet direct)
vulg. – mot vulgaire
(wa) – dialecte wain
(wi) – dialecte wien
(wo) – dialecte wao
(yi) – dialecte yizieu
zool. – terme zoologique
♦ – tournure idiomatique

Alphabet dan

a	ɛa	kw	s
aɔ	f	l	t
b	g	m	u
bh	gb	n	ü
d	gw	o	v
dh	h	ö	w
e	i	ɔ	y
ë	k	p	z
ɛ	kp	r	

Table de matières

Avant-Propos	3
Introduction au Dictionnaire dan-français	4
A	19
B	20
Bh	34
D	44
Dh	57
E, Ɛ, F	72
G	75
Gb	86
Gw	95
I, K	96
Kp	110
Kw	119
L	123
M	128
N	134
O, Ö	140
Ɔ, P	141
S	149
T	164
Ü, V	176
W	180
Y	189
Z	202
Index français-dan	217
Liste récapitulative des conventions notationnelles et des abréviations pour le dictionnaire	268
Alphabet dan	270
Table de matières	271

www.ingramcontent.com/pod-product-compliance
Lightning Source LLC
Chambersburg PA
CBHW070828300426
44111CB00014B/2482